Das Buch

»Die Phantasie ist zu Recht immer verdächtig, und zu Recht wird sie immer wieder gefeiert. Sie ist die Einbruchsstelle dessen, wovor sie uns schützt. Sie steht in Verbindung zum Bösen und Wüsten, zu Lug und Trug und Faulheit und Verrücktheit. Sie ist ihrem Wesen nach Freiheit, und davon zehrt alles, was schöpferisch ist in irgendeiner Form.« So auch die Literatur. Sie vermittelt eine Wahrheit über den Menschen, seine Einbildungen, Vorstellungen und Sehnsüchte. In den hier gesammelten Studien zur deutschen Literatur der letzten zweihundert Jahre erforscht und deutet Peter von Matt die unterschiedlichsten Phantasien, ihre Bedingungen und Formen. Dazu gehören die Fieberphantasien und Geistergeschichten eines E. T. A. Hoffmann ebenso wie die Ambivalenz der Liebe in der Lyrik Heines oder Brentanos, die Dramaturgie der Todesszenen auf dem Theater ebenso wie die Komplexität des Lachens und des Lächerlichen – exemplifiziert an der von Caroline Schlegel überlieferten Reaktion der Jenaer Romantiker, die über der Lektüre von Schillers ›Glocke‹ in Lachkrämpfe ausbrachen. »Was von Matt bietet, ist Literaturwissenschaft mit Urbanität, streng und doch werbend, geschliffen und doch nicht steril, entdeckerisch, ansteckend, kurzum ... Literaturwissenschaft für Leser.« (Hans-Jürgen Schings in der ›Frankfurter Allgemeinen Zeitung‹)

Der Autor

Peter von Matt, geboren 1937 in Luzern, ist Professor für Neuere deutsche Literatur an der Universität Zürich. Zahlreiche Veröffentlichungen zur Literatur des 19. und 20. Jahrhunderts, u. a.: ›Liebesverrat. Über die Treulosen in der Literatur‹ (1991; dtv 4566); ›Verkommene Söhne, mißratene Töchter. Familiendesaster in der Literatur‹ (1995).

W0171321

Die Phantasie überrennt den Dichter. Nestroy bricht in Paris vor einem Bild zusammen, das den Moment zeigt, wo die letzten Gefangenen der Revolution zur Hinrichtung aufgerufen werden. Der große Dramatiker ist der dramatischen Szene nicht gewachsen. Die gestaltende Einbildungskraft kommt dem bildmächtigen Gestalter über den eigenen Hals.

(Zum Bild: Charles Louis Müller: Appel des Dernières Victimes de la Terreur dans la prison de Saint Lazare, 7–9 Thermidor 1794)

Peter von Matt

Das Schicksal der Phantasie

Studien zur deutschen Literatur

Deutscher Taschenbuch Verlag

Von Peter von Matt
ist im Deutschen Taschenbuch Verlag erschienen:
Liebesverrat. Über die Treulosen in der Literatur (dtv 4566)

Juni 1996
Deutscher Taschenbuch Verlag GmbH & Co. KG,
München
© 1994 Carl Hanser Verlag, München · Wien (ISBN 3-446-17689-6)
Umschlaggestaltung: Dieter Brumshagen
Umschlagbild: ›Die Rosse des Neptun‹ (1892) von Walter Crane
(ARTOTHEK/Blauel, Gramm)
Satz: Fotosatz Reinhard Amann, Aichstetten
Druck und Bindung: C. H. Beck'sche Buchdruckerei,
Nördlingen
Printed in Germany · ISBN 3-423-04692-9

Inhalt

Vom Schicksal der Phantasie.
  Ein Vorwort 7

»The tongues of dying men . . .« Zur Dramaturgie
  der Todesszene 11
Die Rhetorik des Selbstmords. Zum Suizid auf dem Theater 25
Grandeur und Elend literarischer Gewalt.
  Die Regeln der Polemik 35
Die Opus-Phantasie. Das phantasierte Werk als Metaphantasie
  im kreativen Prozeß 43
Gespaltene Liebe. Die Polarisierung von erotischer und geistlicher
  Lyrik als Strukturprinzip des romantischen Gedichts 61
Lyrik und Körperlichkeit. Das lyrische Reden als Wiedergewinn
  ausgegrenzter Erfahrung 78
Lachen in der Literatur. Eine Überlegung zur Frage, warum
  Schillers »Glocke« so ernst ist 91
Der tragische Klamauk. Über die vielen Väter bei Jakob Michael
  Reinhold Lenz 102
Der irrende Leib. Die Momente des Unwissens in
  Eichendorffs Lyrik 109
Der Roman im Fieberzustand. E. T. A. Hoffmanns »Elixiere
  des Teufels« 122
Nestroys Panik 134
Heine und der Henker 149
Der Epigrammatiker Grillparzer 159
Die Trieblizenz des historischen Erzählens. Am Beispiel von
  Gotthelfs »Kurt von Koppigen« 174
Gottfried Keller und der brachiale Zweikampf 187
Aus der Geschichte der Geistergeschichte. Gottfried Kellers
  Auseinandersetzung mit der phantastischen Literatur 208
»Die Richterin«. Conrad Ferdinand Meyers Kunst im Widerstreit
  zur privaten Phantasie 224
Zur Psychologie des deutschen Nationalschriftstellers. Die
  Bedeutung der Hinrichtung und Verklärung Goethes durch
  Thomas Mann 242
Der geliebte Doppelgänger. Die Struktur des Narzißmus bei
  Stefan George 257

Die Dynamik von Trakls Gedicht 277
Kafkas Venus. Über den Roman »Der Verschollene« 292
Brecht und der Kälteschock. Das Trauma der Geburt als
    Strukturprinzip seines Dramas 297
Wer hat Robert Walsers Briefe geschrieben? 313
Der phantastische Aphorismus bei Elias Canetti 321
Quellennachweise 331

Vom Schicksal der Phantasie

Ein Vorwort

I

Die Phantasie ist immer verdächtig. Sie wohnt an der Grenze. Jenseits ist das Andere. Zu diesem steht sie in einem ungeklärten Verhältnis. Die Vermutung, daß sie mit dem Verbotenen konspiriert, ist nicht leicht abzuweisen. Oder schützt sie uns davor? Selbst wer sie rühmt, tut es unter Vorbehalt: daß sie ja nicht »zügellos« werde, nicht »ausschweifend«, nicht gar zu »blühend«. Die Umgangssprache hält ein ganzes Feld von Wörtern bereit, die den Punkt benennen, wo die Phantasie zur Gefahr wird. Sie kann »fieberhaft« sein, dann »krankhaft«, schließlich »verdorben«. Wohl hat sie mit Schönheit zu tun, aber auch mit allem Wüsten und Bösen. Immer ist sie Einbruchstelle. Da drängt etwas heran, und Ordnung wird bedroht. Die Freiräume der Phantasie zu bestimmen, zu erweitern und wieder einzugrenzen ist unablässiges Geschäft jeder Gesellschaft. Den Erziehern gilt sie als das Vehikel der Verführung, und den Philosophen ist sie unangenehm, weil sie das Erkenntnismonopol der Vernunft in Frage stellt. Die Vernunft definiert sich aus der Differenz zum Wahn. Von der Phantasie geht das Gerücht, sie sei mit ihm verbündet.

II

Auch die Dichter haben zur Phantasie kein ungebrochenes Verhältnis. Sie werden nicht müde zu betonen, mit ihr allein sei es nicht getan. Schreiben sei Arbeit, Kunst sei Mühsal. Als Ringende wollen sie sich am liebsten verstanden wissen. Die Phantasie aber ist gratis und hält, wie mit der Sünde und dem Wahn und der Lüge, auch mit der Faulheit eine alte Kumpanei. Nur selten kommt es zu ästhetischen Programmen, in denen die Phantasie nicht als das begriffen wird, was »gezügelt« und »gebändigt« werden muß. Nur selten wird verlangt, es sei ihr schrankenlos der Lauf zu lassen. Dann allerdings gibt sich die Kunst den Künstlern wahrhaftig im Schlaf. »Le poète travaille«, schrieb der Surrealist Saint-Pol-Roux an seine Tür, wenn er zu Bett ging. Und Brancusi schuf den zauberhaften Kopf einer schlafenden Muse, »la muse endormie«. Das lief dem Mythos entgegen. Denn für die Griechen schliefen die Musen nie, und man hörte ihre stampfenden Tanzschritte noch in tiefer Mitternacht vom fernen Olymp her. Tatsächlich haben die Dichter allen Grund, der Phantasie gegenüber mißtrauisch zu bleiben. Sie steht in geheimer Konkurrenz zum Werk, obwohl sie es gleichzeitig ermöglicht. Das Werk ist immer gesellschaftlich und geschichtlich. Es antwortet auf andere und spurt dem nächsten vor. Es spricht die Sprache vieler, auch wenn es wie eine einzige gehört wird. Mag es noch so neu daherkommen, es ist immer schon eine Übersetzung in die Lingua franca der zeitgenössischen Kultur. Wo der Dichter im Schlaf arbeitet, kann er sich diese Übersetzungsarbeit sparen. Nur ist dann auch nichts mehr da, wenn er erwacht. Er ist sein eigenes Kunstwerk. Marcel Duchamp hat darüber ernsthaft nachgedacht, vor ihm schon die Romantiker. Bei E. T. A. Hoffmann sitzen Maler vor der weißen Leinwand und sehen darauf ihr herrliches Werk, und das genügt ihnen, auch wenn alle andern nichts weiter erkennen als eben die weiße Leinwand. Wie zum Wahn und zum Bösen, zur Lüge und zur Faulheit, markiert die Phantasie auch den Übergang zur radikalen Einsamkeit. Die Phantasie zu »zügeln« und zu »bändigen«, wie der Volksmund sagt, heißt in Wahrheit etwas anderes: Verwandlung, Metamorphose. Die Bilder und Zeichen aus den Zonen des Schlafs müssen umgeschaffen werden in Bilder und Zeichen der gemeinsamen Wachheit. Dieser Vorgang ist nicht einmalig, ist nicht auf den kreativen Grundakt beschränkt. Schon der Traum ist eine Übersetzung, und mein Wissen vom Traum eine weitere, und eine dritte, wenn ich den Traum erzähle. Fortlaufend verwandeln und verschieben sich die Zeichen und Bilder. Sie versuchen, ihren Sinn zu retten, indem sie ihn verschwinden lassen. Verkehrt und verdoppelt, zerstückelt und verknüpft, bleibt er nur als ein gänzlich anderer, was er war. Im Dienst der Vernunft und des Guten, der Wahrheit und des friedlichen Zusammenlebens befördern die Dichterinnen und Dichter die Metamorphosen der Phantasie und erleben diese Arbeit zu Recht als Mühsal.

III

Die vorliegenden Studien, über zwei Jahrzehnte hin entstanden, begreifen den Menschen in einem anthropologischen Vorentscheid als das wünschende Wesen, das den Wunsch um seiner Erfüllung willen verwandeln muß. Nur wer das Ziel vergißt, kann es erreichen. Der Teufel muß, es geht nicht anders, mit Beelzebub ausgetrieben werden. Kunst ist deshalb immer Anagnorisis, Wiedererkennen. Im Unterschied zur Anagnorisis im Drama, wo der Held in der Barbarenpriesterin die verlorene Schwester, die Heldin im König den eigenen Vater, der Richter den gesuchten Verbrecher in sich selbst entdeckt, weiß ich aber dem Kunstwerk gegenüber nicht, daß mich hier eine alte Liebe anschaut und zu Tränen rührt, ein alter Haß berauscht und grimmig befriedigt. Das große Gefühl, das die große Dichtung auslöst, die synästhetische Sättigung aller fünf Sinne durch das Wort, und das Erlebnis von Wahrheit, das im gleichen Moment geschieht,

Erkenntnis als sonnenhafter Schock vor aller Reflexion, sie sind die Wiederkehr vertriebener Gefühle und die Rückkunft versunkenen Wissens. Ich stehe hingerissen vor dem ganz Neuen und habe keine Ahnung, daß die Herrlichkeit dieser Erfahrung Erinnerung ist: Kunst als blinde Anagnorisis. Ganz ähnlich kann im Ausbrechen einer Liebe das geliebte Gegenüber als etwas uralt Bekanntes erscheinen, und zwei Leute, die nichts voneinander wissen, sind sich plötzlich so vertraut, als wären sie zusammen aufgewachsen. Die Phantasie ist zu Recht immer verdächtig, und zu Recht wird sie immer wieder gefeiert. Sie ist die Einbruchstelle dessen, wovor sie uns schützt. Sie steht in Verbindung zum Bösen und Wüsten, zu Lug und Trug und Faulheit und Verrücktheit. Sie ist ihrem Wesen nach Freiheit, und davon zehrt alles, was schöpferisch ist in irgendeiner Form. Aber in der Konsequenz dieser Freiheit liegt ein Terror, der das Subjekt aus der Gemeinschaft werfen kann. Der Rausch der kreativen Stunde und der Trip der Drogenleute sind verwandt. Phantasie ist Schicksal, macht Schicksal und hat ihr eigenes Schicksal. So wie es die »Taten und Leiden des Lichts« gibt, des äußeren Lichts, das von der Sonne kommt – nach Goethes Formulierung im Vorwort zur Farbenlehre –, gibt es die Taten und Leiden des inneren Lichts. Sie schlagen die Brücke aus der Einsamkeit des Wahns und der Wünsche in die Gemeinschaft des Gelächters und der Erschütterung. Unentwegt verwandeln sie die Bilder, die als verwandelte schon empfangen wurden. Hinter die Bilder zurück aber führt kein Weg. Auch alles Wüste und Böse ist selbst schon Bild und keineswegs der Ursprung und der eigentliche Sinn. Nichts Böses, das nicht einmal gut, nichts Wüstes, das nicht einmal schön gewesen wäre. Daher die Sehnsucht, daher der Wunsch, daher das Verbot des Wunsches und das Vergessen der heftigsten Sehnsucht. Alle Unschuld ist ein Ergebnis.

IV

So kam der Mensch aufs Erzählen. Alles in seinen Geschichten ist immer es selbst und ein anderes. Nur weil der Wolf nicht nur der Wolf ist und die Hexe nicht nur die Hexe und Hamlet erst recht nicht nur Hamlet, wollen wir vom Wolf hören, von der Hexe und vom melancholischen Prinzen. Sogar der öde Derrick in seiner Geheimnislosigkeit ist nicht nur der öde Derrick. Wir besitzen das vitale Bedürfnis nach Geschichten, weil wir selbst nicht nur wir selbst sind, sondern ebenfalls ein Ergebnis unserer unablässig arbeitenden Phantasie, in Verwandlungen begriffen wie sie und wegen ihr, eine Folge selbstgeschaffener Bilder, eine Serie selbsterzählter Geschichten, ein Fortsetzungsroman von mittlerer Qualität. Die Literaturwissenschaft ist eine Art und Weise unter vielen, auf das Ereignis des Erzählens und der Geschichten zu antworten. Sie kann dabei nicht anders, als ebenfalls zu erzählen. Das hat seine Peinlichkeit. Es erinnert an Münchhausens Zopf. Soweit die Literaturwissenschaft selber Erzählung ist, muß für sie gelten, was sie ihrerseits den Erzählungen nachweist: daß das Erzählte stets es selbst und etwas anderes ist.

Glücklicherweise steht die Literaturwissenschaft mit dieser Peinlichkeit nicht allein. Wissenschaft und Märchen sind ein Gegensatz wie Vernunft und Wahn, und doch sieht jede Wissenschaft ein Jahrhundert später wie ein Märchen aus. Hegels Weltgeist und Hoffmanns Sandmann, Schopenhauers Wille und Poes Ligeia sind gleichwertige Beispiele der phantastischen Literatur. Aus dieser Falle gibt es kein Entkommen. Daß die Wahrheit nackt sei, ist eine alte Illusion. Wir haben sie nie an sich, immer nur verkleidet, und das Kleid ist Erzählung. Aber so, verhüllt und vermittelt, ist Wahrheit eben doch zu greifen. Die Geschichten tun uns die Augen auf, nicht anders als der Apfel dem ersten Menschenpaar, und wir werden fähig, das Gute und das Böse zu unterscheiden – scientes bonum et malum. Diese Erkenntnis ist in der Literatur ein plötzliches Ereignis, sonnenhafter Schock vor aller Reflexion, und sie ist das Ergebnis langer, gesammelter Arbeit: des Deutens. Das erste ist das höhere. Es geschieht jeder Leserin und jedem Leser, wenn auch nicht geschenkweise, sondern nach Maßgabe des eigenen Mitdenkens und Mitfühlens. Das zweite leistet die Literaturwissenschaft, und es steht im Dienste des ersten. Es versucht, jener Erkenntnis die Bahn zu brechen und die Hindernisse zu beseitigen, die sich durch die historische Ferne, durch die Spiele der Form, durch die Regeln des sozialen Wohlverhaltens, durch den Lebensbefehl der Geschlechter, durch das Erschrecken der Dichter vor sich selbst, durch Fremdheit und Anderssein aller Art unablässig davor aufrichten. Sinn und Wert der Literaturwissenschaft beweisen sich allein dort, wo durch sie die Literatur selbst, das erzählte, gesungene, gestammelte, geschriene Wort so unter die Leute tritt, wie es um seiner wahrheitsschaffenden Gewalt willen nötig ist und ohne die Arbeit des Deutens und Erläuterns nicht geschehen könnte.

Die Literatur ist eines der alten, durch nichts zu ersetzenden Verfahren der Welterklärung und der Bestimmung dessen, was menschenwürdig ist. Sie kommt zustande über die Metamorphosen der Phantasie, ist verhängt mit deren Schicksal. Deshalb weiß sie alles vom Wüsten und Bösen, vom Wahn, von der Niedertracht und vom Genuß daran und von der Sehnsucht nach dem Guten noch in der Schändlichkeit. Es ist dieser Genuß und diese Sehnsucht, was in den Bildern haust und sie zu immer neuer Verwandlung treibt. Und wie in der alten Heilkunde nur das Feuer die Wunden des Feuers heilt, nur das Messer die des Messers schließt, sind es die geheimen Verbindungen zum Unmenschlichen, was es der Phantasie, was es der Literatur möglich macht, der bedrohten Menschlichkeit beizustehen.

»The tongues of dying men...«
Zur Dramaturgie der Todesszene

Warum auf der Bühne gestorben werden muß

Die Bühne, das hat sich herumgesprochen, ist einer der lebensgefährlich-
sten Orte. Wenn die Protagonisten eines Trauerspiels ins Licht der Schein-
werfer treten, ahnungslos und guten Mutes, würde niemand im Publikum
eine Wette darauf abschließen, daß sie nach drei Stunden noch am Leben
sind. Schon Lessing hat den Witz gemacht, der fünfte Akt müsse eine böse
Krankheit sein, weil so viele brave Leute an ihm umkämen. Dabei hat Lessing selbst an der Ausbreitung dieser Krankheit kräftig mitgewirkt. Er hat
sich zwar über die Dramatiker lustig gemacht, die ihre Helden nur mittels
umständlicher Veranstaltungen und unter Beizug der erstaunlichsten Zu-
fälle ums Leben bringen können, aber *daß* die Helden zur Strecke gebracht
werden müssen, daran hat auch er nicht gezweifelt.

Warum eigentlich? Warum stirbt es sich so hemmungslos auf der Bühne?
Woher stammt das Bedürfnis des Vorhangs, sich immer neu vor Vergifte-
ten, Erstochenen, Erschlagenen oder andersswie Verblichenen zu senken?

Das Rätsel hängt, wie immer man es löst, mit fundamentalen Gegebenheiten der Literatur überhaupt zusammen.

Eine erste Antwort ist die These, das sei nun eben eine Konvention. Es
habe sich so eingespielt und dann gehalten wie so manches andere auch.

Gerade wenn es nur eine Konvention wäre, wenn es sich nur so eingespielt hätte und nichts weiter, hätte es sich längst auch schon wieder ausgespielt. Denn in der Kunst wird jede Konvention, ist sie einmal als solche bewußt geworden, durchbrochen. Und was nur Konvention ist, was sich
ästhetisch schlechthin nicht anders als mit der Berufung auf das Herkommen rechtfertigen kann, ist damit nach jedem neuzeitlichen Kunstbegriff
ästhetisch bereits gerichtet.

Der zweite Versuch einer Lösung ist schon spezifischer: Vielleicht hängt
solche Häufung der Todesfälle mit der geschlossenen Form zusammen, mit
dem aristotelischen, dem klassischen, dem tektonischen Theater. Könnte es
nicht sein, daß dieses erst bei einigen Leichen vollkommen geschlossen ist?
Das Argument ist verführerisch, nur muß man feststellen, daß in offenen
Formen, episch-atektonisch, unverdrossen weitergestorben wird – bei
Brecht und Frisch und Dürrenmatt, bei Peter Handke und Thomas Bernhard, bei Franz Xaver Kroetz und Heiner Müller und Botho Strauß.

Eine Schlußfolgerung steht damit fest: Der Tod auf der Bühne, die Todesszene, ist für das Theater ganz grundsätzlich unabdingbar. Dies verschärft aber nur noch die Dringlichkeit der Frage, warum dem so sei. Ist es deshalb, weil das Theater die Welt abbildet und in dieser Welt eben gestorben wird? Das scheint so naheliegend wie die These von der Konvention, und es ist auch nur ein weiterer Trugschluß. Das Theater handelt nämlich die Gegebenheiten der Lebenswelt nicht entsprechend ihrer natürlichen Häufigkeit ab. Sonst müßte auf den Brettern ebenso ausgiebig auch geboren werden, was uns bisher angenehmerweise erspart geblieben ist – angenehmerweise und aus guten Gründen. Denn in Wahrheit ist es so, daß auf dem Theater nur deshalb so reichlich gestorben werden kann, weil es die Welt gerade nicht abbildet, sie gerade nicht widerspiegelt und nicht im kleinen reproduziert, wie wir immer wieder gerne meinen und die orthodoxen Marxisten zu meinen verpflichtet sind.

Das Theater bildet nicht ab, sondern es redet über uns und unsere Welt, redet in seiner Sprache, einer eigenen Sprache, und nach deren spezifischer Grammatik. Die Todesszene aber ist nichts anderes als ein Wort aus dieser Sprache. Und so wichtig ist dieses Wort, so einzigartig seine Semantik, daß jene Sprache ohne es nicht auskommt. Es ist dem Theater auf die Dauer nicht möglich, über uns zu reden ohne den Zeichenkomplex der Todesszene. Und wir alle können ohne den Zeichenkomplex der Todesszene nicht über uns erfahren, was wir, indem wir ins Theater gehen, über uns so dringlich zu erfahren wünschen.

Was ist denn nun aber die Bedeutung dieses Wortes? Welches ist die Semantik der Todesszene? Da das Theater nicht abbildet, kann auch der Sinn der Todesszene nicht darin liegen, zu zeigen, wie man stirbt. Da die Bühne nicht die Wirklichkeit en miniature ist, meint, was auf ihr geschieht, immer etwas anderes. Auszugehen ist also gerade von jener Differenz, die das Theater selbst immerzu zu verwischen bestrebt ist. Der Unterschied zwischen der Struktur des Bühnengeschehens und der Struktur unserer erlebten Wirklichkeit muß gesucht werden, wo er ganz kraß und unzweideutig zu Tage tritt. Derart drastisch eröffnet er sich – das sei hier einmal behauptet – unter der Frage nach der Möglichkeit. Das ist erläuterungsbedürftig: »Möglichkeit« will hier in einem ganz einfachen und gleichzeitig dramaturgisch akzentuierten Sinn verstanden sein. Was ist auf der Bühne möglich, und inwiefern unterscheidet es sich von dem, was in der Lebenswelt möglich ist? Die schlichte Frage führt zur ebenso schlichten, gleichzeitig aber auch monumentalen Antwort: auf der Bühne ist immerzu alles möglich. Elementar ist das Geschehen auf den Brettern dadurch bestimmt, daß stets alles anders kommen kann, daß nie etwas irreversibel ist. Was sich da haßt, wird es nicht gleich wieder versöhnt sein, verliebt und innig Brust an Brust geworfen? Wird nicht der Arme Hals über Kopf reich, der Mächtige schwach, der Böse zerknirscht, der Tugendhafte ein lustvoller Sünder? Kann sein, es geschieht; kann sein, es geschieht nicht: entscheidend ist, daß wir mit der Möglichkeit rechnen! So selbstverständlich auf jede Wandlung gefaßt ist der Zuschauer, daß er darüber gar nicht mehr nachdenkt. Wenn in der Alltagswelt ein armer Hund reich wird, ist man darüber überrascht, genau so überrascht, wie wenn im Theater ein armer Hund einer bleibt und nichts weiter. Was die Wirklichkeitsstruktur der Bühne bestimmt, ist also die umfassende Reversibilität aller Dinge. Auch die sogenannte Unausweichlichkeit der Ereignisse, das Schicksalhafte, das unerbittlich Notwendige, das so viele Tragödien charakterisiert, wird von uns nur deshalb als so zwingend erfahren, weil es sich auf dem Hintergrund schrankenloser Möglichkeiten abspielt. Während wir in unserer täglichen Wirklichkeit in lauter Zwängen und Nötigungen stecken, ist auf der Bühne immerfort jeder Wechsel denkbar. Deshalb sind wir ja auch so gespannt im Theater. Jeder Wechsel ist denkbar, immerzu – außer wenn einer stirbt. Einzig die Todesszene greift hart und unerbittlich in die Möglichkeitsstruktur ein. Durch sie gibt es plötzlich Unausweichlichkeit. In ihr ereignet sich das ganz Andere, entsteht Notwendigkeit und Irreversibilität. Jetzt, im Rückblick, zu dem das Ereignis zwingt, erscheint erst jenes eisern Unerbittliche, gegen das es kein menschenmögliches Mittel gibt, fährt jene lückenlose Kausalität zusammen, die Schiller in seinen dramaturgischen Reflexionen »Nemesis« nannte. Wir aber meinen dann, wir hätten, was erst der Rückblick ergab, schon immer gesehen und fortwährend beobachtet.

Beweis dafür, sollte er noch nötig sein, ist die dramaturgische Kategorie des retardierenden Moments. Damit bezeichnet man bekanntlich den Vorgang, in dem unmittelbar vor der Katastrophe noch einmal Hoffnung aufbricht und alles sich doch noch zum Guten zu wenden scheint. Das ist mehr als nur ein Element des Psychoterrors, dem wir uns im Theater so lustvoll aussetzen. Das retardierende Moment hat zu seiner wesentlichen Voraussetzung die Wirklichkeitsstruktur der umfassenden Reversibilität aller Dinge, und es prägt diese dem Zuschauer nochmals ein, bevor das absolut Irreversible geschieht.

Das bedeutet nun aber noch mehr. Solange alles offen war, blieb auch das oberste Gesetz noch unsichtbar, das die Welt des Stücks absolut regiert, das, was ihm die letzte metaphysische Instanz ist. Mit der Todesszene tritt diese ans Licht. Wortlos redet die Todesszene von ihr. Und es ist dies ganz zuletzt ihr eigentlicher Sinn. In der täglichen Wirklichkeit sterben wir alle einmal irgendwie einfach so. Auf dem Theater kann man nur aus letzten Gründen sterben. Selbst wenn hier einer extrem zufällig umkommt, irgendwie einfach so, an einem Dachziegel zum Beispiel, dann heißt es eben, daß der Zufall diese Welt regiert, daß er das letzte Gesetz und also eine metaphysische Größe ist.

In der Todesszene geschieht also zweierlei und parallel und in Wechselwirkung. Einerseits verwandelt sie das Nacheinander der Ereignisse in eine Kette zwingender Kausalität, wodurch das Gesetz ans Licht tritt, das die Welt regiert, und andererseits zwingt sie damit uns selbst zum Urteil über das Ganze. Denn in Wahrheit sind wir es ja, die das Gesetz formulieren, zuschauend und mitleidend, so wie auch wir im Augenblick der tragischen Erschütterung die Kausalität entwerfen, die eiserne Notwendigkeit erkennend schaffen. Die Todesszene verwandelt uns also von Miterlebenden in Denkende, von staunenden Kindern in Philosophen, und doch beläßt sie uns weiterhin im Zustand ungebrochener Anschauung. Die Todesszene ist mithin eine einzigartige Form von konkreter Reflexion. In ihrem Mitvollzug blitzt dem Zuschauer die metaphysische Pointe des Stücks auf, scharf und blendend, körperhaft erfahren, auch wenn er sie nicht formulieren kann.

»Die metaphysische Pointe des Stücks« – was damit gemeint ist, kann noch verdeutlicht werden über die Kategorie der Schuld. Die letzte Besiegelung von Schuld geschieht auf dem Theater über den Tod. Er erst macht Schuld definitiv, und in dem, was definitive Schuld ist, spricht das Stück je von seinen ersten und letzten Dingen. Der Tod des Unschuldigen spricht den Schuldigen schuldig, der Tod des Schuldigen gibt über ihn die letzte Klarheit, verknüpft seine Schuld mit der Gerechtigkeit. Über die Todesszene, über den eigenen oder den verschuldeten Tod, tritt das sittliche Profil der Figur ins volle Licht und mit ihm die Norm, gegen die sie verstoßen, für die sie sich geopfert hat. Diese Norm aber ist nichts anderes als die metaphysische Pointe des Stücks in ihrer moralischen Ausprägung.

Die fundamentale Funktion der Todesszene kann auf die Dauer durch kein anderes Bühnengeschehen ersetzt werden. Nur die Hochzeit in der alten Komödie, das jubelnde Aufeinanderzustürzen der schönen Verliebten, besaß die annähernd gleiche Gewalt einer körperhaften Reflexion über den Sinn der Welt. Aber in diesen Dingen ist es inzwischen mit der Irreversibilität ja etwas prekär geworden.

Wie es sich auf der Bühne stirbt

Wer vom vielfachen Sterben auf dem Theater als einer reinen Konvention spricht, läßt meistens durchblicken, die Dramatiker wollten es sich damit leicht machen und einen billigen Abschluß suchen. De facto ist das Gegenteil der Fall. Die Tradition der vielen Theatertode macht es den Dramatikern ausnehmend schwer, ihre Protagonisten vor aller Augen sterben zu lassen. Es gibt kaum eine Variante des Bühnentodes, die nicht die Erinnerung an ihre Vorgänger wachruft und dadurch das Geschehnis als Literatur bewußt macht – in einem Augenblick, wo solche Reflexion am wenigsten erwünscht ist. Dabei ist die Aufgabe an sich selbst schon tückisch genug. Das handwerklich Praktische allein, die ganz konkrete Veranstaltung des szenischen Exitus, fordert alle kreativen Reserven des Autors. Der Mensch ist ein zähes Lebewesen. So leicht nimmt er seinen Abschied nicht von dieser Welt. Wir alle sind da sehr empfindlich. Wir wollen den vitalen Widerstand spüren, sonst ärgern wir uns über den Vorgang und finden ihn unfreiwillig komisch in seiner leeren Mechanik. Er wird lächerlich wie ein versenkbarer Theaterdolch. An der Frage: wie bringe ich meinen Helden um? schleppen sich die Autoren oft länger und mühsamer als an den großen Ideen, um die sich die Germanisten dann wieder fast allein kümmern.

Es ist außerordentlich spannend, die Dramaturgie des Sterbens bei den Klassikern und den Modernen in ihren technischen Details zu studieren. Man kann dabei das Staunen vor den Meistern der Szene wieder lernen, eben weil man auf diese Vorgänge bisher nie geachtet hat. In der Erinnerung nehmen sich die Szenen ja meist sehr einfach aus. Es wird gestritten, und einer sticht nach dem andern, und der sagt noch etwas, und dann ist er tot. So, glauben wir, gehe es zu. So meinen wir uns zu erinnern.

Tatsächlich aber greift beim ausgestalteten Bühnentod sehr vieles auf heikle Weise ineinander. Mit Tiefsinn und Poesie allein kommt der Autor da nicht weiter. Vielmehr geht es zunächst um lauter Konkreta: ein menschlicher Körper muß tödlich verletzt werden, von außen oder innen her, und wir müssen darüber minuziös informiert werden. Werkzeuge also müssen für die Szene beschafft werden, und sie sind vom Theaterrequisit in die erlebte Wirklichkeit einer furchtbaren Waffe zu verwandeln. Sie müssen glaubhaft gehandhabt werden, unter der ständigen Drohung der Komik, die dem handfesten Objekt in pathetischen Situationen so gerne zuwächst. Es ist kein Zufall, daß ein großer Teil der Theaterwitze sich um das Requisit in der tragisch-leidenschaftlichen Bühnensituation dreht und also von der Tücke des Objekts in einem Moment handelt, wo dieses ganz nur Funktion im pathetischen Ablauf sein sollte.

Wenn an menschlicher Hinfälligkeit gestorben wird, entspricht der Waffe das Krankheitssymptom. Dieses ist besonders schwer zu vermitteln. Theater setzt sich zusammen aus Dingen, die man von weitem sieht oder von weitem hört. Die Säbel und Dolche, die Pistolen und selbst die Giftfläschchen werden deshalb nie ganz von den Brettern verschwinden. Das Symptom aber, das den Tod ankündigt, bringt den Dramatikern natürliche Schwierigkeiten. Da muß jemand sein, der es feststellt und beschreibt und bewertet, und er muß es so tun, daß wir ihm glauben, und selbst wenn das alles geschieht, ist meist immer noch zuwenig da, was man von weitem sehen könnte. Einen beinahe schon wieder kuriosen Beweis für den dramaturgischen Notstand, der da vorliegt, bildet die Tatsache, daß die Szene in der Intensivstation mit dem sichtbaren Elektrokardiogramm und dem als Piepton hörbaren Herzschlag sehr rasch zu einem Stereotyp der Kriminalfilm-Serie geworden ist.

Das Pendant zum Symptom, bei gleicher szenischer Schwierigkeit, ist die letzte Diagnose, die Feststellung des eingetretenen Todes. Auch sie muß gegeben werden und für den Zuschauer unmittelbar glaubhaft sein.

Dazu kommt noch mehr, der Todeskampf etwa, die Phasen der Agonie, die gestaltet und gezeigt sein wollen, und zwar gerade nicht mit Stöhnen und Röcheln. Dies mag es in der Wirklichkeit geben, auf dem Theater, das die Wirklichkeit nicht abbildet, sondern von ihr handelt, hat es keinen Aussagewert. Für die reale Agonie ist auf der Bühne kein Platz. So wie da gestorben wird, stirbt in praxi niemand – aber wir wollen überzeugt sein, so sterbe jeder. Diese Überzeugungsarbeit hat der Autor unbedingt zu erbringen. Denn: nur der vom Zuschauer fühlend und denkend mitvollzogene Tod des Protagonisten führt zu jenem Aufleuchten der metaphysischen Pointe, das für das Ganze unabdingbar ist. Da nützen keine Tricks. Wenn einer hinter der Szene stirbt – eine häufige Variante –, bringt das nur andere Schwierigkeiten, nicht etwa weniger. Die Funktionen der Todesszene wachsen dann alle dem Botenbericht zu. Dieser aber ist ein erzählendes, ein undramatisches Medium. Er muß also seine szenische Kraft jeweils zusätzlich noch von irgendwoher beziehen. Wie sehr solche Hindernisse aber auch zu Chancen werden können, zeigen berühmte Beispiele, vom Tod des Max Piccolomini bis zu dem des Arnold Kramer.

Man darf also feststellen: was wir von vielen Stücken her in Erinnerung haben als ein bißchen Action mit dem Kommentar: »Sie ist tot«, »Er ist hinüber« – das ist bei genauem Zusehen ein hoch komplexes, überlegt vorbereitetes und durchgeführtes Geschehen. Man kann das illustrieren an einem Fall, den jeder kennt und doch kaum einer je auf seine dramaturgische Feinstruktur hin betrachtet hat. Der Tod Attinghausens im *Wilhelm Tell* zeigt, wie sehr Schiller auch in diesen scheinbar winzigen Dingen der große Erfinder und Techniker ist. Die erste Bühnenanweisung der zweiten Szene des vierten Aktes nimmt sich zwar noch scheinbar naiv aus: »Der Freiherr, in einem Armsessel, sterbend«.[1] Das könnte von einem sehr schlechten Dramatiker sein. Diese pflegen nämlich kurzerhand ins Stück zu schreiben: »er stirbt«, womit der Schwarze Peter beim Schauspieler liegt. Soll er zusehen, wie er die Leute überzeugt. Schiller drückt sich mit dieser Bühnenanweisung jedoch keineswegs um die Aufgaben, die der Handlung und dem Dialog zukommen. Der Satz ist eine Information für die Regie oder den Leser. Als solche ist sie sinnvoll und am Platz. Die Szene selbst beginnt so, daß man, was das Dramaturgische betrifft, vielleicht wieder einmal das schlichte Wort »genial« verwenden darf. Einer der Leute, die um den Mann im Sessel herumstehen, sagt von ihm:

Es ist vorbei mit ihm, er ist hinüber.

Das ist genau die letzte Diagnose, mit der so viele primitiv gebaute Todesszenen enden. Hier aber beginnt die Todesszene mit diesem Satz. Bis der Alte stirbt, passiert noch einiges; er erfährt vom Aufstand der Waldstätte und redet visionär von kommenden Zeiten. Der übliche Diskurs über die

Symptome des nahenden Todes kann nun geführt werden als Widerlegung der letzten Diagnose. Man hat nur gemeint, der Tod sei eingetreten. »Er liegt nicht wie ein Toter«, wendet einer ein, »seht die Feder auf seinen Lippen regt sich!« Das Flaumfederchen, auf den Mund von Sterbenden gelegt, war einst ein diagnostisches Hausmittel. Der Zuschauer ist also durch ein Geschehen, durch optisch prägnante Handlung, Rede und Gegenrede unterrichtet, daß hier einer sterben wird, im Moment aber noch lebt. Dadurch gewinnt der Autor freie Hand. Wir erwarten den Tod jeden Augenblick, sind also im voraus überzeugt. Die letzte Diagnose, wenn sie tatsächlich am Platz ist, wird keine Umstände mehr erfordern. Der alte Mann braucht nur noch einzusinken, und wir nehmen den Tod auf der Stelle für erwiesen an. Gleichzeitig aber wird im Publikum das Bewußtsein, einer letzten Stunde beizuwohnen, auf bedrängende Weise geschaffen. Dies wiederum ist die Voraussetzung, daß sich die Semantik der Todesszene überhaupt entfalten kann. Die Vision der Zukunft, die dieser Sterbende in der Folge entwirft, sein fremdartiges Reden vor dem Tod, kann jetzt mächtig ins Gemüt der Zuschauer durchschlagen.

Man müßte diese Szene bis ins einzelne sowohl mit Shakespeares *Richard II.* vergleichen – auf den Tod Lancasters im 2. Akt jenes Stücks greift sie nämlich offenkundig zurück – wie auch mit Grillparzers *Bruderzwist*, wo der Tod Rudolfs II. ebenso deutlich auf dem Grundriß der Attinghausen-Szene aufgebaut wird. In allen drei Fällen verbindet sich das Sterben mit großer politischer Prophetie. Man kann dabei sehr schön studieren, wie der Spätere je von seinem Vorgänger profitiert, wie er aber zugleich auch vor neue Schwierigkeiten gestellt wird. Das ergibt ein kleines, intensives Exerzitium in Intertextualität. Grillparzer kann sich Schillers Kunstgriff mit der vorgezogenen Diagnose nicht mehr leisten, ebensowenig wie dieser die Lapidarität Shakespeares übernehmen kann, wo der Sterbende alle Informationen über seinen Zustand kurzerhand selbst liefert. Dennoch gelingt Grillparzer im *Bruderzwist* auch von der dramaturgischen Erfindung her nochmals eine Steigerung. Er setzt nämlich die Signale der Todesszenen nicht vor den Beginn der visionären Rede, macht sie nicht von Anfang an zu deren Rahmen, sondern läßt die politische Prophetie in drei Phasen ablaufen. Im Verlauf dieses langen, gegliederten Redens erst tauchen die Symptome auf, beginnt der Zuschauer zu ahnen, und gewinnt er endlich Gewißheit. Dadurch strukturiert sich nicht nur die Rede selbst, sondern sie wird auch von einer rhetorischen Arie zu einem dramatischen Geschehen eigener Art.[2] Die erste Phase, der Fluch über die Stadt Prag, geschieht noch aus kraftvoller Gegenwärtigkeit heraus. Da spricht der schwer gekränkte Kaiser als Seher und Richter in einem. Die zweite Phase, die Rede zu den zwei Erzherzogen, die inzwischen aufgetreten sind, wird immer privater, stiller, ein Stück subtiler spätjosephinischer Meditation. In ihrem Verlauf dämmert der Kaiser weg, spricht seltsam, hört Stimmen und

Klänge. Und er spricht noch fort, als die Zuhörer sich bereits verwirrt zurückgezogen haben. Eben dies aber ist – dramaturgisch gesehen – die entscheidende Information, und sie ist ganz nur szenisch vermittelt. Jetzt wissen wir, daß eine Grenze passiert wurde. Die Signale der Todesszene sind da, und damit wird das eben Gehörte nachträglich als ein letztes Reden bewußt. Für die dritte Phase könnte sich der Dramatiker sogar mit einer bloßen Abrundung begnügen, so sehr erwarten wir das Ende. Grillparzer erreicht aber nochmals einen Aufschwung, indem er den Kaiser seinen Fluch über die Stadt Prag zurücknehmen läßt, bevor die allerletzten Halluzinationen eintreten. Dadurch verwandelt sich die naive Prophetie ins Dunkle, Zwiespältige. Die Nachbildung des sterbenden Attinghausen wird zu einem komplexen Gegenbild. Was gilt nun, Fluch oder Segen? Und ist die Vorhersage so überhaupt ernst zu nehmen? Ist sie das Wort eines Propheten, wie bei Attinghausen, oder die psychologische Studie eines gebrochenen Mannes, der sich nur noch als Prophet vorkommt? Auch den Tod selbst vermittelt Grillparzer mit der ihm eigenen szenischen Subtilität. Die letzte Diagnose wird ausgesprochen, nachdem sie durch das Zusammensinken des Kaisers dem Zuschauer schon optisch bedeutet worden ist. Gleich darauf aber zweifelt der Diener sie doch noch einmal an – »Er lebt, ich fühls« –, und über dieser Unentschiedenheit, die am Endgültigen doch keinen Zweifel läßt, fällt der Vorhang.

Lancaster, Attinghausen und Rudolf – das sind Beispiele für den natürlichen Tod auf der Bühne, ohne Waffen und Werkzeug. Für die dramaturgische Zurichtung eines gewaltsamen Todes mag wiederum Grillparzer den exemplarischen Fall liefern: das Ende des Königs Ottokar. Auch hier haben wir so unsere Erinnerungen: da gibt es doch eine Schlacht und einen Monolog, und Ottokar wird irgendwie erschlagen. Aber man schaue nur einmal genau hin! Wie behutsam und erfindungsreich wird alles geleitet und geführt. Ottokar tritt hinkend auf; man hat ihm das Pferd erstochen, und er ist gestürzt. Das scheint harmlos, ein Detail nur. In Wahrheit hat es genau die Funktion jener vorgezogenen Diagnose bei Attinghausen. Der Mann, der sich an einem Baum halten muß, um überhaupt noch aufrecht zu bleiben, kann die Schlacht nicht überleben. Das sehen wir mit Augen, und wir wissen es ohne Überlegung. Damit aber steht alles Folgende für uns unter den Prämissen der Todesszene. Ottokars Monolog gewinnt den Charakter der letzten Rede, welche auf dem Theater immer auch eine neue, eine wesentlich andere Rede ist.

Mit Augen und Ohren, die geschärft sind für die Wahrheit dieses szenischen Moments, sieht und vernimmt der Zuschauer, wie aus dem verletzten Leib heraus ein neues Bewußtsein vom menschlichen Körper, vom menschlichen Leben, von dem, was menschlich ist überhaupt, sich entfaltet. Man zweifelt nicht, daß die letzte, tödliche Verwundung jetzt gleich kommen muß; um so ergreifender berührt es, daß die Reflexion auf die Verkehrtheit eines prahlerischen Heroismus, welche im letzten eine fundamentale Reflexion auf Geschichte und geschichtliches Handeln ist, nicht aus der Beschwörung großer Ideen entspringt, sondern aus dem Gedanken an die Liebe und Betreuung, die die winzige Verletzung am Finger eines Kindes bei der Mutter erweckt. Dieses Bild – der König am Baum, der sich »mit der Hand an einem niedrigen dürren Zweige« hält[3] – ist nicht nur szenisch konkret gedacht, es ist zutiefst auf den Mitvollzug der Todesszene durch die Zuschauer hin gedichtet. So kann der Tod kein Theatertod mehr sein. Die mimetische Präzision von Ottokars tatsächlichem Ende nach dem Schwertstreich seines letzten Gegners – »Ottokar stürzt nieder, rafft sich schnell wieder auf, taumelt einige Schritte und fällt dann tot neben der Hügelerhöhung hin« –, diese mimetische Präzision, die die letzte Diagnose als Vorgang in sich enthält, und zwar zwingender als jede verbale Diagnose es vermitteln könnte, macht dann den Abschluß eines langen, dramaturgisch hinreißend durchgestalteten Prozesses.

Aus dem allem ergibt sich: Im szenischen Handwerk liegt die Voraussetzung für den Durchbruch von Wahrheit auf dem Theater. Wenn die *Semantik* der Todesszene zwingend in die Kernzone dessen hinein verläuft, was man den Sinn oder die Botschaft eines Werks überhaupt nennt, so verlangt die *Praxis* der Todesszene gleichzeitig das Äußerste, was ein Autor an dramatischer Technik geben kann. Philosophie und Handfertigkeit schießen hier ereignishaft zusammen, auf Biegen und Brechen, das heißt auf Gelingen oder Scheitern des ganzen Werks.

Das Reden in extremis

Zur Todesszene gehört das Reden, das Reden in extremis, die letzte Verlautung dessen, der sterben muß. Dieses letzte Reden ereignet sich in ganz unterschiedlichen Formen. Dennoch läßt sich eine grundsätzliche strukturelle Gemeinsamkeit in allen Varianten nachweisen. Was sich bei diesen Äußerungen fundamental verändert hat, sind die Determinanten der Kommunikation. Die Kommunikationstheorie operiert bekanntlich mit den kontrastierenden Typen einer symmetrischen oder aber komplementären Kommunikation: symmetrisch, wenn zwei in einem gegenseitig anerkannten Gleichheitsverhältnis stehen; komplementär, wenn ein gegenseitig anerkanntes Autoritätsverhältnis besteht. Wird die Symmetrie oder Komplementarität von einem Gesprächspartner nicht anerkannt, kommt es zu den bekannten trick- und spannungsreichen Störungen der Verständigung.[4]

In der Situation des unmittelbar und mit Sicherheit bevorstehenden Todes verändert sich nun alle natürliche Kommunikationsstruktur. Die herkömmlichen theoretischen Begriffe reichen nicht mehr aus – wobei immer die Szene auf dem Theater gemeint ist, das Sterben auf der Bühne, nicht in der Lebenswelt. Der Mensch in extremis ist den Umstehenden gegenüber gleichzeitig ganz überlegen und ganz unterlegen. Als einer, der gehen muß, ist er der Besiegte schlechthin; als einer, der alle Zwänge und Konventionen los ist, ist er der ganz und gar Überlegene. Alle andern sind *in* der Welt; er ist der Welt *gegenüber*. Alle andern existieren im Präsens, er existiert im Perfekt: er hat gelebt. Der Protagonist in extremis tritt nicht aus der Kommunikation mit den Weiterlebenden heraus; sie dauert fort, gewinnt aber eine andere, eine dialektische Gestalt. Das Äußerste an Schwäche und Besiegtheit ist gleichzeitig ein Äußerstes an Kraft und Überlegenheit. Diese unerhörte Polarität vibriert durch alles letzte Reden auf der Bühne. Sie macht, dürfte man vielleicht zu sagen wagen, einen wesentlichen Teil dessen aus, was wir abendländisches Drama nennen. Die Stellung im Gegenüber zur ganzen Welt hebt alle Gründe zu Lüge und Verstellung auf. Wahrheit ereignet sich in diesem letzten Reden, und zwar ereignet sie sich gleichermaßen für die Umstehenden wie für den Protagonisten selbst. Denn dieser erfährt solch anderes und äußerstes Dasein ja auch erstmals und als etwas Ungeheures. Was er sagt, ist gleichzeitig, was auch er selbst erstmals vernimmt.

> ... the tongues of dying men
> Enforce attention like deep harmony.

heißt es bei Shakespeare (*Richard II.*, II.1),[5] und dies ist ein merkwürdiger Satz. »Die Zungen der Sterbenden erzwingen Aufmerksamkeit wie die tiefe Harmonie«. Mit harmony ist sowohl der Wohlklang der Musik wie die Harmonie der Welt gemeint, das kosmische Zusammenklingen der Sphären, welches man nicht hört außer im Echo der menschlichen Musik. Der Satz besagt, wenn man die barocke Verschlüsselung auflöst, daß sich in solchem Reden Wahrheit auf einzigartige und unverwechselbare Weise ereigne.

Es wäre vielleicht möglich, die Grundformen des Redens in extremis auf dem Theater systematisch zu ordnen und aufeinander zu beziehen. Dies kann hier nicht versucht werden. Es erforderte nicht nur die Beiziehung, sondern die durchgängige und gründliche Diskussion eines sehr breiten empirischen Materials. Es sollen hier deshalb nur einige charakteristische Formen solchen Redens skizziert und vorgestellt werden – im Bewußtsein durchaus der Zufälligkeit solcher Typenbildung.

Die altertümlichste Gestalt der in der Todesszene sprachlich explizit durchbrechenden Wahrheit ist die Prophetie. Die Beispiele dazu sind bereits im zweiten Teil gegeben worden. Der Topos ist uralt: schon in der Ilias wird Hektor, dem die Speerspitze des Achill durch den Hals gefahren ist, in den letzten Augenblicken seines Lebens prophetisch begabt; er kann dem Sieger Ort und Umstände von dessen eigenem Tod voraussagen. Das ist vielleicht das älteste Zeugnis dessen, was ich die Dialektik von Niederlage und Triumph im Reden in extremis genannt habe. Die verbürgerlichte, verharmloste Form dieser urtümlichen Prophetie stellt die Ermahnung nach dem Situationsmuster des sterbenden Vaters im Kreis seiner Kinder dar. Es ist bezeichnend, daß die Visionen Attinghausens wie auch Rudolfs II. sich erst aus solcher Ermahnung heraus entwickeln und sich also quasi hintenherum noch einmal in die aufgeklärte Welt hineinstehlen. Übrigens hat Dürrenmatt in seinem *Meteor* diesen Typus einer Szene in grotesker Ausfächerung zu einem ganzen Stück gemacht.

Der Prototyp solcher Ermahnungsrede, auf der genauen Kippe zwischen heroischem Trauerspiel und bürgerlichem Rührstück, findet sich in Gottscheds *Sterbendem Cato*, einem Werk, das überhaupt als ein kurioses Lehrstück zur Dramaturgie der Todesszene betrachtet werden kann. So hölzern eindeutig, so handfest in ihrer unfreiwilligen Komik wie hier treten die einzelnen Grundelemente der handwerklichen Zurichtung des Bühnentodes selten ans Licht. Dieser Tod ist auch ein Lehrstück insofern, als man an ihm exemplarisch die Differenzen zwischen erzählter und dramatischer Todesszene studieren kann: Plutarch, auf den Gottsched wie so viele Dramatiker des barocken und nachbarocken Theaters zurückgreift, ist von einer schauerlichen Drastik. Sein Bericht ist so entsetzlich im körperlichen Detail, daß man ein für allemal lernt, wie sehr die Bühne in diesen Dingen beschönigen und stilisieren muß. Bei Gottsched nun wird Cato mit der Todeswunde – man weiß nicht einmal, wo sie ist – hereingetragen und nimmt von seinen Lieben Abschied, als ginge er auf eine Geschäftsreise. Alles ist rational kontrolliert bis zum Schluß, ein hocheloquentes Reden über die Tugend, während ringsum die Tränen fließen.[6] Das 18. Jahrhundert wird nach diesem Muster begeistert weiterarbeiten, bis hin zu Lessings *Miß Sara Sampson*, die über ihrem edelmütigen Perorieren fast das Sterben vergißt. (Zwischenhinein sagt sie einmal: »Mein Auge bricht – Dies war der letzte Seufzer!«[7] – dann redet sie unverdrossen fort, in einer komplizierten Syntax.) Der langatmige, übervernünftige, penetrant pädagogische Diskurs – die Ermahnungsrede eben im Sinne des bürgerlichen Patriarchats, des sterbenden Familienchefs – als Hauptelement der Todesszene ist charakteristisch für die Grenzen, die dem Trauerspiel der Aufklärung generell gesetzt sind. Es darf nur einen Diskurs geben, die kontrollierte, klar gesetzte Sprache der Vernunft. Deshalb kann die unerhörte Chance der Todesszene nicht genutzt werden. Ihre Grundstruktur, nach der das dramatische Subjekt in einen einzigartigen Abstand tritt zur Welt und also auch zu ihren intellektuellen Regeln, unter Umständen zur Rationalität überhaupt, darf gar nicht zugelassen werden, weil dies die umfassende Souveränität der Vernunft in Zweifel ziehen könnte.

Und wie denn in der Geschichte alles dialektisch abzulaufen scheint, beginnt das neue Theater im 18. Jahrhundert mit einem neuen Reden in der Todesszene. Der ausbrechende Zweifel an der universalen Rationalität ergreift die Chance, ein anderes Reden, ein anderes Denken, ein wildes Reden und Denken zu verwirklichen, sobald die szenische Grundstruktur – das Gegenüber zur ganzen Welt – die Bedingungen dafür schafft. Gerstenbergs *Ugolino*, die Kerkerszene im *Urfaust* und die letzte Stunde des Franz Moor: hier dringen Töne in eine erschrockene Welt, die die saubere Grenze von Wahnsinn und Vernunft aufheben, Töne, welche die Vernunft expandieren in den Wahnsinn hinein und dem Wahnsinn Wahrheit attestieren, mehr noch: poetische Gewalt und ein visionäres Sprengen der Individualität. Gretchen, das harmlose, untertänige Geschöpf, wird hier groß, wird zum ersten und einzigen Mal eine starke, dem Mann überlegene Frau; und der Mann Faust, der kluge, der Täter, der verkörperte Wille, wird zu einer jämmerlichen Figur. Zu Beginn der Szene kommt er noch mit altklugen Worten daher: »... und ihr Verbrechen war ein guter Wahn!«[8] Am Schluß aber drückt er sich hilflos, kleinlaut und kläglich aus dem Kerker fort. Seine vernünftige Rede ist im Ausbruch der wilden Sprache, des wilden Denkens Margaretes wie ausgeblasen worden. Nach dieser Richtung lassen sich auch Ugolino und Franz Moor analysieren und verstehen – und weiterhin, später, die Todesarie der Penthesilea, das urtümliche, barbarisch ritualisierte Philosophieren der Lucile in *Dantons Tod*. Im 20. Jahrhundert findet sich eines der stärksten Beispiele bei Peter Handke: der letzte Monolog Quitts in *Die Unvernünftigen sterben aus*. Gerade bei den programmatischen, rational engagierten Autoren ist es gelegentlich sehr spannend, zu verfolgen, wie das wilde Reden vor dem Tod in Konkurrenz tritt zu der Tradition der Belehrung, der weisen Worte an die Nachwelt. Solches ist schon beim klassischen Schiller festzustellen, wo die andere Sprache nur noch gelegentlich aufflimmern darf, ohne die Herrschaft der großen Vernunft wirklich gefährden zu können. Es ist auch bei Brecht so. In der *Heiligen Johanna der Schlachthöfe* findet sich eine einzige und unerhörte Sekunde wilden Redens:

> Welch ein Wind in der Tiefe! Was für ein Geschrei
> Verschweigst du, Schnee?[9]

Darauf aber biegt die Sterbende wieder in die feierlich-programmatische Rede ein mit den berühmten bösen Forderungen nach Gewalt und daß man seine Feinde töten müsse.

Das sind Hinweise auf einige wenige exemplarische Fälle. Das Aufzählen bringt hier nicht viel. Man müßte an jedem Beispiel lange arbeiten können, vor allem weil das andere Reden ja nicht einfach auf einen eindeutigen Sinn zu bringen ist wie die vernunftgeprägten letzten Worte, sondern elementar poetisch und also mehrdeutig, schwierig, hieroglyphisch ist.

Weil in dieser Skizze die Grundgestalten des letzten Redens ohnehin nicht systematisch dargestellt werden können, durfte auch eine, die faszinierendste, dieser Varianten besonders hervorgehoben werden: der Durchbruch des Andern der Vernunft. Die wichtigsten Spielarten sind damit aber noch nicht alle erwähnt. Neben der Prophetie, dem Abschied im Kreis der Familie und dem wilden Reden wäre hier auch der Monolog zu betrachten, der ganz ruhig, weder belehrend noch seherisch, das neue Wissen der letzten Stunde formuliert. Solches geschieht bei Ottokar, es geschieht auch bei Hofmannsthals Claudio. Daneben stellt sich die unheimliche Gruppe der großen Reden vor dem Suizid, die ihrerseits wiederum die ganze Spanne vom wahnsinnigen Zungenreden bis zum philosophischen Sermon kennt. Ihre Tradition ist alt. Sie beginnt mit dem ältesten überlieferten Stück des Sophokles, dem *Aias* aus dem 4. Jahrhundert vor Christus, und wenn man weiterhin auf Shakespeares Othello, Lohensteins Cleopatra, Schillers Don Cesar verweist, zieht man damit nur eine winzige Spur durch ein mächtiges Feld.

In dialektischer Gegenposition zu solcher Rhetorik steht das lautlose, das nahezu oder gänzlich wortlose Sterben, das sich wesentlich in rein gestisch-szenischen Vorgängen vollzieht. Eine der großartigsten Verwirklichungen ist der Tod der Frau Wolffen in Hauptmanns *Rotem Hahn*, in letzter Radikalität zum Grundriß eines ganzen, eines ergreifenden Stücks gemacht wird der Vorgang im *Wunschkonzert* von Franz Xaver Kroetz.

Wie aus Schweigen und Rhetorik zugleich gewoben erscheint der Typus des letzten Satzes als eines randscharfen Epigramms oder doch als einer Formulierung, die so kurz und prägnant ist, daß sie in der Rezeption als geflügeltes Wort epigrammatische Funktion gewinnt: »Luft! Luft! Clavigo!« – »Auch an die Hölle kann man sich gewöhnen«. – »Aus der Welt werden wir nicht fallen«. – »Dem Mann kann geholfen werden«. – »Der Rest ist Schweigen«.

Was aber geschieht danach? Was geschieht, wenn alles vorbei ist, wenn diese so besondere und einzigartige Frist zwischen Leben und Tod abgelaufen ist, wenn der Zustand des Gegenübers zur ganzen Welt, des souveränsten Ausgeliefertseins, sein Ende gefunden hat? Das komme, wird man sagen, auf das Stück an. Gewiß – und dennoch gibt es ein szenisches Geschehen, das durchaus als dramaturgische Kategorie eigener Prägung betrachtet werden darf. Es ist der Nachruf auf den toten Protagonisten. In ihm tritt, strukturell gesehen, die offizielle Sprache, das offizielle Denken wieder in die alten Rechte ein. Der Nachruf schließt und versiegelt den Riß, der sich mit der Todesszene im Geordneten und Vertrauten aufgetan hat, durch den die fremde Verlautung in die umfassende Normalität eindringen konnte. Die dialektische Kommunikationsstruktur ist beseitigt; Stärke und Schwäche, Autorität und Botmäßigkeit sind wieder klare Gegebenheiten. Die Macht hat ihre Eindeutigkeit zurückgewonnen, und damit ist auch ihre Sprache wieder die einzige, ihre Wahrheit die Wahrheit überhaupt. Im geräuschvollen Pathos des Fortinbras, mit dem er, onkelhaft genug, den toten Hamlet verabschiedet: »... er hätte, wär' er hinaufgelangt, unfehlbar sich höchst königlich bewährt« – erlischt die geisterhafte Gewalt von dessen letztem Satz. Der Rest ist wieder Reden.

Anmerkungen

1 Friedrich Schiller: Sämtliche Werke, hrsg. von G. Fricke und H. G. Göpfert, Zweiter Band. München 1965, S. 994.
2 Franz Grillparzer: Sämtliche Werke, Zweiter Band, hrsg. von P. Frank und K. Pörnbacher. München 1961, S. 426ff.
3 Franz Grillparzer: Sämtliche Werke, a. a. O., Band I, S. 1077.
4 Paul Watzlawick u. a.: Menschliche Kommunikation, Formen, Störungen, Paradoxien. Bern 1972, S. 68ff.
5 William Shakespeare: Richard II, edited by John Dover Wilson, Cambridge 1957, S. 25.
6 Johann Christoph Gottsched: Sterbender Cato, hrsg. von Horst Steinmetz. Stuttgart 1969, S. 83.
7 Gotthold Ephraim Lessing: Werke, Zweiter Band, hrsg. von H. G. Göpfert u. a. München 1971, S. 99.
8 Goethes Werke. Hamburger Ausgabe, Band III, 1959, S. 139.
9 Bertolt Brecht: Gesammelte Werke 2. Frankfurt a. M. 1967, S. 778.

Die Rhetorik des Selbstmords
Zum Suizid auf dem Theater

Das Trauerspiel ist ein kultischer Akt. Es war es in seinen Anfängen; es ist es nach seiner innersten Beschaffenheit auch heute noch. Diesen Akt vollzieht das Publikum, vollziehen die Zuschauer, also wir.

Der Text des Schauspiels, die Dichtung, ist nur das Mittel, mit dessen Hilfe wir diesen kultischen Akt vollziehen.

Ob wir uns dessen bewußt sind, spielt keine Rolle. Von vielem, was wir tun, wissen wir ja ohnehin gar nichts.

Der kultische Akt besteht darin, daß wir dem Untergang eines guten Menschen beiwohnen, eines Menschen, der unsere Zuneigung und unser Mitgefühl hat, und dessen Untergang wir fürchten und verhindern möchten.

Wir kommen also zum Trauerspiel zusammen, weil wir einem Untergang beiwohnen wollen, den wir doch ganz und gar nicht wollen.

Das ist das alte Paradox der Tragödie. Man hat es philosophisch erklärt, mythologisch, ethnologisch, sozialgeschichtlich und psychoanalytisch. Die Erklärungen sind alle einleuchtend, dennoch beschäftigen sie uns weit weniger als Woyzeck, der nicht weiß, wohin mit seinem Messer, nachdem er den einzigen Menschen getötet hat, den er liebte und der ihn liebte. Die Erklärungen beschäftigen uns weit weniger als die unmittelbare Anschauung der trommelnden Kattrin auf dem Scheunendach in Brechts *Mutter Courage*, das stumme Mädchen, das trommelt, um andere zu retten, bis es selbst erschossen wird.

So gewaltig die Unterschiede sind zwischen dem antiken Theater, dem Theater Shakespeares, dem Theater des Barock, des bürgerlichen Idealismus und der radikalen Moderne: konstant bleibt, daß viele Leute zusammenkommen und gesammelt zuschauen, wie gute Menschen schrecklich zugrunde gehen.

Auch in der Groteske, in der absurden Verzerrung, in der schrillen, ironischen Verfremdung, die einen Teil des modernen Trauerspiels ausmacht, geht es immer noch um dieses eine zentrale Ereignis. Es wird nur optisch verzerrt und so zu neuer, anderer Erfahrung gebracht.

Der Untergang, den wir mitleben und mitleiden, kann so geschehen, daß ein Mensch durch böse Gewalt in die Ecke getrieben und fertiggemacht, niedergemacht wird. Das ist traurig und empörend. Es ist aber nicht der Kern jenes Vorgangs, der immer neu zu der kultischen Versammlung führt. Der Kern ist vielmehr seinerseits so paradox wie die Erfahrung des Zuschauers.

Der Untergang des guten Menschen im Trauerspiel geschieht durch diesen selbst, muß durch diesen selbst geschehen.

Antigone zerstört ihr Leben, indem sie das Richtige tut und den Bruder begräbt. Ödipus zerstört sein Glück, indem er das Richtige tut und das Verbrechen aufdeckt. Antigone weiß, was geschieht; Ödipus weiß es nicht. Dieser Unterschied ist nebensächlich. Entscheidend für die rituelle Erfahrung ist nicht das jeweilige Bewußtsein des Helden, sondern der eigenhändige Vollzug seines Untergangs.

Daß der Untergang im letzten durch ihn selbst geschieht, das macht im Trauerspiel auch den Verbrecher noch zu einem Menschen, der unser Mitgefühl hat, um den wir uns ängstigen.

Macbeth, der vielfache Mörder, tritt uns in seinen letzten Monologen ganz nah, wie ein Bruder. Bevor Franz Moor, die Canaille, sich umbringt, gewinnt er in einer von Schillers sprachgewaltigsten Szenen eine Gegenwärtigkeit, die die vitale Präsenz der sympathischen Figuren des Stücks weit übersteigt.

So wäre also das Trauerspiel aller Jahrhunderte eine zeremonielle Verklärung der Selbstvernichtung? Eine Verklärung nicht durch die Dichter allein, sondern durch die Zuschauer, die diesem Vorgang immer wieder beiwohnen wollen und von den Dichtern die entsprechenden Arbeiten verlangen?

Es gibt Argumente, die für diese These sprechen.

Wir alle werden durch das Leben selbst zuletzt in die Ecke getrieben und niedergemacht. Langsam, aber unausweichlich geht es mit uns dem Tod entgegen. In der Anschauung eines Menschen, der diesen Prozeß der allumfassenden, kruden Vergänglichkeit überspielt, indem er ihn eigenhändig steuert, erfahren wir, daß die allumfassende Vergänglichkeit nicht der letzte Horizont der Welt ist. Indem einer in den Prozeß der allumfassenden Vergänglichkeit hinein seinen eigenen Willen setzt, seinen Entschluß, die radikale Tat, reißt für uns alle ein Vorhang auf, und es wird Freiheit sichtbar – eine gefährliche, blendende Freiheit, eine Freiheit, vor der wir zurecht uns fürchten und unsere Kinder warnen, eine Freiheit aber, deren Existenz wir, wie es scheint, immer neu bewiesen und vor Augen gestellt haben wollen. Wir versichern uns ihrer im gemeinsamen Ritual des Trauerspiels.

Was uns also vor der tragischen Bühne versammelt, ist, ohne daß wir es wissen, die Last des eigenen Sterbenmüssens, die in dem Moment nicht mehr die letzte deprimierende Wirklichkeit ist, wo wir sehen, wie einer sein eigenes Leben willentlich zu Ende bringt um einer höheren Sache willen. In diesem Vorgang wird das, was die Welt so trüb begrenzt, durchsichtig. Der Horizont der allumfassenden kruden Vergänglichkeit senkt sich, und dahinter ist nicht nichts. Wir nehmen teil an einer Erfahrung, die, im ursprünglichen Sinn des Wortes, metaphysisch ist, das heißt: sie führt über die Grenzen des gewöhnlichen Erkennens hinaus. Insofern, und nur insofern, sind die Begriffe des Kultischen und Rituellen, mit denen ich angefangen habe, berechtigt.

Hier kann man sich nun allerdings auch Gegenargumente denken.

Das Trauerspiel, könnte man einwenden, zeigt doch gerade nicht die Freiheit des Einzelnen, sondern seine Unterdrückung. Es zeigt den würgenden Zugriff der Macht auf das ungeschützte Wesen, den Zugriff der Macht im Staat, in der Familie, in der Beziehung der Geschlechter; zeigt die Ausbeutung der Arbeitskraft durch das kumulierte Geld und die Zerrüttung der Seele durch die ungestalte Sexualität.

Wie kläglich und sinnlos baumelt die erhängte Antigone an ihrem zusammengedrehten Halstuch!

Wie jämmerlich verendet Alfred Ill zwischen der Turnerriege und dem Männerchor von Güllen!

Man schaue in die Weltliteratur! Wie sich das seit zweieinhalbtausend Jahren in allen Sprachen eigenhändig ersticht und erträgt und erdrosselt, aus der blanken Verzweiflung heraus; einfach weil nirgends mehr ein Ausweg ist. Was soll da das Reden von Freiheit? Gipfeln nicht so viele, wahrscheinlich die Mehrheit aller Trauerspiele im Selbstmord, weil dieser Akt den Grundvorgang des Tragischen ganz elementar verdichtet, indem er ihn vorführt als den Weg in die völlige Auswegslosigkeit?

Es stimmt, der Selbstmord ist im Trauerspiel so gehäuft und so konstant – und zwar ganz unabhängig von der offiziellen Bewertung in der jeweiligen Epoche –, daß er als die einfachste Signatur der Tragödie überhaupt gelten kann.

Diese Feststellung ist nun aber nicht nur ein Resultat. Sie stellt uns vielmehr vor eine neue Aufgabe: Wie ereignet sich das? Was gehört dazu? Gehört überhaupt etwas dazu außer einem Dolch oder einem Strick oder einem passenden Gewässer?

Es gehört dazu, bis weit in unsere Gegenwart hinein, *die große Rede*. Selbstmord auf dem Theater ist von Rhetorik nicht zu trennen, Rhetorik im ursprünglichen Sinn als die Gewalt über den Hörer, die erreicht wird durch Gefühlsstärke, energisches Denken und plastische Sprache.

Das ist zu bedenken. Die letzte Verlassenheit dessen, der Hand an sich legt, verbindet sich im Trauerspiel mit einer Souveränität der Rede, für die es keinen Widerstand gibt. Der endgültig Niedergeworfene wird über seine Sprache zum Überlegenen. Den schrecklichen Sturz begleitet der Aufschwung der Rede als ein unerhörter Gegenzug.

Die Rhetorik des Selbstmords auf dem Theater: es gibt sie weitgespannt, arienhaft oder aber ganz verknappt und lapidar. Hier wie dort, in der Arie wie im lakonischen Satz, erscheint das Wort gleichermaßen als Sprung in eine andere Welt. Die souveräne Rede tritt in entscheidenden Kontrast zur Situation der Gefangenheit, in jene metaphysische Opposition, auf die es dem Trauerspiel im letzten wohl überhaupt ankommt.

Das Wort des tragischen Helden erhebt sich über den Körper, den es selbst in den Untergang schickt. In dem Glanz, den das Wort jetzt gewinnt, ist der vergängliche Leib bereits als ein toter anwesend und überwunden. Beides wird vom Zuschauer unmittelbar erlebt: das menschliche Wort und der menschliche Leib. In ihnen verdichtet sich zeichenhaft das Gegenüber von Unzerstörbarem und Hinfälligem, von Freiheit und Zwang, auf welches die dramatische Handlung zugelaufen ist, ein Gegenüber, das man zuletzt nur anschauen und anhören, nicht aber ganz ausdeuten kann.

Die Entscheidung gegen das eigene Leben erklärt im Trauerspiel dieses Leben als nebensächlich. Sie verweist auf einen zweiten Horizont des Daseins, einen höheren und verbindlicheren. Diesen zweiten Horizont aber holt erst die Rede ins geistige Blickfeld der Zuschauer, erst jener charakteristische Diskurs im Zeitraum zwischen der Entscheidung zum Tod und ihrem Vollzug. Er läßt die handgreifliche Tat zuletzt fast selbstverständlich erscheinen.

Dabei ist es nicht so sehr der Inhalt, nicht das scharfsinnige Philosophieren in extremis, sondern der Gestus absoluter Sicherheit, was den zweiten Horizont auf einmal sichtbar macht. Es kann, was die Wirkung betrifft, der lakonische Satz der große Arie sogar überlegen sein. Wenn Max Piccolomini im tragischen Finale des *Wallenstein* sagt: »Wer mit mir geht, der sei bereit, zu sterben!«[1], sind diese paar Worte eindrücklicher, bedrängender als der Monolog, mit dem sich wenig später seine Geliebte, Thekla, vom Leben verabschiedet. Oder man denke an den Satz Karl Moors am Schluß der *Räuber*: »Dem Mann kann geholfen werden«[2] – ein Satz, in dem sich Understatement und Pathos unvergleichlich verbinden, wo gerade die Fähigkeit zum Understatement noch im letzten Entscheid die Souveränität des Sprechenden unter Beweis stellt. Ähnlich verhält es sich bei dem knappen Satz, mit dem Hannibal im gleichnamigen Stück von Grabbe sich und seinem Freund das tödliche Gift zu trinken gibt – wobei hier allerdings das Understatement verbunden wird mit einer verblüffenden, exquisit paradoxen philosophischen Aussage: »Ja, aus der Welt werden wir nicht fallen. Wir sind nun einmal darin. – Trink!«[3]

Dennoch treten diese lapidaren Abschiede im großen Überblick zurück hinter der grandiosen Tradition suizidaler Prunkreden. Solche Rede ist schon im ältesten überlieferten Stück des Sophokles, im *Aias* aus dem 4. Jahrhundert vor Christus, voll ausgebildet, erscheint dort schon so ergreifend und hinreißend, wie später im Finale des *Othello* aus dem 17., der *Penthesilea* aus dem 19. Jahrhundert. Es gibt zwei Spielarten dieser Tradition suizidaler Rhetorik. Die eine ist philosophierend. Sie versucht die Theorie zu liefern für die Tat und entfaltet umständlich und belehrend das

System der Werte, von welchem aus das Leben als ein nebensächliches Gut betrachtet werden müsse. Der Zuschauer erhält da zusammen mit dem Spektakel eine Art Schulunterricht. So etwa sehr ausgeprägt in der Tragödie des deutschen Barock, in Lohensteins *Cleopatra* zum Beispiel. Bevor die legendären Schlangen an der ägyptischen Königin und ihren Dienerinnen ans Werk gehen, wird lange berichtet vom Rad der Fortuna als dem blinden Gesetz der Welt und vom Ruhm, von der Größe, vom unsterblichen Namen, der als Ewiges und Unvergängliches dem Erdendasein gegenüberstehe. Um des Ruhmes willen, des höchsten Wertes überhaupt, müsse das Leben in Fleisch und Blut so rasch wie möglich weggeworfen werden. Und so begeistert hat sich Cleopatra an dieser Idee, daß sie die Schlangen hymnisch besingt und umwirbt:

> Komm angenehmes Thier! komm / komm und flechte dich
> Um diesen nackten Arm! vermähle durch den Stich
> Der Adern warmem Kwell dein züngelnd-tödtend Küssen.
> (...)
> Stich! stich! wir sind gewehrt. Nun fühln wir Gift und Stechen.
> (...)
> Kommt / Liebste / nehmt von uns den letzten Kuß noch an.
> Wir beben / wir erstarr'n; Es ist umb uns gethan.[4]

Sprachfähigkeit also, cartesianisch, bis zum letzten Moment. Und auf der Stelle werden ihre Dienerinnen Iras und Charmium von der gleichen Leidenschaft erfaßt:

> Hat nicht die Königin die Bahn uns schon gebrochen?
> Und durch den kurtzen Todt unsterblich Lob versprochen?
> Da uns sonst nichts als Schimpf und Marter ist bestellt
> (...)
> Wie bald wird ohne dis nicht dieser Leib erblassen?
> Sol nun des Lebens Spann uns die Geburt entzihn
> Des Nachruhms / der mit uns kan tausend Jahre blühn?
> Nein / trautste Charmium! wer rühmlich nach wil setzen /
> Muß nicht die Haut zu zart / das Blutt zu theuer schätzen.
> (...)
> Es sticht. Ich sterbe! folg' auch also rühmlich nach.[5]

Was hier die Verherrlichung der absolutistischen Glorie ist, das erscheint beim klassischen Schiller dann als die Verherrlichung des idealistischen Tugendbegriffs. Dieser wird etwa in der *Braut von Messina* mit einem Aufwand rhetorisch dargelegt, der durchaus an Lohenstein erinnert. Erst nach ausführlichsten Argumentationen darf der Brudermörder Don Cesar sich durch den eigenen Tod reinigen und die Schuld in eine Verklärung des sittlichen Subjekts verwandeln. Seine Mutter fleht ihn noch an:

Lebe, mein Sohn! Ich will den Mörder lieber sehn
Des *einen* Kindes, als um beide weinen.[6]

Darauf Don Cesar:

Mein Platz kann nicht mehr sein
Bei den Lebendigen – Ja, könntest *du*
Des Mörders gottverhaßten Anblick auch
Ertragen, Mutter, *ich* ertrüge nicht
Den stummen Vorwurf deines ewgen Grams.
(...)
Dann, Mutter, wenn *ein* Totenmal den Mörder
Zugleich mit dem Gemordeten umschließt,
Ein Stein sich wölbet über beider Staube,
Dann wird der Fluch entwaffnet sein – Dann wirst
Du deine Söhne nicht mehr unterscheiden.
(...)
Drum, Mutter, wehre du mir nicht, daß ich
Hinuntersteige und den Fluch versöhne.
(...)
Der Tod hat eine reinigende Kraft,
In seinem unvergänglichen Palaste
Zu echter Tugend reinem Diamant
Das Sterbliche zu läutern und die Flecken
Der mangelhaften Menschheit zu verzehren.
(...)
Wenn alle Welt dich herzlos kalt verhöhnt,
So flüchte du dich hin zu unserm Grabe,
Und rufe deiner Söhne Gottheit an,
Denn Götter sind wir dann, wir hören dich,
Und wie des Himmels Zwillinge dem Schiffer
Ein leuchtend Sternbild, wollen wir mit Trost
Dir nahe sein und deine Seele stärken.[7]

Wie bei Lohenstein wird auch bei Schiller der zweite Horizont, den der
Selbstmord in Sicht bringt, begrifflich festgemacht und allegorisierend
verklärt. Das gipfelt dann in den letzten zwei Zeilen des Stücks, deren Ab-
gedroschenheit die darin enthaltene ebenso kurze wie fragwürdige Recht-
fertigung der Selbsttötung nicht verbergen sollte:

Das Leben ist der Güter höchstes *nicht*,
Der Übel größtes aber ist die *Schuld*.[8]

Anders, ganz und gar nicht philosophierend, ist es im *Othello*, ist es in der
Penthesilea. Da ist die Rede nicht theoriegesättigt, nicht das ins Stück
geschmuggelte Megaphon des Autors, sondern wird zur unmittelbaren
Erscheinung einer selbstbestimmten Person, die im Entschluß gegen das
eigene Leben eine Freiheit gewinnt, wie sie ihr nie zuvor erfahrbar war, und
die diese Freiheit gleichzeitig umsetzt in große Poesie. Das neuzeitliche

Subjekt, der von sich selbst allein regierte Einzelne, vergewissert sich hier dieser Autonomie – großartig, als hätte es solche schrankenlose Eigengesetzlichkeit in Wirklichkeit je gegeben.

Othello:

> Nur noch zwei Worte, eh ihr geht.
> Ich tat Venedig manchen Dienst, man weiß es:
> Nichts mehr davon. – In euren Briefen, bitt ich,
> Wenn ihr von diesem Unheil Kunde gebt,
> Sprecht von mir, wie ich bin – verkleinert nichts,
> Setzt nichts in Bosheit zu. Dann müßt ihr melden
> Von einem, der nicht klug, doch zu sehr liebte;
> Nicht leicht argwöhnte, doch einmal erregt
> Unendlich raste: von einem dessen Hand,
> Dem Eingebornen gleich, die Perle wegwarf,
> Mehr wert als all sein Volk; und dessen Auge,
> Sonst nicht gewohnt zu schmelzen, sich ergießt
> In Tränen, wie Arabiens Bäume triefen
> Von heilungskräftigem Öl – schreibt alles das;
> Und fügt hinzu: daß in Aleppo, wo
> Ein giftiger Türk in hohem Turban einst
> Einen Venetianer schlug, den Staat beschimpfte,
> Ich den beschnittnen Hund am Hals ergriff
> Und traf ihn – so![9]

Und mit diesem »So!« ersticht er sich.

Bei Kleist, in der *Penthesilea*, ist das ganz nach innen genommen, in einen Vorgang verwandelt des reinen, ungebändigten Gefühls, für das der reale Dolch nur noch eine Metapher darstellt. Penthesilea fühlt sich wissentlich und leibhaftig zutode:

> Denn jetzt steig ich in meinen Busen nieder,
> Gleich einem Schacht, und grabe, kalt wie Erz,
> Mir ein vernichtendes Gefühl hervor.
> Dies Erz, dies läutr' ich in der Glut des Jammers
> Hart mir zu Stahl; tränk es mit Gift sodann,
> Heißätzendem, der Reue, durch und durch;
> Trag es der Hoffnung ewgem Amboß zu,
> Und schärf und spitz es mir zu einem Dolch;
> Und diesem Dolch jetzt reich ich meine Brust:
> So! So! So! So! Und wieder! – Nun ists gut.[10]

Sie bricht zusammen und stirbt.

Es ist nun das moderne Theater, das die Rhetorik des Selbstmords, wie sie die Tragödie vieler Jahrhunderte ausgebildet und kultiviert hat, der Kritik unterzieht. Der Prunkrede des suizidalen Helden, seinem wortmächtigen, tönenden Untergang, setzt es einen Selbstmord gegenüber, der dem innersten Wesen nach sprachlos ist. Jene Dialektik von Sturz und Aufschwung, von Gefangenschaft und Freiheit, die über die Vereinigung des Selbstmords mit der Poesie zustandekommt – und nur über sie, nur über das geformte Wort –, sie ist in dem Moment auch schon aufgehoben, wo der Suizid zu einem sprachlosen Geschehen wird. Wohl bleibt er, als Akt, eine Mitteilung an die andern; aber diese Mitteilung enthält nicht länger die Nachricht von einem unerhörten Triumph über alles Gewöhnliche und langweilig Langlebige. Es ist indessen auch nicht so, daß hier, im stummen Selbstmord des modernen Theaters, von einem komplexen Vorgang nur noch die eine Hälfte übrig bliebe. Die Sprache fällt nicht einfach ab vom Akt der Selbstvernichtung. Vielmehr gehört zu diesem Akt nun die Sprachlosigkeit, das Sprachversagen als ein wesentlicher Teil.

Ein Schlüsselstück in diesem Zusammenhang ist Ibsens *Hedda Gabler* (1891). Hier prallen die beiden Konzepte – der feierlich-lautstarke und der jammervoll-stumme Selbstmord – nicht nur als dramatische Ereignisse, sondern als eigentliche Positionen des Denkens, der Reflexion über Selbsttötung, zusammen. Die heroische Variante entlarvt sich dabei als ein bloßes Klischee, als ein Stück Bildungskitsch aus dem bürgerlichen Salon.

Die gelangweilte, in Langeweile erstarrte und bösartig gewordene Frau, Hedda Gabler, verlangt von ihrem einstigen Geliebten, daß er sich umbringe, und zwar in einem Akt von antiker Festlichkeit, als glänzende Tat, schön, »mit Weinlaub im Haar«. Er soll damit ein leuchtendes Signal setzen von Größe und unbedingtem Selbstbesitz in einer Welt grauer Bürgerlichkeit. Tatsächlich tötet sich der Mann, aber jämmerlich, halb zufällig, betrunken und in übelster Umgebung. Er stirbt nicht schön; er verendet langsam und sinnlos. Damit treibt er auch die Frau in den Tod, und für ihr Sterben gibt es nun seinerseits keine Sprache, keine polierte Rhetorik mehr.

Mit diesem Stück ist die Bühnenkonvention vom Suizid des Helden als der höchsten Manifestation des autonomen Subjekts ins Zwielicht geraten. Sie rückt in den Verdacht von Verlogenheit und billigem Effekt. Im Gegenzug dazu findet sich immer häufiger der Selbstmord im sprachtoten Raum. Die Tradition suizidaler Rhetorik ist damit zwar nicht einfach beseitigt. Dazu ist sie zu variantenreich, kommt sie dem Wesen des Dramatischen zu sehr entgegen, und wir finden sie bei Dürrenmatt, bei Peter Handke, bei Thomas Bernhard. Aber die ganz stumme Selbstvernichtung zieht sich doch als schmale, intensive Spur durch das moderne Bühnenschaffen.

Aus der frühen Moderne möchte ich hinweisen auf das Stück *Michael Kramer* von Gerhart Hauptmann. Auch hier finden sich in merkwürdiger Weise die beiden Konzepte vom rhetorisch umrankten und vom lautlos einsamen Tod kontrastiv gegeneinandergesetzt. Der geniale junge Zeichner Arnold Kramer geht an seinem Vater zugrunde, welcher selbst als

Künstler kein Genie hat, dafür aber eine Unmenge Fleiß, Bravheit, Tüchtigkeit und vor allem Worte und nochmals Worte bürgerlich-solider Sittlichkeit. Nach dem Selbstmord des Sohnes hält der alte Kramer diesem einen ganzen Akt lang die ausufernde Totenrede, durchaus ergreifend, aber für den Zuschauer verstärkt sich damit nur die beklemmende Wirkung der totalen Sprachlosigkeit, in der sich Arnolds Tod vollzogen hat. Die Wahrheit seines Sterbens kann von der Sprache, von der ausgebildeten Redeweise und Redekunst einer Gesellschaft nicht eingeholt werden, die für die Wahrheit seines nicht angepaßten Lebens kein Ohr hatte. Nur durch den Bericht einer einfachen Frau, der seinerseits wieder referiert wird, also doppelt gebrochen, vernehmen wir etwas von den letzten Stunden Arnolds, Andeutungen bloß, verschwimmende Anzeichen einer äußersten Einsamkeit.

In neuerer und neuster Zeit finden sich starke Beispiele im Stück *Wunschkonzert* von Franz Xaver Kroetz und in den Stücken *Ella* und *Susn* von Herbert Achternbusch.

Wunschkonzert ist dabei wohl die konsequenteste Ausprägung; ein Stück, in dem kein Wort gesprochen wird und nur eine Person vorkommt, eine Angestellte im mittleren Alter, die einen Abend in ihrer Mietwohnung verbringt. Es ist ein Abend wie tausende vorher, etwas Hausarbeit, Zeitunglesen, Fernsehen und Radio, ein bißchen Teppichknüpfen; alles ganz gewöhnlich. Die Frau bereitet den kommenden Tag vor, legt die Kleider zurecht, stellt den Wecker usw.; und irgendeinmal, ohne daß etwas Besonderes geschehen wäre, so ruhig und sachlich wie sie alles andere getan hat, nimmt sie eine Schachtel Tabletten und bringt sich um, ganz ruhig und ordentlich. In diesem kleinen Stück, es dauert kaum eine Stunde, wird die Sprachlosigkeit zu einer fast schreienden Realität. Die stumme Selbstauslöschung, der Selbstmord ohne eine letzte Verständigung mit irgend jemandem in der Welt, wird zu einem Geschehnis, das uns mehr zu schaffen macht, als manche lange Rede es vermöchte.

Das Stück von Kroetz markiert einen Grenzpunkt: Hier hören die Möglichkeiten des Theaters auf. Das ist um so unheimlicher, als vieles darauf hindeutet, daß Kroetz der Wirklichkeit des suizidalen Verhaltens unvergleichlich näherkommt als alle die Verfasser der Prunkreden und Kernsätze. Wo das Theater aufhört, scheint es, fängt in diesen Dingen die Wirklichkeit erst an. Das wird immer deutlicher, je genauer man die Kultur der Selbsttötung im Drama mit der sozialen Realität des Suizids vergleicht. Was auf der Bühne so oft als unabdingbare Notwendigkeit erscheint, als Schicksal, tragische Engführung, Selbstwerdung im Scheitern, Glanz der Sprache und Pathos des entscheidungsfähigen Subjekts, das ist in der Lebenswelt ein Gewirr aus Zufall, Mißgeschick und Depression, aus schiefem Haß und verbogener Liebe, aus Kränkung, Langeweile, Überdruß und Übelwollen, eine trübe Mischung, die man nie ganz auflösen kann und die in der Regel wenig großartig ist. Auch der Glaube, es falle von der Rhetorik des Welttheaters ein Glanz auf die eigene Tat, ist ja meist nichts weiter als eine Illusion mehr. Im Grunde redet das Drama der Weltliteratur in all seinen Selbstmordszenen zuletzt doch immer vom lebendigen Menschen. Von der Wirklichkeit dessen, der tatsächlich Hand an sich legt, weiß es viel weniger, als es selber meint.

Anmerkungen

1 Friedrich Schiller: Sämtliche Werke, hrsg. von G. Fricke und H. G. Göpfert, Bd. 2. München [6]1981, S. 495.
2 A. a. O., Bd. 1. München [6]1980, S. 618.
3 Christian Dietrich Grabbe: Werke, hrsg. von R. C. Cowen, Bd. 2. Darmstadt 1977, S. 294.
4 Daniel Casper von Lohenstein: Afrikanische Trauerspiele, hrsg. von K. G. Just. Stuttgart 1957, S. 134 f.
5 A. a. O., S. 136.
6 Friedrich Schiller, a. a. O., Bd. 2, S. 907.
7 A. a. O., S. 907 ff.
8 A. a. O., S. 912.
9 William Shakespeare: Dramatische Werke nach der Übers. v. A. W. Schlegel und L. Tieck, Bd. 12. Berlin 1871, S. 155 (leicht bearbeitet).
10 Heinrich von Kleist: Sämtliche Werke und Briefe, hrsg. von H. Sembdner, Bd. 1. München [6]1977, S. 427.

Grandeur und Elend literarischer Gewalt

Die Regeln der Polemik

Polemik von literarischem Rang ist Anwendung von Gewalt, so wirklich wie irgendein Hauen, Stechen, Würgen oder Einsperren. Sie zielt auf den Tod oder die Verstümmelung des Gegners, und sie hat nicht die geringeren Chancen, ihr Ziel zu erreichen, als irgendein Messerstecher oder Knüppelträger. Polemik von literarischem Rang ist allerdings selten. Die Häufigkeit ihres Vorkommens steht in umgekehrtem Verhältnis zur Häufigkeit des bloßen Schimpfens oder Verhöhnens. Was sie von diesem unterscheidet, ist hier abzuklären.

Im Unterschied zu den Lesern wissen die großen Polemiker, was sie tun. Es die Leser nicht merken zu lassen, ist eine ihrer wichtigsten Strategien. Tänzerische Eleganz muß sich mit dem kruden Geschehen verbinden, soll der Leser bei der Stange bleiben und schließlich tun, wozu ihn der Polemiker ausersehen hat: den Akt der sozialen Tötung selber vollziehen durch tätige Verachtung, durch die spontane Exkommunikation des andern im Urteil: Der gehört nicht mehr zu uns!

Daß sie es wissen, bricht in den Texten gelegentlich durch. Die Stellen sind aufschlußreich, und es lohnt sich, danach zu suchen. Oft genug handelt es sich um Folterphantasien krasser Art, die als solche kenntlich werden, sobald man sie aus dem brillanten Umfeld heraustrennt. Lessing, der humane Lessing:

Es ist erlaubt, Ihnen den Eimer faulen Wassers, in welchem Sie mich ersäufen wollen, tropfenweise auf den entblößten Scheitel fallen zu lassen.

(Zweiter Anti-Goeze)

Und wenig später:

... daß ich also, mit aller Freudigkeit zu Gott, einem jeden intoleranten Heuchler, der mir *so* kömmt, die Larve vom Gesicht reißen *darf*, – und reißen *will*, – sollte auch die ganze Haut daran hängen bleiben! *(Dritter Anti-Goeze)*

Das kann sehr wohl neben den Absichtserklärungen stehen, wie sie Karl Kraus gelegentlich verlauten ließ:

Ich werde auch in Leipzig die Kastrierung des Richard Moses Meyer vornehmen.

(Die Fackel, 17. 11. 1913)

Ob, wie in diesen drei Beispielen, das eigene Schreiben, die Aktivität des Polemikers, in Bilder umgesetzt wird oder ob in ähnlicher Weise die Tätigkeit des Gegners ihre Veranschaulichung findet, macht keinen wesentlichen Unterschied. Die Projektion des eigenen Treibens auf den Feind ist ein Kunstgriff unter vielen. Man rechtfertigt die Gewalt, die man ausübt, durch die farbenstarke Vergegenwärtigung erlittener Mißhandlungen. So Thomas Mann in seiner Vendetta gegen den Bruder Heinrich:

Es ist ja ein kleiner Guß Schwefelsäure, en passant dem Nächsten ins Angesicht. [...] Blind, mit zerätzter und dick verbundener Miene, ist man des Weiteren gewärtig. *(Betrachtungen eines Unpolitischen [Kap. 6])*

Ob also die Folterphantasie im einzelnen Fall auf den Autor oder den Widersacher bezogen wird, ist weniger wichtig als die Tatsache, daß sie im polemischen Text immer wieder für Momente, für eine kurze barbarische Sekunde, auftaucht. Ausgedacht, durchgefühlt hat sie ohnehin der jeweils Schreibende. Die nähere Zuordnung ist nur eine Frage der Taktik. In diesen Dingen am wenigsten Bedenken hat Heinrich Heine. Er stellt fest: »Ich habe nie eine Beleidigung auf dieser Erde verziehen.« Und wie er von den Unzähligen, auf die dieser Satz zutrifft, vielleicht der einzige ist, der ihn offen auszusprechen wagt, so ist er von den großen Polemikern auch derjenige, der die Folterphantasie als Grundlage seiner Arbeit am ausführlichsten abzuschildern pflegte. Als der Schwabendichter Gustav Pfizer gegen Heine zu schreiben anfing und dabei ungenau zitierte, tönte es zurück:

Ich sah zu Old-Bailey in London jemanden hängen, der ein falsches Zitat unter einen Wechsel geschrieben hatte – und der arme Schelm mochte es wohl aus Hunger getan haben, nicht aus Büberei oder aus eitel Neid (...). Ich hatte deshalb Mitleid mit dem armen Schelm, bei dessen Exekution sehr viele Zögerungen vorfielen. Es ist ein Irrtum, wenn man glaubt, daß das Hängen in England so schnell vonstatten gehe. Die Zubereitungen dauerten fast eine Viertelstunde. Ich ärgere mich noch heute, wenn ich daran denke, mit welcher Langsamkeit dem armen Menschen die Schlinge um den Hals gelegt und die weiße Nachtmütze über die Augen gezogen wurde. Neben ihm standen seine Freunde (...) und harrten des Augenblicks, wo sie ihm den Liebesdienst erweisen konnten; dieser Liebesdienst besteht darin, daß sie den gehenkten Freund, um seine zuckende Todesqual abzukürzen, so stark als möglich an den Beinen ziehen. (...) So viel darf ich versichern, daß ich in der Heiterkeit meines Herzens nicht den mindesten Unmut wider Herrn Pfizer empfinde. Im Gegenteil, sollte ich je im stande sein, ihm einen Liebesdienst zu erweisen, so werde ich ihn gewiß nicht lange zappeln lassen. *(Der Schwabenspiegel)*

Man muß bei diesem Text auf die plötzliche Umschaltung am Schluß achten. Der leichthin erzählte, makaber-ironische Bericht wird zwar scheinbar durchgehalten, die Aussage aber ist unversehens eine andere. Der überlegene Narrateur reißt die Maske weg und spricht eine offene Todesdrohung aus. Gleichzeitig macht er damit das erzählte Geschehen zu einem breiten Gleichnis für Verlauf und Folgen seines Schreibens, mithin für die Auswirkungen literarischer Polemik überhaupt. Der Text ist nicht als solcher die Heinesche Polemik gegen Pfizer. Er ist vielmehr die Warnung Heines, die verschlüsselte Mitteilung, wie eine solche ausginge, wenn sich das kleine Gefecht zum Krieg auswachsen sollte. Heine weiß, wovon er redet, und seine Gegner wissen es auch. Als der *Schwabenspiegel* erscheint, 1839, ist der Graf von Platen bereits seit drei Jahren tot, jener Platen, den Heine in der Schrift *Die Bäder von Lucca* auf eine Weise der Ächtung preisgegeben und öffentlich vernichtet hat, wie man es bisher im deutschen Literaturleben nicht gesehen hatte. Auch Platen war damals der Angreifer gewesen, auf eine täppisch antisemitische Weise, und Heine blieb sein Leben lang der Überzeugung, er habe den frühen Tod des Grafen im sizilianischen Exil mitbewirkt. Das geht aus der Notiz hervor:

Nur einmal, als ich aus ganz besonderen Gründen nicht schlafen konnte, stand ich in der Nacht auf und schlug einen Hund tot. Er starb nicht gleich, sondern schleppte sich noch nach Sizilien, bis zu einem Dorfe bei Palermo, wo der Hund begraben liegt. *(Entwurf zum Börne-Buch)*

Der Satz, bei dem einen heute noch friert, gehört ebenso in die ungeschriebene Geschichte der Wechselbeziehungen von Intelligenz und Inhumanität wie die Sätze Platens über Heine (»... seine Küsse sondern ab Knoblauchgeruch«), die die Affäre auslösten.

Der unverhoffte Wechsel der Aussageweise von der Ironie zum Ernst, von der Überlegenheit zum Zuschlagen, der den Schluß des *Schwabenspiegel*-Zitats kennzeichnet, ist nicht die zufällige Eigenheit jener Stelle. Literarisch verbindliche Polemik wird vielmehr wesentlich und durchgehend von solchen Umschlägen bestimmt. Sie machen eine entscheidende Struktur aus. Deshalb kommt auf hundert Ironiker oder Pathetiker oder Polterer ein einziger Polemiker. Nur dieser beherrscht alle Tonarten zugleich und vermag den Wechsel so zu berechnen, daß er den Leser jedesmal überrennt.

Am charakteristischsten ist dabei sicher der Sprung von Witz und Gelächter ins große Pathos, in den Prophetenton. Da kommt es dann zu den dröhnenden Stellen, an denen die alte Rhetorik für kurze Zeit wieder ungebrochen möglich wird. Es gelingt nicht immer; oft hört sich, was ehern tönen sollte, blechern an. Wo es indessen glückt, da entstehen Passagen von hoher Gewalt. Börne ist hier Heine ebenso überlegen wie Lessing dem Nietzsche der Strauss- und Wagner-Attacken oder Karl Kraus dem Thomas Mann der *Betrachtungen eines Unpolitischen* – obwohl alle Erwähnten das Mittel gezielt und immer neu einsetzen.

Ein hinreißender Abschnitt deutscher Prosa und politisch entschlossener Literatur im 19. Jahrhundert findet sich in Ludwig Börnes Kampfschrift *Menzel der Franzosenfresser.* Wolfgang Menzel, Publizist deutschnationaler Richtung, hatte den emigrierten Börne wegen seines Bekenntnisses zu einer deutschen Republik angegriffen und ihm vorgeworfen, er beschimpfe die »konstitutionelle Monarchie« und alle ihre Freunde. Börne erkannte darin die politische Heuchelei, die tat, als wären die Verhältnisse im despotisch regierten Deutschland von 1836 gleichzusetzen mit einem gesetzmäßigen Verfassungsstaat. Der Ausschnitt aus seiner Antwort kann nach Belieben als Kurs in deutscher Rhetorik oder in deutscher Geschichte gelesen werden:

Gehört die Zensur zum Wesen der konstitutionellen Monarchie? Gehört es zum Wesen der konstitutionellen Monarchie, jungen Schriftstellern von Geist und Talent das Schreiben zu verbieten, bloß weil sie einen guten Stil haben und man fürchtet, das Volk möchte künftig lesen, was früher nur die Gelehrten verstanden? Gehören die heimlichen Gerichte zum Wesen der konstitutionellen Monarchie? Gehört es zum Wesen einer konstitutionellen Monarchie, daß die von den Fürsten bezahlten Richter allein über Freiheit und Leben derjenigen entscheiden, die der Beleidigung jener Fürsten angeklagt worden? Gehört es zum Wesen der konstitutionellen Monarchie, daß man die Angeschuldigten vier, fünf Jahre im Kerker schmachten läßt, bis man sie verurteilt oder freispricht? Gehört es zum Wesen der konstitutionellen Monarchie, die Jugend als ein Verbrechen zu bestrafen und als ein Vergehen, jung gewesen zu sein? Gehört es zum Wesen der konstitutionellen Monarchie, viele hundert Jünglinge während der Blütezeit ihres Lebens im Kerker schmachten zu lassen, weil sie die Freiheit länger geliebt, als ihre Fürsten sie gebraucht? Gehört es zum Wesen einer konstitutionellen Monarchie, daß man weder die Namen der Eingekerkerten noch die der Angeschuldigten, noch das Verbrechen der Verurteilten bekanntmacht? Daß man über die vielen Hunderte, die man zur Zuchtstrafe verurteilt, Rechnung ablegt wie über ein Schlachthaus? So viel Ochsen sind geschlachtet worden, so viel Kühe, so viel Hammel, so viel Schweine – das Schlachtvieh hat keine Namen – so viel Theologen sind verurteilt worden, so viel Juristen, so viel Pfarrer, so viel Mediziner, so viel Offiziere – sie haben keine Namen, die Schlachtopfer des Despotismus!   *(Menzel der Franzosenfresser)*

Das ist literarische Gewalt und Grandeur in einem. Fast verschollene Traditionen der großen öffentlichen Rede tauchen da auf und wollen sich anmelden als die Verständigungsformen eines freien bürgerlichen Parlaments, wie es in Deutschland nicht entstehen durfte.

Nun ist allerdings der Wechsel von der Ironie ins Pathos nur einer der zahlreichen Quersprünge, über die die Polemiker verfügen. Von Bedeutung ist auch ihre Fähigkeit, auf einmal heftig sentimental zu werden. Thomas Mann:

Klugheit im Verhalten zur Welt und ihren Mächten war nie meine Sache; dazu war ich zu sehr allein, zu sehr »Dichter«...   *(Betrachtungen [Kap. 6])*

und Heine:

Ach! man sollte eigentlich gegen niemanden in dieser Welt schreiben. Jeder ist krank genug in diesem großen Lazarett...   *(Die Stadt Lucca)*

Das kann dann rasch wieder abgelöst werden von unverblümtem Lästern und Schimpfen. Was die einzelnen Witze betrifft, die der Polemiker im Vorrat führt, so reicht bei ihnen die Spanne vom erlesenen Bonmot bis zur

Zote und deutlich ins Fäkalische hinein. Es ist unverkennbar, daß die Polemik auf dem Gebiet des Witzereißens eine Tabugrenze besitzt, die im Vergleich zum sonst Gebräuchlichen signifikant verschoben ist. Das macht sie als Gattung zusätzlich merkwürdig. Zitierbar ist das schwer, eben weil hier alles nur in der Gegenwirkung und im Ablauf des ganzen Sprachstücks funktioniert. Die einzelne Stelle erscheint plump; im subtilen Gefüge der wechselnden Tonarten gewinnt sie exquisiten Wert.

Nicht minder weit spannt sich der Fächer der Möglichkeiten dort, wo der Polemiker seine Verbündeten beschwört. Da stehen immer beide Gruppen zur Verfügung: die wenigen Großen und die vielen Namenlosen. Der aristokratische und der plebejische Gestus, sie sind beide authentisch polemische Verfahren, die einander keineswegs ausschließen. Die kühne Selbstklassifizierung (»Luther, Lessing und ich!«) wechselt ab mit dem Modell des Rebellen aus dem Volkshaufen, des Wortführers einer aufständischen Schar. Dies verlängert sich dann weiter in die Sprachebenen hinein, auf denen operiert wird. Polemisches Reden ist immer schwierig und eingängig zugleich. Man sucht den schlagenden Effekt und gewinnt ihn doch am liebsten aus einer überscharfen Logik. Lessing:

So wenigstens denke ich; unbekümmert, wie sehr sich der Hr. Pastor darüber wundert. Ich wundre mich nicht einmal, daß er sich wundert. Der Himmel erhalte uns nur noch lange in dem nämlichen Verhältnisse: daß er sich wundert und ich mich nicht. *(Axiomata VIII.)*

Man pflegt eine Bildungssprache, die von Anspielungen flimmert, und schon kippt sie wieder um in die handfeste Anschaulichkeit. Nietzsche:

Das *espressivo* um jeden Preis, wie es das Wagnersche Ideal, das *décadence*-Ideal verlangt, verträgt sich schlecht mit Begabung. Dazu gehört bloß Tugend – will sagen Dressur, Automatismus, »Selbstverleugnung«. Weder Geschmack noch Stimme, noch Begabung: die Bühne Wagners hat nur eins nötig – *Germanen!* . . . Definition des Germanen: Gehorsam und lange Beine . . . Es ist voll tiefer Bedeutung, daß die Heraufkunft Wagners zeitlich mit der Heraufkunft des »Reichs« zusammenfällt: beide Tatsachen beweisen ein und dasselbe – Gehorsam und lange Beine.

(Der Fall Wagner)

Noble Rhetorik und plebejisches Reden sind die zwei gegensätzlichen Ausdrucksformen, die miteinander zum polemischen Kalkül gehören. Was wäre Karl Kraus ohne den planvollen Einbezug des Wienerischen? In der plötzlichen Derbheit zeigt sich, ähnlich wie in jener verschobenen Tabugrenze beim Witz, eine insgeheim bewahrte Verbindung der neueren deutschen Polemik mit ihrer ersten großen Epoche, der Schimpfkultur des Reformationszeitalters. Auch wenn das reine Lästern die Polemik nicht ausmacht, es gehört denn doch dazu und hat seine eigene Schönheit. Karl Kraus über die Wiener:

Wenn man dem Wiener, (...) diesem perspektivisch verzeichneten Zweifarben-
druck, dieser an die Luft geklebten Vordergrundsfigur, diesem Dreizehner am Tisch
der Kultur, dieser einzig fühlenden Larve, in deren Brust zwei Seelen, die eines Fri-
seurs und die eines Friseurkunden, ein Friseurgespräch führen, diesem stets die
Ehre habenden und nie herzeigenden, stets die Ehre nehmenden und nie behalten-
den Intimus, diesem Wahrzeichen der Lüge, diesem von den Idealen abschrecken-
den Beispiel, diesem Bauchjesuiten, dem die Lebensmittel den Lebenszweck heiligen, diesem Gourmand einer Henkersküche, dem noch die Schande mit dem Mehl
eingebrannt ist, diesem Harlekin der Phrase, diesem Spalierbildner der Persönlich-
keiten, diesem Sowiesokenner der Kunst und diesem Ehschowisser der Gottheit:
wenn man dem Wiener die Uhr der Zeit ans Ohr hielte, er lobte ihren Deckel und
nähme sie ins Maul. Und wenn man ihm sagte, die vom Stefansturm sei gestohlen
worden, er würde nachdenklich und riefe dann: »Das hat der Fackelkraus getan!«
(Die Fackel, 5. 2. 1913)

Aber selbst an dieser Kaskade von Beschimpfungen kann man noch studieren, wie das Prinzip des stetigen Umschaltens gültig bleibt. Drastik und
höchste Künstlichkeit feiern hier eine seltsame, für Karl Kraus bezeichnende, in der übrigen deutschen Literatur einzigartige Hochzeit. Das
knallt wie Ohrfeigen und muß gleichzeitig unter großer Konzentration
Wort für Wort aufgelöst werden. Die »einzig fühlende Larve«, beispielsweise, ist die Verdrehung eines Schiller-Verses aus dem *Taucher:* »Unter
Larven die einzig fühlende Brust«; dabei überlagert sich das letzte Wort bereits wieder mit dem Faust-Zitat: »Zwei Seelen wohnen, ach! in meiner
Brust«; und dieses wird seinerseits auf eine fast surreale Weise konkret
genommen.

Wirklich gradliniges Poltern, schnörkellos und ungekünstelt und dennoch im Zusammenhang mit den ersten und letzten Dingen des Denkens,
das findet man vielleicht nur dort, wo der Philosoph Schopenhauer auf den
Philosophen Hegel stößt:

Auf Schelling folgte jetzt schon eine philosophische Ministerkreatur, der (...) von
oben herab zum großen Philosophen gestempelte Hegel, ein platter, geistloser,
ekelhaft-widerlicher, unwissender Scharlatan, der, mit beispielloser Frechheit,
Aberwitz und Unsinn zusammenschmierte, welche von seinen feilen Anhängern
als unsterbliche Weisheit ausposaunt und von Dummköpfen richtig dafür genommen wurden, wodurch ein so vollständiger Chorus der Bewundrung entstand, wie
man ihn nie zuvor vernommen hatte. Harmonische Gelehrtenrepublik!
(Fragmente zur Geschichte der Philosophie)

Von einem Verfahren ist hier unabdingbar zu reden: von dem dringlichen
Streben der Polemiker, den Gegner selber auftreten zu lassen. Das kann
sich eigentlichen Bühnenszenen annähern. Was Abhandlung war, wird jäh
zum Dialog. Der Widersacher spricht, der Polemiker antwortet, und siehe,
er behält immer recht. Der Gegner steht da, oft genug in seines Leibes
Schwäche; er darf Satz um Satz vorbringen und bekommt für jeden eins
aufs Haupt, sorgsam gezielt und liebevoll gesetzt. Der Kunstgriff verfehlt

die Wirkung selten. Der Leser, der den Gegner reden hört, kommt gar nicht mehr auf den Gedanken, daß dieser solches vielleicht gar nie gesagt oder doch niemals gerade so gemeint hat. Hauptsignal für den Vorgang sind immer die Anreden. »Mein Herr Hauptpastor!« – »Wie, Herr Hauptpastor?« – »Aber, Herr Hauptpastor...« – »Nicht wahr, Herr Hauptpastor?« – Wer je in Lessings Streitschriften gelesen hat, bringt den Ton nicht mehr aus den Ohren. Genauso insistiert Nietzsche gegen Strauss in steigend ironischer Häufung auf der Anrede »Herr Magister«, und Thomas Mann tut es ähnlich wieder bei seinem Angriff auf Romain Rolland (»Herr Rolland«), wobei er mit einem gelegentlichen »cher maître« noch Variationen setzt.

Diese Begrüßungen beschwören den Gegner persönlich. Ob er will oder nicht, er tritt in den Raum, und gerne ergreift der Polemiker die Gelegenheit, ein paar physiognomische Akzente zu setzen oder sonst ein Detail aus des Feindes Körperlichkeit zu erwähnen. Entscheidend aber ist, daß nun Zitate aus den Schriften des Angesprochenen diesem als unmittelbare Äußerungen in den Mund gelegt werden. Für den Leser verbinden sich so die zwei obersten Beweismittel, die es überhaupt gibt – Dokument und Augenzeugenschaft –, zu einem einzigen. Nietzsche:

Beliebt Ihnen vielleicht, Herr Magister, die Religion der Zukunft zu gründen? »Die Zeit scheint mir noch nicht gekommen (S. 8). Es fällt mir nicht einmal ein, irgendeine Kirche zerstören zu wollen. « – Aber warum nicht, Herr Magister? Es kommt nur darauf an, daß man's kann. *(Erste unzeitgemäße Betrachtung)*

Thomas Manns *Betrachtungen* sind unter diesem Aspekt besonders spannend. Sie werden in der Hauptsache gestachelt von der Wut auf den eigenen Bruder. Da liegt die polemische Szene immer wieder zum Greifen nahe, und doch wird sie nie ausgeführt. Das Spektakel wäre wohl zu sensationell geworden. Der Kampf der Brüder, des deutschen Dramas liebster Gegenstand, hätte sich hier theatermäßig und leibhaftig zugleich abgespielt. Das ging nicht an. Um so bitterer wurde der Eifer, mit dem der Autor alle andern Mittel der Polemik gebrauchte. In den Abschnitten gegen den »Zivilisationsliteraten« sind die Tonartenwechsel rascher und schlagender als anderswo. Die Quersprünge von der verletzenden Ironie zur Sentimentalität, vom steilen Pathos zur Distanz des Weltweisen und wiederum zum groben Fußtritt folgen sich mit einer Geschwindigkeit, die etwas Equilibristisches hat.

Gerade weil nun aber die polemische Szene, die fiktive Begegnung Aug' in Auge, ein so zentrales Ereignis der Gattung ist, macht sie auch deren zentrales Dilemma am deutlichsten offenbar. Das Dilemma: um der Wahrheit willen die Wahrheit zu verstellen. Das Täuschungsmanöver deckt sich auf, sobald man die Leserrolle studiert, die die polemischen Texte voraussetzen. So unbestreitbar nämlich der wahre Adressat all dieser Schriften der Leser ist, bzw. das Publikum, so unverkennbar sucht der Text den Eindruck zu erwecken, wahrer Adressat sei der Gegner. Wenn es gelingt, diesen Eindruck beim Leser durchzusetzen, ist das Spiel gewonnen. Dann glaubt sich der Leser als Zuschauer bei einem Streit, dessen Ausgang noch offen steht. Er verfolgt das Hin und Her, sieht, wie der eine immer großartiger, der andere immer jämmerlicher wird, und findet am Ende, was doch von Anfang an feststand: der Polemiker hat gesiegt. Nicht er, der Leser, prüft dabei die Argumente des Polemikers; er schaut sich ja bloß an, wie der Gegner diesen Argumenten nicht gewachsen ist. So verschleiert der polemische Text dem Leser systematisch dessen eigene Rolle. Der faktisch Angesprochene glaubt sich unbeteiligt. Bearbeitet mit den letzten Verfeinerungen überredenden Sprechens, meint er, er sei nur Zaungast. Ausgesetzt einem Anschlag auf die eigenen Überzeugungen, denkt er, der Kontrahent sei angeredet. Die wirkliche Kommunikationssituation wird also durch eine künstliche überlagert. Dies ist nötig, weil mit dem Leser etwas geschehen soll. Ziel ist nicht, daß der Angegriffene seine Meinungen überprüfe, sondern daß der Leser sein Verhalten dem Angegriffenen gegenüber verändert. Er soll ihn nicht mehr zu den Seinen rechnen, soll über ihn lachen, ihn verabscheuen und verachten. Öffentliche Verachtung aber ist soziale Vernichtung.

Demnach ist die eigentliche Waffe des Polemikers der Leser, der über die schnellen Witze lacht und den's beim jähen Pathos schaudert. Erregt vom Sturm immerzu wechselnder Gefühle, vollzieht er zuletzt wie von selbst jene Verabscheuung des Gegners, die gründlich und dauerhaft verletzt.

Und warum liest es sich so genußvoll? Weil wir dabei gewinnen, was der andere verliert. Die praktizierte Verachtung bewirkt ein gesteigertes Gefühl von Zugehörigkeit, und beim Verstoßen fühlt man sich so recht geborgen.

Die Opus-Phantasie

Das phantasierte Werk als Metaphantasie im kreativen Prozeß

Die Frage nach den geschlechtsspezifischen Phantasien in der Literatur

Die Fragestellung lautete in der ursprünglichen Formulierung: »Gibt es geschlechtsspezifische Themen und Formen (geschlechtsspezifische Phantasien) in der Literatur?« Ausgelöst wurde sie durch die vielfachen Diskussionen um schreibende Frauen, um die ungeklärten Besonderheiten einer Literatur von Frauen, von Frauen für Frauen, von Frauen für Frauen über Frauen. Es zeigte sich sehr rasch, daß hier nicht nur die psychoanalytische Theorie, sondern auch die Literaturwissenschaft mehr gefordert waren, als ihnen vielleicht lieb sein mochte. Beide haben es sich bisher in bestimmten Belangen etwas zu leicht gemacht: die Literaturwissenschaft mit den seelischen und materiellen Arbeitsbedingungen der schreibenden Frau in einem weithin patriarchalischen Kulturleben, die Psychoanalyse mit den Unterschieden zwischen den in Traum und Tagtraum phantasierten Bilderreihen und der aufgeschriebenen, gedruckten, gelesenen literarischen Fiktion.

Es gilt also zunächst, die oben gestellte Frage auf ihre unausgesprochenen Vorentscheide hin zu klären. Die Antwort auf sie ist nämlich in merkwürdiger Weise eine doppelte. Zum einen Teil liegt sie auf der Hand, zum andern Teil liegt sie im Dunkel. Auf der Hand liegt die Antwort dann, wenn wir die Frage so präzisieren: Gibt es literarische Texte, die geschlechtsspezifische Verhaltensweisen und Denkformen abbilden? Da ist die Antwort so selbstverständlich, wie wenn gefragt würde, ob es literarische Texte gebe, in denen Frauen und Männer erstens vorkommen und zweitens sich so benehmen, daß *lesende* Frauen und Männer deren Benehmen als der Wirklichkeit adäquat beurteilen.

Es ist mir nicht bekannt, daß jemand je auch nur auf den Gedanken gekommen wäre, das Verhalten der ANTIGONE, der LADY MACBETH, GRETCHENS, der NATASCHA ROSTOWA, der MOLLY BLOOM als nicht der Wirklichkeit adäquat zu qualifizieren.

Wenn die Antwort aber dergestalt auf der Hand liegt, warum konnte die Frage dann, unter allgemeiner Zustimmung, überhaupt gestellt werden?

Offenbar ist sie doppeldeutig.

Sinnvollerweise in Frage stellen kann man nämlich nicht das rein faktische Vorkommen geschlechtsspezifischer Denk-, Fühl- und Verhaltensweisen in der Literatur, sondern nur das Verhältnis zwischen den in der

Literatur vorhandenen geschlechtsspezifischen Denk-, Fühl- und Verhaltensweisen und der Beschaffenheit des Autors als einer Frau oder eines Mannes. Darauf zielt der implizite Vorentscheid in der obigen Formulierung, wo die Begriffe »geschlechtsspezifische Themen und Formen« in Klammern erläutert, ja, fast definiert werden mit: »geschlechtsspezifische Phantasien«. Insofern die Frage also eine schwierige ist, muß sie so lauten: Tauchen die geschlechtsspezifischen Phantasien des Autors / der Autorin im literarischen Werk als geschlechtsspezifische Themen und Formen wieder auf?

Dazu liegt die Antwort, mindestens für die Erfahrung des Literaturwissenschaftlers, durchaus nicht mehr auf der Hand. Wohl kann ich die erwähnten Bezüge in den literarischen Werken und den zugehörigen Biographien suchen, ich kann sie finden und beschreiben. Doch damit ist die Kernfrage nicht berührt, nämlich: ob die geschlechtsspezifische Phantasie des Autors Thema und Form des literarischen Produkts determiniere. In diesem Determinationsverhältnis liegt der entscheidende Punkt, liegt das, was die Frage nicht nur interessant macht, sondern überhaupt erst die Frageform bedingt. Hier ist nämlich *terra incognita*.

Der Blick auf die Gesamtheit der literarischen Produktion läßt schlechterdings den Schluß auf ein solches Determinationsverhältnis nicht zu. Vielmehr scheint alles darauf hinzudeuten, daß Thematik und Formen der Literatur durchaus außerhalb, ja konträr zum Korpus der dem Geschlecht des Autors spezifischen Phantasien sich bilden könnten und wohl mehrheitlich sich bildeten. Das wiederum scheint der Grundtendenz aller psychoanalytischen Auskünfte über den literarischen Schaffensprozeß zu widersprechen.

Die Determinationslinie Traum-Tagtraum-Spielen-Fiktion

Das Basismodell, das die strenge Determination literarischer Themen und Formen durch die geschlechtsspezifischen Phantasien des Autors als wahrscheinlich erscheinen läßt, ist schon in Freuds Aufsatz »Der Dichter und das Phantasieren« angelegt. Da ist genau jene Stufung vorgezeichnet, nach welcher Traum, Tagtraum, Spielen und literarische Erfindung (Fiktion im Sinne des englischen *fiction*) auf einer Achse liegen, wobei die Unterschiede in der Komplexität und in der Kohärenz der fingierten Ereignisse weniger ins Gewicht fallen als ihre gemeinsame Herkunft von, wie Freud sagt, »Seiner Majestät, dem Ich« (Freud, 1908, S. 220). Auch im zweiten Kapitel von *Jenseits des Lustprinzips* wird der Bezug vom Kinderspiel zur hohen Literatur (Tragödie) wieder aufgegriffen, wobei Freud übrigens zu einer grundsätzlichen Ablehnung eines »besonderen Nachahmungstriebes« (Freud, 1920, S. 15) im Menschen kommt – eine Feststellung, die für jede ästhetische Grundsatzdiskussion Konsequenzen hätte, würde sie zur Kenntnis genommen. Das Verfassen von Literatur ist nun diesem Modell gemäß nichts anderes als die kulturell wertvollste Form von sekundärer Bearbeitung der eigenen Phantasmata. Das geht aus Freuds berühmtem Satz hervor:

> Wir verkennen nun keineswegs, daß sehr viele dichterische Schöpfungen sich von dem Vorbilde des naiven Tagtraumes weit entfernt halten, aber ich kann doch die Vermutung nicht unterdrücken, daß auch die extremsten Abweichungen durch eine lückenlose Reihe von Übergängen mit diesem Modelle in Beziehung gesetzt werden könnten. *(Freud, 1908, S. 220)*

Der Satz sei hier nicht bestritten, sondern modifiziert. Dazu muß eine Folgerung, die man daraus abzuleiten pflegt, grundsätzlich in Zweifel gezogen werden. Diese Folgerung lautet: Die im literarischen Werk greifbaren Phantasien, die als dem Gegengeschlecht des Autors spezifisch gelten, seien Zeichen und Symptom für eine entsprechende Bisexualität des Verfassers. Das heißt, sie zeigten das Verhältnis an, in dem bei diesem männliche und weibliche Anlagen nebeneinander vorkämen und u. U. miteinander in Konflikt lägen. So ungefähr hat es Hans Müller-Braunschweig (1977, S. 837f.) formuliert. Das gleichzeitige Vorkommen »männlicher und weiblicher Phantasien« als inhaltlicher Elemente des künstlerischen Produkts deute auf das Bestreben, »als Mann und Frau in einem zu leben« und also auf den Versuch einer kreativen »Bewältigung starker Identifikationen mit beiden Geschlechtern«. Das ist, auch wenn der Verfasser viele neuere Kreativitätstheorien verarbeitet hat, im Grunde konsequent aus jener homogenen Achse Traum / Tagtraum / Spielen / literarische Erfindung in Freuds Aufsatz hergeleitet. Es würde, als literaturtheoretischer Grundsatz formuliert, besagen: Das literarische Werk reproduziert das in einen Wunschzustand versetzte Ich des Verfassers, wobei der Anteil bisexueller Elemente dieses Ichs (»Ich« hier im Sinne von Freud, 1908) erstens die Ausbildung gegengeschlechtlicher Phantasmata ermöglicht, zweitens zur wirklichkeitsnahen Gestaltung gegengeschlechtlicher Figuren im Werk führt und so drittens ein breites Spektrum von Identifikationsangeboten an die weibliche *und* männliche Leserschaft in die Wege leitet.

Das Modell funktioniert zu gut. Allzu genau schreibt es uns die Rückschlüsse vor, die wir vom Werk auf den Autor zu ziehen haben. Die Erfinder der Antigone, der Lady Macbeth, Gretchens, der Natascha Rostowa, der Molly Bloom, die Autoren also, welche je gleichzeitig die ebenso urbildlichen männlichen Gestalten Kreon, Macbeth, Faust / Mephisto, Pierre Besuchow, Leopold Bloom erfunden haben, würden demnach mit fast mathematischer Genauigkeit – kraft ihrer Fähigkeit, weibliches *und* männliches Phantasieren, Denken und Verhalten in qualitativ nicht abgestufter Weise zu objektivieren – zu Personen von völlig symmetrischer Bisexualität.

Annette von Droste-Hülshoff wiederum, die mit der Figur des FRIED-RICH MERGEL in der Erzählung *Die Judenbuche* (geschrieben 1841), und Marieluise Fleisser, die mit der Gestalt des ROELLE im Drama *Fegefeuer in Ingolstadt* (1926) männliche literarische Protagonisten erfunden und ausgearbeitet haben, denen in ihrem erzählerischen resp. dramatischen Werk keine weibliche Gestalt gleichwertig gegenübersteht, würden so, aufgrund derselben Rechnung, zu Personen von überwiegend männlicher Seelenorganisation.

Ob solche gegengeschlechtlichen Strukturelemente nun im Einzelfall oder grundsätzlich zurückzuführen seien auf die Identifizierung mit einem Elternteil in bestimmten Phasen der Entwicklung (Müller-Braunschweig, 1977, S. 836) oder auf die außerordentliche Fähigkeit zu kontrollierter Regression in die nach Margarete Mitscherlich-Nielsen (1975, S. 775) reguläre »primäre Identifikation mit der bedürfnisbefriedigenden, idealisierten ›aktiven Mutter‹« oder überhaupt nur auf Verteilungs- und Dosierungsvorgänge im Hormonhaushalt, das ist für diese meine Fragestellung nicht von Bedeutung. Von Bedeutung ist nur die Tatsache, daß solches Rechnen angesichts der konkreten literarischen Produktion, sofern sie nicht auf das Modell hin selektioniert worden ist, in Widersprüche und Sackgassen führt.

Ein Beispiel: Annette von Droste-Hülshoff

Ich gebe ein Beispiel: Annette von Droste hat mit der *Judenbuche* eine Kriminalgeschichte geschrieben, die innerhalb der deutschen Literatur nur noch mit Hoffmanns *Fräulein von Scuderi* und Schillers *Verbrecher aus verlorener Ehre* verglichen werden kann. Diese Geschichte kann gelesen werden als eine Fuge eindeutig männlich-ödipaler Phantasien und phallischer Zeichen, umgesetzt und aktualisiert in einer traumhaft verfremdeten Waldlandschaft. Alle Elemente krisenhafter männlicher Ödipalität werden hier bei unschwer durchschaubaren Entstellungsmanövern vor Augen geführt. Der hauptsächliche Kunstgriff besteht in der Aufspaltung der Vaterinstanz, mit der sich der Protagonist konfrontiert sieht, in fünf verschiedene Figuren, welche deutlich in eine Aggressions- und in eine Identifikationsgruppe getrennt sind. Es ist dies ein bekanntes Verfahren, die emotionalen Paradoxien der großen Ambivalenz poetisch zu bewältigen. Freud hat es in der großartigen Studie über *Eine Teufelsneurose im siebzehnten Jahrhundert* exemplarisch beschrieben. In der deutschen Literatur, die ja generell durch einen vergleichsweise hohen Grad der Entstellung ödipaler Aggressionsabläufe charakterisiert ist, bildet diese Auffächerung neben der Verschiebung auf den Kampf der Brüder (Rank / Sachs, 1913) die dominierende Verwandlungsstrategie.

Ähnlich verhält es sich in dieser Erzählung mit der Kette von Kastrationsmotiven, die der Väterreihe und ihren abwechselnden Morden und Unterwerfungen parallel läuft. Dabei steht dem Hauptverbrechen, dem geisterhaften, nie aufgedeckten Kahlschlag ganzer Waldpartien, durchgeführt mit einer sinnlosen Verstümmelungswut, das – ebenfalls repetierte – Motiv des einzelnen Baumes gegenüber, der nicht gefällt werden kann: die Eiche, bei der der Vater zum Teufel gefahren, zum Teufel geworden ist, und die Buche, bei der der Förster getötet und der Jude AARON erschlagen wird. In diesen Baum schnitzt man die Gesetzesformel der Talion ein, und an ihm erhängt sich schließlich der Mörder.

Die letzte Mordtat wird durch folgenden Ereigniszusammenhang ausgelöst: FRIEDRICH MERGEL tanzt auf einer Hochzeit als der prächtigste Kerl des Dorfes –

> Fußhoch über die andern tauchte sein blonder Kopf auf und nieder, wie ein Hecht, der sich im Wasser überschlägt; an allen Enden schrien Mädchen auf, denen er zum Zeichen seiner Huldigung mit einer raschen Kopfbewegung sein langes Flachshaar ins Gesicht schleuderte. *(Droste, 1842, S. 40)*

Als Steigerung und Krönung dieser seiner Überlegenheit zieht er die silberne Taschenuhr – »zu jener Zeit ein seltener und kostbarer Schmuck« (Droste, 1842, S. 41) – und zeigt sie jedermann vor; zur gleichen Stunde aber noch wird er vor aller Augen und unter allgemeinem Gelächter vom Juden AARON angeklagt, er besitze eben dieses triumphale Ding unbezahlt und unrechtmäßig. Die Folge ist der sofortige soziale und erotische Rollenzerfall, und dieser löst den Mord aus. Auf weitere Elemente dieses Geflechts von Kastrationssignalen kann ich hier nur hinweisen. Nachzugehen wäre insbesondere dem Motiv von FRIEDRICHS fortwährendem »Schnitzeln«. Zunächst ist es ein »Weidenstab, dessen knotigem Ende er die Gestalt eines ungeschlachten Tieres zu geben versuchte« (Droste, 1842, S. 29). Dieser Stab wird zur Mordwaffe. Später ist der unerkannt heimgekehrte Mörder immerzu mit dem Schnitzen von hölzernen Kellen beschäftigt. Kurz vor seinem Selbstmord heißt es: »Ein Kind hatte ihn gesehen, wie er am Rande des Brederholzes saß und an einem Löffel schnitzelte; ›er schnitt ihn aber ganz entzwei‹, sagte das kleine Mädchen« (Droste, 1842, S. 56).

Die Erzählung darf also mit mehr als ausreichenden Belegen gelesen werden als eine männlich-ödipale Phantasien-Folge. Der Schluß auf eine entsprechend ausgeprägte Bisexualität der Autorin aber wird nun dadurch erschwert oder doch um seine unmittelbare Evidenz gebracht, daß die gleiche Annette Droste, die diesen FRIEDRICH MERGEL geschaffen hat, in vielen ihrer Gedichte das Existenzdiagramm der Frau im deutschen 19. Jahrhundert zu außerordentlichen Einzelphantasien verdichtet vorstellt. Es sind imaginäre Szenen, die, hielte man an jener monokausalen Achse vom Traum bis zur poetischen Erfindung fest, zu durchaus widersprüchlichen Rückschlüssen führen müßten. Dabei ist es vor allem merkwürdig, daß die offenkundigste, die zentrale Ich-Phantasie der Autorin zwar in der Erzählung selber vorkommt, aber nur am Rand, ganz klein, fast wie das Stifter-Figürchen auf einem alten Bild. Es ist dort die Mutter FRIEDRICH MERGELS. Diese trägt unverkennbar die Charakteristika der fast stereotypen lyrischen Selbstreproduktion Annette Drostes: die äußere Versteinerung, die einen glühenden, einen geradezu tobenden und brennenden Kern einschließt. Aus solcher Polarisierung der somatischen Existenz leiten sich in ihrer Poesie ebensosehr die Visionen des eigenen Wahnsinnigwerdens ab (das Gehirn brennt) wie die Entfremdung vom eigenen Körper und damit die verschiedenen Duplikationsphantasien in den Spiegelgedichten und Doppelgängerballaden. Es leitet sich davon ab die völlige Erstarrung in der häufig beschriebenen Situation , wo sie auf dem Erdboden liegt, das Gesicht in der Höhe des stehenden Grases, und in die Erdkruste einsinkt, bewegungsunfähig, reduziert auf eine einzige Sinnesfähigkeit: das maßlos gesteigerte Gehör. Es leitet sich davon ab aber auch der Umschlag aus solcher Petrifizierung in die Visionen einer barbarisch-prähistorischen Lebensform, wo sie als sibyllinische Priesterin mit waagrecht flatterndem Haar so lebt und singt, wie Zeit und Geschlechterrolle es ihr jetzt verbieten. Diese Dialektik von Versteinerung und tumultuarischer Selbstverwirklichung ist in jeder Lähmungs- und Erstarrungsphantasie angelegt, so wie umgekehrt jede Freiheitsszene einen Umschlag ins Versteinerte evoziert. Wo die Polarisierung des Körpers in Stein und Feuer aufgehoben wird, wo ein Mittelzustand ins Bild drängt, ist er meistens in die Zeichenreihe der stehenden Gewässer gefaßt (Teich, Sumpf, Tümpel, totes Wasser), die unschwer als totale Verbildlichung jenes qualvoll-einsamen Liegens im Grase zu erkennen sind.

Es ist zuzugeben, daß gewisse Berührungspunkte vorhanden sind zwischen der Figur FRIEDRICH MERGELS und diesen lyrischen Ich-Phantasien, aber sie sind nicht so beschaffen, daß sie sich in einem mehr oder minder einheitlichen Bisexualitäts-Diagramm zur Deckung bringen ließen. Wohl liegt die schwere gesellschaftliche und erotische Kränkung, die der jungen, ungestüm spontanen Annette Droste durch ihre Freunde angetan wurde (Berglar, 1967, S. 31 ff.), als entfernter Erfahrungshintergrund hinter der *Judenbuche*, aber die Umsetzung in die beschriebene Phantasien-Reihe ist daraus nicht schlüssig herzuleiten.

Im bisherigen Modell muß also etwas fehlen. Ein Faktor ist zu erschließen, der solche Umschaltungen ermöglicht, wenn nicht bewirkt. Ein Faktor, der jener homogenen Achse Traum / Tagtraum / Spielen / literarische Erfindung nicht integriert, aber doch beigeordnet ist, und zwar so, daß er diese Reihe in signifikanter Weise zu modifizieren vermag. Er muß mit dem spezifisch Literarischen, mit den besonderen Bedingungen der Produktion von Kunst zusammenhängen. Von ihm muß jener Wirkungskonnex ausgehen, der es dem unvoreingenommenen Blick auf die Gesamtproduktion von Literatur als unsinnig erscheinen läßt, diese Gesamtproduktion nach Themen, Formen und Basisphantasien in eine spezifisch weibliche und eine spezifisch männliche zu unterteilen.

Dieser Faktor ist *das im kreativen Prozeß vorphantasierte Werk*. Das heißt, es muß angenommen werden, daß es eine bestimmte Art von *Metaphantasie* gibt, die sich um die Gestalt des fertigen Produkts dreht – des Produkts als einer Sache, die vom Produzierenden getrennt sein wird, die in einem beschreibbaren Verhältnis steht zu andern solchen Produkten – in einer historischen Reihe also –, und die eine soziale Gegebenheit ist insofern, als sie nicht anders gedacht werden kann denn als unter die Leute gebrachte und von den Leuten angenommene, abgelehnte oder ignorierte. Insofern diese Metaphantasie nichts anderes zum Inhalt hat als das fertige Werk, das Opus, kann man sie die *Opus-Phantasie* nennen. Sie ist im Modell jener homogenen Achse nicht vorhanden. Es ist aber anzunehmen, daß sie tatsächlich schon bei dem vielbeschriebenen Vorgang der Inspiration (Curtius, 1976, S. 19–30), jener exaltierten Primärphase des kreativen Prozesses, als ein konstitutives Element mitgedacht werden muß.

Diese Opus-Phantasie darf nicht begriffen werden als das bloße Auftauchen eines Zeichens am Horizont, an dem man sich wie an einer Wegmarkierung orientiert. Wenn nämlich jenem Phantasien-Paket, von dem eine Linie von Metamorphosen bis zur schließlichen poetischen Erfindung läuft, die Opus-Phantasie spezifisch zugeordnet werden muß, dann muß diese sich auswirken in der Form von Rückkoppelungsvorgängen, von feed-back-Effekten (Watzlawick, 1967, S. 31 ff.). Sie ist nicht die Leerform, in die das authentische Phantasie-Material gegossen wird, damit es feste Umrisse gewinne, sondern sie ist die dauernd wirksame Selektions- und Mutationsinstanz, die über das Schicksal der potentiell fiktionsfähigen Phantasien entscheidet. Unter dem Aspekt der Opus-Phantasie ist also der kreative Prozeß nicht mehr linear zu denken, sondern kreisförmig: kreisförmig insofern, als die Ich-Phantasien in der Interaktion mit der Opus-Phantasie modifiziert werden, diese Modifikationen aber wiederum in Interaktion treten mit der im gleichen Vorgang modifizierten Opus-Phantasie, und so eben fort . . .

Die Opus-Phantasie als Funktion des kreativen Prozesses darf nicht verwechselt werden mit den Aussagen und Beobachtungen über die Wirkung, die das tatsächlich fertiggestellte Werk auf seinen Urheber hat. Die
noch immer faszinierende These von Hanns Sachs (1924) zum Beispiel,
nach welcher der im Werk versteckte verbotene Wunsch des Autors durch
die zustimmende Lektüre der Leserschaft den Charakter der Schuldhaftig-
keit verliere und sich von einer Ursache drohender sozialer Ächtung und
individuellen Leidens in eine Sicherung dagegen verwandle, fällt mit den
Funktionen der Opus-Phantasie ebensowenig zusammen wie die Aussagen über die narzißtische Struktur der Beziehung zwischen dem Autor
und seinem Werk (Kohut, 1966). Beide Thesen gehen von dem aus, was
der Künstler gewinnt, wenn er sein Produkt endlich einmal fertig hat und
nun zusehen darf, wie es, gemäß Schillers *Glocke*, »den Meister lobt«.
Demgegenüber ist die Opus-Phantasie ein entscheidender Faktor im Ent-
stehungsprozeß des Produkts selber; sie ermöglicht überhaupt erst dessen
spätere Beschaffenheit als eine Sache, die »den Meister lobt«.

Nun ist es ja eigentlich nicht das Werk, das den Meister lobt, sondern es
sind die Leser. Das dürfte einleuchten, obwohl es von der klassisch-idea-
listischen Ästhetik her gar nicht so eindeutig ist. Diese Leser aber sind nicht
erst dann vorhanden, wenn das Buch auf den Markt kommt, diese Leser
sind, imaginär und phantastisch, schon in der Inspirationsphase anwesend
und bleiben es während des Entstehungsprozesses. Sie bilden *ein* wesentliches Element der Opus-Phantasie. Wohl muß die Opus-Phantasie primär
begriffen werden als das imaginierte Produkt, die vorgestellte Kunst-Sache
in ihrem genauen formalen und inhaltlichen Umriß, aber diese Kunst-Sache kann nicht vorgestellt und nicht imaginiert werden ohne die mitphanta-
sierte Leser-Instanz. Der phantasierte Leser aber, sei es nun für den konkreten Autor ein bestimmter Einzelner (Goethe für Kleist; George für
Hofmannsthal), eine soziale Gruppe (die Kritiker; die Menschheit der Zukunft) oder einer, der ihm als sein spezifischer Rezipient gar nicht bewußt
ist resp. nicht bewußt sein darf (möglicherweise der ablehnende Vater für
Kafka) – dieser phantasierte Leser ist unweigerlich einer, der zustimmt, ab-
lehnt oder ignoriert. Kommunikationstheoretisch gesprochen: er ist die Instanz, welche die mit dem Werk offerierte Ich-Definition des Verfassers bestätigt, verwirft oder entwertet (Watzlawick, 1967, S. 84ff.). Das heißt
aber, daß der imaginäre Leser in dieser Funktion nicht einfach ein Partner
ist, sondern der Repräsentant von Gesetzen und Regeln, die im Urteil über
das Werk zur Anwendung gelangen. Er muß mithin begriffen werden als
die Personifikation der sozialen Normen, unter denen der Autor schreibt.
Diese sozialen Normen schießen über den phantasierten Leser in die Opus-
Phantasie ein, und über die Opus-Phantasie beeinflussen sie jeden einzelnen
Vorgang des kreativen Prozesses. In der Opus-Phantasie verschwistern sich
demnach formalästhetische Kategorien unauflösbar mit sozialen Regeln.

Ein Beispiel: Die Entstehung der Judenbuche

Als Beispiel sei nochmals *Die Judenbuche* erwähnt. Sie wurde präsentiert als Fuge männlich-ödipaler Phantasien, die von der individuellen Beschaffenheit der Autorin nicht befriedigend herzuleiten sind. Der Vorgang hellt sich etwas auf, wenn man die Erzählung mit Schillers *Verbrecher aus verlorener Ehre* vergleicht. Da wird sehr rasch deutlich, daß für Annette Droste diese Erzählung prototypisch gewirkt hat. Ob sie sich dessen bei der Arbeit bewußt war, ist zu bezweifeln; sie hätte dann wahrscheinlich die auffälligsten Ähnlichkeiten zu verwischen gesucht. Diese Ähnlichkeiten liegen nicht nur im Handlungsablauf und in der Thematik – daß nämlich die verlorene Ehre das Verbrechen bewirkt resp. erlaubt –, sondern auch in dem, was beide Geschichten literarisch nicht zuletzt auszeichnet: in der zeitweisen Verwandlung der Landschaft zu einer traumanalogen Szenerie, in der die Dinge nach anderen Gesetzen ablaufen. Dennoch kann von einer Imitation, einem rein handwerklichen Nachmachen, an keiner Stelle die Rede sein. Wie Schiller mit seiner Erzählung für die deutsche Novellistik des 18. Jahrhunderts einen Maßstab gesetzt hatte, tat es die Droste mit dieser Geschichte für das deutsche 19. Jahrhundert und darüber hinaus. Auffällig ist dabei nicht zuletzt, daß sie im Bereich der Vatertötungsphantasien das Schillersche Grundmodell der Verschiebung auf den Brudermord fast spielerisch verwandelt in das Modell der Auffächerung in mehrere parallele Vaterinstanzen. Gerade auf dieser Ebene kann also nicht von einer äußerlichen Übernahme die Rede sein.

Man darf sagen, daß Schillers Erzählung als ein Element der Opus-Phantasie die ursprüngliche Ich-Phantasie der Autorin grundlegend modifiziert hat. Die Ich-Phantasie: das meint in diesem Fall, als vorsichtige Vermutung geäußert, einen Vorstellungskomplex, der sich zu bilden suchte als Reaktion auf die schwere gesellschaftliche und erotische Kränkung Annette Drostes, die Kränkung ihrer individuellen Person, aber auch ihrer repräsentativen Person als einer Frau des deutschen 19. Jahrhunderts. Diese Kränkung, von der berichtet wird, daß sie zu ganz inadäquaten Reaktionen geführt habe: zu maßlosen Selbstanklagen und Schuldbekenntnissen, muß frühkindliche Krisensituationen reaktiviert haben. Die Überlagerung aktueller und infantiler Leiden führte aber zunächst nicht zu einem gesteigerten Ausstoß von Dichtung, sondern zu einer jahrelangen Blockierung allen Schreibens. Dann allerdings, als sie wieder beginnt, ist sie plötzlich die unvergleichliche Autorin geworden. Die Produktion der *Judenbuche* stellt demnach nicht die unmittelbare Verarbeitung eines Leidenszustandes dar, sondern scheint erst nach dem Ende eines langen, sprachlosen Verarbeitungsprozesses überhaupt möglich geworden zu sein. In Schillers Erzählung, einem Text, der von der revolutionären Stimmung des deutschen 18. Jahrhunderts aufs heftigste infiziert ist (von Matt, 1972, S. 63), der aber zugleich in all dem, was er an verbotenen Wünschen umsetzt, sanktioniert wird durch die inzwischen verklärte Autorität des Klassikers, findet Annette Droste ein Modell, das sie produktionsfähig macht. Der Zentralgedanke – die unschuldig verlorene Ehre rechtfertigt das radikale Verbrechen (eine Trivialphantasie, von der sich auch der Western-Film immer wieder nährt) – begegnet ihr in der Gestalt einer literarischen Form. Es ist die Kriminalgeschichte mit verstecktem politisch-rebellischem Akzent, die sich selbst mit psychologisch-volkskundlichen Interessen rechtfertigt. Diese literarische Form läßt bei ihr in Umrissen die Phantasie einer eigenen Arbeit entstehen, und es beginnt die charakteristische Interaktion zwischen Ich-Phantasien und Opus-Phantasie. Die direkte Determinationslinie von der Selbstreproduktion des wünschenden Ichs zur literarischen Fiktion ist damit von Anfang an gebrochen. *Die Ich-Phantasie präsentiert sich als Produktionsmittel gleichen Ranges wie die Fremdphantasien des verinnerlichten literarischen Prototyps.*

Kreativität und Geschlechterrolle

Man könnte versucht sein, darin eine Art Entmündigung der eigenen Kreativität zu sehen, eine Unterwerfung der sozial verletzten Frau unter die verletzenden Mächte. Eine solche Deutung unterschlägt indessen die spezifische Komplexität der literarischen Phantasie und engt deren Produktionsmöglichkeiten normativ ein. Denn gerade an dem Schiller-Modell und an seiner Übernahme durch Annette Droste wird deutlich, daß über die Opus-Phantasie nicht nur die ästhetischen Regeln in den kreativen Prozeß eingreifen, sondern auch eine Menge damit latent verbundener Bedeutungen. Diese Bedeutungen können unausgesprochen bleiben und doch die Produktion stimulieren und auch noch auf den konkreten Leser einwirken. Das heißt, daß die Semantik des formalen Prototyps, der verinnerlicht wird, zum zentralen Aussagekern des Werks gehören kann, für den Autor wie für den Leser, ohne daß sie überhaupt sprachlich formuliert wird. Wenn das von der Opus-Phantasie herangeholte und präparierte formale Modell aber unabdingbar ist für die neue Produktion (und daran ist von der Literaturwissenschaft her nicht zu zweifeln), und wenn dieses des weitern schon in seiner abstrakten Gestalt Bedeutungen transportiert (wie etwa die politische Zeichenhaftigkeit des scheinbar rein psychologischen Novellentypus, bei dem es um die verlorene Ehre geht), dann kann die Interferenz zwischen den privat-geschlechtsspezifischen Phantasien des Verfassers und den möglicherweise andersgearteten Phantasiestrukturen des Prototyps zu grundlegenden Modifikationen der ersteren führen, ohne daß sie als Entmündigung der Kreativität zu betrachten wären. Es handelt sich vielmehr um einen regulären Vorgang, der gerade die Emanzipation der kreativen Tätigkeit gegenüber den Determinationen von Tagtraum und Spielen verständlich macht.

Die Literaturgeschichte zeigt, daß die ästhetische Qualität und damit auch die gesellschaftliche Verbindlichkeit des einzelnen Werks in dem Maße steigt, in dem die phantastischen Selbstreproduktionen des wünschenden Ichs mit historisch-formalen Gegebenheiten verarbeitet und in Auseinandersetzung gebracht werden. Je intensiver die Auseinandersetzung ist, um so unberechenbarer werden aber die Umgestaltungen der primären Ich-Phantasien. Oder umgekehrt: Je geringer die Auseinandersetzung mit den formalen Modellen, ihrer historischen Bedingtheit und ihrer versteckten sozialen und politischen Semantik ist, *je kärglicher die Opus-Phantasie ausfällt,* um so eindeutig-simpler erscheint die Wiedergabe des Wunsch-Ichs und *um so geringer ist zuletzt die ästhetische und gesellschaftliche Verbindlichkeit des Werks.* Hier könnte eine genauere Bestimmung trivialer Literatur ansetzen.

Damit steht aber auch fest, daß es keine geschlechtsspezifischen Themen und Formen in der Literatur geben kann, die *zwingend* an das Geschlecht des Verfassers gebunden wären. Und es geht des weitern daraus hervor, daß es in schwerwiegender Weise ungerecht, wenn nicht arrogant wäre, in Erzählungen wie der *Judenbuche* oder Anna Seghers' *Aufstand der Fischer von St. Barbara* nichts als eine servile Mimikri des Weiblichen an die Maskulinität zu sehen, eine chamäleonische Angleichung der schreibenden Frau an die Regeln des kulturellen Patriarchats, obwohl beide Novellen in ausschlaggebender Weise aus der Perspektive des männlichen Protagonisten heraus entwickelt sind und sich um die innerseelischen Bewegungen des literarischen Helden nach dem Typus des Einzelkämpfers in feindlicher Umgebung bemühen.

Daß das kulturelle Patriarchat existiert und daß es die Erfindung von Figuren wie FRIEDRICH MERGEL und JOHANN HULL (Seghers, 1928) mitbedingt, ist nicht zu bestreiten. Zu bestreiten sind aber Schlußfolgerungen wie die, daß es sich deshalb bei den erwähnten Arbeiten um gewissermaßen nicht authentische Produkte handeln müsse, weil sie aus einer Deformation der naturwüchsigen weiblichen Kreativität entstanden seien. Wenn die Opus-Phantasie die Schaltstelle zwischen Ich-Phantasien einerseits, literarisch-formalen Traditionen und sozialen Zwängen andererseits ist, dann kann sie schließlich auch der Ort sein, wo der Aufstand gegen die sozialen Zwänge beginnt, und zwar mit Hilfe jener formalen Traditionen, die zunächst der bloße Ausdruck der sozialen Zwänge zu sein scheinen. Die landläufige Vorstellung, neue Inhalte und Erfahrungen schüfen sich in der Literatur je ganz neue Formen und Gattungen, ist naiv und deckt sich nicht mit den tatsächlichen Entwicklungsgesetzen der Literatur. Die größten Umbrüche der Literaturgeschichte geschahen durch das Wiederaufgreifen alter, oft verachteter Muster, wobei allein schon das Sich-Bekennen zu diesen Formen von eminenter ästhetischer Wirkung war. Man denke an Shakespeare im 18. Jahrhundert oder an die Aktualisierung der Volkslied-Modelle durch die Romantiker, auch an Brecht und den Bänkelsang. Indem die niedere, triviale Gattung vom anspruchsvollen Autor zu seinem Medium erklärt wird, geht die Bedeutung, die die Form als solche transportiert, nicht verloren, sondern wird gesteigert und erweitert. Die Lieder der Mägde und Stallknechte, für die Aufklärung unmittelbarer Ausdruck eines Bildungsmangels, werden in der Reproduktion durch die Romantiker, ganz unabhängig vom konkreten Inhalt, zum Signal des Angriffs auf eben diesen Bildungs- und Kulturbegriff. Dem Aufgreifen scheinbar naturwüchsig männlicher Inhalte und Muster durch weibliche Autoren (und umgekehrt) können ähnliche Regeln zugrunde liegen. Der Rollenkäfig der Geschlechter in der Gesellschaft läßt sich immer nur so aufbrechen, daß er im gleichen Vorgang eingestanden und relativiert wird. Sobald Übereinkunft bestünde, eine bestimmte Gattung sei spezifisch weiblich, ja, sie bilde das eigentliche Medium weiblicher Selbstverwirklichung in der Literatur, wäre sie auch schon zum verlockenden Muster für männliche Autoren geworden. Denn die Phantasie sucht immer das Gegenteil, sie liebt – wie in Freuds Spekulation über die »Urworte« – stets den Gegensinn und das Komplementäre. Das hängt damit zusammen, daß sie der Erfahrung von Unfreiheit entspringt und versuchsweise Möglichkeiten von Freiheit entwirft. »Der Glückliche phantasiert nie« (Freud, 1908, S. 216).

Und um schließlich diese Opus-Phantasie noch weiter zu komplizieren: es ist nicht nur so, daß zu ihr der phantasierte Leser gehört, eine ebensosehr weiblich wie männlich zu denkende Leserinstanz, auf deren je geschlechtsspezifische Rezeptionsbedingungen der / die Schreibende sich spontan ausrichtet, sondern es ist überdies noch so, daß zum phantasierten Leser auch das phantasierte Bild gehört, das dieser Leser sich seinerseits wieder vom Autor machen werde – ein Ablauf, wie er im Bereich der Kommunikationspsychologie (Laing, 1967; Laing u. a., 1966; Stierlin, 1971) verschiedentlich dargestellt worden ist. Nun kann aber gerade dieser Vorgang, daß der Autor in der Opus-Phantasie auch das Bild mitphantasiert, das der Leser sich von ihm, dem Autor, wieder machen wird, zu komplizierten ästhetischen Strategien führen. Hier liegen wirkungsästhetische Möglichkeiten ganz besonderer Art. Sie haben zweifellos bei einem Werk wie dem *Aufstand der Fischer von St. Barbara* eine wesentliche Rolle gespielt, ebenso wie – in ganz anderem sozialpolitischem Kontext – bei Rilkes lyrischen Frauenrollen, vom *Marienleben* bis zu seinen vielen Übersetzungen von Gedichten einsam liebender Frauen. Die Publikationsgeschichte des *Aufstands* stellt den nachgerade klassischen Fall eines solchen Zusammenhangs dar. Die Erzählung, 1928 unter dem abgekürzten Namen »A. Seghers« herausgebracht, beeindruckte die Kritik durch ihre »Härte« und »Männlichkeit«. Als die Identität der Verfasserin bekannt wurde, erschien in der

Neruen Bücherschau eine Karikatur: »Wie unser Zeichner sich Seghers, den Autor von *Aufstand der Fischer* vorstellte . . . und wie Seghers wirklich aussieht.« Darüber zwei Bilder: ein grimmiges Männergesicht à la Hemingway und die Photographie der Autorin: ganz jung, zart und lächelnd (Kaufmann, 1973, S. 316).

Das Wissen um die Reflexion, die der Leser anstellen wird angesichts der Differenz zwischen dem Geschlecht des Verfassers und dem Geschlechtsbezug seiner Themen, kann also ebensosehr zu einer intentionalen Verschärfung dieser Differenzen durch den Autor führen wie zu dem Bemühen, sie möglichst vollständig auszuschalten. Im Falle der Anna Seghers von 1928 ist es zum Beispiel so, daß die demonstrative Maskulinität der Erzählung im Kontrast zur mädchenhaften Erscheinung der Verfasserin die inhaltliche Polarität zwischen den Fischern und ihren Ausbeutern strukturell spiegelt, so daß zuletzt das eine, der sozialpolitische Konflikt, auch als Zeichen für das andere, die schreibende Frau im Kulturpatriarchat – und umgekehrt –, gelesen werden kann.

Die Unzuverlässigkeit der Selbstaussagen und das »Gebären« der Dichter

Bisher wurde versucht, die Opus-Phantasie als wesentlichen Faktor im kreativen Prozeß darzustellen und auf einige ihrer Funktionen zu verweisen. Vieles ist dabei indirekt erschlossen worden. Die Schwierigkeit, diese Opus-Phantasie direkt empirisch zu erfassen, ist unverkennbar. Sie unterscheidet sich aber nicht von allen andern Schwierigkeiten, die ein empirisches Erfassen der künstlerischen Kreativität bietet. So viel nämlich über diese geschrieben und geforscht wird, die Bemühungen rennen sich immer wieder fest in der Tatsache, daß man sich an die Selbstaussagen der Künstler halten muß, und zwar maßgeblicher Künstler, daß aber diese Selbstaussagen in hohem Maße Verzerrungen unterworfen sind. Diese Verzerrungen bestehen meist entweder in Formen und Formeln der Selbstverminderung (»Seht her, so gewöhnlich bin ich; das hättet ihr nicht gedacht!«), die den Leser durchsichtig genug zum Kompensieren zwingen sollen, oder in offener Selbstheroisierung. Immer aber zielen sie darauf ab, eine narzißtisch aufpolierte Autor-Imago zu schaffen – nicht weil die Dichter sich unbedingt so sehen, sondern weil sie spüren, daß der Leser nur zu lesen liebt, was von einem irgendwie außerordentlichen Verfasser stammt. Die Angleichung an gedachte Erwartungen des andern ist für das Phantasiespiel zwischen Leser und Autor mithin zentral. Der Lese-Akt selber, der u. a. eine dramatische Teilhabe an der Intimität des Verfassers darstellt, erfüllt in dem Maße narzißtische Bedürfnisse des Lesers, als der Autor sie zu verkörpern scheint. Dazu kommt, daß die Schriftsteller, wenn sie selber über den kreativen Prozeß reden, unweigerlich vom stereotypen Modell ›ekstatische Inspiration – harte Arbeit‹ ausgehen und dabei, je nach ideologischer Position, die eine oder die andere Phase verklären, wenn nicht fetischieren. Dieses Modell, das der Komplexität des kreativen Prozesses in keiner Weise gerecht wird, sich aber ungebrochen hält und halten wird, bezieht seine Lebenskraft nicht etwa aus der Neigung differenzierungsfähiger Leute, über ihre eigene Arbeit undifferenziert zu reden, sondern aus der Analogie zu Zeugung, Schwangerschaft und Geburt. Es scheint, als könne der kreative Prozeß ohne diese Analogie gar nicht gedacht werden. Wenn wir aber in dieser Metaphern-Gruppe, in der Uterus- und Phallus-Symbolik in oft kurioser Weise durcheinandergehen, selber ein Element der Opus-Phantasie sehen, dann kann das jene Aussagen nur unterstützen, nach denen es über die Opus-Phantasie zu durchaus regulären Umwandlungen geschlechtsspezifischer Phantasien in ihre Konträrgestalt komme. Als Beispiel sei etwa auf Heines Auseinandersetzung mit dem Grafen Platen verwiesen (Heine, 1830). Da wird eine Kreativitätstheorie aufgestellt, in der eine massive Potenzprahlerei sich verbindet mit der ebenso unverstellten Identifikation des Dichters mit einer Gebärenden. Man versuche nur einmal, die Löwen-Symbolik des folgenden Abschnitts aufzulösen:

Wir wissen ganz genau, daß die späteren Werke des wahren Dichters keineswegs bedeutender sind als die früheren, ebensowenig wie ein Weib, je öfter sie gebärt, desto vollkommenere Kinder zur Welt bringt; nein, das erste Kind ist schon ebenso gut wie das zweite – nur das Gebären wird leichter. Die Löwin wirft nicht erst ein Kaninchen, dann ein Häschen, dann ein Hündchen und endlich einen Löwen. Madame Goethe warf gleich ihren jungen Leu, und dieser gab uns, im ersten Wurf, seinen Löwen von Berlichingen. Ebenso warf auch Schiller gleich seine Räuber, an deren Tatze man schon die Löwenart erkennt. Später erst kam die Politur, die Glätte, die Feile, die *Natürliche Tochter* und die *Braut von Messina.* (*Heine, 1830, S. 86f.*)

Die Opus-Phantasie als Werkinhalt: der höchste Schatz

Das unverkennbare Vergnügen, mit dem hier der Dichter über sein Geschäft, sein Hervorbringen, sein Zeugen und Gebären spricht, verweist auf einen weiteren Wesenszug der Opus-Phantasie. Es ist deren stete Tendenz, den Charakter einer Metaphantasie aufzugeben und sich selber zum Inhalt des entstehenden Werks zu machen, sich in den Inhaltsbereich gewissermaßen einzuschmuggeln. Das lyrische Gedicht spricht – seit der Antike – mit jener Leidenschaft, mit der es vom Lieben und Umarmen redet, sonst nur noch von sich selbst, seinem Entstehen, seiner eigenen Schönheit und seiner Unsterblichkeit. Das Paradox, daß den Inhalt einer lyrischen Mitteilung diese Mitteilung selber und nichts weiter bildet, ist von Horaz und Li-Tai-Pe bis Paul Celan als ein poetischer Vorgang greifbar. Ähnliches findet sich, wenn auch weniger häufig, in Erzählungen und Dramen. Sobald hier die Opus-Phantasie von der Metaebene in die Inhaltsebene übergeht, entsteht eine implizite Theorie des Kunstwerks, die nicht selten der expliziten und bewußten Ästhetik der Verfasser zuwiderläuft. Sowohl Goethes TASSO wie Hoffmanns CARDILLAC (im *Fräulein von Scuderi*) zeigen in der Semantik der Handlungskurve einen Produzenten, der nicht, wie es bei Schriftstellern und Lesern die landläufige Meinung ist, sein Werk unter Zweifeln hervorbringt und ängstlich das Urteil der Gesellschaft abwartet, sondern der das Werk als das kostbare Geschenk schlechthin in Händen hält und nicht etwa um die Anerkennung durch die Gesellschaft kämpft, sondern mit der Gesellschaft um dessen Besitz. TASSO wird wahnsinnig, weil man es ihm wegnimmt; CARDILLAC wird darüber zum Massenmörder. Und wenn man Kafkas *Bau* unter diesem Aspekt liest – was als eine von mehreren Verstehensweisen legitim ist –, dann steht auch hier ein Kampf auf Tod und Leben um das wundersame eigene Produkt im Mittelpunkt.

Biographisch wirkt sich dieser Aspekt der Opus-Phantasie – »mein Werk ist der absolute Schatz« – häufig als die Unfähigkeit des Autors aus, die Arbeit fertigzustellen, als Panik vor dem Punkt. Die Qualität der höchsten Kostbarkeit, die das Hergeben verunmöglicht, wird dabei vom Autor meist mit dem Gegenteil rationalisiert: einer noch nicht genügend behobenen Minderwertigkeit des Produkts. Daß solche Autoren an der angeblichen Minderwertigkeit nicht nur real leiden, sondern sogar zugrunde gehen können, ändert an der illusionären Beschaffenheit der Selbstdeutung nichts. Die Verwandtschaft der von der Opus-Phantasie entworfenen Zielgestalt des Produkts mit dem Ich-Ideal wird hier manifest, ebenso die von Freud verschiedentlich skizzierte Möglichkeit, daß das Ich-Ideal vollumfänglich durch ein Objekt ersetzt werden kann (Freud, 1921, S. 122 ff.).

Wie weit hier gleichzeitig die berühmten prägenitalen Vorstellungen vom ersten Geschenk und von der Dialektik des Goldes aktualisiert werden – im Sinne jener Aussage von Ernst Kris, wonach »auf der prägenitalen Stufe das Schaffen selber die anale Hervorbringung meint« (Kris, 1952, S. 173) –, das muß offenbleiben. Immerhin mag man aus diesem Bezug den Hinweis entnehmen, daß die Opus-Phantasie in Verbindung steht mit psychischen Erfahrungen, die *vor* den genitalen Spezifizierungen der Geschlechter anzusiedeln sind. Spielt doch, wie Freud betont, für die prägenitale Organisation »der Gegensatz von männlich und weiblich noch keine Rolle« (Freud, 1917, S. 339). Und man mag daraus die weitere Annahme ableiten, daß die Opus-Phantasie genetisch älter sei als der Hauptbestand der literarisch fiktionsfähigen Ich-Phantasien – daß also, so betrachtet, nicht die Ich-Phantasie sich das Medium Literatur sucht, sondern die Opus-Phantasie nach fiktionsfähigen Ich-Phantasien Ausschau hält.

Damit ist nun aber, in unmittelbarer Abfolge, die Opus-Phantasie in Zusammenhang gerückt worden mit zwei weit auseinanderliegenden Phasen der psychologischen Entwicklungsgeschichte des Individuums, also auch mit ganz unterschiedlichen Grundlagen der Phantasiebildung. Der Widerspruch, der entsteht, wenn man die Opus-Phantasie sowohl in Verbindung mit der Konstituierung des Ich-Ideals wie auch mit prägenital-analen Erfahrungen bestimmen möchte, soll hier nicht verdeckt werden. Andererseits ist darauf hinzuweisen, daß schon Ferenczi (1914) die Metamorphosen analer Phantasien und Praktiken in feiner Stufung bis in die Adoleszenz skizziert hat, wodurch charakteristische Interferenzen mit den Besonderheiten der je anderen Entwicklungsabschnitte nicht nur denkbar werden, sondern vielmehr grundsätzlich anzunehmen sind. Wichtiger indessen, als nach dem primären Ursprung der Opus-Phantasie zu fragen, dürfte es sein, sie ganz und entschieden in ihrem Charakter als Funktion im kreativen Prozeß zu begreifen. Als eine feste Gegebenheit im menschlichen Seelenleben mag sie neben verwandten Vorstellungen figurieren, mag sie zur Kenntnis genommen werden oder unbeachtet bleiben. Als eine Funktion im kreativen Prozeß hingegen ist sie unabdingbar. Es kann von ihr schlechthin nicht abgesehen werden, soll das Hervorbringen von Kunst, das Erfinden und Machen von Dichtung, mit den Mitteln wissenschaftlicher Psychologie in angemessener Weise untersucht und erhellt werden. Gerade als Funktion stellt sie nun aber *per definitionem* keine feste gegebene oder gefundene Größe dar, sondern ist von Variablen abhängig und bleibt deren Wandlungen absolut unterworfen. Diese Variablen werden ebensosehr gebildet von den Gesetzmäßigkeiten des individuellen Lebensprozesses und der Triebschicksale wie von den Bedingungen der sozialen Umwelt, in der jedes Kunstwerk auf seine Weise ein Aufsehen machen will, ein »Spectaculum« im ältesten Sinne des Wortes.

Was habe ich hier getan? – Ich habe an einer Modellvorstellung gearbeitet, die von zwei Fixpunkten begrenzt ist: von der wünschenden, an ihren Wünschen leidenden und diesen Wünschen entfremdeten Seele und dem fertigen Werk, dem Opus. Ich habe diese Modellvorstellung, soweit sie sich als lineare Folge von Metamorphosen präsentiert, verändert durch das Postulat einer Metaphantasie, die über Rückkopplungsabläufe zu entscheidenden Unterschieden zwischen den verbildlichten Wünschen des Tagtraums und der literarischen Erfindung führt. Aber: ich habe dabei durchaus innerhalb der wissenschaftlichen Prämissen des ursprünglichen Modells gearbeitet. Ich habe das, was Freud seine »trockene Phantastik« (1977, S. 433) nennt (oder anderswo: »nichts anderes als Konstruktionen, aber notwendige und nutzbringende Konstruktionen«; 1917, S. 338) nicht verlassen. Ich habe die trockene Phantastik höchstens um eine Spur phantastischer gemacht.

Was geschieht, wenn ich die Optik umstürze? Wenn ich das Wort Phantastik aus dem Munde Freuds zum Nennwort nehme? Wenn ich diese Phantastik, das wissenschaftliche Modell, als eine Erfindung begreife, die selber den literarischen Erfindungen verwandt ist?

Dann wird die kühle Wissenschaft ihrerseits zur Metaphantasie. Und es wäre folglich jene schöne Trias der Gleichbeschaffenen, von denen Shakespeare spricht: des Dichters, des Wahnsinnigen und des Verliebten, zu ergänzen durch den Wissenschaftler als einen etwas säuerlichen vierten Kollegen. Dieser zeichnet sich dadurch aus, daß er unentwegt über die andern drei redet – pausenlos deshalb, weil er sonst merken könnte, daß er zu ihnen gehört.

Bibliographie

Berglar, P. (1967): Annette von Droste-Hülshoff in Selbstzeugnissen und Bilddokumenten. Reinbek bei Hamburg (Rowohlt).

Bloom, H. (1937): The Anxiety of Influence. A Theory of Poetry. London (Oxford University Press).

Cremerius, J. (Hrsg.) (1974): Psychoanalytische Textinterpretation. Hamburg (Hoffmann & Campe).

Curtius, M. (1976): Seminar: Theorien der künstlerischen Produktivität. Frankfurt (Suhrkamp).

Droste-Hülshoff, A. von (1842): Die Judenbuche. Ein Sittengemälde aus dem gebirgigen Westphalen. Hrsg. von H. Rölleke. Bad Homburg / Berlin / Zürich (Gehlen) 1970.

Ferenczi, S. (1914): »Zur Ontogenie des Geldinteresses«. In: Borneman, E. (Hrsg.): Psychoanalyse des Geldes, 96–104. Frankfurt (Suhrkamp) 1973.

Fleißer, M. (1926): Fegefeuer in Ingolstadt. Schauspiel in sechs Bildern. In: Gesammelte Werke, Band 1, 61–125. Frankfurt (Suhrkamp) 1972.

Freud, S. (1908): Der Dichter und das Phantasieren. GW VII.

– (1917): Vorlesungen zur Einführung in die Psychoanalyse. GW XI.

– (1920): Jenseits des Lustprinzips. GW XIII.

– (1921): Massenpsychologie und Ich-Analyse. GW XIII.

– (1923): Eine Teufelsneurose im siebzehnten Jahrhundert. GW XIII.

Groeben, N. (1972): Literaturpsychologie. Literaturwissenschaft zwischen Hermeneutik und Empirie. Stuttgart (Kohlhammer).

Heine, H. (1830): Die Bäder von Lucca. Hrsg. von Peter von Matt. Stuttgart (Reclam) 1978.

Kaufmann, H. (1973): Geschichte der deutschen Literatur, 10. Band, 1917–1945. Von einem Autorenkollektiv, Leitung H. K. Berlin (Volk und Wissen).

Kittler, F. A. und H. Turk (1977): Urszenen. Literaturwissenschaft als Diskursanalyse und Diskurskritik. Frankfurt (Suhrkamp).

Kohut, H. (1966): »Formen und Umformungen des Narzißmus«. In: Psyche, *20*, 561–587.

Kris, E. (1952): Die ästhetische Illusion. Phänomene der Kunst in der Sicht der Psychoanalyse. Frankfurt (Suhrkamp) 1977.

Laing, R. D. (1961): Das Selbst und die Anderen. Köln (Kiepenheuer & Witsch) 1973.

- (1967): Phänomenologie der Erfahrung. Frankfurt (Suhrkamp) 1969.
-, H. Phillipson und A. R. Lee (1966): Interpersonelle Wahrnehmung. Frankfurt (Suhrkamp) 1969.
Matt, P. von (1972): Literaturwissenschaft und Psychoanalyse. Eine Einführung. Freiburg (Rombach).
Mitscherlich-Nielsen, M. (1975): »Psychoanalyse und weibliche Sexualität«. Psyche *29*, 769–788.
Müller-Braunschweig, H. (1977): »Aspekte einer psychoanalytischen Kreativitätstheorie«. Psyche, *31*, 821–843.
Pietzcker, C. (1974): »Zum Verhältnis von Traum und literarischem Kunstwerk«. In: Cremerius (1974), 57–68.
Rank, O. und H. Sachs (1913): »Das Märchen von den zwei Brüdern«. In: Beutin, W. (Hrsg.) (1972): Literatur und Psychoanalyse. Dreizehn Aufsätze, 182–204. München (Nymphenburger).
Sachs, H. (1924): Gemeinsame Tagträume. Wien (Imago).
Schiller, F. (1786): Der Verbrecher aus verlorener Ehre. In: Sämtliche Werke, Band 5, hrsg. von G. Fricker und G. Göpfert, 13–35. München (Hanser) 1967.
Seghers. A. (1928): Aufstand der Fischer von St. Barbara. In: Werke in zehn Bänden, Band 1, 7–64. Darmstadt und Neuwied (Luchterhand) 1977.
Stierlin, H. (1971): Das Tun des Einen ist das Tun des Andern. Eine Dynamik menschlicher Beziehungen. Frankfurt (Suhrkamp).
Watzlawick, P., J. H. Beavin und D. D. Jackson (1967): Menschliche Kommunikation. Formen, Störungen, Paradoxien. Bern / Stuttgart / Wien (Huber 1969).
Wyatt, F. (1971): »Das Psychologische in der Literatur«. In: Psychologie in der Literaturwissenschaft. 4. Amherster Kolloquium zur modernen deutschen Literatur 1970. Hrsg. von W. Paulsen. Heidelberg (Lothar Stiehm).

Gespaltene Liebe

Die Polarisierung von erotischer und geistlicher Lyrik als Strukturprinzip des romantischen Gedichts

Mit Stolz und Wehmuth sey's gesagt,
wir sind zwei Stücke Eines Baums, den der Blitz
in der Mitte gespalten, und ist vielleicht
ein schöner Lorbeer zu Schanden gegangen.
Mörike, *Maler Nolten.*

Es gibt in der germanistischen Forschung wenig, das unbefriedigender wäre als die bisher geleistete grundsätzliche Bestimmung dessen, was man das romantische Gedicht nennt. Der Gegenstand ist weltliterarisch monumental. Die Resultate der theoretischen Arbeit über ihn aber bilden eine kleine Gruppe von Klischees. Das findet sich versammelt im Artikel »Lyrik« des Fischer Lexikons *Literatur* von 1965, und es ist von da unberührt weitertransportiert worden in die dtv *Grundzüge Literaturwissenschaft* von 1973. Wo der Germanist zunächst einmal nachzuschlagen pflegt, stehen als Elemente der Definition noch immer bloß: »Emanzipation des Gefühls« – »nicht Erfahrung ... oder Einsicht ..., sondern eben jene Fühlung ...« – »... kaum mehr Welt aussprechen, sondern eine Tendenz zum Absoluten ...« – »schlafwandlerisch-unwillkürliche Hervorbringungen« – »Stimmungslyrik« (und abermals und immer wieder:) »romantische Stimmungslyrik« – »gesellschafts- und aktionsferne Subjektivität.«[1] Kaum besser der entsprechende Band aus dem Osten: »... vorwiegend esoterische, d. h. individualistische Gefühle bzw. Stimmungen ... wenig Gedichte von bleibendem Wert« – »Verarmung des Gegenständlichen« – »Tendenz zur naiven Einfalt« – »Darstellung einfacher und unkomplizierter Gefühle.«[2]

Demgegenüber steht als nun ihrerseits monumentale Leistung die Auseinandersetzung der Germanistik mit dem Poesiebegriff der Romantik selber, mit deren eigener poetischer Theorie. Daß diese aber sich auf alles andere eher bezieht als auf die maßgebliche eigene Produktion – auf *Don Quijote*, auf *Tristram Shandy* und *A la recherche du temps perdu* unmittelbarer und ergebnisreicher als auf:

> Die Welt war mir zuwider
> Die Berge lagen auf mir
> Der Himmel war mir zu nieder
> Ich sehnte mich nach dir, nach dir,
> O lieb Mädel, wie schlecht bist du! –[3]

das hat man dabei meistens übersehen.

Trotz der vielen gründlichen Studien zu den einzelnen Autoren deutscher romantischer Gedichte ist die Bestimmung dessen, was ein deutsches romantisches Gedicht sei, über die Vorstellung von einem stark fühlenden Subjekt, das im innern Andrang Verse treibt wie der Strauch die grünen Blätter, kaum hinausgekommen.

Demgegenüber war schon für Heine das deutsche romantische Gedicht ein historisch und ästhetisch klar konturiertes Phänomen: »Die höchste Blüte des deutschen Geistes: Philosophie und Lied – Die Zeit ist vorbei.«[4] Es stellt sich die Frage, ob Heine in seiner Begriffsbestimmung des »Lieds« möglicherweise weiter gewesen sei, als wir es heute sind.

Diese Frage kann nicht dadurch beantwortet werden, daß Heines Aussagen über das romantische Gedicht zu einem einheitlichen Theorem zusammengefaßt und anschließend mit dem gegenwärtigen Stand der Definition in Vergleich gebracht werden. Der erste hier unternommene Schritt besteht vielmehr im Nachweis eines auffälligen Widerspruchs zwischen Heines theoretischen Äußerungen über seine eigene lyrische Produktion und der tatsächlichen Beschaffenheit dieser Produktion selber. Dieser Widerspruch fördert etwas zu Tage, was als Konstituens des romantischen Gedichts generell gelten darf.

Heine betreibt eine eigentliche Mystifikation der eigenen lyrischen Arbeit. Mit Hilfe des Axioms vom »Ende der Kunstperiode« legt er seinen Lesern immer wieder nahe, er habe »einst«, in der »längst verschollnen Traumzeit«,[5] authentisch romantische Gedichte geschrieben, »jetzt« aber sei deren Zeit vorbei, könne er es auch nicht mehr tun. Der berühmte Satz aus der Vorrede zur zweiten Auflage des *Buchs der Lieder* gehört hierher: »Es will mich bedünken, als sei in schönen Versen allzuviel gelogen worden, und die Wahrheit scheue sich in metrischen Gewanden zu erscheinen.«[6] Das wird bestätigt von den Selbstreflexionen im *Atta Troll*. Diese Dichtung gibt sich nämlich explizit als »das letzte freie Waldlied der Romantik«.[7] Das heißt: Heine unternimmt hier den Versuch, in dem historischen Augenblick, wo die Epoche des »Lieds« unwiderruflich zu Ende sei, das letzte dieser »Lieder« zu schreiben, nochmals also die Gattung vorzuführen zusammen mit einer Demonstration ihres Untergangs, ja ihrer objektiven historischen Unmöglichkeit. Das ist, als Unterfangen, von heikler Dialektik. Das Tote soll als solches erwiesen und doch in lebendiger Schönheit vorgeführt werden. Schönheit darf aufsteigen unter der Voraussetzung, daß sie tot ist, daß es sie nicht mehr gibt, daß sie die Stigmata des Erschlagenen und Begrabenen trägt.

Atta Troll entspringt demnach einer bewußt konstruierten poetologischen Experimentalsituation. Diese prägt das ganze Werk und führt zu den zentralen metaphorischen Erfindungen: einerseits zum lebendigen Dichter, der durch die Spiegelung im Hexensohn Laskaro der Erfahrung ausgesetzt wird, er könnte vielleicht selber längst tot und, ohne es zu wissen, ein fahler Revenant sein; andrerseits zur schönen Herodias, die, tot seit Jahrhunderten, im nächtlichen Geisterzug durch die Pyrenäen reitet, mit dem Kopf des Täufers spielend, den sie einst geliebt hat und töten ließ, unverkennbares Sinnbild aller Schönheit und Poesie. In der Begegnung des Dichters mit dieser Herodias – »Es ergriff mich wilde Sehnsucht / Wie nach Traum und Tod und Wahnsinn . . .«[8] – antwortet das Gedicht auf seine eigene paradoxe Exposition: Die durch den Gang der Weltgeschichte zum Tode gebrachte Poesie, das »Lied«, das deutsche romantische Gedicht, wird nochmals lebendig, um den eigenen Untergang zu demonstrieren; der durch den Gang der Weltgeschichte zum politischen Streiter in Prosa gewandelte Poet (»Ja, in guter Prosa wollen / Wir das Joch der Knechtschaft brechen . . .«[9]) wird, indem er das alte Lied nochmals anstimmt, bei lebendigem Leibe in einen Toten verwandelt. Nur als solcher darf er sich der geliebten Herodias zum Begleiter anbieten: »Liebe mich . . . mich kümmert's wenig, daß du tot . . . bist . . . ob ich selber noch dem Leben angehöre, daran zweifle ich . . .«[10]

Heines Unterfangen, das letzte romantische Gedicht zu schreiben, führt also zu einer systematischen und systematisierbaren Metaphorik des Zugleich-tot-und-lebendig-Seins. Indem Heine dieses Gedicht in Kontrast setzt zu seiner einstigen Produktion, zur Zeit und Arbeit seiner »Jugendträume . . . in den blauen Mondscheinnächten«,[11] wird diese Vergangenheit als etwas deklariert, das damals ganz und gar lebendig war. Die Gespenster- und Revenant-Metaphorik des *Atta Troll* kommt als geschichtsphilosophisch-poetologische Aussage nur zum Stimmen, wenn sie sich auf eine gegensätzliche, von keinem Tod gezeichnete Produktion beziehen kann. Als solche wird das Corpus deutscher romantischer Gedichte hingestellt, die Summe jener »Lieder«, die Heine den idealistischen Systemen als gleichwertige Leistung zur Seite stellt und an denen er mit seinem eigenen Werk wesentlichen Anteil reklamiert.

Und genau da wird Heines Mystifikation des eigenen Schaffens faßbar. Die systematische Untersuchung seiner lyrischen Arbeit zeigt nämlich, daß eben die polare oder besser: paradoxe Struktur, die den *Atta Troll* kennzeichnet, seine Gedichte von allem Anfang an bestimmt hat. Die Gleichzeitigkeit von Tot- und Lebendigsein, im *Troll* als Signal für das Ende der Kunstperiode hingestellt, ist für Heines Dichtung seit je konstitutiv. Das widerspricht zwar jener implizierten Theorie vom romantischen Gedicht, läßt aber gerade so einen von dessen tatsächlichen Wesenszügen sichtbar werden.

Statt des empirischen Nachweises gebe ich hier nur das kahle Resultat. Es lautet: Mit dem Paar, dessen Liebe vom Gedicht zur Sprache gebracht wird, steht es bei Heine grundsätzlich so, daß eines der »liebevollen Beiden« tot ist. Dies ist die Regel in ihrer allgemeinsten Form. Sie läßt allerdings reiche, ja in ihrer Konsequenz oft phantastische Transformationen zu. Will man diese erfassen, muß das Regelsystem folgendermaßen beschrieben werden: In Heines Gedichten erscheint das liebende Paar so, daß ein wesentliches Element des von ihm konstituierten raumzeitlichen Ganzen tot ist. Von diesem Faktor »Gestorbenes« her erhält das jeweilige Gedicht seine emotionale, intellektuelle oder dramatisch–balladeske Pointe. Drastisch gesprochen: entweder ist er tot, oder sie ist tot, oder beide sind tot, oder der Ort der Liebe ist tot, oder die Zeit der Liebe ist tot, oder die ins Gedicht verwandelte Liebe, das »Lied«, ist tot. Ja um ganz genau zu sein, müßte man ein neues Wort einführen, ohne welches ein großer Teil von Heines lyrischer Produktion gar nicht erfaßt werden kann. In der Aufzählung sollte nämlich neben »tot« stets auch »vortot« gelesen werden. »Vortot«, das meint einen Zustand, der nur aus dieser Lyrik heraus zu begreifen ist, weil er aus deren Konstitutionsregel einerseits, aus der Notwendigkeit von Variationen und neuen Erfindungen andrerseits entspringt. Im Ausdenken »vortoter« Befindlichkeiten ist das *Buch der Lieder* unerschöpflich: das geht von der tödlichen Wunde, dem Gift im Leib, der letzten Krankheit zu den zahllosen Varianten des Aufenthalts am Rand des Grabes und weiter zu den sagenhaften Ausgestaltungen, deren berühmteste der »Stamm der Asra« sein wird.

Die exemplarische Liebe zwischen der toten Herodias und dem lebendigen Dichter im *Atta Troll* repräsentiert also, entgegen Heines eigener Deutung, nichts anderes als die Grundfiguration des lyrischen Paars bei ihm ganz generell.

Heines Mystifikation hängt damit zusammen, daß er von seiner geschichtsphilosophisch–poetologischen Kategorie »Kunstperiode« aus keine Differenz ziehen kann zwischen dem romantischen Gedicht und dem (sagen wir einmal:) vor-romantischen, noch-nicht-romantischen. Was er im *Troll* als Symptom des Endes des romantischen Gedichts vorführt, ist in Wahrheit Symptom dieses romantischen Gedichts selber (in der Heineschen Spielart) und Differenz-Zeichen zur vorangehenden lyrischen Produktion.

Doch nun muß, immer noch zu Heine, weiterhin präzisiert werden. Dieses lyrische System ist in Heines Arbeit von allem Anfang an kontrastiert durch ein Gegensystem, welches die entscheidenden Charakteristika des ersteren in genau umgekehrter Gestalt aufweist. Hier wie dort ist das Paar alleiniges Thema. Aber die Liebe, die dieses Paar verbindet, die von diesem Paar vorgeführt wird, ist von ganz und gar gegensätzlicher Beschaffenheit. Die eine Liebe ist stets die erste und letzte, ist mit dem Tod verbunden, geht tödlich aus oder wird von bereits Gestorbenen vollzogen. Zur andern Liebe gehört die Aussage: das ist eine Sache auf Zeit; das wiederholt sich; das läuft nach bekannten Regeln ab; es ist an einen bestimmten sozialen Ort gebunden; die Partner sind nicht die außergesellschaftlichen exemplarischen Menschen, sondern soziologisch definierbar, so wie auch ihr Wortschatz schichtenspezifisch geprägt ist. Vor allem aber gehört dazu: Man überlebt's. Die Formel: »Glaub' nicht, daß ich mich erschieße . . .«[12] ist die eigentliche Devise dieses Systems Liebe II. Aber gerade der wiederholte und oft genug scheinbar unnötige Hinweis auf das Überleben zeigt, wie sehr dieses zweite lyrische Regelsystem dialektisch an das erste gebunden ist. Beide bedingen einander. Beide zusammen bestimmen in ihrer Polarität Heines lyrische Gesamtproduktion.

Durch diese Beschreibung sind altbekannte Erscheinungen im Werk Heines in einen neuen Bezug gestellt. Die zwei geläufigsten Kriterien nämlich: schrittweise Ablösung von der Romantik und Zynismus / Frechheit / Frivolität fallen als Primärkategorien dahin. Eine Entwicklung vom System Liebe I zum System Liebe II ist empirisch nicht haltbar; beide sind von Anfang an da und bleiben bis zum Schluß. Der »frivole« Effekt aber entpuppt sich als bedingt nicht durch Heines Charakter und erotische Gepflogenheiten, sondern durch die Basisregel der Liebe II: die Beziehung des Paars ist zeitlich begrenzt; das Gedicht muß das Ende der Liebschaft und das Überleben der beiden anzeigen.

Nun vollzieht sich in vielen Gedichten Heines auch ein Umschlag vom einen zum anderen System. Aber dies geschieht nicht nur (»zynisch«) von Liebe I zu Liebe II, sondern auch, und das belegt die behauptete Gleichzeitigkeit, von Liebe II zu Liebe I. So etwa in Nr. 57 der »Heimkehr« (». . . Und ich schieß mich tot im Ernst«).[13] Solcher Umschlag aber bedeutet nie Kompromiß. Kompromißformen kann es hier wesentlich nicht geben. Die Sache »Liebe«, die Bedeutung des Worts »Liebe« ist in diesem Werk gespalten. Die Teilung wirkt sich aus auf jedes einzelne Stück.

Indem ich mich hier mit den Begriffen Liebe I und Liebe II einer schnöden und fragwürdigen Terminologie bediene, gewinne ich doch die Möglichkeit, das Muster zu übertragen auf die lyrische Produktion anderer Autoren, bei denen die Polarität strukturell die gleiche, die Semantik der Begriffe aber eine andere ist. Zentrale These dieser Studie ist nämlich, daß Entstehung und Ausfaltung des geistlichen Gedichts als eines wesentlichen und großartigen Teils der Gesamtheit Deutsches romantisches Gedicht zu begreifen sei vor dem Hintergrund dieser an Heine diagnostizierten radikalen Spaltung eines einst einheitlichen Systems Liebe in zwei unvereinbare, aber je geregelte und beschreibbare und durchaus auf einander bezogene Grundabläufe.

Das in diesem Prozeß der Entfaltung des geistlichen Gedichts dominierende Symptom ist die entschiedene Zuweisung des körperlich Erotischen zu einer »alten« Liebe, von der sich die »neue Liebe«, die »andere Liebe« kompromißlos abhebt. Während bei Heine Liebe I und Liebe II ihre je eigene Sexualität aufweisen, beide auf Umarmung und Vereinigung hinlaufen (sei's im Grab, sei's im Pariser Appartement), führt die Spaltung des Systems Liebe bei fast allen seiner Zeitgenossen zur Polarisierung in sinnliche und geistliche Inbrunst. Das verstellt und erschwert den Blick auf die strukturellen Analogien. Denn auch die lyrische Dramaturgie ist je eine andere. Wo die Liebe II bei Heine die Trennung des Paars vorführt als das von Anfang vorhandene Bewußtsein einer Beziehung auf Zeit, als den schon im Sich-Finden angelegten höflichen Abschied, da demonstriert die Liebe II bei den Autoren der geistlichen Gedichte die Trennung des Paars als grundsätzliche Abkehr vom Körperglück, ja von gegengeschlechtlicher Partnerschaft überhaupt. So unaufdringlich es anmuten mag, es scheint doch in höchstem Maße bezeichnend, daß das geistliche Gedicht der deutschen Romantik nie das Paar gemeinsam, Hand in Hand und Leib an Leib, vor den wiedergewonnenen Vatergott führt, sondern daß diese wiedergewonnene neue Liebe die Verstoßung des Partners bedingt und fordert. Man kommt nicht mit dem schönen Andern, sondern nur von ihm weg zum göttlichen Gegenüber. Zu erhellendem Kontrast mag man hier an den rührenden und zu Recht berühmten Kupferstich Chodowieckis im *Wandsbecker Bothen* denken, der das ergriffene Paar Seite an Seite im Aufblick zum gestirnten Himmel zeigt; sie illustrieren den Abschnitt eines Briefes an Andres:

Sehr anmuthig ist's mir in Deinem Brief zu lesen gewesen, daß Deine Braut auch so an den Sternen hängt und in Deine Ideen entrirt, und daß Ihr beyde oft Stundenlang den all um funkelnden Sternhimmel anseht, ohne durch Eure Liebe in Eurer Andacht gestört zu werden. Sie muß eine gar gute Person seyn, und Du bist'n lieber Andres.[14]

Solches ist, von der Position und Erfahrung des romantischen Gedichts aus gesehen, wie eine Sage aus verschollener Zeit. Der bedächtige Wandel der beiden Frommen in vereinter Erhebung zum »gestirnten Himmel über ihnen« (um ungenau, aber nicht unberechtigt zu zitieren) ist als Situation aus der Skala allen möglichen poetischen Sich-Befindens gefallen. Diese Unmöglichkeit aber ist als solche aussagekräftig.

Nicht daß jetzt die fromme Leidenschaft verloren wäre, im Gegenteil: was ist schon die seelische Bewegtheit von »Der Mond ist aufgegangen...«, verglichen mit der emotionalen Radikalität jenes: »Es war, als hätt' der Himmel / Die Erde still geküßt...« – um bewußt zwei Dinge zu erwähnen, die auch als Zitate längst nicht mehr erträglich wären, wenn sie überhaupt durch Klischierung verderbt werden könnten. Aber gerade die gesteigerte Passion der Eichendorff-Strophen, die das vom Gedicht vorgeführte Subjekt zuletzt wahrhaftig vom Erdboden hebt und wegträgt, ist nicht zu begreifen ohne das Wissen, daß sie herstammt vom verstoßenen Partner, der nicht mehr anwesend sein darf neben dem nächtlichen Gänger, daß die lyrische Trance lebt vom Verdikt gegen den »wunderschönen jungen Leib«,[15] – einem Verdikt, das doch mit keinem Laut erwähnt wird, oder: das zu verbergen jeder Laut mithelfen muß.

Das nicht zuletzt unterscheidet Eichendorff, unterscheidet auch die Droste der 1820er Gedichte[16] von Brentano: daß bei jenen die Spaltung vollzogen ist, daß die lyrische Produktion sich auf dem polaren Grundriß des in die Trennung gefahrenen Systems Liebe entwickeln kann; während bei diesem unentwegt die Spaltung selber sich ereignet. Die »Verzweiflung an der Liebe in der Liebe«[17] kann sich nie ganz beruhigen im Verzicht auf die alte, in der Hingabe an eine neue Liebe. Nie gibt es da jenes fast befriedete Nebeneinander, in dem bei Mörike dem Gedicht: »Wenn ich, von deinem Anschaun tief gestillt ...« das Gedicht mit dem Titel *Neue Liebe* folgt: »Kann auch ein Mensch des andern auf der Erde / Ganz, wie er möchte, sein?«[18]

Befriedet allerdings ist auch das zuletzt nur scheinbar, scheinhaft. Die Spannung besetzt zwar nicht das einzelne Gedicht oder gar den einzelnen Vers – wohin Brentanos Gedicht insgeheim zielt: den unerträglichen Gegensatz in *einer* Zeile auszusprechen –, aber sie eröffnet sich deutlich genug im Bezug der Gedichte untereinander. Von daher stammt wohl die auffällige Tendenz vieler Autoren der Zeit, die Gedichte zu gruppieren, in kleinen Reihen oder Zyklen zu präsentieren, obwohl sie selten auf diesen Kreis hin geschrieben und wohl überhaupt nie auf die schließliche Stelle im Kreis maßstäblich gemacht sind. Das kann man beim frühen Mörike im *Maler Nolten* (an der Peregrina- wie an der Sonetten-Reihe) verfolgen, im *Geistlichen Jahr*, aber auch im Vorgang des unablässigen Um- und Neu- und Wiederarrangierens, aus dem zuletzt die definitive Gestalt des *Buchs der Lieder* hervorgegangen ist. Das Bewußtsein, daß das einzelne Gedicht nicht genüge, ja falsch sei, daß es erst mit den andern, mit den gegensätzlichen zusammen wahr werde, ist bei diesen Autoren so offenkundig, daß nur die idée fixe von einer jäh in Verse überfließenden Subjektivität, vom Gedicht als dem je einzelnen Zeugnis einer je einzelnen Stunde, es übersehen machen oder als Epiphänomen erscheinen lassen konnte. Daß die demonstrative Gruppierung der lyrischen Gedichte nicht nur artistische Geste oder aber biedermeierliche Almanach-Konvention sein könnte, sondern mit dem Ungenügen des einzelnen, nach Klang und Rhythmus noch so vollkommenen Stücks zusammenhängen, das wollte der Meinung vom »Stimmungsgedicht« lange Zeit schwer eingehen. Man sah darin mit Vorliebe Zeichen einer erkalteten Seele, als hätte diese Seele nichts anderes zu tragen gehabt als drohende Temperaturwechsel.

Wenn also, was Brentano so oft in *eine* schmerzhafte Zeile zwingt (»Fliehe Schlange, bleib süß Weib!«[19]), in der ersten Gestalt des Peregrina-Zyklus nur aus der Opposition je in sich fertiger Gedichte sich ergibt (das erste endet: »Bin ich erwacht zu glückseligen Tagen / Führte die seltsame Braut in mein Haus ein.« – das zweite: »Reichst lächelnd mir den Tod im Kelch der Sünden!«[20]), dann deutet allein dies schon auf die Notwendigkeit, die lyrische Produktion dieser Autoren nicht vom Einzelstück aus zu erfassen, sondern in ihrer Gesamtheit, deren übergreifende Strukturen noch weithin ungeklärt sind. Ein noch gewichtigeres Argument dafür ergibt sich aus Heines im *Buch der Lieder* mehrfach wiederholtem Verfahren, durch die Auftakt- und Schlußgedichte der einzelnen Zyklen die in diesen aufbewahrten lebendig-gegenwartsgewissen Liebeslieder und -augenblicke tot zu erklären: von »Du bliebst, verwaistes Lied! verweh jetzt auch . . . «[21] bis zu »Und dies Büchlein ist die Urne / Mit der Asche meiner Liebe.«[22] Das in zwei konträre Positionen zertrennte System Liebe organisiert die lyrische Gesamtproduktion; das einzelne Stück aber vermag, als einzelnes, die Gegensätzlichkeit, auf die es in seiner Weise antwortet, nur selten ganz zu vermitteln. Deshalb ist dieses einzelne Gedicht oft nicht nur einseitig oder unvollständig, sondern direkt falsch, unwahr, lügenhaft. Das Anathema im lyrischen Gedicht gegen das lyrische Gedicht – ein Topos der Epoche, wenn man so will – hängt damit unmittelbar zusammen. Denn in seiner erscheinenden Gestalt präsentiert sich das Gedicht eben durchaus als ein fertiges Gebilde, als ein Stück in die Faßlichkeit tretende Wahrheit, die in sich selber zu ruhen und so die Meinung zu verbieten scheint, erst im Anschluß an andere und konträre Stücke gebe es seinen Gedanken frei. Daß die Verdammung des romantischen Gedichts wiederum im Gedicht sich ereignet, ist wesentlich. Es bestätigt, was oben im Zusammenhang mit Heines *Atta Troll* angemerkt wurde: das Urteil über die Poesie – die Erklärung: »du bist tot und liegst begraben«[23] oder: »du freches, lüderliches Weib!«[24] oder: »ein kunstvoll sündlich Klingen / Ein Frevel und ein Spott«[25] oder: »Zerschlag' mein Saitenspiel . . . «[26] – ist integrierender und konstitutiver Faktor dieser Poesie selber und wird nur aus Gründen der Plausibilität und der rationalen Logik ins zeitliche Schema »einst – jetzt«, »mein damaliges Singen – mein heutiges Beten« gefaßt. Denn so wenig wie Liebe I bei Heine sich über eine sogenannte »Entwicklung« und allerlei biographische »Erlebnisse« zu Liebe II wandelt, so wenig kommt es auf diese pflanzenhafte Weise vom erotischen zum geistlichen Liebesgedicht. Vielmehr deutet alles darauf hin, daß die dokumentierten »Entwicklungen« im Privat-Persönlichen und viele der biographischen »Erlebnisse« die Spaltung des poetischen Systems Liebe selber voraussetzen und durch sie mitbedingt sind. Seit Klopstock pflegen ja die deutschen Poeten den Gang und Ausgang ihrer Leidenschaften lange vor deren tatsächlichem Beginn auf Verse zu bringen.

Wäre die Beziehung zwischen dem erotischen und dem geistlichen Liebesgedicht die einer Entwicklung von der einen Position zur andern und nicht ein kaum erträgliches, durchaus statisches Spannungsverhältnis, das geistliche Gedicht müßte auf ganz andere Weise Lösung, Erlösung, tiefe Ruhe vermitteln. So aber endet selbst bei Mörike mit seiner kunstvollen Mimikri des »holden Bescheidens« das Gedicht »Eine Liebe kenn' ich, die ist treu . . . « – Strophen, die sich explizit zur gefundenen neuen und gegen die verstoßene alte Liebe erklären – mit einem verzweifelnden: »Hüter! Hüter! ist die Nacht bald hin?«[27] Das ist, wie bei Brentano, kein Heimfinden oder Heimgefundenhaben, sondern der für die Gattung in Wahrheit signifikante »Schrei aus der Tiefe«. Und wenn Mörike den Sprecher dieses Verses als einen beschreibt, der sich »angstvoll am Boden windet«, so faßt er auch darin nicht so sehr privates Erleben in Sprache, sondern zeichnet toposhaft die Redesituation des geistlichen Gedichts der deutschen Romantik. Was aber wirft ihn dergestalt längshin und furchtbar auf die Erde? Dies: »Arges Herze! Ja gesteh' es nur, / Du hast wieder böse Lust empfangen ...« Nichts anderes also ist es als die akute Spannung zur besiegt geglaubten alten Liebe, die zuletzt noch in den Träumen zurückkommt: »Sagend: da bin ich wieder.«[28]

Was diese charakteristische Sprechsituation des geistlichen Gedichts angeht, ist die Differenz zwischen der Mörike-Stelle und den frühen Stücken des *Geistlichen Jahrs* gering. Auch hier wird das redende Ich immer wieder leibhaftig niedergeworfen, erniedrigt im alten Wortsinn, wird der eigene Körper um wesentliche Züge seiner lebendigen Existenz gebracht: »Ich muß verschwinden / Bis in die tiefste Kluft, / Zergehn in Winden / Wie einer Wolke Duft ...«[29] Oder: »Denn ich muß in großen Peinen / Einsam liegen vor der Tür ...«[30] Oder bereits die Vampirismus-Phantasie: »Da bin ich ausgeschlürft wie von Empusenzungen, / Wie eine tote Hand!«[31]

Dieses Nicht-zur-Ruhe-Kommen, nach noch so radikalem Verzicht, das in der steinernen Not der Droste ergreifend sich äußert, bezeugt jene dialektische Anwesenheit des Gegensätzlichen, die Unabtrennbarkeit der Liebe II von der Liebe I. Begrifflich schlägt die Droste diese Erfahrung mit Vorliebe dem schlichten Wortfeld »Sünde« zu, aber schon 1818, mit 21 Jahren, vermochte sie sie als einen Leidenszustand zu beschreiben, wie er komplexer, schwerer auflösbar kaum zu denken ist: »Er nimmt den Dämon in die Wüste mit, / ... / Und oft ... / ... hört er es wie Zauberlieder klingen. / 's ist nicht die Welt, die ihn herüberzieht, / Doch sind's auch nicht der Andacht reine Wellen; / Es ist ein furchtbar Etwas, das sich müht, / Sich zwischen ihn und seinen Gott zu stellen ...«[32]

Die metaphorischen Verwandlungen und Verdichtungen der Sprechsituation gehören zu den poetisch hervorragenden Ergebnissen der romantischen geistlichen Lyrik. Bei der Droste rückt hier schon früh die Vorstellungswelt der stehenden Gewässer und fauliger Moraste heran: »Daß ich soll ausgegossen / Ein tot Gewässer stehn ...«[33] Oder: »Mein Garten liegt ein übergrüntes Moor, / Und blendend steigt das Irrlicht draus empor, / Den Wandrer leitend in den Tod ...«[34] Bei Brentano entwickeln sich hier die Bilderketten von den lange dominierenden Schiffbruch-Visionen weg zum Wüstenzug, zum Eingegraben-, Eingemauert-, zum Versenktsein in tiefe Brunnen und Bergwerke. Noch um vieles geschlossener präsentiert sich die entsprechende Metaphorik Eichendorffs. Gerade bei ihm aber, der am ehesten Zustände einer fraglosen geistlichen Geborgenheit zu evozieren versteht, zeigt sich auch besonders dringlich die Notwendigkeit, die Gesamtproduktion und ihre organisierenden Regeln im Blick zu halten, soll der von Widersprüchen und unauflösbaren Gegensätzen vibrierende Text nicht zur harmlosen Beschaulichkeit verkommen. Der unverhoffte und schwer zu vergessende Ausruf der Droste: »Mein Gebet ist wie von einem Toten«,[35] steht Eichendorffs Frömmigkeit näher, als die vielen Gedichtausgänge in einen »fröhlichen Morgen« hinein vermuten lassen könnten.

Wie sieht nun aber das nicht gespaltene, das ganz und gar intakte System Liebe als Basis lyrischer Produktion aus? Wo ist es am besten zu fassen und zu begreifen? Welches sind seine Dominanten, und wie erklärt sich von ihnen her der Vorgang späterer radikaler Polarisierung?

Ginge es hier zunächst um Rang und Qualitäten, man würde ohne Zögern auf die Straßburger Lyrik und die Römischen Elegien kommen. Da es aber um ein Regelsystem geht, ist ein poetisches Corpus zu suchen, das die größtmögliche explizite Information vermittelt. Ich sehe es in einem bei offiziellem Respekt noch immer unterschätzten Gedichtkomplex des späten 18. Jahrhunderts, Schillers *Anthologie auf das Jahr 1782*, insbesondere den Laura-Gedichten. Die Vorstellung, Dichtung sei übersetzte Philosophie, der die Germanistik ohnehin mehr als nötig zuneigt, hat dazu geführt, daß diese Lyrik, außer auf die krassen Stil-Phänomene hin, fast ausschließlich nach aufbewahrten Partikeln der frühen Philosophie des Autors durchsucht worden ist. Hier soll sie, unbekümmert um Stilistika und Philosopheme, als das Widerspiel gesetzt und gezeigt werden zu dem, was als Konstitutivum des romantischen Gedichts behauptet worden ist.

Ich formuliere wieder als Resultat, ohne die einzelnen Schritte, die dazu geführt haben, nachzubilden. Was in den Laura-Gedichten der Anthologie sich ereignet, ist die Installation des Paars nicht nur als einer gottähnlichen oder gottebenbildlichen Konfiguration, sondern als des aus Trennung und Zersplitterung wiedergewordenen Gottes selbst. Du und ich sind zusammen Gott: so lautet das Axiom dieser Gedichte. »Liebe«, das ist die gemeinsame Gottwerdung. Dabei ist für das Verständnis entscheidend, daß »Liebe« hier nicht einfach als tief gefühlte Beziehung erscheint, daß sie hier überhaupt nicht primär Gefühl ist, sondern das konkrete Zueinanderstreben und Sichvereinigen der zwei Körper, Koitus, das »Sich-Umrollen«, wie das wichtigste dieser Gedichte, »Das Geheimnis der Reminiszenz«,[36] es nennt. Anderswo wird es mit dem dann für Novalis wieder zentralen Wort »Brautnacht«[37] genannt. Das Hardenbergsche Paradox von einer »ewigen Brautnacht« erscheint tale quale schon im ersten Laura-Gedicht. Es bildet aber auch die Schlüssel-Vision im »Geheimnis der Reminiszenz«. Schiller entwirft da, als phantasierte einstige Existenz, einen Zustand, in dem der jetzt nur als Moment erfahrene Höhepunkt körperlicher Vereinigung zeitlich unbegrenzt gewesen sei. Was jetzt nur »Lustsekunden« sind, waren im

fiktiven Damals endlose »Götterstunden«. Dieses im vollen Wortsinn or-
gastische Paar war / ist Gott. Es kann deshalb nicht anders geschildert werden als den ganzen Kosmos besitzend, die alleinige Spitze und Mitte des
Weltalls: »Aus den Angeln drehten wir Planeten, / Badeten in lichten Mor-
genröten ... / Unserm Winke sprangen Chaosriegel ... / Unsern Augen
riß der Dinge Schleier, / Unsre Blicke, flammender und freier, / Sahen in
der Schöpfung Labyrinthen / ... Räder winden.« Das in der »Liebe« zu-
sammenfahrende Paar (»ineinanderzuckende Naturen«[38]) nimmt mit diesem Vorgang das Weltganze in Besitz, den Kosmos, dessen Seele es mithin
bildet, aber auch, in minder ungestümen Vorstellungen, die Natur, das
umliegende Lokal aus Fluß und Berg und Wald und Tal. Die im intakten
System Liebe wesentliche Installation des Paars zur erscheinenden Kronge-
stalt der Natur ist stets zusammenzusehen mit jener wilden lyrischen Fabel
des jungen Schiller. Denn ebendort wird nun auch das zweite wesentliche
Element faßbar, jenes, das in der weitläufigen Produktion um die Identifikation von Paar und Natur meist unterschlagen wird, weil es einem Denk-
und Sageverbot unterliegt. Man könnte es die aggressive Dimension des
Systems Liebe nennen. Die Laura-Gedichte sind nicht zuletzt so kostbar,
weil sie fast unverstellt zum Ausdruck bringen, daß die Installation des
Paars zu dem aus »schönen Trümmern«[39] neu entstehenden Gott und Be-
sitzer des Kosmos / der Natur unlösbar verbunden ist mit der Vernichtung
des bislang herrschenden Vatergottes. Der »Monarch aller Welten«[40] wird
hier, wenn auch in stockenden, von schweren Ambivalenzen gezeichneten
Versen, unverkennbar vom Thron geworfen. Das geschieht etwa in der
siebten Strophe der Urfassung des »Geheimnisses der Reminiszenz«, wo
dem alten Gott Neid und Groll dem neuen gegenüber vorgeworfen wird.
So harmlos das tönt, die Logik, die dahinter steht, ist unzweideutig: der
neidische Gott ist bereits der von der Spitze verdrängte, der gestürzte. Und
im Finale der »Freigeisterei der Leidenschaft«, von dem sich Schiller später
umständlich distanzierte, bevor er es ganz wegstrich, wird der bislang an-
erkannte Weltmonarch so unverblümt und endgültig aus den »Tempeln«
getrieben, wie sonst vielleicht überhaupt nirgendwo. Man kann diese
Strophen lesen – und man lese sie – als die Gegenbewegung (in jedem einzelnen Punkte) zu dem, was sich im geistlichen Gedicht der Romantik
abspielt. Sie repräsentieren das negative deutsche geistliche Gedicht
schlechthin.

> Dich sollten meine Qualen nur belohnen,
> Und diesen *Nero* beten Geister an?
>
> *Dich* hätten sie als den Allguten mir gepriesen,
> Als Vater mir gemalt?
> So wucherst du mit deinen Paradiesen?
> Mit meinen Tränen machst du dich bezahlt?

> Besticht man dich mit blutendem Entsagen?
> Durch eine Hölle nur
> Kannst du zu deinem Himmel eine Brücke schlagen?
> Nur auf der Folter merkt dich die Natur?
>
> O *diesem* Gott laßt unsre Tempel uns verschließen,
> Kein Loblied feire ihn,
> Und keine Freudenträne soll ihm weiter fließen,
> Er hat auf immer seinen Lohn dahin![41]

Die Frage, ob und wie weit sich Schiller mit diesen Strophen identifiziert habe, ist belanglos. Es geht hier um das von den Laura-Gedichten insgesamt entwickelte System Liebe als Basis lyrischer Produktion, und hier verweisen diese Verse auf ein konstitutives Element, das sonst fast nie zur Sprache kommen darf. Man könnte auch von der »titanischen Pointe« reden, im Hinblick auf die Tatsache, daß diese mit der Inbesitznahme des Kosmos / der Natur durch das verschlungene Paar verbundene Entthronung des Vatergottes, wo sie ins poetische Zeichen drängt, sich auffällig oft mit dem Rückgriff auf den Komplex der Titansagen verbindet.

Die für diese Arbeit entscheidende Folgerung ist mithin die, daß das System Liebe, aus dem heraus alle große deutsche Lyrik der letzten Jahrzehnte des 18. und der ersten des 19. Jahrhunderts sich entfaltet, eine radikal aggressive, aufständische Dimension wesentlich enthält, auch und gerade dann, wenn nichts als die ganz und gar gelöste, strömende, von Harmonien bewegte Einrichtung des Paars in der schönen Natur zur Darstellung zu kommen scheint. Dabei ist der »Monarch aller Welten«, den der junge Schiller nennt, nur einer aus der Reihe der stets mitgemeinten, miteinbezogenen Instanzen. Der im Gedicht aktualisierte und geäußerte Zusammenschluß des Paars zersetzt je und je unausgesprochen Herrschaft, ist als Vorgang zugleich die Vernichtung von Herrschaft. Herrschaft, im theologischen Bereich, des Vatergottes, im philosophischen des »Dogmas«, im politischen des »Fürsten / Königs«, im breiteren gesellschaftlichen Rahmen des ersten und zweiten Standes, im naturwissenschaftlichen schließlich, ganz abgekürzt gesagt, der »Maschine« als des verbindlichen Weltmodells.

Das System Liebe und die auf seiner Grundlage entstehende große lyrische Produktion, in welcher die deutsche Sprache eine einzigartige historische Mutation und Expansion erfuhr, ist somit anzusehen als eine der für Deutschland bedeutsamsten Ausprägungen der chiliastisch-revolutionären Bewegung im europäischen 18. Jahrhundert. Damit aber ist dieses Gedicht auch mit dem Verlauf und Schicksal dieser Bewegung auf Gedeih und Verderben verhängt. Die zentrale lyrische Fabel von der Installation des Paars in der Natur als deren Seele in der Erscheinung, die lyrische Fabel von der jedes Gedicht – generalisierend gesprochen – einen Teil, eine Phase, ein lokales oder zeitliches Moment berichtet, kann, nicht zuletzt wegen ihrer verborgenen und verbotenen Aggressivität, aus dem Zusammenhang mit den politisch-sozialen Geschehnissen nicht gelöst werden. Wenn sich die ästhetischen Qualitäten, wie hier behauptet, nicht nur von den neuen Möglichkeiten des Fühlens herleiten, sondern ebensosehr von der Transformation des verbotenen Wunsches, des tiefen parriciden / regiciden Reflexes in poetische Schönheit, wird die Geschichte der ästhetischen Erscheinung zum historischen Signalfeld.

Damit aber zeigt sich erst, wie sehr das lyrische Gedicht als Umsetzung des intakten Systems Liebe in Spannung steht zur geschichtlichen Gegenwart. Es unterschlägt seine immanente Aggressivität, es verdeckt die ihm einwohnende, auf Destruktion von Herrschaft, auf den Sturz der Vater-Instanzen gerichtete Grundbewegung, aber diese Energien treten, verkleidet, doch wieder in Erscheinung als die Zeichen und Töne des großen Triumphs, den das Zusammenfinden des Paars darstellt. Der Einzug des Paars ins herrliche Natur-Lokal hat den Charakter eines Siegs, bei dessen Feier der Name des Besiegten nicht fallen darf.

Er darf nicht fallen, weil der Sieg kein bereits errungener ist, sondern ein vorweggenommener, ein vorweggeträumter, ein in der Zukunft zuversichtlich gedachter; er ist ein in Gestalt des Erreichten erst Verlangtes. Denn tatsächlich wird in den Jahrzehnten, in denen dieses deutsche Gedicht entsteht, die reale Herrschaft, die es als beseitigt vorführt, zunächst einmal nicht verringert und bald sogar auf allen Ebenen verschärft. Die Verwirklichung einer wahrhaftig befreiten Welt im Raum zwischen den Augenpaaren ist wesentlich utopisch, ist Vor-Verwirklichung. Aber sie versteht sich nicht als Traum im Sinne des Trügerischen, sondern als realen Wechsel auf die Zukunft, dessen Einlösung nur mehr auf kurze Zeit aussteht. Und sie ist darin, angesichts der tatsächlichen revolutionären Vorgänge in Amerika und Frankreich, auch in keiner Weise illusionär oder eskapistisch.

Ich habe gesagt, die »Herrschaft« verschärfe sich. Das ist zu spezifizieren. Die berühmte ökonomische Rückständigkeit Deutschlands im 18. Jahrhundert, die durch die Kleinstaaterei verhinderte Einrichtung des nationalen Marktes, der den wirtschaftlichen Aufstieg und die internationale Konkurrenzfähigkeit ermöglicht hätte, diese Retardation wirkt sich auf die fortschrittliche bürgerliche Intelligenz so aus, daß man die zum Zwecke allgemeiner Befreiung zu bekämpfende Herrschaft länger als anderswo allein im »Fürsten« sieht, im Feudalsystem, das jeder in der Gestalt seines »Hofes« arrogant genug vor Augen hat. Die neue Herrschaft, in der an die Stelle des Landesherrn das akkumulierte Geld rückt, sie tritt in Deutschland einiges später zu Tage als in den von Hauptstadt und Provinz großräumig strukturierten Ländern wie Frankreich und England. Der bürgerliche homo oeconomicus kann sich hier viel länger mit dem redlichen pater familias in Identifikation halten; seine Spaltung in das nach außen konkurrierende, nach innen gutmütig häusliche Wesen bleibt ihm noch erspart und also auch verborgen. Die Intelligenz aber, und nicht zuletzt die literarische, hält sich ebenso lange in der Meinung, mit der Beseitigung oder moralischen Domestizierung der »Höfe« und »Fürsten« wär's getan. Jene triumphale Sicherheit, wie sie in den Kaskaden von Morgenrot-Metaphern im *Don Carlos* oder eben in der poetischen Gewalt des lyrischen Gedichts sich äußert, beruht noch weitgehend auf der Ahnungslosigkeit der kommenden neuen Herrschaft gegenüber. Von der Mitte der 90er Jahre an aber tritt langsam und unaufhaltsam beides an den Tag: die unter dem Eindruck des Königsmordes und der Terreur vervielfachte Unterdrückungsarbeit des ungebrochenen Feudalabsolutismus und der zunächst im Frankreich der Thermidorianer sich manifestierende entschlossene Machtanspruch des Geldbürgertums.

Für das, was wir das System Liebe nennen, und seine poetischen Verwirklichungen hat dies zur Folge, daß der Raum zwischen den zwei Augenpaaren als der Ort der Freiheit, des vollen Glücks hier und jetzt – als welcher er zeitlos sein mag –, seinen Präfigurations-Charakter verliert. Plötzlich ist nicht mehr sichtbar, was von ihm vor-verwirklicht wäre. Etwas daran ist gestorben. Wenn sich eine bürgerliche Welt abzeichnet, die überall dort, wo sie dem »Fürsten« nicht unterworfen bleibt, nur eigene Strategien der Unterwerfung entwickelt, wird der scharfsichtigen Intelligenz die poetische Waffe stumpf. Das Gedicht als komplexes Medium aggressiver Prophetie verliert seine Beschaffenheit als Instrument, wenn der Raum realer kommender Herrschaftslosigkeit verdämmert hinter den sich überlagernden Strukturen alter feudallegitimer und neuer geldbürgerlicher Macht. Die Nachricht dieses Gedichts ist nicht länger wahr. Die lyrische Fabel von der Installation des Paars als des freien, spielenden Besitzers des Kosmos / der Natur bedarf einer radikalen Korrektur, soll der, der sie vermittelt, nicht an seinem Beruf zugrunde gehen (wie die »Achtzehnhunderter« Hölderlin und Novalis und Kleist).

Diese Korrektur der lyrischen Fabel vollzieht sich in der Spaltung des Systems Liebe in zwei unvereinbare Positionen. Die Gleichzeitigkeit von körperlicher Vereinigung, Sturz der Vater-Instanzen und Eintritt in einen herrschaftsfreien Naturraum löst sich auf in Polaritäten. Die alte Ambivalenz dem attackierten Vater gegenüber schlägt nun wieder zurück in einer mächtigen Reinstallation des »Weltmonarchen«. Die Umarmung des Paars aber, die ja nicht vor dem Thron des Vatergottes stattfand, sondern in dessen geleertem Tempel selbst, wird nun, eben wegen dieser immanenten parriciden / regiciden Geste, zur strafbaren Tat. Liebe als körperhaftes Ereignis – jenes Schillersche »Sich-Umrollen« – tritt in einen unübersehbaren Bezug entweder zu gleichzeitigem Tod und physischer Auflösung oder aber zu den Bedeutungsfeldern Sünde / Schuld / Verbrechen und Strafe / Rache / Selbstzerstörung. Der Partner wird zum Feind: der Geliebte zum

Teufel, die Geliebte zur Hexe. Der Ort der Liebe verwandelt sich vom Paradies in ein Gefängnis. Das schöne Naturlokal wird der Abgrund, aus dem einer »nimmermehr herauskommt«,[42] wo nur noch der »Schrei aus der Tiefe« möglich ist.

Die Wiederkehr des Vatergottes im geistlichen Gedicht; die Unmöglichkeit, daß sich das Paar vor diesem Vatergott zusammenfinde; die Degradation des geliebten Mädchens zur Hexe und Hure; die anschließende Verstoßung – »Und mit weinendem Blick, doch grausam / Hieß ich das schlanke, / Zauberhafte Mädchen / Ferne gehen von mir«[43]; oder kurzerhand: »O lieb Mädel, wie schlecht bist du!«[44] –; das Bewußtsein der physischen oder psychischen Selbstvernichtung dessen, der sich auf die »alte Liebe« einläßt; die Erfahrung der eben doch ausbleibenden Erlösung bei dem, der sich der »neuen Liebe« hingibt – »... wie trüb in meiner Seele, / Wie verloren die Gebete stehen ...«[45] –, dies alles, betrachtet als die innere Dramatik des deutschen romantischen Gedichts, zeigt dieses Gedicht als etwas ganz anderes denn die bloße Flucht eines überindividualisierten Ich aus der Geschichte in den Raum luxuriös-illusionärer »Stimmung«.

Was »Stimmung« ist nämlich, Melodie, poetische Schönheit – es leitet sich her von jenem einst intakten System Liebe und ist deshalb durchaus gezeichnet von dessen Spaltung. Diese Schönheit verfällt ja nun mit ihrer Produktion (oder besser: Reproduktion) selber schon dem Urteil, das über die zur Hexe erklärte Geliebte, über den »wunderschönen Leib« ergeht. Von jetzt an bedingt die Evokation der Schönheit – sei's der Frau, der Natur, der Paarbeziehung, des Gedichts selber – unweigerlich auch deren Verwerfung, obschon dies oft genug erst im Überblick über größere Produktionseinheiten sichtbar wird. Das geht von so offenkundigen Dingen wie der Venus-Maria-Opposition bei Eichendorff oder den vielen Kontrastierungen von blühender und entseelter, skelettierter Natur bis zu jenen Ausprägungen, die nur ein sorgfältiges Einzelstudium freilegt. Ein Beispiel dafür wäre etwa die Angst des lyrischen Sprechers vor dem Wahnsinnigwerden: herzuleiten aus dem Verdikt gegen die poetische Kreativität, die ja doch als die oberste Befähigung des eigenen Geistes erfahren wird; oder der Vorgang, daß die Reinstallation des Vatergottes sich vollzieht als Wiederaufrichten eines leer bleibenden Throns, vor dem man in sinnloser Veneration verharrt.[46]

Ein Arbeitsfeld für sich schließlich bilden die Auswirkungen dieser Regeln auf den Bereich des politischen Gedichts. Auf der einen Seite weitet sich da der schöne Naturraum um das Paar zum heiligen Ort »Deutschland« (wozu fast unabdingbar der Rhein, die Rhein-Thematik gehört; sie ist das toposhafte Einsatz-Signal für politische Reflexion im lyrischen Gedicht, so sehr, daß kein Rhein-Gedicht ganz ohne politische Assoziationen bleibt). Auf der andern Seite findet sich die schroffe Zerstörung des sakralisierten politischen Raums: Wie die Liebe II bei Heine dem Paar den Rang metaphysischer Repräsentation bestreitet und seine Beziehung nüchternen soziologischen Bestimmungen unterwirft, stellt Heines (und anderer) politische Lyrik dem heiligen Deutschland eines gegenüber, das der nüchternen politologischen Analyse unterworfen werden kann. Aber auch hier bleibt, man kann es noch am *Wintermärchen* studieren, die eine Position stets auf die andere bezogen.

Anmerkungen

1 Walther Killy, »Lyrik«. In: Fischer Lexikon Literatur; 2/1, hrsg. von Wolf-Hartmut Friedrich und Walther Killy, (1965; 92. Tausend 1974), S. 333–347. – Bernhard Asmuth, »Lyrik und Lied seit der Goethezeit«. In: Grundzüge der Literatur- und Sprachwissenschaft, hrsg. von Heinz Ludwig Arnold und Volker Sinemus, Bd. 1: Literaturwissenschaft (1973), S. 281–285.

2 Erläuterungen zur deutschen Literatur: Romantik, hrsg. vom Kollektiv für Literaturgeschichte im volkseigenen Verlag Volk und Wissen, (2. Aufl. o.J.; 1. Aufl. 1966), S. 561–565.

3 Clemens Brentano: Werke, Band 1, hrsg. von Wolfgang Frühwald, Bernhard Gajek und Friedhelm Kemp (1968), S. 273.

4 Heinrich Heine: Sämtliche Schriften, hrsg. von Klaus Briegleb, Band VI/1, (1975), S. 649.

5 Heine, IV, 570.

6 Heine, I,9.

7 Heine, IV, 570.

8 Heine, IV, 545.

9 Heine, IV, 990.

10 Heine, IV, 547.

11 Heine, IV, 569.

12 Heine, I, 134.

13 Heine, I, 135.

14 Zit. nach der Originalausgabe: Sämtliche Werke des Wandsbecker Bothen, III, Teil (1777), S. 65, der Kupfer S. 62.

15 Sämtliche Werke des Freiherrn Joseph von Eichendorff, hrsg. von Wilhelm Kosch, 1. Bd., 1. Hälfte (1921), S. 431.

16 Gemeint sind die hier ausschließlich berücksichtigten ersten 25 Gedichte des »Geistlichen Jahrs«. Annette von Droste-Hülshoff: Sämtliche Werke, hrsg. von Clemens Heselhaus (1966), S. 471–528.

17 Brentano, S. 200.

18 Nach der Anordung der »Gedichte« von 1867. – Eduard Mörike: Sämtliche Werke, hrsg. von G. Göpfert (1954), S. 124.

19 Brentano, S. 543.

20 Eduard Mörike: Werke und Briefe, Histor.-krit. Ausg., 3. Band, Maler Nolten, hrsg. von Herbert Meyer (1967), S. 363.

21 Heine, I, 20.

22 Heine, I, 149.

23 Heine, IV, 547.

24 Brentano, S. 264.

25 Droste, S. 499.

26 Eichendorff, S. 349.
27 Mörike: Nolten, S. 402.
28 Mörike: Nolten, S. 364.
29 Droste, S. 482.
30 Droste, S. 495.
31 Droste, S. 499.
32 Droste, S. 16.
33 Droste, S. 518.
34 Droste, S. 482.
35 Droste, S. 494.
36 Friedrich Schiller: Sämtliche Werke, 1. Band, hrsg. von Gerhard Fricke und Herbert G. Göpfert (4. Aufl. 1965), S. 86.
37 Schiller, S. 38.
38 Schiller, S. 90.
39 Schiller, S. 87.
40 Schiller, S. 87.
41 Schiller, S. 129.
42 Eichendorff, S. 431.
43 Mörike: Nolten, S. 363.
44 Brentano, S. 273.
45 Droste, S. 494.
46 Beides vielfach bei Lenau.

Lyrik und Körperlichkeit

Das lyrische Reden als Wiedergewinn
ausgegrenzter Erfahrung

Die Lyriker reden nicht normal. Das weiß jedes Kind. Es ist eine der wenigen literaturwissenschaftlichen Grundtatsachen, die als Allgemeingut betrachtet werden dürfen.

So selbstverständlich ist das, daß auch die Literaturwissenschaft längst aufgehört hat, sich über diese Tatsache Gedanken zu machen. Sie hat ja ihren Apparat von Begriffen und Kategorien, mit dessen Hilfe sie alles Nichtnormale im lyrischen Reden in die allgemeine Normalität zurückübersetzt. Dabei gibt es gute Gründe für die Annahme, daß Lyrik nur deshalb bis heute überlebt hat, weil sie ein Ort ist, wo etwas zur Erscheinung kommen darf, das nicht normal ist. Allein dadurch, daß der lyrische Dichter nicht normal redet, sondern zum Beispiel reimt oder, kaum hat er angefangen, wieder aufhört oder die Wörter verdreht und verstellt, verweist er auf die Tatsache, daß unsere Normalität überhaupt eine Grenze hat und daß jenseits dieser Grenze immer noch etwas ist. Der Bereich des Normalen deckt sich nicht mit dem Bereich alles Wirklichen. Er ist kleiner, eine abgesteckte, eingezäunte, künstlich ausgeleuchtete Zone. Die Literaturwissenschaftler aber bemühen sich unentwegt, diese gefährliche Differenz zwischen dem Normalen und dem Wirklichen, die im Phänomen des Gedichts aufscheint, wieder zuzudecken. Wir fangen die seltsamen Erscheinungen, die über die lyrische Rede in unsere vertraute Tageswelt eindringen, sogleich mit unseren Systemen auf und erbringen eifrig den Beweis, daß das Nichtnormale nur scheinbar nicht normal sei, eine Täuschung also, zustande gekommen auf Grund von bestimmten Konventionen und leicht zu durchschauen. Der Dichter meint etwas ganz Gewöhnliches; er sagt es nur anders. Er spricht das Eigentliche halt uneigentlich aus. Generationen von Germanisten nährten und nähren sich von der täglichen Beweisführung, daß hinter dem nichtnormalen Reden der Dichter die lautere Normalität stecke. Sie leben davon, daß sie die potentielle Beunruhigung, die von der schonungslos nichtnormalen Rede ausgeht, neutralisieren und wieder aus der Welt schaffen.

Wenn Else Lasker-Schüler eines ihrer Liebesgedichte so beginnt:

> Ich liege in den Nächten
> Auf deinem Angesicht.
>
> Auf deines Leibes Steppe
> Pflanze ich Zedern und Mandelbäume.

Was geschieht dann in uns, den Lesern und geschulten Germanisten? Wir stutzen einen Moment, für *eine* Sekunde streift uns das elementar Nicht-normale solcher Verlautung, dann beginnen wir auch schon mit der üblichen Entschärfung. »Was meint sie eigentlich?« fragen wir und setzen voraus, daß sie selbstverständlich etwas anderes meint, als sie sagt, etwas Gewohntes und Gewöhnliches. Wir studieren dann zum Beispiel die Biographie – wann ist das geschrieben? wie hat sie damals gelebt? – und kommen rasch zu einem Ergebnis. Die Verse: »Ich liege in den Nächten / Auf deinem Angesicht // Auf deines Leibes Steppe / Pflanze ich Zedern und Mandelbäume« – diese Verse besagen ganz einfach: Ich schlafe gern mit Dr. Gottfried Benn. Der Rest ist poetische Gestaltung, und zwar finden wir hier eine Metonymie (»ich liege auf deinem Angesicht«), eine Metapher (»deines Leibes Steppe«) und die Ausführung dieser Metapher zu einer kleinen Allegorie (darauf »pflanze ich Zedern«). Auch eine Hyperbel läßt sich noch ausmachen in den vier Zeilen, und ein Chiasmus wird sichtbar, verbunden mit einer Anapher. Lauter rhetorische Mechanismen, die das Eigentliche uneigentlich ausdrücken und ornamental dekorieren. Wir aber, die wir diese Mechanismen alle kennen, lassen sie rückwärts laufen, und sogleich ist die ursprüngliche Normalität wieder hergestellt.

Wenn nur das Normale auch das Ganze der Wirklichkeit wäre! Dann hätten wir recht mit unserer Fleißarbeit. Dann wäre die landläufige Art, Gedichte zu lesen und zu deuten, keine systematische Verharmlosung. Nun ist es aber so, daß das Normale, wo immer wir es fassen, stets etwas Angefertigtes ist. Es gibt sich nur als das Ursprüngliche und einzig Richtige. Es ist ein Begrenztes, das sich als das Ganze deklariert. In Wahrheit ist es das Ergebnis eines Prozesses von Verkümmerung und Reduktion, von Verstümmelung sogar. Die individuelle Normalität des Erwachsenen und die kollektive Normalität der Gesellschaft sind beide *geworden*. Langsam zustande gekommen sind sie über ein schrittweises Eliminieren von vielen Erfahrungen des Körpers und der Seele. Ronald D. Laing hat das einmal so formuliert:

Was wir normal nennen, ist ein Produkt von Verdrängung, Verleugnung, Isolierung, Projektion, Introjektion und anderen Formen destruktiver Aktion gegen die Erfahrung.
Der Zustand des normalen Menschen ist ein Zustand der Fremdheit, des Schlafens, des Nicht-Bewußtseins, des Nicht-bei-Sinnen-Seins. Die Gesellschaft schätzt ihren normalen Menschen. Sie erzieht Kinder dazu, sich selbst zu verlieren, absurd zu werden und so normal zu sein.
Normale Menschen haben in den letzten fünfzig Jahren vielleicht hundert Millionen normale Mitmenschen getötet.

Gewiß, das ist emphatisch gesprochen. Man könnte es auch trockener sagen. Es würde aber an der Tatsache selbst wenig ändern, daß die Normalität eine Reduktionsstufe des Erlebens ist, das Segment eines viel breiteren

Spektrums von Erfahrungen, die dem Individuum und den strukturierten Gemeinschaften einmal zugänglich waren. Weil dem so ist, müssen wir die Erscheinungen des Nichtnormalen, wo sie überhaupt noch toleriert werden, zunächst als das gelten lassen, als was sie sich selbst geben. Zum Beispiel müssen wir das nichtnormale Reden im lyrischen Gedicht vorerst einmal wörtlich nehmen, müssen das angeblich Uneigentliche gegen alle rhetorische Theorie als das Eigentliche betrachten. Wenn Else Lasker-Schüler sagt:

> Ich liege in den Nächten
> Auf deinem Angesicht.
>
> Auf deines Leibes Steppe
> Pflanze ich Zedern und Mandelbäume.

dann haben wir das so zu akzeptieren. Was im lyrischen Text geschieht, ist nicht Vergleich, sondern Verwandlung. Das Ich, das laut wird im Gedicht, spricht eine Erfahrung aus, die es leibhaftig macht und spürt. Ich meine nicht das Schreibtisch-Ich der Autorin oder des Autors, sondern das im Text, und nur dort, erscheinende Ich, das im Text erschallende Ich. Nicht Vergleich, sondern Verwandlung – das besagt, daß das Subjekt der lyrischen Rede in einer Weise verwandlungsfähig ist, die wir, die Normalen, längst verloren haben. Nur die Erinnerung daran haben wir noch gespeichert, in erstarrter Form aufbewahrt im System der rhetorischen Tropen und Figuren.

Das Subjekt der zitierten Verse meint also gerade nicht: Ich schlafe gern mit Dr. Gottfried Benn, sondern es berichtet von einer Verwandlung des Geliebten in eine Landschaft, einen Wüstenstrich mit Gebirgen und Ebenen, wo die liebende Frau wohnt, jahrelang wohnt in einer einzigen Nacht, und Gärten anlegt und ganze Wälder pflanzt.

Alles also, was ein Gedicht von der gewöhnlichen Rede unterscheidet – von Vers und Reim und Metrum bis hin zum Phänomen der Unverständlichkeit –, signalisiert zunächst einmal, daß hier eine andere Erfahrung sich vernehmen lasse. Diese Erfahrung hat ein Subjekt: das Ich des Gedichts. Dieses Ich hat seinen eigenen Ort und seine eigene Zeit, seinen eigenen Körper und seine eigene Seele. Dieses Ich entsteht erst im Gedicht. Indem es redet, erschafft es den Ort und die Zeit, wächst ihm sein Körper und seine Seele zu. Der Autor selbst wohnt diesem Vorgang bei wie später der Leser. Die Beschaffenheit dieses Subjekts der lyrischen Rede läßt sich studieren – allerdings erst dann, wenn wir die Meinung aufgegeben haben, es handle sich dabei schlicht um den Verfasser und nichts weiter.

Die tatsächliche Beschaffenheit des Subjekts der lyrischen Rede, jenes Wesens, das »Ich« sagt im Gedicht, soll nun in einer bestimmten Richtung näher erforscht werden. Auffällig ist seine *andere Körperlichkeit*. Sein Körper ist nämlich keine gemessene und auf dieses Maß festgelegte Größe; er ist in den Dimensionen beweglich und vielfältig bewegt. Er ist ganz und gar Corps vécu, nicht Corps mesuré. Seine Ausdehnung ist veränderlich wie der Geist im Glas. – Gertrud Kolmar:

> Ich will in meinem Bette ruhn und die Erde bedecken
> Über den Ländern Europas und Afrikas liege ich da.
>
> Meinen linken Arm will ich tief hinein nach Asien strecken
> Und den rechts nach Amerika.

Diese äußerliche Wandelbarkeit pflanzt sich nach allen Richtungen der Zeit- und Raumerfahrung fort. Über den Entwurf eines andern körperlichen Vorhandenseins geschieht deshalb in der Regel die Initiation in die andere Erfahrungsweise überhaupt. Der Auftakt unendlich vieler Gedichte verweist auf die momentane Körperlichkeit des redenden Subjekts. Es ist stets eine Körperlichkeit, die sich im Augenblick der Rede vom gesellschaftlich Konformen und Normalen wegbewegt, oft nur um eine erste, harmlose Nuance. Die einfachste und häufigste Form – so simpel, daß man kaum davon zu reden wagt unter gebildeten Leuten – ist das Sich-Hinlegen und Daliegen. Das Liegen der Dichter im Gedicht gehört aber elementar zur erweiterten Erfahrung. Es ist noch und noch deren Anfang – und deren Verheimlichung zugleich. Verheimlichung deshalb, weil, was anschließend im Gedicht geschieht, unter diesen Umständen leicht als Traum erklärt, zum Traum verharmlost und damit in die Normalität zurückrationalisiert werden kann.

Auffällig ist, daß das Gedicht des bürgerlichen 19. Jahrhunderts diese szenische Exposition – der Dichter liegt, er spricht liegend – besonders liebt. Es ist die Zeit, in der jene Normalität des Fühlens und Verhaltens kodifiziert wurde, die noch heute zu guten Teilen die offizielle unsrige ist. Deshalb ist die unberechenbare Dynamik des lyrischen Subjekts, der lyrischen Rede mit ihrer Expansionsgewalt und möglichen Wildheit, in dieser Epoche ganz besonders auf Umwege und Listen angewiesen. Sie sucht sich einen Rahmen, der harmlos erscheinen läßt, was harmlos keineswegs ist. Wenn man das Werk C. F. Meyers und der Annette Droste, auch Mörikes übrigens, durchgeht, stößt man laufend auf die Gegebenheit, daß sich die lyrische Rede aus dem hingestreckten Körper heraus entwickelt, daß er die Vorbedingung der Verlautung und also auch der Erfahrung ist.

> Aus der Schiffsbank mach ich meinen Pfühl,
> Endlich wird die heiße Stirne kühl!
> O wie süß erkaltet mir das Herz!

So setzt Meyer ein in seinem Gedicht *Im Spätboot*, einem äußerst behutsamen Text, in dem eigentlich nichts weiter geschieht, als daß ein Mann nachts mit dem letzten Dampfschiff ein paar Stationen weit nach Hause fährt. Daß er sich dabei hinlegt, ist leicht erklärbar – ein rechter Mensch ist schließlich müde am Abend. Erst die Versenkung in den Text läßt erkennen, daß das scheinbare Stimmungsbild aus dem bürgerlichen Alltag etwas ganz anderes enthält, die langsame Annäherung nämlich dieses Liegenden an einen Zustand, der alle geltenden Werte des Daseins verwirft und den Tod vorwegnimmt, genießend allerdings, süchtig nach einer Kühle, nach dem Stillstand aller Bewegung, selbst des schlagenden Herzens, wofür wir nach unseren Normen eben nur den Begriff des Todes haben. Für das redende Subjekt des Gedichts aber ist es die höchste Form von Dasein, ist reglose Ekstase – wahrscheinlich müßte man sehr fern in asiatischen Traditionen der Versenkung suchen, um dafür eine Lehre zu finden. Dem deutschen 19. Jahrhundert fehlt hier jedes Wort, und es hätte sich über den Vorgang selbst als eine unmännliche Haltung empört, wenn es überhaupt fähig gewesen wäre, ihn in seiner Radikalität zur Kenntnis zu nehmen. Weil man das Gedicht aber ohne Mühe der Gattung »Feierabendlyrik« zuordnen konnte, schien es in einer vertrauten Kategorie restlos aufgehoben und war verständlich bis zur Unkenntlichkeit:

> Aus der Schiffsbank mach ich meinen Pfühl,
> Endlich wird die heiße Stirne kühl!
> O wie süß erkaltet mir das Herz!
> O wie weich verstummen Lust und Schmerz!
> Über mir des Rohres schwarzer Rauch
> Wiegt und biegt sich in des Windes Hauch.
> Hüben hier und wieder drüben dort
> Hält das Boot an manchem kleinen Port:
> Bei der Schiffslaterne kargem Schein
> Steigt ein Schatten aus und niemand ein.
> Nur der Steurer noch, der wacht und steht!
> Nur der Wind, der mir im Haare weht!
> Schmerz und Lust erleiden sanften Tod:
> Einen Schlummrer trägt das dunkle Boot.

Dramatischer noch, ungestümer und erschütternder geht es bei Annette von Droste zu. Da hat das Sich-Hinlegen und Daliegen eigentlichen Ritualcharakter für die Genese der lyrischen Rede und Erfahrung. Wir pflegen diese Stellen autobiographisch und psychologisch zu lesen. Das Fräulein von Droste, sagen wir, hatte seine Anflüge von neurotischer Müdigkeit, war eben eine Kopfweh-Frau und litt an Schlaflosigkeit – was Wunder, wenn sie das im Gedicht beschreibt. Damit bringen wir uns aber eigenhändig um die Möglichkeit, das Zeremoniell zu sehen, das in diesen Gedichtanfängen abläuft, und zu erkennen, worauf es sich hinbewegt. Wir betrachten es als realistische Wiedergabe privater Leiden, und darüber entgeht uns, mit welch passionierter Hingabe diese Zustände im Gedicht der Droste immer und immer wieder inszeniert werden. Klinisch minuziös und doch stets anders wird die spezifische Benommenheit der hingestreckten Frau beschworen. Da waltet eine geheimnisvolle Lust an der Schilderung des zerdehnten Gehirns und des dröhnend pochenden Schädels, eine Lust, die nicht masochistisch ist, sondern sich herleitet aus dem Übergang in ein anderes Wissen und Sehen, das mit solchem Dröhnen, solcher Hirnzerdehnung beginnt. Die Grundbewegung ist dabei das Sinken, wie immer bei den liegenden Dichtern, *der langsame Fall aus der Welt des aufrechten Ganges*, aus den dort geltenden Ordnungen, aus der dort geltenden Wirklichkeit – ein langsamer Fall hin zu einer andern Erfahrung von Raum und Zeit. Dieser Vorgang bleibt durchaus an die körperhafte Befindlichkeit gebunden. Er ist ein Ereignis des Leibes, der sich darüber verwandelt.

Bei der Droste können sich in der Folge ungeheuerliche Formen der Selbstbegegnung abspielen, einer Selbstbegegnung außerhalb der linearen Zeit, in einer Art Kugelzeit, wo alles miteinander gegenwärtig sein kann. So sitzt einmal, im Fragment »Doppeltgänger«, unten auf ihrem Bett plötzlich sie selbst, leibhaftig, als das kleine Mädchen, das sie einst war – »funkelnd vor Entzücken« – und beginnt zu ihr heranzukriechen: »Und horchend, horchend klomm es sacht heran / Zu meiner Schulter ...« Wobei das Gedicht an dieser Stelle abbricht, Fragment bleibt, Fragment wohl bleiben muß. Es stößt an die Grenze dessen, was mit den Mitteln seiner Zeit noch sagbar ist. Ein anderes Mal *(Im Moose)* sieht sie sich selbst als alte Frau in mürben Papieren wühlen, verwucherte Gräber besuchen und schließlich – in einer unvergeßlichen Stelle – von der Erde verschwinden:

> Und noch zuletzt sah ich, gleich einem Rauch,
> Mich leise in der Erde Poren ziehen.

Was hier als eine Verwandlung der Struktur der eigenen Lebenszeit erscheint – die Linearität wird zum Kreis gebogen, und jedes Alter ist jederzeit erlebbar, erfahrbar, gegenwärtig –, das nimmt im *Hünenstein* und in der *Mergelgrube* menschheitsgeschichtliche Dimensionen an. Das Einsinken in die Erde löst Visionen aus sowohl der Frühzeit wie eines letzten Untergangs, des ausgebrannten Planeten, und immer ist das erfahrende, redende Ich unmittelbar dabei, bedroht, gefährlich ausgesetzt:

> Vor mir, um mich der graue Mergel nur,
> Was drüber sah ich nicht; doch die Natur
> Schien mir verödet, und ein Bild erstand
> Von einer Erde, mürbe, ausgebrannt;
> Ich selber schien ein Funken mir, der doch
> Erzittert in der toten Asche noch,
> Ein Findling im zerfallnen Weltenbau.
> Die Wolke teilte sich, der Wind ward lau;
> Mein Haupt nicht wagt' ich aus dem Hohl zu strecken,

Um nicht zu schauen der Verödung Schrecken,
Wie Neues quoll und Altes sich zersetzte –
War ich der erste Mensch oder der letzte?

Soviel als Hinweis auf das 19. Jahrhundert. In der modernen Dichtung sind die Ausdrucksmöglichkeiten für die Erfahrung des langsamen Falls gewaltig gewachsen. Baudelaire und Rimbaud haben auch hier Schranken gesprengt. So haben sie zum Beispiel die Dimension des Verwesens und Verfaulens in die lyrische Rede hereingeholt und damit eines der strengsten Tabus unserer Zivilisation angerührt. Sie haben den verwesenden Körper von den negativen Bedeutungen befreit und zu einem zentralen Wort der lyrischen Moderne gemacht. Die Verwesung im Wasser wird in der lyrischen Kugelzeit als Rückwärtsgeburt erfahren. Das öffnet den Zugang zu unabsehbaren Entwicklungen der lyrischen Rede. Bertolt Brecht ist darüber überhaupt erst zum Dichter geworden. In der Verwesung als einer Rückwärtsgeburt gewinnt das Liegen der Dichter einen verstärkt mythischen Akzent. Der Einzug dieses radikal außernormalen Erfahrungskomplexes läuft nicht auf Dekadenzmetaphern hinaus, wie man fälschlicherweise so oft annimmt, sondern stellt den dramatischen Wiedergewinn eines verschollenen Wissens dar, den Wiedergewinn insbesondere der erlebten Bewegtheit vorgeburtlicher Existenz. In Rimbauds »Bateau ivre« findet sich dazu das ganze Alphabet; die Späteren haben daraus je ihre paar Buchstaben bezogen – man denke, neben Brecht und Heym, an Trakl, man denke an Benn, man denke an eine so winzige Kostbarkeit wie *Death by Water* in T. S. Eliots *The Waste Land*:

> Phlebas the Phoenician, a fortnight dead,
> Forgot the cry of gulls, and the deep sea swell
> And the profit and loss.
>   A current under sea
> Picked his bones in whispers. As he rose and fell
> He passed the stages of his age and youth
> Entering the whirlpool.
>   Gentile or Jew
> O you who turn the wheel and look to windward,
> Consider Phlebas, who was once handsome and tall as you.

Aber hier nun, spätestens hier kommen die Psychoanalytiker und rufen: »Regression! Regression!« Und damit haben sie recht, zweifellos, genau so lange haben sie recht, wie die Rhetoriker, die ihrerseits »Metapher!« rufen, »Metapher! Metonymie! Allegorie!«

Natürlich ereignet sich in diesen Gedichten und also in der lyrischen Erfahrung überhaupt Regression im psychoanalytischen Sinn, nur ist dieser Begriff mit dem Wort allein noch nicht begriffen. Vielmehr ist es die lyrische Erfahrung selbst, die uns zwingt, ihn auszuweiten. Wenn wir die Genese des Subjekts vom infantilen Wesen bis hin zum voll sozialisierten, bewußten Erwachsenen als den Prozeß eines stufenweisen *Zuwachses* an Wissen, Fühlen und Können betrachten – wie wir das gemeinhin tun –, dann stellt Regression als das Zurücktasten auf überwundene Stufen dieser Entwicklung einen Vorgang des Verlustes dar und nichts weiter. Ein regredierendes Subjekt wird dümmer, stumpfer und ärmer. Ist aber die Genese des Subjekts ein Prozeß, in dessen Verlauf jeder Gewinn mit einem Verlust bezahlt wird, jedes neue Wissen mit dem Untergang älterer Weisheit, jedes neue Empfinden mit dem Untergang eines älteren Gefühls – und dafür spricht viel –, dann ist Regression ein Vorgang des *Wiedergewinns*. Sie ist Aufhebung von Trennungen, die wir für naturgesetzlich nur deshalb halten, weil wir uns selbst die älteren Formen des Fühlens verboten haben. Die Gedichte vom langsamen Fall heben tatsächlich immerzu Trennungen auf: die Trennung der Vergangenheit von der Gegenwart; die Trennung des Körpers von den Elementen, insbesondere von Erde und Wasser; die Trennung aber auch der beiden Geschlechter. Unverkennbar zielen sie auf einen vorsexuellen Zustand hin, eine androgyne Aufhebung der erotischen Polarität, die nicht einfach narzißtisch ist. Oft zeigt sich auch eine Aufhebung der Trennung der Menschen von den Tieren: Man lebt wieder mit diesen wie einst im Paradies, oder aber der Leib wird in der lyrischen Vewesung von andern Lebewesen ruhevoll bewohnt. Das legendäre und berüchtigte »Nest von jungen Wasserratten« in Georg Heyms Ophelia-Gedicht wäre unter diesen Voraussetzungen etwas anders zu lesen, als es meist geschieht.

Was sich in der lyrischen Rede ereignet, ist mit psychologischen Begriffen allein nicht zu erfassen. Man muß versuchen, die wissenschaftlichen Konzepte auf mythische Figuren und Konstellationen hin auszuweiten. Ebensowenig aber kann ich nur mit diesen auskommen. Ich brauche die Trennschärfe der psychologischen Kategorien. Das kann zu wissenschaftlichen Komplikationen führen, zu einem gefährlich schlingernden Nebeneinander unterschiedlicher Diskurse. Wenn sich das jetzt schon gezeigt hat, bei den liegenden Dichtern, dann muß es sich noch bedeutend verschärfen, wenn sie im folgenden auch noch zu fliegen beginnen.

Geschrieben steht folgendes:

Jetzt bin ich leicht, jetzt fliege ich, jetzt sehe ich mich unter mir, jetzt tanzt ein Gott durch mich.

Diese Strophe aus einer großen, umstrittenen Dichtung markiert die genaue Gegenposition zur lyrischen Bewegung vom Liegen und Sinken, vom langsamen Fall. Es handelt sich aber nicht um den Gegenzug eines Dichters gegen andersgeartete Kollegen, denn in der gleichen umstrittenen Dichtung finden sich beide Positionen sehr rein ausgeprägt. Eine Stelle zum langsamen Fall:

– wie sie mir lang und müde wird, meine wunderliche Seele! (...) Sie streckt sich lang aus, lang, – länger! sie liegt stille, meine wunderliche Seele (...)

Falle ich nicht? Fiel ich nicht – horch! in den Brunnen der Ewigkeit? (...) Ward die Welt nicht eben vollkommen? Rund und reif?

Die beiden Stellen verhalten sich zueinander wie die Tiefe zur Höhe, das Sinken zum Steigen, die Ruhe zur Fahrt, die Schwere zur Leichtigkeit, die Erde zur Luft. Hier steht: »Falle ich nicht?«, dort: »Jetzt bin ich leicht, jetzt fliege ich, jetzt sehe ich mich unter mir.« Gerade im Gegensätzlichen aber ist auch Gemeinsames: Beiden Vorgängen eignet ganz deutlich die fremdartige Körpererfahrung, die fremdartige Zeitstruktur, eignet die Abkehr von einer Normalität, die so tut, als deckte sie die ganze Wirklichkeit ab. Daß gerade Nietzsches *Zarathustra* diese lyrischen Grundgebärden so exemplarisch vor den Leser bringt, ist kein Zufall. Wenn es *einen* durchgehenden Akt gibt in diesem disparaten, ärgerlich-großartigen Werk, dann ist es der Aufstand gegen die sedimentierte Normalität jeder Art. Zarathustra versucht, Philosophie in der Gestalt lyrischer Rede zu betreiben. Den rationalen Diskurs hält er für erschöpft, das Erkenntnispotential der lyrischen Rede aber für unerschöpflich. Er denkt mit dem ganzen Körper, und das ist wichtiger als alle Inhalte des Denkens im einzelnen. Denkend wird er immer wieder zum Tänzer; tanzend stößt er zu neuem Wissen vor. Sein Leib wird leicht im Zustrom der Weisheit, porös, der Luft verwandt, und der Tanz wird zuletzt zum Flug durch den ganzen weiten Himmel. »Und all mein Wandern und Bergsteigen: eine Not war's nur und ein Behelf des Unbeholfenen: – *fliegen* allein will mein ganzer Wille, in *dich* hineinfliegen!« So redet er zum Firmament vor Sonnenaufgang. Und: »In deine Höhe mich zu werfen – das ist *meine* Tiefe!«

Nicht Vergleich, sondern Verwandlung. Ich muß den Spruch wiederholen, weil auch hier wieder die Gefahr droht, daß wir ganz selbstverständlich mit unserer Gelehrtheit einfahren und von Metaphern reden, wo es um handfeste Erfahrungen geht. Es gibt offenbar Erkenntnisse, die sind nicht zu gewinnen außerhalb der leibhaftigen Erfahrung eines Fluges weg vom Erdboden und fort durch die blaue Luft. Und sie sind nicht zu vermitteln ohne die lyrische Rede von solcher Erfahrung. Oft macht der bloße Anfang einer derartigen Bewegung schon das ganze Gedicht aus. Der Rest ist dann in diesem Anfang ungesagt entworfen, vorausgeworfen in den mächtigen Raum. So bei Mallarmé in der »Brise marine«, wo der Aufschwung abstößt von der Trauer des schweren Fleisches und dem Überdruß an allen Büchern:

La chair est triste, hélas! et j'ai lu tous les livres.
Fuir! Là-bas fuir! Je sens que les oiseaux sont ivres
D'être parmis l'écume inconnue et les cieux.

Die Arbeit der Gedichte vom Auffliegen, Wegfliegen, durch den hohen Raum Reisen – oft genug zuletzt noch durch den Weltraum –, die außerordentliche Spracharbeit dieser Gedichte zielt nicht darauf, Vergleiche zu finden für die menschliche Sehnsucht. Vielmehr will sie die Lust des Fliegens selbst vermitteln, um in ihr das zu lehren, was sich nur in solchem Vollzug begreifen läßt, erkennen läßt allein mit dem ganzen lebendigen Leib. Natürlich kann man auch hier von Traditionen reden und versuchen, alles aus dem »Somnium Scipionis« oder sonstwo herzuleiten. Aber das ist, als ob man das Leben auf der freien Wildbahn an Hand einer Sammlung ausgestopfter Tiere studieren wollte. Die Warnung gilt selbst noch für jene Fälle, wo das Gedicht unbestreitbar in bekannten philosophischen Traditionen steht, wie etwa der prachtvolle Wurf des jungen Schiller, »Geheimnis der Reminiszenz«, mit seinem neuplatonischen Hintergrund. Da fährt der Dichter rauschend durch den Weltraum, in einer einzigen Ekstase von Flug und Erkenntnis zugleich. Sein Körperglück ist identisch mit dem Blick in die innersten Geheimnisse der Schöpfung.

> Aus den Angeln drehten wir Planeten,
> Badeten in lichten Morgenröten
> (...)
> Unserm Winke sprangen Chaosriegel,
> Zu der Wahrheit lichtem Sonnenhügel
> Schwang sich unser Flügel.
> Unsern Augen riß der Dinge Schleier,
> Unsere Blicke, flammender und freier,
> Sahen in der Schöpfung Labyrinthen
> (...)
> Sich noch Räder winden.

Was den Text so wichtig macht, ist nicht nur die selbstverständliche Verknüpfung von Erkenntnis und körperlichem Abenteuer – gerade sie verbietet es übrigens, alles aufs Philosophiegeschichtliche zurückzubuchstabieren –, sondern auch und vor allem seine erotische Dimension. Die Erfahrung, die hier gemacht wird, ist eine des Paars, der liebevollen Beiden. Der Flug durch den Weltraum ist gleichzeitig die verzückte Vereinigung der Liebenden. Das markiert wesentlich die typologische Differenz zwischen den Gedichten vom Fliegen und jenen vom langsamen Fall. Wenn die letzteren zurückstreben in eine vorsexuelle Ungeschiedenheit der Geschlechter, so streben die Fluggedichte immer wieder einen Zustand erotischer Erfüllung an, der über alles Menschenmögliche hinausgeht, eine ewige Hochzeit im wörtlichen Sinn.

Dem entspricht der Unterschied von Erinnerung und neuem Wissen, Rückkehr und Ausbruch, von Regreß und Progreß. Und dem entspricht weiterhin der Unterschied zwischen dem Mütterlichen und dem Väterlichen, mythisch gesprochen zwischen der Erde und dem Himmel, Gaia und Uranos, Magna Mater und Vatergott. Die liegenden Dichter gehen zur Mutter, die fliegenden zum Vater. Womit die wissenschaftliche Komplikation zwischen Psychologie und Mythos wieder erreicht wäre. Schließlich weiß heute jedes Kind, daß die Flugträume allerlei Unanständiges bedeuten. Was soll da der Flug zur Gottheit? Sigmund Freud persönlich, in seiner gemessenen Unzweideutigkeit: »Die nahe Verbindung des Fliegens mit der Vorstellung des Vogels macht es verständlich, daß der Fliegetraum bei Männern meist eine grobsinnliche Bedeutung hat.«

Die Komplikation soll bestehen bleiben. Es soll gar nicht versucht werden, sie aufzubrechen. Wer sich nur an das hält, was heute jedes Kind weiß, der muß allerdings bedenken, daß die Fluggedichte ihre erotische Dimension nicht etwa verstecken, sondern fast immer ganz offen eingestehen. Das ist dann gerade nicht Verschiebung oder Verdichtung im Sinne der Traummechanismen. Vielmehr verbindet sich hier Sexualität demonstrativ mit Erkenntnis, ungescheut und großartig, mit einer Erkenntnis, die das Letzte will – das hat sie von der Sexualität – und die sich nicht fürchtet, diesem Letzten auch die äußersten Namen zu geben. Das ist bei Novalis so, und es ist bei Brecht nicht anders, im berühmten Gedicht von den Kranichen, wo die letzte metaphysische Instanz als das Nichts erscheint – »Nichts« und »Gott« sind immer schon konvertible Namen:

> Daß also keines länger hier verweile
> Und keines andres sehe als das Wiegen
> Des andern in dem Wind, den beide spüren
> Die jetzt im Fluge beieinander liegen
> So mag der Wind sie in das Nichts entführen.

Dieser Wind als eine metaphysische Größe gehört zu vielen Fluggedichten. So erscheint er auch bei Baudelaire in *Le vin des amants*, wo er wunderbar bezeichnet wird als »[le] tourbillon intelligent«. Er trägt das Liebespaar »dans un délire parallèle« auf einen Himmel zu, der göttlich ist – »un ciel féerique et divin« – und phantasiert zugleich – »le paradis de mes rêves«. Das Sonett endet mit den zweiten Terzetten:

> Mollement balancés sur l'aile
> Du tourbillon intelligent,
> Dans un délire parallèle,
>
> Ma sœur, côte à côte nageant,
> Nous fuirons sans repos ni trêves
> Vers le paradis de mes rêves!

Hier wäre nun auszuholen in vielen Richtungen. Von einzelnen Versen wäre zu reden wie von ganzen Gedichten – von der Zeile Valérys: »Le vent se lève! ... Il faut tenter de vivre!« wie von Goethes *Ganymed*, von Eichendorffs *Mondnacht* und von Georges *Entrückung*, von Hölderlins Äther- und Adler-Strophen und von seinem Aufbruch zu den Orten des Ursprungs:

> Ich aber will dem Kaukasos zu!
> Denn sagen hört ich
> Noch heut in den Lüften:
> Frei sei'n, wie Schwalben, die Dichter ...

Diese Geste der Erhebung in der Hymne *Die Wanderung* steigert sich in *Patmos* zum gewaltigen Archipelagos-Flug. Ihm zur Seite zu stellen aber wäre hier, für einmal wenigstens, das kaum bekannte Gegenstück des liebenswürdigen Johann Gaudenz von Salis-Seewis, seine *Elegie an das Vaterland* mit ihrem rührenden Flug aus dem »von stockenden Dünsten umbrüteten« Paris in die arkadische Heimat. Da finden sich so herzlich-schöne Zeilen wie die folgenden:

> Unter mir spiegelt sich Zürich in bläulich versilberten Wassern;
> Ihre Mauern bespült plätschernd die Wallung des Sees.
>
> Kähne, mit schneidendem Ruder, durchgleiten die schimmernde Fläche.
> Von des Traubengestads schrägen Geländern umragt.
>
> Weiter schwebet mein Geist! Schon dämmert in schwindlichter Tiefe,
> Zwischen Felsen gepreßt, Wallenstadts grünlicher See.
>
> Eschen und bräunliche Tannen umdunkeln sein einsames Ufer,
> Und im öden Geklüft bauet der Reiger sein Nest.
>
> Schneller wehet mein Flug! Dort schimmern die rhätischen Alpen,
> Und wie durch purpurnen Flor leuchtet ihr ewiges Eis.
> Vaterland, sei mir gegrüßt!

Die hermeneutische Leistung, die uns diese lyrischen Momente abfordern, ist nicht eine Kunst der Dechiffrierung, der Topos-Bestimmung und des Nachweises intertextueller Allegorie-Ketten. Vielmehr verlangen sie, daß wir den Sinn für einmal nicht hinter dem Text suchen, nicht in jenem imaginären Wahrheitsraum, in den man angeblich gelangt, wenn man den Text durchschlägt, als wäre er eine farbige Kulisse. Nur wenn man sich zu einer Naivität entschließt, die einem in langen Schuljahren ausgetrieben wurde, vermag man sich der körperlichen Erfahrung anzunähern, die in diesen Versen aufbewahrt ist. Das ist nicht leicht. Man ist ja darauf gedrillt, alles Literarische sofort zu übersetzen. »Was meint er damit?«—»Das meint er damit!« Solche Reflexion im Umgang mit Literatur ist eher ein Reflex als eine Reflexion. Wir zerstören den lebendigen Leib des Gedichts um der angeblichen Bedeutung willen. Auf der Jagd nach dem »Sinn« beseitigen wir, was doch viel mehr ist als der schließlich gewonnene Sinn selbst. Wir arbeiten schwer bei diesem Übersetzen des vorgeblich Uneigentlichen ins vorgeblich Eigentliche und arbeiten um so angestrengter, je mehr wir uns vor dem körperhaften Erlebnis scheuen, das sich im Gedicht ereignet. Die Dichter aber wollen bei ihrem Wort genommen werden und nicht bei unserem Sinn. Wenn sie zum hohen Flug ansetzen, setzt das Alltagsbewußtsein, das Bewußtsein der universalen Normalität aus, und es beginnt ein Geschehen, in dem Erkenntnis und Körperlichkeit nicht voneinander zu trennen sind. Nur im Nachvollzug des einen ist auch das andere zu gewinnen.

Die Lyrik ist die Gattung, in der die Literatur auch heute noch am unerschrockensten vom Glück zu reden wagt. Sie kann es, weil sie immer schon über alles hinaus ist, worin sie bis zum Hals tatsächlich steckt. Sie verfügt über das versunkene und zukünftige Wissen, das im lebendigen Leib aufbewahrt ist, und ruft es auf, willkürlich und unbekümmert. Der Flug des lyrischen Subjekts im Gedicht des edlen Salis-Seewis, hoch über Zürich weg in die Heimat, ist so real glückshaltig wie, zweihundert Jahre später, die Raubvogellust in der Sommerstrophe Sarah Kirschs:

> Raubvogel süß ist die Luft
> So kreise ich nie über Menschen und Bäumen
> So stürz ich nicht noch einmal durch die Sonne
> Und zieh was ich raubte ins Licht
> Und flieg davon durch den Sommer!

Lachen in der Literatur

Eine Überlegung zur Frage, warum Schillers »Glocke« so ernst ist.

Jeder, der sich mit dem Lachen in der Literatur gelegentlich beschäftigt und öffentliche Äußerungen darüber getan hat, kennt das seltsame Phänomen. Es gibt nichts Trostloseres als Vorträge über das Lachen. Je größer der Aufwand von Weisheit und Wissenschaft ist, mit dem sich einer um den Gegenstand bemüht, um so niederschmetternder ist die Stimmung, die sich im Raum auszubreiten pflegt. Auch wenn mit brillanten Beispielen aus dem Schaffen der witzigsten Autoren operiert wird, das Publikum reagiert darauf unweigerlich in dumpfer Bedrückung. Aus Höflichkeit versucht es, Töne hervorzubringen, die dem menschlichen Lachen gleichen, kann dies aber nur unter Anstrengungen, welche mit echter Trübsal verbunden sind und sich in Wahrheit eher einem verhaltenen Weinen nähern.

Umgekehrt entwickelt sich bei öffentlichen Ausführungen über das Tragische gern eine schöne menschliche Heiterkeit. Etwas Alertes erfaßt die Zuhörer. Wenn sie von Niobe oder Marsyas hören, von Tantalos, Sisyphos und den Lebensumständen des Königs Ödipus, fühlen sie sich beschwingt. Es bewegt sie eine natürliche Fröhlichkeit, die bei Gelegenheit ohne weiteres zu einem leisen Lachen führen kann.

Das Publikum wird in der Sache jedesmal überrumpelt. Es hat nämlich keine Ahnung, wie leicht ihm das Lachen vergeht, wenn vom Lachen geredet wird. Ebendies aber ist nun bereits eine handfeste Gegebenheit. Lachen und Reden stehen offenbar in einem zweideutigen Verhältnis. Das Reden kann das Lachen liquidieren. Andererseits endet das Reden selbst unweigerlich, wo das Lachen anfängt. Wir sagen nicht zufällig: das Lachen bricht aus. Was dabei plötzlich *zerbricht*, ist zunächst immer die Sprache, der gelenkte, sinnvolle zwischenmenschliche Diskurs. Aus dieser Sprache, diesem gelenkten, sinnvollen Diskurs, besteht nun aber auch die Literatur.

Also, muß man schließen, steht das Lachen auch in einem zwiespältigen Verhältnis zur Literatur. Auch sie hört auf, wo es anfängt, und der Titel »Lachen in der Literatur« richtet sich keineswegs auf eine Beziehung, die von Natur aus harmonisch wäre.

Solche Schlußfolgerungen dürften nicht ohne Widerspruch bleiben. Reden und Lachen seien grundsätzlich gegensätzliche Ereignisse, und das schlage auch durch in die Literatur, wo die Rede durch das Lachen, das Lachen durch die Rede bedroht werde – wenn man das so sagt, werden die Beispiele kommen, der Verweis auf die vielen humorvollen, lustigen, vom Lachen bewegten und belebten Werke, von *Don Quijote* über *Tristram*

Shandy zu *Ulysses*; von Jean Paul über Gottfried Keller zu Thomas Mann – von Wilhelm Busch und Robert Gernhardt ganz zu schweigen. Behauptet wurde indessen nur, die Beziehung von Sprache und Lachen sei keine harmonische, auch in der Literatur nicht. Daß es die Beziehung gibt, ist nicht zu bestreiten. Wo kämen wir hin, wenn es plötzlich nur noch harmonische Beziehungen geben dürfte!

Ein anderes Gegenargument gegen die These von der grundsätzlichen Opposition zwischen Reden und Lachen stammt aus dem Bereich einer literaturtheoretischen Lieblingsbeschäftigung vieler Germanisten. Man kann es die Scholastik des Lachens nennen. Da wird in subtilen Abstufungen ein System aufgebaut, innerhalb dessen man genauestens unterscheidet nicht nur zwischen Witz und Humor, sondern zwischen etlichen Varianten von beiden, sowie weiteren diversen Untergruppen des Komischen, des Satirischen, des Grotesken, des Skurrilen, und wenn schließlich noch das Wort »Ironie« auftaucht, sind endgültig alle Dämme der Kategorienbildung gebrochen. Nichts wird von den Germanisten mit so furchtbarem Ernst anatomisiert wie die Ironie. Und je feingliedriger die Schemata und die Matrices sind, um so problemloser erscheint zuletzt das Verhältnis von Literatur und Lachen. Keine Spur mehr von Disharmonie. Man hat für alles einen Terminus, und das löst sämtliche Probleme.

Demgegenüber soll hier einmal schlicht und hartnäckig an den allereinfachsten Begriffen festgehalten werden – Lachen, Reden, Literatur. Und statt einen Text zu untersuchen, der exemplarisch komisch ist, *Die fromme Helene* zum Beispiel oder *Des Feldpredigers Schmelzle Reise nach Flätz*, sei in umgekehrtem Vorgehen ein Text ins Auge gefaßt, der auf besonders auffällige, ja auf entschlossenste Weise nirgendwo komisch ist, ernst bis in die Knochen hinein. Es ist einer der erfolgreichsten Würfe der deutschen Literatur überhaupt, und ob dieser sein Erfolg mit jener seiner Eigenschaft des verlorenen oder verbotenen Lachens zusammenhängt, wird ebenfalls zu fragen sein. Der Text hat ein Jahrhundert eingeläutet und hat zu läuten nicht mehr aufgehört, bis dieses zu Ende war. Es ist *Das Lied von der Glocke* von Friedrich Schiller – Ende 1799 in Druck gegeben, erschienen im *Musenalmanach auf das Jahr 1800*.

Diese Dichtung hat mit dem Fragenkreis um Lachen und Literatur in doppelter Hinsicht zu tun. Sie ist einerseits Literatur ohne Lachen in paradigmatischer Ausprägung. Andererseits hat sie in ihrer Wirkung zwar bei vielen Leuten von Anfang an Rührung und Ergriffenheit geweckt, bei andern aber hat sie gleich zu Beginn schon eben dieses Lachen, das ihr selbst so durchaus fehlt, in heftiger Weise ausgelöst. Die Bemerkung Caroline Schlegels über die erste Lektüre der *Glocke* im Kreis der Jenaer Romantiker ist fast so berühmt wie das Gedicht selbst:

(. . .) über ein Gedicht von Schiller, das »Lied von der Glocke« sind wir gestern Mittag fast von den Stühlen gefallen vor Lachen (. . .)

So am 14. Oktober 1799, und noch 2 Monate später, am 27. Dezember, wiederholt sie den Bericht:

Die »Glocke« hat uns an einem schönen Mittag mit Lachen vom Tisch weg fast unter den Tisch gebracht.

Das ist von Bedeutung weit über das Anekdotische hinaus und ernst zu nehmen auch unabhängig vom giftigen Zerwürfnis, das zwischen Schiller und Carolines Tischgesellschaft damals herrschte.

Wie, so ist zu fragen, kommt es zu dem tobenden Gelächter angesichts eines Gedichts von durchweg gesammeltem Ernst? Das Werk ist ja noch keineswegs sprichwörtlich, wie das wenig später schon der Fall sein wird. Diese Lachenden sind die allerersten Leser. Taufrisch und unberührt begegnen ihnen die Verse, ohne daß solche Jungfräulichkeit die Kontraktion des Zwerchfells irgendwie hätte verhindern können. Und auch unbeholfen ist der Text in keiner Weise. Im Gegenteil, er ist technisch perfekt. Was poetische Fertigung und metrisch-kompositorischen Finish betrifft, setzt er ein neues Maß. Für ein ganzes Jahrhundert ist er zur verkörperten Technologie des deutschen Gedichts geworden. In dieser Hinsicht kann man ihn nur mit dem Eiffelturm vergleichen. Dennoch das Gelächter.

Das Gelächter, muß man sagen, und die Verehrung. Diese darf nicht unterschlagen werden. Ein Abschnitt aus einem Standardwerk noch dieses Jahrhunderts kann für den ganzen deutschen Glockenkult stehen. Karl Bergers zweibändige Schiller-Monographie, erstmals 1908, mehrfach wieder aufgelegt weit ins Jahrhundert hinein, faßt den Kern der Dichtung so:

All dieses Menschliche ist ganz in deutsche Seelenstimmung getaucht. Der innerste Wesenskern unseres Volkes ist in diesen Lebensbildern zu verklärter und doch lebenswahrer Anschauung gebracht, deutsche Gemütsart in ihren heiligsten und innigsten Verhältnissen getroffen, in ihren köstlichsten Beziehungen zum Irdischen wie zum Unendlichen hingestellt. Alles Starke und Zarte deutschen Fühlens und Wollens spricht sich hier aus (...) der Dichter verklärt dem deutschen Bürgertum die Tage der Arbeit wie die Stunden der Feste (...) Jedem weist er seine Stelle im Dienst am großen Ganzen (...) Das Glockenlied (ist Schillers) reichstes und reinstes Gedicht, eine Macht im Geistesleben der Nation (...) Wer könnte ermessen, wie viel dieses einzige Werk zur geistigen Belebung und Auferbauung des deutschen Volkes beigetragen hat?

Und diese Würdigung ist nun geschrieben, nachdem die Verse alle längst sprichwörtlich geworden sind und obwohl sie es geworden sind. Der Charakter eines angehäuften Zitatenschatzes hat also mit den zwei extremen Polen der Rezeption – den Tränen der Rührung und den Tränen des Lachens – nichts zu tun.

Von den Romantikern vernimmt man nur das Faktum des Gelächters. Sie begründen es nicht. Über die genaue Ursache geben auch die vielen schlechten Parodien auf die *Glocke* aus ihrem Kreis keine nähere Auskunft. Im Gegensatz dazu ist der Abschnitt aus Bergers Schiller-Buch nun aber voll von Information. Er rühmt nicht nur, er bestimmt auch ganz klar den Grund der Ergriffenheit: es ist die gesellschaftliche Funktion des Werks. Eine Nation im Aufbau oder doch im Bewußtsein des Aufbaus findet in diesem Text ihr sittliches Programm, den prägnanten Abriß ihrer privaten und öffentlich-politischen Moral. Die gesellschaftliche Mehrheit sieht sich in dem Gedicht so abgebildet, wie sie sein soll und wie sie sein will. Mehr noch: sie sieht in diesem Gedicht, daß sie so, wie sie sein soll, bereits ist. Sie hat nur noch zu verhindern, daß sich irgendwo etwas ausbreitet, was diesem erreichten Zustand widerspricht. *Das Lied von der Glocke* ist die ungeheuerliche Deklaration eines völlig konfliktfreien gesellschaftlichen Zustandes. Dieser wird nicht utopisch an den Horizont der Welt gespiegelt, sondern feierlich als real vorhanden erklärt. Man muß, so wird unterstellt, nur zum Fenster hinausschauen, schon sieht man's. Konflikte könnten nur entstehen, wenn dieses Vorhandene gestört würde. Wer immer so etwas unternimmt, vergeht sich gegen das gute Ganze. Er ist unsittlich im privaten wie im öffentlich-politischen Sinn. Er muß auf der Stelle eingefangen und ausgeschlossen werden.

Deshalb ist das Werk auch im Präsens geschrieben, einem geradezu diktatorischen Präsens, und der Autor ist in dem Gebilde nicht als Subjekt vorhanden, das seine individuelle Optik auf die Welt hätte, sondern als eine gesichtslose Instanz, verdampft zu einer körperlosen Stimme, welche unangreifbar die Wahrheit ausspricht.

Daß ein solcher Text ohne Lachen daherkommt, begreift sich. Warum aber muß er früher oder später das Gelächter unfreiwillig provozieren? Es gibt doch so viele ernste, ergreifende, rührende Gedichte, wo wir nichts zu lachen haben und auch nichts zu lachen haben wollen. Woran liegt es, daß wir das fehlende Lachen gerade in dieser Dichtung so sehr empfinden? Sind vielleicht wir selbst pervertiert, indem wir verlangen, die Dichter sollten die Menschen verhöhnen, damit wir uns in Schadenfreude an der Kränkung von unseresgleichen erlaben können? Ist es so, daß wir aus einem trüben Denkzwang unserer Zeit heraus das Bild einer intakten Gesellschaft von den Dichtern grundsätzlich nicht geschildert haben wollen, und protestieren wir also gegen eine funktionierende gesellschaftliche Ordnung als Thema der Literatur, obwohl wir uns im Alltag ganz selbstverständlich auf sie berufen, wenn uns einer im eigenen Garten herumtrampelt?

Tatsächlich ist »Ordnung« im gesellschaftlich umfassenden Sinn der entscheidende Punkt. Ordnung ist das geheime Krönungswort von Schillers Gedicht – »Heilge Ordnung, segenreiche Himmelstocher!« wird sie hymnisch angesprochen –, und diese Ordnung hat nun auch in fundamentaler Weise mit dem Lachen zu tun. Ordnung meint das Regelsystem, welches das Leben der Gesellschaft ermöglicht. Ordnung schafft dem Einzelnen den Spielraum, den er braucht, und begrenzt diesen dort, wo er auf Kosten des Nachbarn ginge. Ordnung ist also weiß Gott nichts Komisches –, und doch gibt es ohne sie kein Gelächter. Denn: alle Ordnung wird erkauft. Ordnung wird von den Menschen der eigenen Natur abgerungen und abgelistet. Was die Menschen von Natur aus wollen, ist Lust und Macht. Ordnung aber ist nichts anderes als das gemeinsame Ritual der Begrenzung und Kanalisierung des allgemeinen Willens zur Lust und zur Macht. Lieben und Töten je als festlicher Akt und ganz nach dem Bedürfnis des Augenblicks, das wollen die Menschen, das fürchten die Menschen und das treiben die Menschen sich selber aus. Die Summe dieser Austreibungsmaßnahmen bildet ein Gefüge von Normen und Regeln und Abmachungen, die Ordnung eben, und je heftiger der Wille zu Lust und Macht gewesen ist, um so heiliger erscheint nun, was an seiner Stelle steht. Ordnung ist also nicht einfach ein Paket von Gesetzen und Zwängen, sondern Ordnung ist etwas dynamisch Lebendiges, ist kollektive Arbeit, ein Ritual eben, das von allen mitvollzogen wird. Zu ihm gehört als Abschluß und Krönung das gemeinsame Vergessen der Ursachen. Ohne das spezifische Vergessen ihrer eigenen Voraussetzungen kann es Ordnung nicht geben. Ordnung wird erkauft, und im Vergessen dieses Kaufes wird der Kauf besiegelt. Deshalb durchschauen wir immer nur die fremden Ordnungen ganz, nur jene Rituale, die anders funktionieren als die unsern, so wie wir die letzte Wahrheit über uns selbst ja immer nur in den Eigenschaften anderer erkennen.

Was hat das nun mit dem Lachen zu tun? – Im Lachen wird Ordnung außer Kraft gesetzt, nicht das Ganze, ein Teilchen vielleicht nur des großen Systems, ein Partikelchen bloß, und auch das nur auf einen Augenblick. Das Lachen entspringt der blitzartigen Erkenntnis, daß Ordnung gemacht ist, konstruiert ist, erkauft ist auf Kosten älterer und wilderer Wirklichkeiten, und daß sie also, wie alles Gemachte, auch wieder aufgehoben werden könnte. Wie das heranwachsende Kind langsam entdeckt, daß die Eltern weder unsterblich noch allmächtig noch schlechthin gut sind, sondern schwach, gewöhnlich und nicht immer die Hellsten, daß sie lügen, faul sind und sich wichtig machen nicht anders als die Kinder selbst, so entdeckt der Lachende unverhofft die Grenze der Ordnung. Und wie für das Kind eine einzige Schwäche der Eltern deren ganze Unsterblichkeit auf einmal beseitigt, so flackert für den Lachenden vom sichtbar gewordenen Rand der Ordnung her ein zwielichtiger Schein über das Ganze hin. Man darf hier auf dem ganz einfachen Begriff »Ordnung« insistieren, weil alle Bereiche, für die er gelten kann, insgeheim zusammenhängen. Es gibt keinen Kodex des Sittlichen, der vom Kodex des Politischen, des Religiösen, des Logischen und des Ontologischen ganz getrennt wäre. Das greift alles ineinander. Deshalb gibt es auch keine absolute Trennung zwischen den vielen Kategorien von Komik und Humor und Witz und Satire und Ironie. Zuletzt erreichen sie alle die gleiche Stelle, das aufzuckende Zwerchfell. Dort, im ganz körperlichen Ereignis, ist die Umschaltstelle von jeder Spielart des Komischen in die andere. Dem einfachen Begriff der Ordnung entspricht also die einfache Wirklichkeit des bewegten Zwerchfells, die ich ja auch nicht in sieben Unterabteilungen aufteilen kann.

Im Lachen wird der Rand der Ordnung erfahren. Ich kann nicht einmal sagen, er wird »erkannt«, weil das Zwerchfell schneller ist als das Denken und ich immer erst im nachhinein herausfinde, warum ich gelacht habe. Es wird der Rand der Ordnung erfahren und damit das Fortleben der alten wilden Wünsche. Die ausgetriebenen Lüste und Begehren erfahren im Vorgang des Lachens nicht ihre Erfüllung, sie erlauben sich nur die rasche Meldung: Es gibt uns noch! Aber das genügt schon, um dem lachenden Subjekt ein gründliches Vergnügen zu verschaffen. Es ist das Vergnügen des Zugtiers, dem man das Joch einen Moment lang lüftet.

Die verschiedenen Theorien des Lachens, die bisher aufgestellt wurden, berühren sich alle unter dem Aspekt der in Frage gestellten Ordnung. Genauer: sie berühren sich unter dem Aspekt der Erfahrung einer flüchtigen, gewissermaßen nur aufzuckenden Freiheit von den Zwängen einer Ordnung, die man im übrigen durchaus bejaht, ist man doch ein erfolgreich sozialisiertes Wesen. Schopenhauer redet vom Lachen als dem Aufstand der sinnlich-konkreten Anschauung gegen die systematische Vernunft und die vernünftige Sprache, vom Triumph dessen, was die Augen sehen, über das, was das Gehirn denkt; Bergson redet vom Lachen als dem Aufstand des beweglich Lebendigen gegen alles in sozialer Konvention Erstarrte und mechanisch Gewordene, vom Triumph des Leibes über die Maschine; Freud redet vom Lachen als dem Aufstand des Verdrängten und Verbotenen gegen die Herrschaft des Bewußtseins, vom Triumph der Lust über das Gesetz; Michail Bachtin redet vom Lachen als dem Aufstand gegen die Furcht vor dem Heiligen, gegen die eigene Angst vor jenseitigen Mächten und deren diesseitigen Verkörperungen, vom Triumph des Karnevals über den Gottesdienst. Für Joachim Ritter erscheint im Lachen etwas vom wahren Wesen des Seins jenseits der Vernunft, und für Helmuth Plessner ist es eine Grenzreaktion des Körpers im Augenblick des Versagens der gewohnten Weltorientierung. Jede dieser Theorien arbeitet mit der Spannung zwischen einem vitalen, von Not und Begehren des Augenblicks bewegten Subjekt und einem Firmament von Normen und Gesetzen, unter die sich dieses Subjekt mit seinen Brüdern und Schwestern zusammen gestellt hat. Dieses Firmament ist eben jene Ordnung, wie sie *Das Lied von der Glocke* besingt:

> Heilge Ordnung, segenreiche
> Himmelstocher, die das Gleiche
> Frei und leicht und freudig bindet,

Die der Städte Bau gegründet,
Die herein von den Gefilden
Rief den ungesellgen Wilden,
Eintrat in der Menschen Hütten,
Sie gewöhnt zu sanften Sitten
Und das teuerste der Bande
Wob, den Trieb zum Vaterlande!

Was hier unterschlagen wird, in dieser Strophe und im ganzen Gedicht, ist der Unterdrückungscharakter, die terroristische Dimension, die diese Ordnung besitzt, jede Ordnung besitzt. Diese terroristische Dimension kann vom Gedicht deshalb nicht ausgesprochen werden, weil es selbst ein terroristischer Akt großen Stils ist. Im Lachen, in einem einzigen Moment des Gelächters, würde der Unterdrückungscharakter von Ordnung überhaupt zum Vorschein kommen. Damit aber müßte sich das Gedicht in seiner tiefsten Intention selbst aufheben.

Noch immer nicht geklärt ist das Lachen, das die *Glocke* trotzdem auslöst. Das Werk unternimmt es, das Panorama einer Gesellschaft zu malen, die wir alle kennen, bestens kennen. Es rollt das Bild einer ganzen sozialen Ordnung aus, ohne deren Gemachtheit, deren Erkauftheit, deren Künstlichkeit einzugestehen, ohne deren Rand zu zeigen, ja indem es diesen Rand leugnet. Nun aber ist die Gemachtheit und Erkauftheit der Ordnung die zentrale Erfahrung unseres Lebens. Das wurde auch uns abgekauft. Es entsteht also notwendigerweise zwischen dem, was wir im Leben erfahren haben, und dem, was feierlich vom Gedicht deklariert wird, eine Spannung, die sich früher oder später im Gelächter lösen muß. Daß der Rand der Ordnung geleugnet wird, bringt uns diesen erst so heftig zu Bewußtsein. Und das fährt unweigerlich ins Zwerchfell. Der Ernst erscheint, als wäre er nur vorgespielt. Das feierliche Reden des Dichters nimmt sich aus, als täte der Dichter nur so. Dadurch entsteht genau jene Struktur, die wir als Ironie bezeichnen: man sagt das eine und meint das andere. Das bewirkt unsere Reaktion im Lachen, zwingend, auch wenn die Ironie nicht gewollt ist. Denn eine literarische Struktur wirkt sich gesetzmäßig aus, ganz unabhängig von der Intention des Autors.

Shakespeare hat die heroische Feudalwelt nicht ohne Falstaff vorführen können. Cervantes hat seinen eifernden Ritter nicht ohne Sancho Pansa ausreiten lassen. Schiller aber versucht es mit dem Ideal allein, und nun wohnt das Gelächter wie ein Poltergeist in allen Kammern seines Gedichts.

Warum macht er das? Schiller, der große ästhetische Kalkulator, der die Leser so gut kennt, der alle ihre Reaktionen berechnet und mit Erfolg auf sie spekuliert? Wie kann er sich so verrechnen? – Er verrechnet sich eben nicht. Er kalkuliert richtig. Was so entsteht, ist ja das erfolgreichste Gedicht der ganzen deutschen Literatur. Das heißt, Schiller muß einen Faktor in Rechnung gestellt haben, den wir selbst zu wenig beachten. Dieser

Faktor ist die Funktion im historischen Moment, ist der Charakter des Gedichts als eines Programms für das ganze deutsche Volk. Das *Lied von der Glocke* ist fordernde Literatur im großen Stil. Es ist ein Imperativ an die Nation, nicht minder unerbittlich als jener Kategorische von Kant. Man könnte tatsächlich das ganze Gedicht vom Präsens in den Imperativ umschreiben, es würde nichts verkehrt, nur vieles verdeutlicht. Diese Programmhaftigkeit traf auf ein mächtiges Bedürfnis der Zeit. Der deutsche Bürger suchte lang schon und verzweifelt seine Magna Charta. Hier wurde sie ihm in die Hand gedrückt. Mit ihr konnte er sich dem Adel gegenüber als Bürger definieren und den Franzosen gegenüber als Deutscher, und gegen Ende des Jahrhunderts sollte sie ihm nochmals den gleichen Dienst tun gegenüber der wachsenden Arbeiterschaft. Die *Glocke* ist tatsächlich ein eminent politisches Programm. Sie ist es insofern, als sie die Apolitie, den Verzicht des deutschen Bürgers auf Parteibildung und Parteienkampf, seinen Verzicht auf tätiges Eingreifen in die Struktur des Staates, zur zentralen Losung macht. »Weh, wenn das Volk zur Eigenhilfe greift!« heißt es, und: »Wenn sich die Völker selbst befrein, da kann die Wohlfahrt nicht gedeihn.« Das ist um 1800 nichts anderes als die Forderung nach einem von oben gelenkten, demokratiefernen Staat, gekleidet in ein Schaubild ländlich-kleinstädtischen Alltagslebens in Deutschland – aber nicht wie von Breughel gemalt und nicht einmal wie von Spitzweg.

Der Erfolg und die literarische Feinstruktur der *Glocke*, ihre monumentale Humorlosigkeit, sie hängen zusammen mit der tiefen historischen Verunsicherung der Deutschen nach dem Zusammenbruch der politischen Träume aus den 1780er Jahren. Man denke nur an *Don Carlos* vom gleichen Friedrich Schiller. In dieser Verunsicherung brauchten die Deutschen kein Porträt, sondern ein Programm. Das Porträt hat ihnen Jean Paul in den *Flegeljahren* geliefert, ein Sittengemälde von gewaltiger Komik, in Gelächter jeder Klangfarbe getaucht, bald schauerlich, bald freundlich: das ländlich-kleinstädtische Leben der Deutschen als ein Schauspiel rettungsloser Philistrosität. Die *Glocke* hingegen erklärt das gleiche zum historischen Zielzustand des ganzen Volkes.

Würde der Text das Lachen gestatten, dann verzischte augenblicklich seine programmatische Kraft. Würde er das Lachen selbst in die Wege leiten, augenzwinkernd, wenn vom verliebten Jüngling die Rede ist, von der verschämten Jungfrau, vom frohen Vater und von der züchtigen Hausfrau, er verlöre auf der Stelle seine aufregende Funktion im kollektiven Seelenleben der identitätsgefährdeten Deutschen. Solange der Text ernst bleibt, ist er Forderung. Er weist auf eine Zukunft hin. Er macht den gemeinschaftlichen Weg durch das anbrechende Jahrhundert sichtbar und weist dem einzelnen seinen Ort und seine Arbeit zu. Sobald er Lachen freisetzte, würde der Zukunftsaspekt erlöschen, und es gäbe nur noch Gegenwart, gäbe nur noch, was ist, nicht mehr, was sein soll.

Der Witz kennt ja nur die Gegenwart. Er entspringt am unmittelbar Vorhandenen und kann dieses sogar vernichten. An dessen Stelle tun kann er nichts. Der Witz setzt Ordnung voraus. Er selbst ist keiner Ordnung Repräsentant. Man kann versuchen, ihn in den Dienst einer Ordnung zu stellen, indem man ihn gerade nur deren falsche Elemente zersetzen läßt. Das nennt man dann Satire, aber Satire funktioniert nur dann, wenn wir spüren, daß sie, einmal losgelassen, die Freiheit hat, jede Ordnung anzugreifen, auch jene, die sie in Dienst genommen hat. Sobald wir den Witz als das Instrument der Ordnung selbst erkennen, ist er nur noch peinlich. Unser Lachen weicht dann jenem flauen Gefühl, das die Schüler bei den Witzen ihrer Lehrer zu beschleichen pflegt.

Das Lachen in der Literatur steht also in einem genauen Bezug zum geschichtlichen Selbstverständnis der Gesellschaft, für die diese Literatur jeweils geschrieben worden ist. In dem Maße, in dem die Gesellschaft sich als eine werdende versteht, im Aufbau begriffen, auf eine bessere Zukunft ausgerichtet, in dem Maße wächst der programmatische Gehalt ihrer Literatur und verbietet sich selbst das Lachen. Ihre Ordnung ist ihr heilig, muß es sein, da sie ja noch nicht fertig ist, und die Sprengkapseln des Gelächters werden ausschließlich an der historisch überlebten Ordnung oder an der Ordnung der Andern, der Fremden, der Gegner angesetzt.

Aufbau und Konsolidierung gesellschaftlicher Ordnung ist ein Vorgang, der notwendig ist, ersehnt wird und doch erkauft werden muß. Er geht immer zusammen mit mächtigen Schüben von Verdrängung und Tabuisierung. Das läßt sich dann an der Literatur sehr genau wieder ablesen, je ernster sie ist, um so deutlicher. Der Eigenart der jeweils entstehenden Ordnung entspricht die Eigenart der Domestizierung von Lust und Macht beim Einzelnen. Lust im Sinne des breiten Spektrums analer, oraler und genitaler Genüsse, Macht im Sinne des ebenso breiten Spektrums von Aggressionen, der vielfältigen Sehnsüchte, Sieger zu sein über andere Menschen und deren lange Gesichter anschauen zu dürfen. Je nach der Beschaffenheit des Ordnungsentwurfs werden bestimmte Teile dieser Spektren tabuisiert und verboten, andere wieder demonstrativ zugelassen. Die *Glocke* ist auch hier ein Lehrstück ersten Ranges. Sie entwirft ein präzises Diagramm der Kanalisierung von Lust und Macht in der erstarkenden bürgerlichen Gesellschaft des 19. Jahrhunderts. Sexualität als zentrale menschliche Erfahrung zum Beispiel dauert genau einen Tag:

> Ach, des Lebens schönste Feier
> Endigt auch den Lebensmai,
> Mit dem Gürtel, mit dem Schleier
> Reißt der schöne Wahn entzwei.

An ihre Stelle tritt der Kampf um Reinlichkeit und Reichtum. Für Reinlichkeit hat die Frau, für Reichtum der Mann zu sorgen. Die Jungfrau ist rein, die Hausfrau ist reinlich, dazwischen liegt die Hochzeitsnacht. Und was den Reichtum betrifft, gilt die Regel: je mehr, um so besser. »Erlisten, erraffen« lautet die unverblümte Formel, und dennoch ist vom Geld nie die Rede. Ökonomische Potenz erscheint nur in der Gestalt von Häusern, Kühen und Leintüchern, also beschönigt, vorkapitalistisch verklärt. Solcher Verbrämung entspricht dann auch die Tatsache, daß politische Auseinandersetzung nur als verabscheuungswürdiges, gewalttätiges Treiben bei andern Völkern erwähnt wird.

Völlig plausibel würde dies alles erst über eine Diskussion der Gegenbeispiele. Wer diese sucht, und zwar im genauen Kontrast zur *Glocke* und ihrem Programm, würde früher und später bei Heines *Wintermärchen* landen. Das lange Gedicht, das ja mit dem Haupttitel schlicht *Deutschland* heißt, ist die eigentliche Komplementäraktion, ist es weit mehr und weit genauer als etwa die Spießersatire Wilhelm Buschs. Dieser parodiert zwar Schiller direkt und ist ohne dessen Intonationen und sittliche Leidenschaft nicht zu denken, er unterläuft aber die totalitäre Ordnung nur in einem engen, einem unheimlich würgenden Bereich von verzwängten Aggressionen. Heine hingegen läßt alle Blätter fallen, die Schiller vor den Mund genommen hat. Die konsequente Gegenläufigkeit der beiden Werke ließe sich nachweisen bis in ihre jüngere und jüngste Rezeptionsgeschichte hinein. Wobei Heine folgerichtig dort ins Defizitäre gerät, wo Schiller hypertrophiert: im Gestus der Installation des Wahren und Dauernden.

Am Anfang stand die Behauptung über das zwiespältige Verhältnis von Lachen und Reden, Lachen und Literatur überhaupt. Das meint den anthropologischen Aspekt dessen, was bisher in eher soziologischen Zusammenhängen gesehen wurde. Lachen befreit mich, gleichzeitig aber bin ich meinem Lachen gegenüber nicht frei. Ich »muß« lachen. Nur wenn ich nicht anders konnte, habe ich richtig gelacht. Nur wenn ich gezwungen wurde, heißt das, habe ich mich befreit gefühlt. Die Freiheit des Lachenden ist also eine Form von Zwang, der Zwang ist eine Form von Freiheit. Wenn ich lachen muß, bin ich dafür nicht verantwortlich. Wenn das Muß aber die Bedingung des Lachens ist, nicht nur eine mögliche Begleiterscheinung, heißt dies, daß ich im Lachen eine Freiheit genieße, für die ich nicht verantwortlich bin, ja per definitionem nicht verantwortlich sein darf und sein will. Fragt sich nur noch, was hier »Ich« heißt! Ich lache nur, wenn ich das, was ich will, nicht will: eine schöne Einrichtung! Wo bleibt da die Persönlichkeit? Dennoch verhält es sich so. Das hängt mit der Himmelstochter zusammen, der segenreichen, mit der »heiligen Ordnung«. Diese ist als gemeinsames Ritual ein Teil auch meiner selbst, meiner Lebensarbeit. Jeder aufständische Gestus gegen sie richtet sich also auch gegen mich, selbst wenn ich ihn, wie im Lachen, selbst vollziehe. Es liegt hier ein Paradox vor, das sich mit keinem philosophischen oder psychologischen Schema vollständig auflösen läßt, es läßt sich mit Theorie nur verschleiern. Die Theorie kann die lebendige Person in verschiedene Zonen zertrennen, kann das lebendige Ich auf verschiedenen Stockwerken ein unterschiedliches Dasein führen lassen. In der Wirklichkeit gibt es diese sauberen Zonen und Stockwerke nicht. Zuletzt landet man immer wieder beim Paradox. Dieses gelangt zu drastischer Anschauung dort, wo mir die Sprache vergeht, weil ich lache, und wo ich doch nur lache, weil in der Sprache etwas geschehen ist.

Was heißt das für die Literatur? Die Literatur strebt unübersehbar danach, sich mit dem Lachen zu verbinden. Obwohl sie doch so durchaus Sprache ist, Sprache in der höchsten, entwickeltsten Gestalt, arbeitet sie immer wieder auf das Lachen hin und damit auf ihre eigene Aufhebung. Leidet die Literatur denn an der Ordnung, die in ihr zur Anschauung gelangt? Baut sie Ordnung nur auf, um des Gegenteils willen? Steht sie in geheimer Konspiration mit den Gewalten der Lust und der Macht? Man muß sich hüten, hier vorschnell mit Ja zu antworten. Man darf höchstens den Schluß ziehen, daß man der Literatur nie ganz über den Weg trauen kann. Ihre Funktion für den einzelnen wie für die ganze Gesellschaft läßt sich nicht endgültig festlegen. Wo solches behauptet wird, ist es mit dem künstlerischen Rang meist nicht weit her. In Wahrheit ist die Literatur genau so zwielichtig und zweideutig wie unser ganzes wohlsozialisiertes, bewußtes, erwachsenes Ich.

Der tragische Klamauk

Über die vielen Väter
bei Jakob Michael Reinhold Lenz

Väter machten ihn schöpferisch. Denn an den Vätern konnte man zugrunde gehen, und das war die große Verlockung. Wie ihn das Kaputtgehen anzog! Magnetisch zerrte es an ihm aus der Tiefe, als hätte ihn einer an den Kleidern gepackt. Das unablässige sanfte Reißen erregte ihn, durchlief ihn mit erotischen Pulsen. Er war der erste Deutsche, für den die Sirenen in der Tiefe wohnten und von dort unten heraufsangen. »So drauf zu gehen, Ihr glaubt nicht, welche Wollust darin steckt«, sagt Strephon, die Hauptfigur im unbekanntesten der großen Lenz-Stücke, *Die Freunde machen den Philosophen*. Der plötzliche Satz richtet sich an einen Kameraden, der den Mann aus der Misere ziehen und nach Hause bringen will. Nicht viel anders tönt es im *Engländer*, dieser kurzen, rasenden Gefühlsoper. Da spielt der Held sogar die Geige zu dem Satz: »So geht's denn aus dem Weltchen 'raus, O Wollust, zu vergehen!«

Der Verdacht ist begründet, daß Goethe von einer Art Grauen gepackt wurde, als Lenz nach Weimar kam und um ihn herum seine Gefühle spielen ließ. Er nämlich hatte sich eben planvoll aufs Überleben eingerichtet. Werther war das symbolische Opfer, das den eigenen Aufbruch rituell besiegelte. In Lenz war dieser Werther nun wieder aus dem Grab gekrochen, saß an Goethes Tisch, trieb schräge Späße, den Schädel aufgebrochen vom Schuß.

So herzlich er ihn aufgenommen hatte, so gnadenlos vertrieb er ihn. Daß der vielumrätselte Anlaß, über den es nur Goethes änigmatische Notiz gibt: »Lenzens Eseley«, nicht ganz proportional war zur Unerbittlichkeit der Maßnahme, darf angenommen werden. Man vermag es sogar philologisch exakt abzulesen aus dem Wort »Eseley«, das schlechthin nicht ein Vergehen von der Schwere bedeuten kann, wie sie allein die offizielle Ausweisung aus Sachsen-Weimar gerechtfertigt hätte. Die Germanistik pflegt diese Differenz zwischen Anlaß und Maßnahme in regelmäßigem Wechsel unterschiedlich zu bereinigen: Einmal, indem sie Lenz ridikülisiert und zum bloßen Genie-Prätendenten erklärt, dem nichts als Recht geschehen sei; »bestenfalls eine Kuriosität«, nannte ihn der gesalbte Gundolf, und »sein einziges Verdienst um die deutsche Literatur« habe darin bestanden, Goethe zu einem Abschnitt in *Dichtung und Wahrheit* anzuregen.

Das ist Katheder-Servilität, die mit gewichstem Stiefel überall nachtreten möchte, wo Er vorgetreten hat. Das andere Mal kommt Goethe dran und sein berühmter schlechter Charakter. Neid, Mißgunst, Egoismus und

Eifersucht, ein übles Gebräu habe hinter der gesteiften Hemdbrust zu kochen begonnen, als der gute Lenz in Weimar erschien, und wie er dann in seiner Unschuld auch noch anfing, der Frau von Stein Englischstunden zu geben, sei das Ganze aufgebrodelt und habe den armen Teufel verbrüht, den tückischen Geheimrat aber auch für immer entlarvt.

Wenn diese sittlich entflammten Germanisten, die Lenz, meist in Kombination mit Kleist, zum Goethe-Opfer stilisieren und sein Schicksal von daher ableiten, nur begreifen würden, wie sehr sie den Mann damit verharmlosen und zur Funktion ihrer privaten Animosität gegen die Exzellenz am Frauenplan machen. Sie handeln dabei im Grunde gleich wie Gundolf, der ihn zur Funktion seiner klebrigen Anbiederung mißbrauchte. »Ein Junge, den ich liebe wie meine Seele und der ein trefflicher Junge ist«, hatte Goethe drei Jahre früher von Lenz geschrieben. Das zeigt, welche Energien des Gefühls hier wirksam waren, in der Begegnung und Gemeinsamkeit der frühen siebziger Jahre wie im splitternden Bruch von 1776. Es ist denn auch nicht die berühmte Stelle in *Dichtung und Wahrheit*, wo Goethe die Karten aufdeckt über sein Verhältnis zu Lenz. Es ist jenes Stück, das man immer nur auf ihn selbst hin liest und das doch ganz offenkundig die Tragödie einer »Eseley« an einem Duodez-Hof ist, einer »Eseley«, wie Goethe sie nie, Lenz aber exemplarisch begangen hat: *Torquato Tasso*.

In Antonio setzt Goethe sein Verhalten gegenüber Lenz schonungslos dem öffentlichen Urteil aus. Sowenig Tasso selbst nur von Lenz aus zu begreifen ist, so sehr sich in ihm die einstigen Bruderseelen beide zugleich und durcheinander bewegen, so sehr muß Antonio als jener Hofmann aufgefaßt werden, der die Ausschaffung von Lenz zu bewerkstelligen wußte. Goethe begann das Stück vom Poeten, der nach einem Verstoß gegen die offizielle Schicklichkeit vom Duodez-Hof vertrieben und dann wahnsinnig wird, als er wußte, daß Lenz, den er vertrieben hatte, wahnsinnig geworden war.

Die Katastrophe von Weimar ist auch die Katastrophe eines Stücks. Lenz hatte es in diesem Jahr in Arbeit, es zeigt ihn auf der Höhe seiner sämtlichen Talente, und es blieb Fragment, besser: es ging in Scherben, wie das Leben Lenz' damals in Scherben ging. Der Titel ist betulich: *Der tugendhafte Taugenichts*, die fertigen Teile sind grandios. Die dritte Szene der zweiten Bearbeitung zeigt Lenz im Begriff, ein Fellini des achtzehnten Jahrhunderts zu werden.

Da ist ein Vater, und er hat zwei Söhne, und der eine ist ihm lieb und der andere nicht, und der ungeliebte ist der bessere, und der geliebte ist ein Schuft. Die Geschichte kommt einem bekannt vor. Schiller hat aus der gleichen Vorlage, einer moralischen Erzählung Schubarts, ein paar Jahre später die *Räuber* gemacht. Da ist also ein Vater, und weil er von der Art ist, daß man an ihm zugrunde gehen kann, wird Lenz schöpferisch. Das Außerordentliche seiner Kreativität zeigt sich nun aber darin, daß er gerade in der Gestaltung dieser Väter selbst, fast mehr noch als bei deren Opfern, zu seiner vollen Form aufläuft. Da, wie man zu sagen pflegt, »Sturm und Drang« herrscht in der deutschen Intelligenz, wäre zu erwarten, daß die Väter, an denen die erregten Söhne scheitern, zu schauerlichen Bildsäulen der Autorität hinaufstilisiert würden, zu starren Vertretern einer überlebten Ordnung, an die endlich einmal die ersten Sprengsätze gelegt werden sollen.

Nicht so, obwohl auch nicht ganz anders, Lenz. Er macht die tödlichen Väter zu Ereignissen einer stürmischen Komik. Sie sind dumm und raffiniert zugleich, in ihre Kinder vergafft und jederzeit bereit, sie krumm zu schlagen. Sie lassen sich manipulieren und merken es auf der Stelle und tun dann kalt, lautlos, unerbittlich den Gegenzug. Sie sind seelenweich, können heulen und mitfühlen und Wohltaten lassen wie andere Leute das Wasser, aber handkehrum sehen sie gelassen zu, wie einer vor ihren Augen verhungert, weil sie ihm den versprochenen Lohn nicht auszahlen. Und wie sie handeln und denken, so reden sie auch: »Daß ich dich wieder in meinen Armen tragen kann, gottlose Kanaille!« Reden sie auch? Läßt Lenz sie reden! Alle Paradoxien der menschlichen Seele werden hörbar in seinen unvergleichlichen Dialogen, ergreifend und unwiderstehlich zum Lachen in einem. Was ihn selbst zuletzt zerreißen sollte, in seinen Vätern hat er es zu kompakten Monumenten verfestigt: die groteske Widersprüchlichkeit, in der wir alle hinter unseren lackierten Masken dahinleben.

Die letzte überlieferte Szene des *Tugendhaften Taugenichts* bringt einen Vater-Auftritt, der selbst bei Lenz keine Parallele hat. Der Erzeuger und Herr jener zwei Söhne, die bei Schiller Karl und Franz heißen werden, ist hier ein Grandseigneur von speziellem Zuschnitt. Neben ihm ist der alte Moor ein Weihnachtsmann. Er hält sich ein Theater und sammelt in Schloß und Pavillons Tänzerinnen, Sängerinnen und pastorales Personal aller Art. Daran sollen sich die zwei Söhne künstlerisch bilden. Gleichzeitig aber fürchtet er deren natürliche Regungen angesichts dieser beweglichen Privatsammlung. Er hat sich daher einen großen Saal eingerichtet, wo er inmitten seiner Schönheiten schläft, damit ihm die Söhne nicht heimlich an das Kapital gelangen, von dem ihnen nur die ästhetischen Zinsen zustehen – auf festgesetzte Distanz von »vier Schritt«.

Die Szene, mit der der Entwurf abbricht, hätte das Aufstehen am Morgen auf die Bühne gebracht, bei welchem der Herr Graf, wie einst die Könige beim Lever du Roi, vornehme Freunde empfängt – und bald schon seine liebe Mühe hat, die Regel von den »vier Schritt« auch ihnen gegenüber durchzusetzen. Das ist drastisch und exquisit zugleich, eine Patriarchat-Satire und auch ein derber Männer-Spaß, an dem Anstoß nehmen mag, wer sich dazu berufen weiß. Daß Lenz keine Zoterei vorschwebte, sondern ein fellineskes Tableau von koketter Eleganz, zeigt die Bühnenan-

weisung: »Eine Reihe sauber zugedeckter Betten, auf denen seine Sängerinnen und Schauspielerinnen sitzen, ihre Rollen in den Händen habend.
Sie sind alle weiß gekleidet, mit roten Schleifen.«

Die übrigen erhaltenen Auftritte des Fragments sind von ähnlicher Pla-
stizität und einer instinktiven Komik, die sich nicht der Berechnung verdankt, sondern der plötzlichen Präsenz von Traumbildern. Da gibt es die
Szene auf einem still gewordenen Schlachtfeld mit Toten und Sterbenden
und mit schleichenden Bauern, die denen, die noch nicht ganz hinüber
sind, mit dem Knüppel nachhelfen um einiger kümmerlicher Klamotten
willen: ein unverhofft grausiger Blick in die Kriegswirklichkeit der frideri-
zianischen Jahrzehnte, ein Blick von unten, wie man ihn sonst nur aus
Ulrich Bräkers *Natürlichen Ebentheuern* kennt.

Das Stück blieb in Scherben. Ein gutes Jahr nach dem Eklat von Weimar
ging Lenz ja schon, wie Büchner schreiben sollte, »durch's Gebirg«:
»... Müdigkeit spürte er keine, nur war es ihm manchmal unangenehm,
daß er nicht auf dem Kopf gehn konnte.« Daß er sich hatte bemühen müssen, die Entwürfe aus Goethes Händen wieder zu bekommen, ist auf
einem Zettel überliefert: »Goethe fordern den tugendhaften Taugenichts«
– vielleicht eine belanglose Notiz, vielleicht aber auch die historische
Keimzelle zur Manuskript-Intrige im *Tasso*.

Das dramatische Wunder Lenz verdichtet sich immer neu in seinen Vätern. Wie kam er dazu? Sein eigener Vater war doch genau das, was man auf
der Sturm-und-Drang-Bühne eigentlich erwarten würde: Ein Gesetzes-
mann, ein schwarzer Pastor und strafender Handlanger Gottes, dem Sohn
auf die Seele gebunden wie eine gefrorene Leiche. Je weiter er vor ihm floh,
um so schwerer lag er ihm auf, und als er schließlich zu ihm zurückkroch
und *pater peccavi* wimmerte, war er nicht mehr der, den es zu retten gegolten hätte.

Woher also dieses Gelächter? Woher die Sprache, die dem leibhaftigen
Vater im fernen Riga gewiß nie über die Lippen kam. Der zitierte das Alte
Testament und den zürnenden Jehova, und vielleicht wäre Lenz sogar erlöst worden, wenn der Alte ein einziges Mal ausgerufen hätte: »Daß ich
dich wieder in meinen Armen halten kann, gottlose Kanaille!« Solche
Sprache gewann Lenz in einer noch größeren Ferne zur Herkunft, als es die
geographische war.

Er tauchte ein in eine vorchristliche Komödienwelt, trieb sich darin um,
badete sich förmlich in der phantastischen Region und wurde darüber so
produktiv, daß ihm zuzeiten fast die Finger platzen wollten: Jahrelang lebte
er mit Plautus. Das war sein Utopia. Eine Welt nicht der Könige und großen Herren, sondern der lebenssüchtigen Bürger, die nichts zu verbergen
hatten, weil sie jedes eigene Laster bei Nachbar und Nachbarin fröhlich
voraussetzen durften. Eine Welt, wo jeder so selbstverständlich nur auf
Geld und Liebe aus war, wie er auf zwei Beinen ging, und dies mit tausend

Tricks, unter Aufwendung aller Schlauheit, in Entfaltung sämtlicher Dummheiten, Fallen stellend vom frühen Morgen an und in die Schlingen des andern tretend bis in die späte Nacht.

Der sittliche Terror des deutschen achtzehnten Jahrhunderts, wo nur die Wahl blieb, hinter orthodoxen Gittern zu vertrocknen oder in pietistischen Netzen zu verzappeln, war auf den Plätzen und Gassen der altrömischen Komödie nicht mehr als ein fernes Gerücht. Da trieb sich Lenz herum, vernahm und lernte die Sprache der plautinischen Huren und Kupplerinnen, der Geizhälse und Verschwender, der Liebesleute und Matronen und Pantoffelhelden, der rauflustigen, wortmächtigen Mägde und Knechte, Prahler und Hosenscheißer. Das ging zunächst noch brav philologisch zu, führte zu sorgfältigen Übersetzungen, bis ihn der junge Frankfurter Jurist, der in Straßburg endlich seinen Doktor machen sollte, darauf brachte, den Plautus ganz anders und gründlicher einzudeutschen.

Nun ließ er die Stücke hier und jetzt, an bekannten Orten unter Zeitgenossen spielen, und darüber verwandelte sich ihm die Übersetzung in eine Neugestaltung, und er gewann seinen eigenen, unvergleichlichen Dialog, so wie aus dieser Symbiose schließlich auch die eigenen Figuren, die eigenen Stücke herauswuchsen. In der Komik, die Lenz auf diesem Weg gewann, verschmilzt der derbe Amoralismus des Römers mit der gereizten Frömmigkeit eines deutschen Bürgertums, dem die ersten Zweifel kommen, ob sich seine Religion ökonomisch auch wirklich auszahlt. Es ist nicht die krude Doppelmoral, was die Komik des Lenzschen Theaters bestimmt – wie später bei Nestroy, bei Wedekind, bei Sternheim –, sondern ein authentisch doppeltes Bewußtsein, das sich über seine eigene Paradoxie keineswegs im klaren ist, sie vielmehr einfach lebt, bald auf eigene, bald auf fremde Kosten, in der Regel eher auf die fremden.

Das Juwel von Lenz' Arbeit an Plautus, der Text, in dem man den Nährboden seiner eigenen Theaterarbeit am prächtigsten studieren kann, ist – wen überrascht der Titel? – *Das Väterchen*. Bei Plautus heißt das Stück *Asinaria*, Eselei. Es ist ein Schwank, was sonst, mit all den Effekten und Elementen, worüber sich die eine Hälfte der Menschheit nun schon seit ein paar tausend Jahren schief lacht, während die andere es empörend findet. Da erscheint die Bordellmutter mit einer lieblichen Arbeitskraft, ein herzlich verliebter Jüngling, sein Vater, der es hinter den Ohren, und dessen Frau, die ihn unter dem Pantoffel hat, dazu allerlei weitere Dumm- und Schlauköpfe. Lenz verfeinert nicht. Er bringt die Drastik unverfälscht zum Blühen, und was ein Plautus-Übersetzer noch in der Mitte des folgenden Jahrhunderts feststellen sollte, muß gewiß auch für seine Jahre gegolten haben: »Für moderne Bearbeitungen scheint das Stück um seiner nothwendig inwohnenden Immoralitäten willen unbrauchbar.« (K. H. Rapp in einer Ausgabe bei Metzler von 1852) Lenz handelte sich denn auch allein schon mit dem Vorlesen einigen Skandal ein, und es bedurfte der energischen Hilfe Goethes, des

»Bruders« damals noch, damit die Drucklegung aller »Lustspiele nach dem Plautus« schließlich zustande kam – anonym, mit einem Vermerk im Verlagskatalog: »von Goethe und Lenz«.

Sein Utopia – wer den Beweis für diese Behauptung sucht, kann sich an *Das Väterchen* halten. Das Finale des Stücks bringt eine Szene, die für das aufständische Theater des achtzehnten Jahrhunderts prototypisch ist – und die so souverän auf Kosten der Autorität gelöst wird, wie es leider Gottes für Lenz und die deutsche Bühne niemals prototypisch werden konnte. Herr Schlinge, der Vater des verliebten Helden, hat eigentümliche Erziehungsgrundsätze, überraschend fortschrittliche, könnte man sagen, wäre da nicht ein kleiner, eisenharter Pferdefuß: »Wollte Gott, alle Väter dächten wie ich, so würden sie mit ihren Kindern nicht anders umgehn als mit ihren guten Freunden. Das ist mein einziger Ehrgeiz, hör einmal, mein seliger Vater hat's mir eben so gemacht. Es ist kein Schelmstück gewesen, wo er mir nicht mit Rat und Tat an die Hand ging, wenn ich's ihm entdeckte. Damit gewann er mir denn das Herz ab, ich hätte mich vierteln für ihn lassen, und das möcht ich von meinem Sohn auch gern.«

Diesem Prinzip gemäß hilft er dem Sohn, die Mutter, die mit schwerem Hintern auf dem Familienvermögen sitzt, zu betrügen und mit dem Geld von der Kupplerin das Recht auszuhandeln, ein Jahr lang bei seiner Geliebten der einzige zu sein und in dem sonst recht öffentlichen Haus ein vertraglich gesichertes Glücksmonopol zu genießen. Das läßt sich wohl an, nur will das pädagogisch fortgeschrittene Väterchen für seine Bemühungen die erste Nacht und veranstaltet auch gleich ein Fest, wo ihm seines Sohnes Clärchen auf den Knien sitzen, dieser aber aus Distanz zuschauen muß.

Wie in einer Keimzelle bildet sich in diesem Auftritt die dissonante Komik der späteren Lenz-Väter aus dem *Hofmeister*, den *Soldaten*, dem *Menoza*, dem *Engländer* heran, ihre empfindsame Brutalität, ihr tückischer Witz, ihre schluchzende Tyrannei. Aber während es dort den Töchtern und Söhnen fast durchweg übel ergeht, kann hier der Sohn am Ende händereibend zusehen, wie das gerissene Väterchen zwar nicht vom Teufel, wohl aber, was er noch weniger schätzt, von seiner bösen Frau geholt wird. So steigt für den armen Lenz aus dem antiken Klamauk das Regenbogenlicht Utopias.

Kein großer deutscher Dichter wurde von den deutschen Autoren bis heute so oft und so innig zum Gegenstand eigener Gestaltung gemacht, kein großer deutscher Dramatiker wurde von den deutschen Theatern bis heute selektiver, zimperlich-zögerlicher aufgenommen. *Die Freunde machen den Philosophen* steht immer noch zur deutschen Uraufführung frei, und daß *Der Engländer* oder *Das Väterchen* einmal auf einer Bühne von Rang erschienen seien, zirkuliert wie eine raunende Sage. Das hängt sicher auch mit der Klischeevorstellung zusammen, wonach zum »Sturm und

Drang« unbedingt die gewaltigen Kerle gehören, die es ihrem Säkulum zeigen. Lenz' stotternde, stolpernde Helden aber haben so gar nichts von jenen dröhnenden Freiheitsgurgeln.

Sie stellen allerdings weit mehr dar: den Intellektuellen-Typus nämlich, der, ein Virtuose der geschmierten Bücklinge, an seiner Untertänigkeit vor Fürsten und Chefs, Zentralkomitees und Höfen leidet und solches Weh kompensiert, indem er herrliche Täter und erhabene Opfer erfindet, mit denen er sich dann in einsamen Stunden und hinter gezogenem Vorhang glühend identifiziert.

Der irrende Leib

Die Momente des Unwissens
in Eichendorffs Lyrik

Eichendorff ist ein Abtrünniger, ein Renegat, Apostata. Der gläubige Eichendorff ist ein Abgefallener, der abgefallene Eichendorff ist ein Rechtgläubiger. Jeder Glaubensakt ist bei ihm ein Akt der Apostasie, und alle Abtrünnigkeit ist Glaubensstärke. Er verrät, indem er treu bleibt, und seine Treue bewährt sich im Verrat.

Er lebt mit zwei absoluten Wahrheiten, in denen je der Sinn der ganzen Welt zusammenschießt. Jede dieser Wahrheiten ist das letzte Wort über das Ganze und schließt die andere aus. Mit beiden gleichzeitig zu leben wäre unsinnig und unmöglich – außer ein solches Leben ereignete sich als unablässiger Prozeß der Bekehrung von der einen Wahrheit zur andern und dann erneut zu jener zurück. Man kann nicht zwei Herren dienen, aber man kann immerzu als Deserteur unterwegs sein, in einem großartigen Spektakel der Treue und des Widerrufs. So entsteht ein Zirkel von Flucht und Rückkehr, der als geschlossenes System keine Energie verliert und in seiner endlosen Repetition die Gewalt des Anfangs ungebrochen bewahrt. Das Immergleiche erscheint stetsfort als das Erstmalige.

Jedes Wort, das zu diesem Zirkel gehört, ist deshalb alterslos. Tausendmal geäußert, schlägt es tausendmal als ein neuer Klang ans Ohr.

Der Zirkel ist zwanghaft. Es gibt in ihm keine Freiheit. Und doch versteckt sich der Zwang hinter lauter Gesten der Freiheit, als welche das Pathos des Abfalls und das Pathos der Unterwerfung naturgemäß erscheinen.

Wie aber kann nun einer, der das durchführt, mit solcher Paradoxie fertigwerden? – Er hält es so, wie wir alle es mit den Paradoxien unserer Existenz halten: er gesteht nicht ein, was er vollzieht, und vollzieht, was er nie eingestehen würde. Deshalb kann man bei Eichendorff nur einen Fehler machen: sich an das zu halten, was er eingesteht.

Eichendorff hat dem Zirkel gegenüber, in dem er sich bewegt, keine dritte Position. Das System ist geschlossen. Er steckt immer im Vollzug, und was er sagt, ist jederzeit wahr und jederzeit falsch, so wie, was er sagt, jederzeit mit Verrat und mit Treue zusammenfällt.

Das alles gilt nur vom Dichter. Es gilt nur von jenem Subjekt, das im Gedicht laut wird, im Gedicht erkennbar und faßbar wird. Dieses Subjekt ist nicht identisch mit der öffentlichen Person des preußischen Beamten, gläubigen Katholiken und konservativen Publizisten Joseph Freiherr von Eichendorff. Denn der ist in dem Maße unverrückbar und felsenfest, wie das Subjekt, das im Gedicht laut wird, sich fahrend und flüchtig in dem endlosen Zirkel von Hingabe und Apostasie bewegt.

Hingabe woran? Apostasie wovon? Es geht um Gott und Gegengott, Religion und Gegenreligion. Da ist der christliche Vatergott oben im Himmel hinter dem großen Tor, in der »prächt'gen Stadt« mit den »goldenen Türmen«, die, »durchs Abendrot funkelt« (272). Und da ist die tausendäugige Naturgottheit, die gegenchristliche, unten im »Grund«, in den »Klüften« und »Schlünden« der Wasser- und Wälderwildnis, ist die in die Natur verströmte Gottheit, die ihre Augen in Nixen und Hexen und reitenden Frauen aufschlägt und eine und viele zugleich ist. Zum Vatergott gehört der ragende Turm im Licht, zur Gegengottheit der tiefe Schoß in der »grünen Nacht« (IV. 48). Zu jenem gehört der gerade Weg, zu dieser das »Labyrinth« (192). Auf jenen richtet sich der Blick hinauf, zielen die in die Höhe geworfenen Augen; auf diese richtet sich der Blick in die Tiefe, zielen die in den Abgrund versenkten Augen. Solcher Blick und solches Ausschauhalten ist der je neue Beginn einer Bewegung, der je neue Auftakt zu einer Fahrt, die den Abfall vom einen und die Hingabe an das andere bedeutet, den Verrat in der Treue und die Treue im Verrat.

Dieser Zirkel als eine endlose Bewegung, als ein System ohne Energieverlust, ist aus dem einzelnen Gedicht allein nicht ablesbar. Jedes einzelne Gedicht hat seine klare Richtung und gibt eine abschließende Wertung über Wahr und Falsch, Richtig und Verkehrt. Erst die Gedichte zusammen, das Kontinuum der lyrischen Produktion, bringt den Zirkel zur Erscheinung.

Zum einen Pol gehört das deutliche Ziel und das Geführtwerden, zum andern gehört die Ziellosigkeit und das Irren. »Irren« ist das Schlüsselwort. Seine Semantik in Eichendorffs Gedicht ist ungeheuerlich, so ungeheuerlich wie die Tatsache, daß dieses Wort auch in der tausendfachen Wiederholung seine lyrische Gewalt nie verliert. »Irren« schließt an an »Wandern«. »Wandern« ist die Vorform, »Irren« ist die Steigerung und Radikalisierung, so wie – um eine riskante Parallele zu ziehen – die Frau in Männerkleidern die Vorform der nackten Frau, des unverhüllten »schönen Leibes« (315) ist. Die Semantik des Wortes »irren« ist nicht nur mehrschichtig, sie ist in sich selbst gegensätzlich. Der Gegensatz entspricht der Opposition von Abfall und Bekehrung, von Treue und Verrat. In den Zustand des Irrens zu geraten ist das höchste Ziel und der äußerste Graus; in ihm verdichtet sich die Vision des Glücks und die Vision des Horrors. Irren, definierbar als Bewegung ohne Endpunkt, als Weg ohne Richtung, als labyrinthisches Gehen, hat also gerade als reine Ziellosigkeit einen genauen Zielcharakter. Das Ziel der Ziellosigkeit zu erreichen macht die eine Grundbewegung in Eichendorffs Gedicht aus. Das ist so, unübersehbar und unüberhörbar ist es so – wie eifervoll auch immer in anderen Gedichten das Anathema dagegen geschleudert wird.

Schon im Auftakt-Gedicht zu den meisten Eichendorff-Sammlungen wird der Zustand des Irrens und der Ziellosigkeit als höchste Wunschperspektive benannt: »ich mag mich nicht bewahren«, heißt es da; »selig blind« will ich dahinfahren, und wörtlich: »ich mag nicht fragen, wo die Fahrt zu Ende geht!« (47) Das wiederholt sich noch und noch im Kontinuum der lyrischen Rede, wobei man dem einzelnen Satz als solchem oft nicht ansehen kann, ob er nun das große Glück oder den großen Schrecken benennt. Die Wendung: »ich weiß nicht, wo ich bin« (64/65) ist dafür exemplarisch. In der üblichen Anordnung der Gedichte fällt sie zweimal gleich nacheinander, im Gedicht *Jahrmarkt* und im anschließenden *In der Fremde*. Das eine Mal steht sie im Kontext der Verzweiflung, das andere Mal ist sie ein Ausdruck der Seligkeit. Was im *Irren Spielmann* aus Weh und Jammer heraus gesprochen wird: »Frag mich nicht, Kindlein, woher und wohin? Weiß ich doch selber nicht, wo ich bin!« (81), das kehrt im *Jagdlied* fast wörtlich wieder mit dem Vers: »Wohin, ach wohin?« (181), aber hier meint es ausdrücklich kein Weh und keinen Jammer, sondern »süß-schaurige Lust«. Auf diese Weise steht auch mit fast identischer Wendung die Glücksformel: »Weiß nicht, was ich tu und lasse, Nur daß ich so glücklich bin« (219) dem benannten Unglück gegenüber: »Ich weiß nicht, was ich will – Ich möcht am liebsten sterben« (319), oder: »Es will mir nicht mehr glücken, Ich weiß nicht mehr, was ich will.« (266) Triumphierend feiert der Text *Vorwärts* die ziellose Fahrt: »Tritt nur mit in mein Schiff! Wo wir landen oder stranden, Erklinget das Riff . . .« (126) Der *Pilger* aber gibt darauf das traurige Echo: »Wir sehnen uns nach Hause Und wissen nicht, wohin?« (276)

Zur irrenden Bewegung im Schoß des »Grundes« gehört die Jagd, das Hin-und-Herschweifen der Jäger, der nicht lokalisierbare Schuß. An sich ist die Jagd der Inbegriff eines gerichteten Handelns, das einen klaren Zweck hat und in diesem Zweck zu seinem Ende kommt. Wenn das Wild erlegt ist, ist die Jagd aus. Das Eichendorffsche Gedicht verwandelt nun ganz folgerichtig auch bei der Jagd die Eindeutigkeit des zielgerichteten Handelns in eine Bewegung des Irrens, wie sie der Struktur des »Grundes« entspricht. Das geschieht nicht etwa so, daß die Jäger das Wild einfach nicht finden – da wäre das Suchen ja immer noch eindeutig genug –, sondern es geschieht dadurch, daß die natürliche Logik der Jagd überhaupt aufgelöst wird: »Wer ist der Jäger da? wer ist das Wild?« (81) heißt es, und anderswo: »Wer ist in dem wüsten Jagen, Da der Jäger, wer das Wild?« (121) Und der doppelten Bewertung des Irrens genau entsprechend, durchaus gemäß dem zweifachen Sinn des Sich-Bewegens in der Unwissenheit, ist auch diese Jagd einerseits der Inbegriff des Schrecklichen und andererseits das Gegenteil: »Ich möcht in den tiefsten Wald wohl hinein, Recht aus der Brust den Jammer zu schrein . . .« (81), heißt es im Kontext der Frage: »Wer ist der Jäger da? wer ist das Wild?« Aber dazu gibt es die grandiose Gegenstelle: »Wild und Jäger todestrunken, In die grüne Nacht versunken – – O du schöne Jägerlust!« (IV. 48) In der gleichen Doppelung erscheint der Schlüsselbegriff »Labyrinth«. Dieses wird gefeiert: »Bis sich alle hold verwirren. – O beglücktes Labyrinth!« (183), und es gerät handkehrum zum Wort der Warnung: »Betrüglich ist der irre Klang, Endlos der Wälder Labyrinth ...« (192)

Schließlich verlängert sich das alles dramatisch in die psychische Entsprechung des Labyrinths hinein, in den Bereich des Wahnsinns, des geistigen Irrens. Auf der einen Seite ist das ein Zustand der »süßen« Verwirrung (344), und es kann vom Rauschen der Ströme und Bäume heißen: »O wunderbarer Nachtgesang: (...) wirrst die Gedanken mir ...« (50) Ja, sogar die folgende Strophe muß aus dem Kontext heraus unbedingt positiv verstanden werden; das hier erwähnte Schwindeln ist identisch mit Glück:

> Und bunt und immer wilder
> In Liebe, Haß und Lust
> Verwirren sich die Bilder –
> Was schwindelt dir die Brust?
>
> (232)

Auf der andern Seite aber ist der gleiche Taumel und Irrsinn nur noch Zerstörung und Gefahr: »Falsche Nacht, verwirrst die Sinne ...« (310) heißt es, und als Fluch wird erfahren: »Daß ich wie im Wahnsinn sprechen Nun in irren Liedern muß« (245).

Diesen Wahnsinn, diesen Taumel und Schwindel gilt es genauer zu bestimmen. Er ist nicht die Beeinträchtigung eines klaren Zustandes, die Beschädigung des gesicherten Bewußtseins, sondern er ist ein Wissen eigener Art. Er ist das spezifische Wissen, das zur »grünen Nacht« gehört, zum Aufenthalt im Schoß der Tiefe. Ein eigenes Wort dafür gibt es nicht, kann es nicht geben. Aufgrund der Defizienz der Sprache kann das hier Wesentliche nur negativ benannt werden. Die Begriffe »Wahnsinn«, »Schwindel«, »Verwirrung« verdecken deshalb ihren Sinn weit mehr, als sie ihn verdeutlichen – solange mindestens, als man sich nicht klargemacht hat, daß das andere Wissen nur mit Termini des Unwissens, mit Aussagen vom Fehlen des Wissens annähernd zur Sprache zu bringen ist. Für den Akt des Erkennens im Raum der Tiefe steht deshalb immer wieder der Satz: »und ich weiß nicht ...«

Wie sehr solches Unwissen ein anderes Wissen ist, ein anderes Denken und Erkennen und Begreifen darstellt, zeigen mit blitzhafter Klarheit die Verse: »Wissen darf es nicht der Morgen!« (72) und: »Da klang über die stillen Felder, Wovon der Tag nichts gewußt« (202). Solche Zeilen fallen angesichts der vielen Morgengebete Eichendorffs mit ihrem Bekenntnis zu Wahrheit und Treue, zum rechten Weg und festen Ziel besonders ins Gewicht. Und einmal heißt es vom Wanderer und vom Schiffer in der Nacht:

»Die beiden schauern und lesen In stiller Nacht, Was sie nicht gedacht, Da es noch fröhlicher Tag gewesen« (76).

Die Momente des Unwissens in Eichendorffs Gedicht dürfen also keinesfalls als Zustand eines Mangels, eines Erkenntnisdefizits gelesen werden. Sie sind vielmehr Augenblicke eines ereignishaften Gegenwissens, und die Hingabe an diese Erkenntnis ist eine religiöse im Sinne einer Verehrung der in die Natur ausgegossenen Gottheit der Gegenreligion.

In seiner Struktur entspricht das andere Wissen sehr genau der allgemeinen Beschaffenheit des »Grundes«, des »Schoßes«, der Eichendorffschen »Tiefe«. Und damit läßt sich diese Beschaffenheit nun auch weit genauer bestimmen, als es allein über die Topoi von der Wildnis, den Schlüften, den ziehenden Gewässern und den wandernden Stimmen geschieht. Am unmittelbarsten nämlich manifestiert sich das Ganz-Andere dieses Ortes in seiner eigentümlichen Zeitlichkeit, seiner temporalen Struktur. Diese erfaßt und verwandelt jeden, der den Raum des »Grundes« betritt, ja man muß wohl sagen, daß es diesen Raum überhaupt nur als einen akut erfahrenen, ereignishaft erlebten gibt. Das Geographische in Eichendorffs Gedicht ist rein psychisch; das Psychische ist immer auf der Stelle geographisch. Das »Labyrinth der Brust« – Eichendorff hat den Ausdruck bekanntlich aus Goethes Mondlied übernommen – wird nur erlebt in seiner Ausweitung in das raumhaft konkrete Labyrinth des grünen Schoßes; dieses wiederum kann nur Erfahrung werden über den innerlichen Irrgarten, das Labyrinth der Brust, der, wie es einmal heißt, »unbewachten Brust« (68). Das führt dann konsequenterweise dazu, daß etwa das Wetterleuchten – »wetterleuchtend durch die Brust« (69) – so ganz und gar seelisches Geschehen wird, wie es ganz und gar meteorologisches bleibt.

Entscheidend aber ist zuletzt die zeitliche Struktur. In ihr geschieht das Skandalöse, sie i st das Skandalon. Ich sage und glaube beweisen zu können, daß dem Irren als einem räumlichen Geschehen im Zeitlichen die simultane Gegenwart aller je gelebten Zeiten entspricht. Hier ist das Nacheinander aufgehoben. Die gerichtete Zeit krümmt sich zum Kreis, genau so, wie sich ja auch der gerichtete Weg zum Labyrinth einzirkelt. In dieser Zeit, Gegenzeit, für die die genauen Wörter fehlen, ist alles wieder da, was je einmal war, ist alles zusammen und miteinander da. Wer hier eintritt, findet alles Verlorene, aber er muß dafür bezahlen. Er verliert sich selbst, sich selbst als ein Wesen mit einer eigenen temporalen Identität. Was ihm entgleitet, ist die eigene Position auf der gerichteten Zeit, der Ort, wo er weiß, wie spät es ist; wo er weiß, wie alt er ist; wo er weiß, wer noch lebt und wer schon gestorben ist. In dieser Gegenzeit ist alles wieder da, was, mit Eichendorffs stehender Wendung, »lange tot« ist. Aber der das erfährt, ist nun gleich beschaffen: er ist ebensosehr bereits tot, wie jene andern wieder lebendig sind. Im Entwurf zur Märchennovelle *Die Wanderschaft* wird dies auf verblüffende Weise konkret (IV. 125 f.). Deshalb rückt bei Eichendorff auch so häufig das Legendenmuster um den Mönch von Heisterbach nahe, um Rip van Winkle oder die heiligen Siebenschläfer: daß man nämlich in einer Nacht ein Jahrhundert durchleben könne. Die *Zauberei im Herbste*, der frühe und fundamentale Text, führt das Motiv bereits vollständig durch; die *Meerfahrt* thematisiert es explizit (II. 746 und 749 f.).

Was die Erzählung handfest darlegen kann, wird im Gedicht zu Anklang und Anspielung. Man denke nur an die berühmte Stelle aus den *Zwei Gesellen*: »Und wie er auftaucht' vom Schlunde, Da war er müde und alt« (90). Das Wort »alt« muß hier genau und wörtlich genommen werden. Es ist gesprochen im Moment der Rückkehr in die gerichtete Zeit, nach dem Abfall von der tausendäugigen, tausendstimmigen Gottheit des Grundes – »die tausend Stimmen im Grund« hat es ja vorher geheißen –, und es verweist im gleichen Zug sowohl auf die wiedergewonnene temporale Identität – er hat nun wieder ein Lebensalter – wie auch auf die ganz andere Zeitstruktur der Tiefe.

Die Momente des Unwissens, der Frage, des Zweifels in der Mitte von Eichendorffs Gedicht sind immer – offen oder insgeheim – verknüpft mit der Erfahrung einer Gegenwart alles Vergangenen. Das führt zu einem eigentümlichen Erschrecken, führt zu der gewissermaßen privaten Bedeutung, die das Wort »erschrecken«/»erschrocken« bei Eichendorff hat: »Was wollt ihr mich so wild verlocken (...) Wie in der Heimat klingen diese Glocken (...) Ich wende mich erschrocken« (213). Oder anderswo: »Da blitzt' es drunten weit, Und ich erkannt erschrocken Die alte Einsamkeit« (125). Und wiederum: »Da sah ich erschrocken zwischen den Bäumen Meine Heimat unten, wie in Träumen.« (123)

Dazu tritt der Fragesatz. Der Fragesatz gehört zu Eichendorffs Gedicht ganz zentral und weit über alle rhetorischen Konventionen hinaus. Er signalisiert als grammatikalisches Ereignis das Moment des Unwissens auch dort noch, wo es inhaltlich nicht mehr eindeutig faßbar ist. Dieses charakteristische Fragen entspringt immer wieder aus der herandrängenden Erfahrung der anderen Zeitlichkeit. »Was blühn sie hier so allein?« (316), heißt es von Kaiserkron und Päonien, den männlichen und den weiblichen Blumen, in denen Vater und Mutter fortleben und, im Moment der fragenden Anrede, auch schon ihre Wiederkehr ankündigen. Der Akt des Fragens und das Zeitlabyrinth: man könnte lange zitieren – »Was wisset ihr, dunkle Wipfel, Von der alten, schönen Zeit?« (78) – »Was will dieses Graun bedeuten?« (49) – »Was sprichst du wirr wie in Träumen, Zu mir phantastische Nacht?« (71) Gerade das Gedicht, aus dem dieses letzte Zitat stammt, die *Schöne Fremde*, verknüpft das spezifische Fragen – die Frage, die nicht eine Antwort will, sondern einen Zustand benennt – mit dem dramatischsten Geschehen der Omnipräsenz des Vergangenen, mit der Wiederkehr der Götter: »... als machten zu dieser Stund Um die halbversunkenen Mauern Die alten Götter die Rund.« Mauern und Ruinen gehören dazu. Erst mit den Ruinen ihrer Tempel zusammen vermitteln die erweckten Götter den vollen Schock der Allgegenwart, so wie im Parallelvorgang mit der schönen Frau im Schloßgarten dieser Garten uralt-verwildert sein muß. Die Wiederkehr der Götter – der Göttinnen, müßte man eigentlich sagen, denn es geht im letzten um die weibliche Gottheit in ihrer Vielzahl als der Gegengestalt zum eifersüchtig einzigen Vatergott, es geht um die Epiphanie des Frauenreichs –, diese Wiederkehr ist immer um Venus zentriert. Diana tritt ihr an die Seite (II. 47; I. 255) und einmal sogar Aurora (II. 47). Die Gottheit kann sich proteïsch vereinzeln zur Lorelei und verhundertfachen zu den Nixen und »Waldfrauen« (307). Den antiken Namen (Venus) aber trägt sie nur, um das Uralte im Gegenwärtigen zu bezeugen, die Aufhebung der gerichteten Zeit. Sie kann auch Romana heißen und wohnt dann in Zimmern, die »ein seltsames Gemisch von alter und neuer Zeit« sind (II. 150).

Was im mythischen Diskurs die Wiederkehr der antiken Liebesgöttin ist, ist auf der psychologischen Ebene die Wiederkehr der schönen jungen Mutter, der ersten unbedingt geliebten Frau. Das Venus-Gedicht aus dem *Marmorbild* spricht diese Identität aus und versteckt sie gleichzeitig wieder mit rationalisierenden Gesten: »Die schöne Mutter ... wieder jung, im Brautkranz süß zu sehen« (220; II. 541). Die das sagt, ist die wiedererweckte Venus selbst, und wenn man rationalistisch an das Gedicht herangeht, kann man den zitierten Satz als konventionelle Allegorisierung der Natur auffassen. Die tiefere Wahrheit ist aber das Ineinandergleiten der Instanzen: junge Mutter, Liebesgöttin und Natur, Instanzen, die nur im Normalwissen kategorial unterschieden sind. »Es war ihm«, heißt es im *Marmorbild*, nachdem Florio dieses Lied gehört hat, »als hätte er die schöne Lautenspielerin schon lange gekannt und (...) wieder vergessen und verloren ...« (II. 541) Das ist die Formel, die in Eichendorffs Gedicht immer wieder neben dem Fragesatz oder auch an dessen Stelle tritt: »Mir ist, als hätt' ich sie sonst gekannt –« (316). Wie sehr dabei der Konjunktiv lebensnotwendig sein kann und Schutz gibt gegen die radikalen Konsequenzen, zeigt die Stelle, wo er einmal dem Indikativ weicht: »Jetzt kenn ich dich – Gott steh mir bei!« (315)

Die Zeitstruktur des »Grundes« – sie besteht in der möglichen Gegenwart alles Vergangenen, sogar der eigenen Existenz als eines kleinen Kindes: »Ich blickte (...) schweigend ins Fenster hinein, der Mond schien hell durch das Zimmer (...) Mich selber sah ich als Kind ruhend im Bettchen (...) Mein Gott; wo bin ich so lange gewesen! Dacht ich, und mußte mich wenden, so einsam war es da drinnen ...« (IV. 191 f.) Die Magie aber, die magnetische Gewalt, die von der anderen Zeitlichkeit ausgeht und den drohenden Selbstverlust belanglos erscheinen läßt, beruht nicht auf der Möglichkeit, sich selbst als Kind wiederzufinden, sondern über dieses Kind der jungen Mutter zu begegnen, der ersten Geliebten. Über sie wird das Labyrinth der Allgegenwart zu einem erotischen Ort, zum Reich der Sexualität, die eben deshalb, weil hier jede Geliebte auch die Mutter ist, eine verbotene, sündhafte, zerstörerische ist. Wer beim Gang in den Grund bereits eine Frau mitnimmt, wer in der gerichteten Zeit eine Geliebte hat und sie jetzt hier einführt, dem stirbt sie unter den Händen. So wird es in der *Brautfahrt* (302 ff.) minutiös ausgeschildert. Und folgerichtig ruft der Mann in *Seemanns Abschied* seinem zurückgelassenen Schatz zu: »Ein Meerweib singt, die Nacht ist lau, Die stillen Wolken wandern, Da denk an mich, 's ist meine Frau, Nun such dir einen andern!« (57)

Wenn man das so grundsätzlich betrachtet: das Labyrinth des Grundes als gleitende Omnipräsenz alles Vergangenen – »bunt verwirrend alle Zeiten« (339), lautet die unübertreffliche Formel in Romanas Lied –, dann gewinnt das Thema des Heimwehs, gewinnt der Heimweh-Laut in Eichendorffs Gedicht einen neuen Sinn. Hinter dem konventionellen Gefühl verbirgt sich der andere Andrang. Die scheinbar harmlose Sehnsucht nach der alten Zeit entdeckt sich als die gefährliche Sehnsucht nach dem Raum der Gleichzeitigkeit – mit allem, was damit zusammenhängt: erotische Ekstase, Auflösung der Ich-Grenzen und Untergang der personalen Existenz. »Wohin du auch in wilder Flucht magst dringen (...) Erreichen wird dich das geheime Singen, In dieses Sees wunderbaren Ringen Gehn wir doch unter, ich und du!« (II. 50), heißt es im Gedicht an den Bruder, das als Heimweh-Gedicht fast trivialer Machart anhebt (»Denkst du des Schlosses noch ...?«), in der letzten Strophe aber alle Konventionen durchschlägt und das gutmütige Zurücksinnen an die »alte schöne Zeit« kurzschließt mit dem Aufbruch zur tausendäugigen, tausendstimmigen Gottheit der Tiefe, dem Abfall vom Vatergott, der Einkehr ins Mutterreich.

Warum aber kehrt sich das Ich, das in der Dichtung Eichendorffs laut wird, von dem Ort, nach dem es gestrebt hat, doch immer wieder ab? Warum repetiert sich in der poetischen Produktion beides: die Apostasie vom Vatergott und die Apostasie von der Muttergottheit? Die Antwort ist einfach: Es gibt hier wie dort nichts zu tun. Da ist einerseits der betende Einsiedler mit dem Blick auf das Kreuz und das Himmelstor, und da ist andererseits der irrende Ekstatiker der Klänge und Abgründe mit dem plötzlichen Blick auf den nackten Leib der schönen Frau – und beide können zwar immer inbrünstiger werden auf ihre je andere Weise, aber darüber hinaus haben sie nichts zu tun. Was fehlt, was ganz und gar mangelt, ist hier wie dort die Tat, das Wirken, das folgenreiche Verändern der Welt durch Arbeit in der Geschichte und an der Geschichte. Die Alleinheitserfahrung, die zum ekstatischen Irren in der grünen Nacht gehört und die sich in der zeitlichen Struktur des »Grundes« am klarsten beweist, liegt, historisch gesehen, in der Verlängerung der Alleinheitserfahrungen, die den Kern von Hölderlins *Hyperion* oder Jean Pauls *Titan* ausmachen. Aber dort gehört die Perspektive der Tat, der unerhörten Weltveränderung in dem

Maße dazu, in dem sie bei Eichendorff ganz und gar und auf die unheimlichste Weise fehlt. Von diesem hen kai pan in den rauschenden Schlüften gibt es keinen Brückenschlag mehr in die konkrete Geschichte. Das fromme Warten und das erotische Irren, die zwei fundamentalen Befindlichkeiten des Subjekts in Eichendorffs Gedicht, beinhalten beide die gleiche Handlungslähmung gegenüber der gesellschaftlichen Welt. Der Einsiedler legt seinen Garten an, die getaufte Gegenform zur Wildnis, aber davon nährt sich höchstens er selbst. Der Irrende wird vielleicht ein Jäger, aber ein Jäger ohne Beute, der keinem Hungrigen den Magen füllt oder je zu füllen gedenkt. Deshalb muß immer wieder aufgebrochen werden, immer neu muß von der einen Seite abgefallen und zur andern hin ausgezogen werden. Denn im Aufbruch, nur noch in ihm allein, steckt das Phantom der Tat. Der Aufbruch birgt noch die Erinnerung an jenen Willen zur Weltveränderung, an jenen Glauben an eine mögliche Weltumschaffung, der im *Hyperion* so mächtig pocht. Es ist nicht so, daß der Aufbruch bei Eichendorff diesen Willen und diesen Glauben für eine kurze Zeit wieder gewinnt und besitzt und ihn erst im Verlauf der Fahrt schrittweise verliert, sondern wie ein im bewegten Körper, im wandernden Leib allein noch gespeichertes Wissen, wie eine im reinen Ritual des Auszugs aufbewahrte Erinnerung ist die weltverändernde Tat in der Aufbruchsbewegung als solcher gespensterhaft anwesend. Wer bei Eichendorff aufbricht, bricht nicht zur Tat auf, aber er bricht auf, als ob er zur Tat aufbräche, und aus allen Poren lodert ihm die einstige Lust zur Weltarbeit, von der er doch nichts mehr weiß.

Jetzt erklärt sich, warum die Ziellosigkeit Ziel sein kann. Der Aufbruch in die Ziellosigkeit und die ziellose Bewegung selbst vollziehen einen Gestus, körperlich, rituell, der einst auf reale Horizonte gerichtet war, auf die Neueinrichtung der Welt in Freiheit und Liebe, auf das deutsche Paradies hier und jetzt. Das Ritual des Auszugs feiert das Andenken an das verschollene Projekt der großen Weltveränderung. Die Trance von Freiheit und Liebe, die einst dazugehörte, wird unbegriffen noch einmal verspürt vom fahrenden, reisenden, irrenden Leib.

Dem entspricht nun beweiskräftig die Tatsache, daß es kein vorbildhaftes Liebespaar mehr geben kann in Eichendorffs Gedicht. Das Paar als die zentrale Präfiguration einer befreiten Gemeinschaft ist aus der lyrischen Rede verschwunden. Dem entspricht des weiteren die schroffe Abkehr vom Kind als der verkörperten Zukunft, der leibhaftigen, lauthals sich selbst verkündenden, fröhlich zappelnden Zukunft. Daß in den Kindertotenliedern ein Höhepunkt von Eichendorffs Lyrik erreicht wird, ist beklemmend aussagekräftig. Wenn das lebendig gegenwärtige Kind aber einmal vorkommt, verhindert es den Aufbruch in die Ziellosigkeit, drängt sich selbst als Ziel auf und wird deshalb vom Subjekt der Gedichte als ein falsches Ziel erbarmungslos, höhnisch verworfen. Wie ein Emblem dafür erscheinen die nassen Windeln, die im Fragment *Das Wiedersehen* (IV. 135) an der kaputten Gitarre zum Trocknen aufgehängt sind. Und die schlimmsten Verse, die Eichendorff je geschrieben hat – obwohl sie alle Welt begeistert singt –, haben genau damit zu tun: »Sie wissen nur von Kinderwiegen, Von Sorgen, Last und Not um Brot« (48), heißt es da, und wer ist das, der nur Hunger und Arbeit und Mühe mit seinen kleinen Kindern kennt? Es sind, wörtlich und wahrhaftig, »die Trägen, die zu Hause liegen«. An solchen Stellen, wo alle humane Sittlichkeit sekundenlang in die Brüche geht, wird die furchtbare Gewalt erkennbar, die in Eichendorffs Gedicht wirkt und ihrem Zwang alles unterwirft.

Es gibt das kleine Kind nicht, und es gibt nicht das exemplarische Paar, dessen Zukunft in dem Kinde leibhaftig würde. Noch für Hölderlin und Kleist fiel im Säugling Herakles, einem Echobild zum Säugling von Bethlehem, das Kind mit der Tat zusammen, erschien das Kind als Unterpfand des möglichen Wirkens und der kommenden Weltveränderung. Ähnliches kann man bei Schiller sehen. Bei Eichendorff aber steht an der Stelle des exemplarischen Paars einerseits die ekstatische Sexualität im schweifenden Rausch des »Irrens«, andererseits die einsame, nüchtern fromme Einsiedlerei. Dort ist der verzifferte Orgasmus, hier die zölibatäre Versteinerung. Beide sind unfruchtbar.

So sehr also der »Grund«, der »Schoß«, die »grüne Nacht« auf die Körperliebe verweisen, auf den schönen Leib, auf die Begegnung mit der Frau, die aus dem Wasser kommt oder auf hohem Roß durch den Wald daher – »behelmt, entblößt die Brüste« (93) –, so wenig macht doch diese erotische Dimension einen letzten Sinn aus. Daß sich das »Irren« zur sexuellen Verfallenheit an die Venus, die junge Mutter, die Nixen und Hexen verengt, ist vielmehr die Konsequenz der Tatsache, daß es sonst nichts zu tun gibt. Die Sexualität wird funktionslos. Das Ewigweibliche zieht nur noch hinab. Insofern ist das zelotische Urteil derjenigen, die in Eichendorffs Werk von der Frau abfallen und Eremiten werden, gerechtfertigt. Nur ist diese ihre Einsiedelei so unproduktiv wie jene Verfallenheit, und das im Gedicht ertönende Subjekt stiehlt sich schließlich zu Recht auch wieder von den steinernen Kreuzen fort.

Es geht also darum, ganz zu begreifen, wie sehr die zentrale Bewegung in Eichendorffs Gedicht bestimmt wird von der fehlenden Tat, der fehlenden Möglichkeit zur großen gesellschaftlichen Arbeit. Die demonstrative Verachtung der kleinen Arbeit, des alltäglichen Werkens und Rackerns, gehört wesentlich in diesen Zusammenhang. Sie ist nicht einfach Philistersatire, sondern verweist auf das Bewußtsein einer kategorialen Differenz zwischen wichtigem und belanglosem Wirken, zwischen der großen verändernden Tat und einem folgenlosen, nur sich selbst verschleißenden Tätigsein. Man darf hier den Vergleich ziehen zur Thematik von Aufbruch und langer Fahrt bei den anderen Autoren der Jahrzehnte vor und nach

1830. Das Werk Hoffmanns beispielsweise ist von dieser Kurve so im tiefsten strukturiert wie das Werk Stifters. Beide kennen die Möglichkeit eines je spezifischen Irrens, des Sich-Verlierens, des Zugrundegehens auf dem langen Weg. Aber bei beiden gehört doch zum Vorgang ganz entschieden ein Ziel: Bei Hoffmann ist es die zu gewinnende Erkenntnis der eigenen Kreativität, der schaffenden inneren Energie, die sich in der Kunstarbeit veräußert und produktiv wird; bei Stifter ist es der kolonisatorische Neubeginn in der Wüste, der Steppe, im Unbebauten, die umständliche Verwandlung eines Stücks roher Erde in einen musterhaften Kulturraum. Insofern läßt sich das Irren auf der langen Fahrt bei Hoffmann und Stifter je anders zurückbinden an das schöpferische Irren Wilhelm Meisters. Auch zu diesem gehörte ein spezifisches Ziel, gehörte die geheime, aber unerschütterliche Gerichtetheit der Entelechie. Bei Goethe, Hoffmann und Stifter kann man auf dem langen Weg verderben, aber es wäre doch immer der Weg zu einer bestimmten Arbeit gewesen, zu großer Produktion. Nicht so bei Eichendorff. Bei ihm führt der Zustand des Irrens entweder zum gänzlichen Verlorengehen: »Kommst nimmermehr aus diesem Wald!« (315); »Und das Schifflein ist versunken, Und der Schiffer ist ertrunken« (316); »Er konnte nichts mehr sagen, Sie ließ ihn nicht mehr los« (321); »Der Jäger irrt und irrt allein, Findt nimmermehr heraus« (322); »Gute Nacht: seh dich nimmermehr!« (323); »Man hat seit dieser Stunde, Ihn nimmermehr gesehn« (322); »Wär nimmermehr gekommen, Aus diesem stillen Grund« (31); »Er sprang vom scheuenden Rosse, Weiß keiner, wo er blieb« (307); »Regte sich der Wald so grausig, Doch den Sohn erblickt' er nimmer« (298); »Manches bleibt in Nacht verloren –« (49) – oder der Zustand des Irrens wird plötzlich beendet, abgebrochen durch den radikalen Sprung in die andere Befindlichkeit, vor die andere Wahrheit, zum andern Gott. Es ist also ganz entschieden und entscheidenderweise nicht so, daß der labyrinthische Gang ein Erziehungs- und Reifeprozeß wäre, ein rite de passage, eine schmerzhafte Initiation hinüber in die Zielgestalt eines arbeitsfähigen, schöpferisch-nützlichen Lebens. Aus der Alleinheitserfahrung im Mutterreich, bei der tausendstimmigen Göttin, gibt es keinen prozeßhaften Übergang, keinen Stufenweg hinauf zum Vatergott – nur den Sprung, die senkrechte Plötzlichkeit der alten mystischen Umkehr. Das ist so, weil es hier wie dort um die je letzte Wahrheit, um die je einzige Gottheit geht.

Wenn der Sprung glückt – falls das wirklich ein Glück ist ... –, ertönt die Eichendorffsche Matutin, das helle Morgenlied, das den Gegengesang darstellt zu den andern Klängen. Es gibt sich immer als Dankgebet eines Geretteten und verdeckt so die Tatsache, daß ja die andern Klänge aus der gleichen Brust stammen. Wohl werden sie immer wieder den Sirenen und Waldmädchen, der Frau im Garten, den reitenden Zauberinnen in den Mund gelegt, aber nie so ausschließlich, daß man sagen dürfte, die verlockenden Lieder würden vom Subjekt des Eichendorffschen Gedichts nur gehört, die Matutin aber werde von ihm selbst gesungen. Der Vorgang des Irrens ist nämlich auch ein Sich-Verlaufen in den eigenen Liedern: »Einsam verwildernd in den eignen Tönen« (149). So wie das Labyrinth immer in der Brust und draußen ist, stammen die »irren Lieder« (245), das »wirre Klingen« (328), das »irre Klagen« (68, 281), »mein irres Singen hier« (50), die »irre Weise« (322) aus dem Mund dessen, der sie vernimmt, als hörte er sie von fern: »Denn wie mit Wahnsinns Klängen Treibt ihn sein eignes Lied« (280). Wie in der Zeitlichkeit des Grundes die Identität der begegnenden Frau nicht mehr festgemacht werden kann und es unsinnig ist, darüber zu streiten, wer die schöne Schlafende im Garten sei – sie ist eine und viele –, so gleitet die Identität des erfahrenden Subjekts auseinander, und die verlockende Stimme tönt aus dem Verlockten selbst heraus; der Jäger ist sein eigenes Wild; und mehr noch: der sich hingibt an die Gegengottheit, wird selbst vergöttlicht – sicut Deus. Auch diese höchste Hybris steckt und versteckt sich in den Momenten des Unwissens in Eichendorffs Gedicht. Der Irrende ist in unerhörtester Weise am Ort. Der Unwissende ist erfüllt von maßloser Erkenntnis.

Direkt ausgesprochen werden aber kann die Wahrheit der labyrinthischen Erfahrung nicht. Sie ist so sehr jenseits der eindeutigen Sprache, wie das schweifende Subjekt kein eindeutiges Ich mehr ist. Eindeutig gegeben, solide vorhanden und anschaulich vor Augen ist nur der bewegte Leib, der aufbricht, ausfährt, niedersteigt, wandert, schweift und irrt und der so, als irrender Leib, die äußere Einheit bewahrt und erzählbar macht, was jenseits aller vernünftigen Sprache, jenseits aller Sprache der Vernünftigen ist.

Literaturhinweise

Zitiert wird nach der Ausgabe: Joseph von Eichendorff: Sämtliche Werke. Nach den Ausgaben letzter Hand, den Erstdrucken und Handschriften redigiert von Jost Perfahl, Marlies Korfsmeyer und Klaus-Dieter Krabiel. 6 Bde. München 1970 ff. Zitiert wird hier die Band- und Seitenzahl. Die Seitenangaben ohne Bandnummer beziehen sich auf Band I.

Einsichten und Anregungen zu Widerspruch gewann der Verf. insbesondere aus den folgenden Eichendorff-Studien:
Richard Alewyn: Eine Landschaft Eichendorffs. In: Eichendorff heute. Hrsg. von Paul Stöcklein. Darmstadt 1966. S. 19–43.
Alexander von Bormann: Natura loquitur. Naturpoesie und emblematische Formel bei Joseph von Eichendorff. Tübingen 1968.
Dieter Breuer: Marmorbilder. Zum Venus-Mythos bei Eichendorff und Heine. In: Aurora 41. 1981. S. 184–194.
Axel Goodbody: Natursprache. Ein dichtungstheoretisches Konzept der Romantik und seine Wiederaufnahme in der modernen Naturlyrik (Novalis-Eichendorff-Lehmann-Eich). Neumünster 1984.

Klaus Köhnke: Zeit und Über-Zeit in Eichendorffs Erzählung *Eine Meerfahrt*. In: Aurora 33. 1973. S. 7–33.

Klaus-Dieter Krabiel: Tradition und Bewegung. Zum sprachlichen Verfahren Eichendorffs, Stuttgart u. a. 1973.

Hartmut Marhold: Motiv und Struktur des Kreises in Eichendorffs Novelle *Das Marmorbild*. In: Aurora 47. 1987. S. 101–125.

Peter Horst Neumann: Restauration der Zukunft? Über Eichendorff und den heutigen Gleichstand linker und rechter Ratlosigkeit. In: Aurora 39. 1979. S. 16–27.

Lothar Pikulik: Die Mythisierung des Geschlechtstriebs in Eichendorffs *Das Marmorbild*. In: Euphorion 71. 1977. S. 128–140.

Ders.: Romantik als Ungenügen an der Normalität. Am Beispiel Tiecks, Hoffmanns, Eichendorffs. Frankfurt a. M. 1979.

Oskar Seidlin: Versuche über Eichendorff. Göttingen 1965.

Günter Strenzke: Zum Motiv der grüngoldenen Schlange bei Eichendorff. In: Aurora 36. 1976. S. 27–38.

Der Roman im Fieberzustand

E. T. A. Hoffmanns »Elixiere des Teufels«

Man kann diesen Roman vom Fieber her verstehen. Nicht nur gerät die Haupt- und Leitfigur Medardus immer wieder in Fieberzustände aller Art – oft dauern sie tage- und wochenlang –, sondern es ist auch die literarische Gestalt des Buches selbst, was ans Fiebern erinnert, an die langsam ansteigenden, die plötzlich und wild kletternden, die fallenden und erneut anziehenden Kurven, in denen sich ein angesteckter Körper seiner Gifte zu entledigen sucht. Das breitet sich aus in die Erfahrung des Lesers hinein. Man wird von dem Buch fast körperlich angegriffen. Was über den Helden kommt an Verfassungen aus dem Umkreis der Fiebersymptome – Benommenheit und fliegende Hitze, Delirien, hilflose Lähmung vor herandrängenden Phantasmen, klappernde Kälte dazwischen, Stöhnen und Jammern aus den Schmerzen, Schreien und Kreischen aus dem Streit mit den bösen Erscheinungen heraus –, das alles setzt einem zu beim Lesen, atmosphärisch, wie ein schwimmender Dunst.

Es ist das nicht jedermanns Sache. Hoffmanns Roman, einer der erfolgreichsten der deutschen Literatur, hat immer auch seine entschlossenen Gegner gehabt. So, meinten diese, soll man nicht schreiben, so soll man nicht lesen müssen. Ein Roman mag immer von Elixieren und Essenzen handeln, die braven Leuten den Kopf verdrehen – selber als ein solches Elixier wirken und den ungeschützten Leser schwindlig machen, das soll ein Roman nicht. Man kann darüber mit niemandem rechten, ebensowenig wie in Sachen jenes andern Romans, der, gleichberühmt wie die *Elixiere des Teufels*, in jeder nur denkbaren Hinsicht deren gerades Gegenteil ist: Stifters *Nachsommer*. Die beiden Werke unterscheiden sich elementarisch, wie das tanzende Feuer und die unbewegten, kühlen Steine. Und doch sind sie einander wieder verwandt in der Radikalität, mit der sie beide ihrem eigenen Gesetz folgen.

Fieber und febriles Phantasieren – das gibt es freilich auch sonst in der erzählenden Literatur und gar nicht eben selten. Das Besondere und entschieden Andere bei Hoffmann ist indessen die Funktion, die dem Zustand und seinen Ablegern zukommt. Wenn die Romanhelden der üblichen Art in eine Krankheit fallen, die zeitweise das Bewußtsein verändert und die Wirklichkeit verzerrt, ist dies stets der Ausdruck einer größeren Krise, in die sie hineingeraten sind und die sie nun auch noch körperlich zu bestehen haben. Eine kurze, gefährliche Passage liegt auf ihrem Weg. Die Deformation der wahren Welt, die sie dabei eine Zeitlang erleben, spiegelt die allgemeinere Gefahr, der sie ausgesetzt sind und der sie bald einmal wieder entrinnen werden. Gefestigt durch die Erschütterung, gereinigt und gereift, treten sie danach wieder in die vernünftige Welt aller andern Leute ein.

Vordergründig operiert auch Hoffmann mit diesem Konzept. Man braucht jedoch nicht sehr lange zu lesen, bis man merkt, daß er die Vorzeichen in Tat und Wahrheit umgekehrt setzt. Das Fieber und was ihm verwandt ist, stellt hier nicht ein krankhaftes Abgleiten aus dem großen Raum der beruhigten Wirklichkeit dar. Im Gegenteil, es durchbricht nach der geheimen Überzeugung des Romans endlich einmal die umfassende Falschheit, den universalen Betrug, den alle Leute Wirklichkeit nennen und den sie für das Wahre und Zuverlässige schlechthin halten, nur weil sie ihn mit Augen sehen und mit Händen greifen können. *Die Elixiere des Teufels* sind eine große Fuge der menschlichen Ausnahmezustände. Breit variiert und kraß in ihren Unterschieden, haben diese alle eines gemeinsam: die Ablehnung des Gewöhnlichen, das Nein zur alltäglichen Vernunft, zu den alltäglichen Gefühlen und zur alltäglichen Moral. Was immer »Fieber« ist in diesem Roman, hat unterwühlende Energie. In Frage gestellt wird eine Welt der »Gesundheit« – im Körperlichen wie im Seelischen, im Gesellschaftlichen wie im Metaphysischen –, die ihrer Sache so sicher geworden ist, daß sie sich selbst für das Ganze nimmt, ihre Beschränktheit vergißt und das andere, was immer darüber hinaus liegt, als bloße Halluzination betrachtet.

E. T. A. Hoffmann

Wer war der Mann, der ein solches Buch schreiben konnte? Man bringt die Frage nicht weg beim Lesen, wie sehr man sich auch einreden mag, ein literarisches Werk von Bedeutung sei stets weit mehr die Ausprägung seiner Epoche als der Niederschlag aus dem Privatleben seines Verfassers. Hoffmanns Erzählen weckt die biographische Neugier des Lesers in besonderem Maße. Das sprichwörtlich Verrückte so vieler seiner Arbeiten, die ständige Tendenz, sich seelischen Grenzverfassungen anzunähern, zwingt einen unweigerlich, sich den Erfinder dieser Dinge vorzustellen. Der Kurzschluß: Wer so schreibt, wird selbst nicht anders sein!, liegt nahe, und er hat denn auch viele Darstellungen des Menschen E. T. A. Hoffmann übermäßig bestimmt. Die Meinung, Hoffmann habe alles im Rausch geschrieben, nachts, in halbbewußtem Zustand, ist kaum mehr aus der Welt zu schaffen. Am Morgen sei er dann wieder auf sein Amt gegangen, ernüchtert, kalt, und habe dort als sein eigener Doppelgänger ein zweites, ganz anderes Leben geführt. Zeitgenössische Zeugnisse scheinen das zu bestätigen – allerdings nur so lange, als man sie nicht ganz genau liest. So ist ein Gutachten über den Juristen Hoffmann überliefert, vom 10. Januar 1819, gerichtet an den Berliner Justizminister. Darin steht das Folgende geschrieben:

Sein hervorstechendes Talent, sein Scharfsinn und die Präcision seiner Arbeiten sind Ew. Exz. ebenso bekandt wie die Gründlichkeit derselben und das angenehme Gewand, worin er auch die abstraktesten Sachen zu kleiden weiß. Seine schriftstellerischen Arbeiten, denen er zuweilen noch die Stunden der Erholung und der Muße widmet, thun seinem Fleiße keinen Eintrag und die üppige zum Komischen sich hinneigende Phantasie, die in denselben vorherrschend ist, kontrastirt auf eine merkwürdige Art mit der kalten Ruhe, und mit dem Ernst, womit er als *Richter* an die Arbeit geht.

Hier scheinen die erwähnten Schlußfolgerungen auf der Hand zu liegen. Dennoch: was »auf eine merkwürdige Art kontrastirt« mit dem Juristen Hoffmann, ist nicht der schreibende Autor, sondern sein Produkt. Vor uns liegt ein Dokument über einen Richter und über die Bücher, die er neben seiner Richterarbeit schreibt. Was der Text fast zwingend nahelegt, ist demnach nicht eine Persönlichkeitsspaltung dieses Mannes E. T. A. Hoffmann, sondern die Vermutung, daß auch dessen literarisches Werk nicht ohne einen Anteil von kalter Ruhe und Richter-Ernst zustande gekommen sein dürfte.

Dem ist tatsächlich so. Es gibt einige Zeugnisse, die das bestätigen; vor allem aber liefern die Werke selbst den Beweis. Man darf sich nur nicht durch die Regie der Effekte täuschen lassen. Vielmehr muß man darauf achten, wie diese Regie arbeitet, wo überall sie wirksam ist. Was von E. A. Poe gilt, gilt auch von Hoffmann, seinem größten Vorläufer: der Verfasser phantastischer Geschichten zeichnet sich dadurch aus, daß er kühlen Kopf bewahrt, wenn sein Held den Boden unter den Füßen verliert, und daß er dann den größten Scharfsinn aufwendet, wenn die Urteilsfähigkeit des Helden schrecklich zusammenbricht. Ein Beispiel aus den *Elixieren* mag das bezeugen. Zu den stärksten Stellen des ersten Teils gehört sicher die tiefe innere Verwirrung des Medardus auf dem Schloß, als er Euphemie gegenüber vorgibt, er sei Viktorin, aber verkleidet – verkleidet als jener Medardus, der er tatsächlich ist. Sein wahres, leibhaftiges Ich verbirgt sich also hinter der Maske ebendieses wahren, leibhaftigen Ichs; dazwischen steckt, ihm selbst gespensterhaft, die angenommene Identität jenes Viktorin, als welchen ihn Euphemie liebt, als welcher er mit ihr schläft. Er spielt demnach seine eigene Person – als träte Napoleon auf einem Maskenball als Napoleon auf –, aber er spielt nicht nur für eine Nacht, sondern auf Tod und Leben. Das ist die Erfindung eines großen Erzählers, und ganz gewiß ist es eine Erfindung, die ein außerordentliches Maß von Scharfsinn und Berechnung erfordert hat. Denn der Einfall allein tut es nicht, er muß erzählerisch verwirklicht, muß hergeleitet, in jedem Schritt begründet und glaubhaft gemacht werden. Dazu sind Rauschzustände so ungeeignet wie zum Schachspielen.

Wäre es also umgekehrt? Hoffmann ein kühler Kalkulator, der die Verzückungen und Turbulenzen seiner Helden auf dem Reißbrett konstruiert? Das denn doch auch wieder nicht! Was sich verbietet, sind die simplen Festlegungen, sei's auf den Betrunkenen, sei's auf den Rechner, sei's auf den Zerrissenen. Daß in der Person Hoffmanns mächtige Spannungen wirken, wäre absurd zu bestreiten. Sie steuern sein Leben ebenso unverkennbar, wie sie seiner Kreativität zugrunde liegen. Aber sie bilden ein dynamisches Gefüge so vielschichtiger Art, daß er sich schlechthin nicht von einem einzigen Gegensatz her fassen läßt. Daran scheitern viele Hoffmann-Deutungen. Sie fangen den Autor mit einem Begriffspaar ein und reduzieren sein Werk auf die Illustration dieses Entwurfs. Wie unmöglich das ist, zeigen die *Elixiere*. Der Roman baut sich auf über großen Polaritäten. Zu ihnen gehören Wahnsinn und Bewußtsein, spontanes und reflektiertes Handeln, Himmlisches und Teuflisches, Sexualität und spirituelle Liebe, Weltleben und Abgeschiedenheit, wahre Kunst und falsche Kunst, Verbrechen und Heiligkeit, Narrheit und Verstand et cetera. Aber sobald man versucht, alle diese Gegensätze auf einer einzigen Achse zu versammeln, die das Gute und das Böse durchweg trennen würde und eine umfassende Ordnung schaffte, sieht man, wie unmöglich das ist. Je nach dem Zusammenhang verschiebt sich nämlich der Wert jeder einzelnen Position. Selbst der Mord, das scheinbar ganz eindeutig Böse, gewinnt auf dem Hintergrund der Vorgeschichte und der geheimen Lenkung des Mönchs eine andere Bedeutung, ohne daß er darauf durchgehend festzulegen wäre.

Lebensgang

In dieser Weise, unter dem Gesichtspunkt der hohen Komplexität, ist es nun allerdings erlaubt, vom Werk zurück auf den Autor zu schließen. Dann wird auch sein Leben mit den vielen ungewöhnlichen Stationen zu mehr als der pittoresken Staffage seines Schaffens.

Hoffmann kommt von den Grenzen her, selbst im Geographischen, so wie er immer wieder und in den verschiedensten Bereichen bald zu den Grenzen drängt, bald sich an diese versetzt sieht. Er wird in Königsberg geboren, im äußersten deutschen Nordosten, »im weit entfernten kalten Preußen«, wie es auf der ersten Seite der *Elixiere* heißt. Da wächst er auf. Der Vater ist angesehener Jurist; die inneren Verhältnisse der Familie sind schwierig. Die Ehe mißglückt. Zwei Jahre nach Hoffmanns Geburt trennen sich die Eltern. Er wächst unter Tanten und Onkeln auf. Die Mutter verkümmert. Gefühlsmäßig heftet sich der Knabe an die weiblichen Verwandten. Daß er musikalisch begabt ist, zeigt sich sehr früh. Als er heranwächst, gehen Musik und Jurisprudenz in seiner Ausbildung parallel. Daneben zeichnet er, aquarelliert, schreibt auch schon mit zwanzig Jahren einen Roman in der Nachfolge eines damaligen Bestsellers. Die Arbeit ist verloren wie vieles andere, viele Kompositionen vor allem, des Zwanzig- bis Dreißigjährigen. Wenn er sich verliebt, hat das immer auch mit Musik zu tun, mit gemeinsamem Musikmachen. In Königsberg beginnt er ein jahrelanges Verhältnis mit einer verheirateten Frau, die bei ihm Stunden nimmt. Später, in Bamberg, wird er zu einem Mädchen, das noch fast ein Kind ist, das er im Gesang unterrichtet und mit dem er auch etwa zusammen auftritt, in die heftigste, zehrendste Leidenschaft seines Lebens geraten.

Die juristische und künstlerische Karriere, die er parallel voranzutreiben sucht, sind einander nicht eben förderlich. In keine von beiden setzt er seine volle Kraft. Er ist Verwaltungsjurist in unteren Stellungen, als solcher im schlesischen Glogau, im polnischen Posen tätig, was damals alles noch zu Preußen gehört. Auch im Bereich der Kunst kann man ihn kaum als frühen Meister betrachten. Die schnelle Begeisterung, das innere Aufflammen – später wird das die zentrale psychische Dynamik seiner Helden sein – hat auch dilettantische Aspekte. Er macht alles mögliche gleichzeitig. Hier hilft er eine Kirche ausmalen, dort baut er die Dekorationen für ein Festspiel. Er dichtet und komponiert Singspiele, setzt Lieder in Musik. Daß er früher oder später über etwas stolpern wird, ist zu erwarten. Es geschieht – bezeichnend für diese Zeit der punktuellen, fast knatternden Produktion in allen Sparten – im Zusammenhang mit Karikaturen, die er zu vieler Leute Vergnügen und zum Ärger einiger Einflußreicher anfertigt. Er wird strafversetzt in ein polnisches Winkelstädtchen, und die Beamtenlaufbahn erfährt einen bösen Knick. Nach zwei Jahren wird er erlöst, kommt als Rat der südpreußischen Regierung nach Warschau, von wo ihn der Einmarsch Napoleons wieder vertreiben und massiv ins Elend stoßen wird. Aber zwei Jahre immerhin lebt er in der polnischen Hauptstadt, hat viel lokalen Erfolg mit seinen Musikstücken, auch als Sänger, Dirigent und Zeichner. Als Napoleon den Preußen Polen wegnimmt, strömen die arbeitslosen deutschen Beamten nach Berlin; Hoffmann ist dabei. Stellen gibt es keine; von seiner Kunst will niemand etwas wissen. Er hungert und komponiert. Schließlich rettet er sich nach Bamberg als Musikdirektor. Erstmals ist er hier in katholischer Gegend; das wird für den Roman wichtig werden. Das Theater ist allerdings halb bankrott, das Orchester renitent. Hoffmann muß Privatunterricht geben, handelt zeitweise in Musikalien, will ein »Singe-Institut« gründen. Mitten in dieser turbulenten musikalischen Aktivität erscheint 1809, als Nebenprodukt literarischer Art, die Erzählung *Ritter Gluck*.

Dieser Text, zunächst nichts weiter als eine Kleinigkeit unter sehr viel anderem und Wichtigerem, nimmt sich heute als sensationeller Anfang aus. Vom *Ritter Gluck* an zählt E. T. A. Hoffmann zur Literaturgeschichte. Alles Frühere – und alle Musik – wird in dieser neuen Optik nebensächlich. Obwohl er noch einige Jahre als Berufsmusiker lebt – nach Bamberg in Dresden und Leipzig – und erst 1814 wieder preußischer Justizbeamter in Berlin wird; obwohl sein wichtigstes musikalisches Werk, die Oper *Undine*, erst in der Zeit der *Elixiere* entsteht und im gleichen Jahr großen Erfolg hat, in dem auch der Roman Aufsehen erregt, ist Hoffmann für die Nachwelt auf immer der große Autor mit, nebenher noch, einigem musikalischen Talent.

Dieser Autor also debütiert mit dreiunddreißig Jahren, im Geburtsjahr E. A. Poes; 1814/15 bringt er die Erzählsammlung *Phantasiestücke in Callots Manier* heraus, 1815/16 den Roman *Die Elixiere des Teufels*, 1816/17 die Erzählsammlung *Nachtstücke*. Und in dieser unheimlichen Dichte des Produzierens schreibt er nun fort, pausenlos, viele Bände Erzählungen und einen weiteren Roman, als schriebe er um sein Leben, besser: als wüßte er, wie wenig Leben ihm noch bleibt. Denn nicht länger als acht Jahre dauert diese Zeit als Kammergerichtsrat und Schriftsteller in Berlin, die Zeit jener legendären Doppelexistenz also, an die beim Namen E. T. A. Hoffmann jeder denkt. Schon mit sechsundvierzig Jahren erkrankt er auf den Tod. Er wird schrittweise gelähmt. Man unterzieht ihn einer schrecklichen Behandlung mit glühenden Eisen. Die Lähmung bleibt. Am 25. Juni 1822 stirbt er. Daß damit auch eine amtliche Untersuchung hinfällig wird, die wegen einer literarischen Karikatur gegen ihn läuft, ist nochmals charakteristisch für den ganzen Lebensgang: Wäre er davongekommen, er wäre erneut gestolpert, genau wie damals in Polen, und er hätte womöglich sogar erneut in die Verbannung ziehen müssen.

Schauerroman

Der Roman *Die Elixiere des Teufels* entsteht in der Zeit, als Hoffmann vom Kapellmeister wieder zum Staatsbeamten wird. Der erste Band wird noch in Leipzig, der zweite bereits in Berlin geschrieben. Das Zutrauen zu dem groß angelegten Unternehmen hat er über den Schreiberfahrungen an den *Phantasiestücken* gewonnen, insbesondere wohl aus dem starken Gefühl des Gelingens heraus, das *Der goldne Topf* in ihm auslöste. Jedenfalls notiert er am gleichen 4. März 1814, an dem er dieses »Märchen aus der neuen Zeit« für den Druck fertigstellt: »Idee zu dem Buch *Die Elixiere des Teufels*«.

Hoffmann will den Erfolg. Das ist dem Buch anzusehen, gehört wesentlich zu seinem Charakter. Zwanzig Jahre lang hat er nun in allen Disziplinen gearbeitet, und immer ist der Durchbruch in ein breites Kunstbewußtsein ausgeblieben. Wer den Erfolg will, muß auf Pferde setzen, die schon einmal gewonnen haben. Er muß zwar Eigenes geben, Neues und

Unerwartetes, aber in einer Einkleidung, die dem Publikum nicht ganz unvertraut ist. Es will an Dinge erinnert werden, an denen es schon einmal sein Vergnügen hatte. Der unbegabte Autor hält sich dabei in der Regel an berühmte Muster, schreibt einen neuen *Hamlet* oder *Werther* – und erledigt sich so frühzeitig selbst. Das Talent zeigt sich daran, daß es bekannte, aber verachtete Vorbilder aufgreift. Es entdeckt den Punkt, wo eine triviale Gattung ahnungslos genial ist. Da setzt es an, unbelastet von Autoritäten, und gewinnt wie nebenher noch die Schubkraft des Reißerischen, das es erstmals literaturfähig macht. Ohne diesen Ablauf wäre kein *Götz*, kein *Faust*, kein *Don Carlos*, wäre in der Konsequenz keine deutsche Klassik entstanden.

Hoffmann setzt in den *Elixieren* bei einer Gattung an, die bereits zwischen Kunst und Trivialität schwankt, ohne daß es in deutscher Sprache schon ein rundum anerkanntes Beispiel gäbe. Die Engländer sind da voraus. Wohl hat Schiller mit seinem *Geisterseher* (1787) zu einem frühen magistralen Wurf ausgeholt; er hat ihn aber aus dem besten Schwung heraus wieder abgebrochen. Was im Englischen »gothic novel« heißt, im Deutschen »Schauerroman« – zwielichtig bis heute, obwohl das Weltphänomen des Kriminalromans daraus entsprungen ist –, gehört zu den zeichenhaften Kulturerscheinungen des ausgehenden 18. und frühen 19. Jahrhunderts. Dabei täuscht man sich, wenn man glaubt, die düstere Gattung sei von England her langsam in den deutschen Raum eingesickert. Das Hin und Her zwischen der englischen und der deutschen Literaturwelt, gerade auch in den niedrigeren Sphären, war damals überaus bewegt. Der berühmteste Schauerroman der Zeit ist *Ambrosio, or the Monk* von Matthew Gregory Lewis, jener »aus dem Englischen übersetzte Roman: *Der Mönch!*«, der in den *Elixieren* an bedeutender Stelle erwähnt wird. Das Buch erschien 1796 in London. Schon im folgenden Jahr war die erste deutsche Übersetzung da, nach zwei Jahren eine weitere, und wenig später folgen nochmals zwei. In Prag erscheint eine erste Nachahmung unter dem Titel »Die blutende Gestalt mit Dolch und Lampe«, und zwar so früh schon, daß man lange Zeit vermutet hat, Lewis habe dort plagiiert. Nun war dieser Lewis, »the Shakespeare of the gothic novel«, wie ihn die Engländer liebevoll-ironisch nennen, tatsächlich ein Kenner der deutschen Literatur. Er hat Deutschland bereist, hat Goethe in Weimar besucht und sicherlich den »Geisterseher« genau gelesen: alles bevor er seinen fulminanten *Mönch* schrieb. Die Einflüsse und Gegenwirkungen sind da, aufs Ganze gesehen, bei weitem nicht mehr alle auszumachen.

Daß Hoffmann von dem englischen Mönchsroman förmlich angesteckt wurde, sieht man bei einem Vergleich auf den ersten Blick. Man ist sogar recht verdutzt über die Direktheit, mit der er Handlungsteile, Szenen, erzählerische Elemente der unterschiedlichsten Art aus dem Vorgänger übernimmt. Bei Grillparzers *Ahnfrau*, die es mit dem gleichen Roman ähnlich hält, beirrt einen das weniger; Dramatisierungen dürfen bekanntlich zu ihren Vorbildern stehen. Überdies lehnt sich Hoffmann überwiegend am Anfang an den andern Roman an, dort also, wo es dem Leser am meisten auffällt. Kein Zweifel, er hat den möglichen Vorwurf des Nachahmens in Kauf genommen; nicht weil er ihn kalt ließ, sondern weil er nicht anders konnte. In den *Elixieren* schreibt er sich den *Mönch* vom Hals, überwindet er produktiv ein literarisches Erlebnis, das ihn bis in die Knochen hinein erfaßt haben muß. Es ist denn auch faszinierend zu verfolgen, wie sein Roman, nachdem er aus der gleichen Startbahn abgehoben hat, zunehmend andere Fahrt gewinnt und in Regionen vorstößt, von denen der Vorgänger nichts weiß. Die eigene Erfindungskraft wird rasch selbsttätig. Die mächtigen Spannungen in Hoffmanns Existenz, die zehrenden Gegenkräfte in seinem Innern, die sich eben jetzt – nach Bamberg und vor Berlin – ins extrem Brisante gesteigert haben, strömen in das Unternehmen ein, und bald wirkt der englische Roman nur noch wie eine Konstruktionshilfe. Der ausdrückliche Verweis auf Lewis' Werk innerhalb der *Elixiere* wird so zu mehr als einem hübschen Anachronismus. Er ist das Signal, daß der Autor es sich leisten kann, die Herkunft seiner Rohstoffe bekanntzugeben und deren Qualität als Gütezeichen für die eigene Arbeit ins Feld zu führen.

Die eigenmächtig-andere Kunst Hoffmanns bekundet sich vor allem in der Gestaltung der Hauptfigur und in der Art, wie diese mit Begleit- und Parallelgestalten versehen wird; der Doppelgänger und der Friseur Belcampo gehören zu den reifsten Geschöpfen des Erzählers Hoffmann. Bei Lewis machen die Erlebnisse und Verbrechen des Mönchs kaum die Hälfte des Ganzen aus. Daneben gibt es reichlich Abenteuer anderer Leute, die all das Gespenstische und Böse in den Roman bringen, das sich mit dem Mönch allein nicht bewerkstelligen läßt. Lewis erzählt in der dritten Person. Er kann so die Helden nach Belieben wechseln und mühelos in alle möglichen Bereiche ausgreifen. Schon der erzählerische Grundakt Hoffmanns, den Roman als späte Bekenntnisschrift des Mönchs anzulegen, in der Ich-Form also, bewirkt eine unvergleichliche Verdichtung der Erlebnisatmosphäre. Vor allem aber tritt Hoffmann seinem Helden in einer Weise fühlend nahe, wie es bei Lewis nie der Fall ist. Hier spielen historisch-geistesgeschichtliche Umbrüche herein. Lewis schreibt seinen Roman noch ganz aus der militanten Haltung heraus, die sich in der Aufklärung den Klöstern und ihren Bewohnern gegenüber eingebürgert hatte. Eine Welt der Heuchelei, des Aberglaubens und der heimlichen Abscheulichkeiten, so erscheint das Mönchische beim Engländer. Wer im Kloster lebt, muß früher oder später in Unzucht und Frevel geraten, denn die Mauern sind ein Verstoß gegen die Natur. Daß der Aufklärer Lewis gleichzeitig den Satan leibhaftig auftreten läßt, ist zwar ein Widerspruch, zeigt aber als solcher, wie geschickt der Mann auf die Tendenzen seiner Zeit und das neue Interesse an den schwarzen Winkeln der Welt einzugehen verstand.

Hoffmann nimmt beides ernst, das radikale Verbrechen und die radikale Heiligkeit. Und er erweist sich gerade darin als großer Schriftsteller, daß er diese doppelte Radikalität nicht einfach äußerlich kombiniert und nach der üblichen Mechanik von Sündenfall und Bekehrung ablaufen läßt, sondern daß er zum Zentrum des Unternehmens die Frage macht: Was geschieht, wenn der Heilige und der Verbrecher eine und dieselbe Person sind? Das ist ein psychologisches Experiment. Deshalb bilden die Extremformen, unter denen die Hauptelemente des Guten und Bösen hier erscheinen – also alles das, was die Gattung des Schauerromans liefert –, nicht einen ausgefallenen oder modisch-zeitbedingten Zusatz, über den man nachsichtig hinweglesen mag, sondern sie sind die unabdingbaren Voraussetzungen für die Durchführung dieses literarischen Forschungsunternehmens in den rätselvollsten Bereichen der menschlichen Seele. Denn auf die Frage, wie das Heilige und das Verbrechen in einer Person gleichzeitig wohnen können, hat die offizielle Psychologie der Zeit keine Antwort. Die wissenschaftliche Theorie steht noch lange aus, die das erfassen und benennen könnte, was Hoffmann in seinem erzählerischen Experiment so souverän durch- und zu Ende führt.

Doppelgänger

Warum kann die Literatur der wissenschaftlichen Theorie voraus sein? Weil sie über mehr als eine Sprache verfügt. Die Wissenschaft muß Begriffe bilden und daraus ein System bauen, und dieses muß aufgehen wie eine Rechnung. Es unterliegt der Grundregel der Logik, daß eine Sache nicht gleichzeitig ihr Gegenteil sein könne. Dieser Form des Denkens und Redens bedient sich auch die Literatur, aber nur, solange sie will, dann geht sie über in ein Denken und Reden in Bildern, in Zeichen, in Szenen, die sich vor dem Satz vom Widerspruch nicht zu verantworten haben. In den *Elixieren* wird dieses Überschreiten des rationalen Denkens nun aber nicht bloß vorgeführt wie in einem Märchen, sondern, und das ist das Außerordentliche, es wird zur Erfahrung des Helden selbst. Die Schlüsselvorgänge, in denen das geschieht, wiederholen sich im Verlauf des Romans in auffälliger Weise. Zu diesen Schlüsselvorgängen gehört der Zustand zwischen Traum und Wachen, genauer: der Zustand, wo der Unterschied zwischen Traum und Wachen, zwischen Phantasie und Wirklichkeit aufgehoben ist. Alles Wirkliche ist dann wie phantasiert, das Phantasierte gewinnt die Konsistenz des Wirklichen. Diese Stellen sind nicht einfach als Schilderungen einer pathologischen Verfassung zu lesen. Vielmehr formuliert der Roman in ihnen – mit den Mitteln der Literatur – seine verbindliche Aussage über die Gestalt der Welt, über ihre doppelte Struktur als Sichtbares und Unsichtbares im Äußeren, als Bewußtes und Unbewußtes im Inneren.

In solchem Zustand sieht Medardus erstmals seinen Doppelgänger. Und dieses wohl berühmteste Element des Buches bleibt denn auch bis zuletzt im Zwielicht einer doppelten Realität, bewegt sich im Wirklichen und im Geträumten zugleich. Zugegeben, wir bekommen gegen Ende des Romans eine zusammenhängende Erklärung für das »Brüderlein«. Danach ist der Doppelgänger jener Viktorin, den Medardus – unwillentlich? – in den Abgrund gestürzt hat, der davongekommen ist als Wahnsinniger und nun in einem telepathischen Kontakt mit dem Mönch lebt, so sehr, daß der Mönch seine Wünsche und er die des Mönchs auszuführen gedrängt wird. Überdies sind sie leibhaftige Brüder. Nun mag dies unsere kriminalistische Neugier befriedigen, alles wird dadurch nicht aufgelöst. Zu deutlich bleibt, daß der Doppelgänger sich immer wieder wie aus dem seelischen Fluidum des Mönchs heraus materialisiert. Noch ganz am Schluß setzt Hoffmann ein unübersehbares Zeichen in dieser Richtung. Im Zimmer des Sterbenden hört man »ein seltsames Kichern und Lachen« und die Worte: »Komm mit mir, Brüderchen Medardus . . .« Man kann sich das rational zurechtlegen – Viktorin wurde nie gefangen –, aber daß der Leser nach der erwähnten Aufklärung doch noch einmal in Zweifel gesetzt werden soll über die tatsächliche Beschaffenheit des Doppelgängers – ein Gespenst? ein Traum? ein Mensch? –, ist nicht zu bestreiten. Und schließlich, sei dieser Doppelgänger noch so klar motiviert, der telepathische Kontakt, in dem die Brüder stehen, macht es unentscheidbar, ob das letzte und äußerste Verbrechen, der Mord an Aurelie in der Kirche, nicht doch noch von Medardus selbst mittels des psychisch gelenkten Brüderleins begangen worden ist. Damit hebt sich die deutliche Scheidung zwischen den beiden Personen auf jeden Fall auf, genau so wie die deutliche Scheidung zwischen einem verbrecherischen und einem geläuterten Medardus.

Zwei der erwähnten Schlüsselvorgänge des Romans, die, sich repetierend, das Ganze strukturieren, sind also untergründig miteinander verhängt: die Aufhebung des Unterschieds von Traum und Wachen und die Begegnung mit dem Doppelgänger. Nicht anders ist es mit einem weiteren Vorgang dieser Art, dem Handeln aus einem zweiten Willen heraus. »...zu meinem Entsetzen war das, was ich sprach, durchaus nicht das, was ich dachte und sagen wollte.« Der Satz kann für sehr viele andere, nur leicht variierte stehen. Immer tritt dabei das denkende Subjekt in einen plötzlichen hilflosen Abstand zum handelnden. Es lügt dann zum Beispiel zu seinem eigenen Schreck oder sagt gegen alles Wollen die Wahrheit. Das Verbrechen kann auf diese Weise ebenso entstehen wie die gute, heilende Tat.

Natürlich liefert der schauerromantische Apparat allerlei Begründungen für solche Vorgänge: Medardus muß ja, ohne daß er es weiß, seinem Geschlecht, das sich in unentwegten Verbrechen fortpflanzt, ein Ende setzen. Was immer er liebt und umarmt, was immer er haßt und tötet, es sind seine nächsten Verwandten. Indem er mordet, erfüllt er seinen Auftrag und wird doch schuldig; indem er liebt, vergeht er sich gegen seine Sendung, und trotzdem ist diese Liebe das Beste in seinem Leben. Man kann den Roman in diesen Zusammenhängen auf zwei Arten lesen. Sieht man die Existenz des Medardus ganz äußerlich als die Verlängerung der blutrünstigen Familiengeschichte mit ihrer schwindelerregenden Genealogie, dann erscheint alles als eine monströse Konstruktion, in der sich die literarische Mode der Zeit überschlägt. Sieht man aber umgekehrt in dieser Familiengeschichte eine Veranstaltung des Autors, welche es ihm ermöglicht, Gesetzmäßigkeiten des menschlichen Seelenlebens aufzudecken und literarisch zu gestalten, wie sie in solcher Radikalität noch nie erfaßt worden sind, dann erscheint der grell inzestuöse Stammbaum zwischen dem ersten und dem letzten Francesko, dem Maler und dem Kapuziner, als bewundernswürdiger Kunstgriff. Dem Leser wird im Übermaß gegeben, was um 1800 herum von einem »richtigen Roman« noch erwartet wird – das »Romanhafte« eben, wie wir es bis heute nennen. Im gleichen Zug aber begegnet er einer neuartigen Anthropologie. Was Hoffmann erzählend entwirft, ist ein revolutionäres Konzept vom Menschen als einem Wesen mit doppeltem, ja mehrfach geschichtetem Bewußtsein, einem Wesen mit mehreren Willensinstanzen, die alle ineinander und gegeneinander wirken, so sehr, daß das Ich – der Ort, wo einer sich selbst angeblich ganz besitzt – darüber zu einer armen und hilflosen Größe wird. Der herkömmliche Anspruch dieses Ichs auf volle Souveränität im Denken und Handeln erscheint jetzt als tiefe Verblendung, als die eigentliche Narrheit sogar, der gegenüber ein offizieller Narr wie Belcampo die Würde der Weisheit gewinnt.

Puppen

Die berühmten Sätze von Büchners Danton: »Was ist das, was in uns hurt, lügt, stiehlt und mordet? Puppen sind wir, von unbekannten Gewalten am Draht gezogen; nichts, nichts wir selbst«, diese Sätze, zwanzig Jahre nach den *Elixieren* geschrieben, könnten als Leitspruch wörtlich über Hoffmanns Roman stehen. Ebensogut aber könnten sie den Leitspruch abgeben für die wichtigsten Schriften Sigmund Freuds, jene Studien, in denen die wissenschaftliche Systembildung fast hundert Jahre später die literarische Gestaltung Hoffmanns einholt. Das Motto über der *Traumdeutung*: »Flectere si nequeo superos, acheronta movebo«, was ist es anderes als eine Formel für das Ineinandergreifen von Himmel und Hölle, Tag und Nacht, Bewußtsein und Unbewußtem, das den Roman des Romantikers fast auf jeder Seite bewegt?

Hoffmann beginnt an dem Roman zu schreiben in den Tagen von Napoleons Sturz. Während das Buch heranwächst, tritt der Wiener Kongreß zusammen, kehrt Napoleon für hundert Tage zurück, wird er endgültig geschlagen und nach St. Helena verbannt. Das gewaltigste Subjekt der Zeit, das souveräne Ich schlechthin, wird eingeholt und niedergeworfen von kollektiven Mächten, die dunkel ineinanderwirken. Noch gelten die furchtbaren Schlachtfelder als die verkörperten Taten großer Einzelner. Aber bei den mit Witterung Begabten wächst die Ahnung, daß es wohl umgekehrt zugehe, daß die Großen der Geschichte dem Geschehen nur aufgesetzt seien – wie Galionsfiguren am Bug eines Schiffes, das von ganz anderen Kräften bewegt wird. Marionetten, Puppen und Automaten tauchen jetzt in der Literatur auf, bei Jean Paul, bei Kleist, bei Arnim – in der bedrängendsten Häufung bei E. T. A. Hoffmann. Sind nicht auch noch die Doppelgänger Medardus und Viktorin einer des andern Marionette? Und gibt es irgendwo eine Szene, die so rührend und so hintergründig-metaphysisch wäre wie das Puppenspiel Belcampos, der den eigenen Kopf zur Marionette nimmt und ihn als prahlerisch-verblendeten Goliath vorführt?

Es ist immer heikel, zwischen den Bildern der Dichter und dem historischen Geschehen Beziehungen herzustellen. Dennoch kann man sich der Vermutung nicht entziehen, Hoffmanns Roman sei auch ein dunkler Spiegel der Weltgeschichte seiner Zeit; er zeichne, auf seine Art, den Sturz napoleonisch-klassischer Selbstherrlichkeit nach und schildere das Auftauchen von alten Mächten, die – wie in der nun beginnenden politischen Restauration – nicht einfach nur ein Übel beseitigen, sondern die Würde des Menschen auch ihrerseits wieder bedrohen.

Gerade deshalb aber gilt zuletzt auch dies: sosehr die Kritik des autonomen Bewußtseins, die der Roman durchführt, der tatsächlichen Beschaffenheit der menschlichen Natur näherkommen mag, sowenig darf man sich doch mit dem ausgelieferten Ich, das da in zerfetzter Kutte durch die Welt läuft, als einer letzten, einer unveränderlichen Wahrheit über den Menschen abfinden und zufriedengeben.

Nestroys Panik

»Jetzt frag' ich aber, zahlt sich so ein Jux aus,
wenn man ihn mit einer Furcht, mit drei Schrocken, fünf
Verlegenheiten und sieben Todesängsten erkauft?«

Auf dem Höhepunkt seiner wirtschaftlichen und künstlerischen Karriere,
in den mittleren fünfziger Jahren des Jahrhunderts, leistet sich Nestroy aus-
gedehnte Sommerreisen durch ganz Europa. Er ist vor kurzem Direktor
seines Theaters geworden. Er verdient ausgezeichnet. Großartige Auftritte
von Triest bis Berlin und Hamburg haben ihm internationalen Ruhm gebracht. Er hält sich Freundinnen unter beträchtlichem Aufwand. Das Verhältnis zu der Frau, mit der er seit Jahren ohne offizielle Legitimation zu-
sammenlebt, ist zwar belastet, mehr ein solider Stellungskrieg als eine
Ehe, aber die Geschäftstüchtigkeit der Gefährtin sichert ihm den wirtschaftlichen Erfolg. Er ist ungebrochen produktiv. Die Zeit der Wagner-
Parodien beginnt, bald werden die Aneignungen Jacques Offenbachs
folgen.

In Paris sieht Nestroy das Bild von Charles-Louis Muller, »Appel des
dernières victimes de la Terreur« – ein vielberedetes Produkt, ein Reißer
der damaligen Salonmalerei –, und er bricht davor zusammen. Das Bild
wirft ihn auf der Stelle in Schwindel und Ohnmacht. In der Folge bringt
er es nicht mehr aus dem Kopf. Die Vorstellung terrorisiert ihn. Er faßt den
Entschluß, die Malerei kopieren zu lassen und sie sich so lange vor Augen
zu halten, bis deren Schrecken sich verloren hätten. Der Plan wird nicht
ausgeführt. Der Entschluß allein scheint die Krise gelöst zu haben.

Das Bild und seine doppelte Bedeutung

Was also ist's mit diesem Bild, das hier für einmal wieder aus der Verschol-
lenheit gezogen werden soll? Man muß unterscheiden zwischen dem, was
die Szene darstellt, was sie für die Zeit um 1850 bedeutet und wofür sie
schließlich im Erleben Johann Nestroys steht.

Das historische Ereignis: die Massenverhaftungen und täglichen paket-
weisen Hinrichtungen politisch Verdächtiger zur Zeit der sogenannten
Schreckensherrschaft (»la Terreur«) unter Robespierre und Saint-Just, 1793/
94. Die Terreur beginnt, nachdem die Jakobiner mit Unterstützung der
Pariser Stadtregierung ihre Gegenpartei, die Girondisten, im Nationalkon-
vent besiegt haben. Sie erreicht ihren Höhepunkt unter der praktischen Al-
leinherrschaft Robespierres seit April 1794 und endet mit dessen Hinrich-

tung Ende Juli des gleichen Jahres. Verfolgt wird jedermann, der im Verdacht steht, mit den alten Mächten Adel und Kirche irgendwie zu konspirieren, daneben vorwiegend die Anhänger der Girondisten. Diese sind, wie die Jakobiner, in der Mehrzahl bürgerlich-revolutionäre Intellektuelle, mit starkem Rückhalt in der gehobenen Bourgeoisie der Provinzen, der Tendenz nach föderalistisch und auf wirtschaftlichen Liberalismus ausgerichtet. Wegen der offiziell scharfen, in Wahrheit aber fließenden Grenze zwischen den gleicherweise bürgerlichen Jakobinern und Girondisten kann grundsätzlich jeder verdächtig werden. Alle Gefängnisse sind überfüllt. Täglich erscheint in den Haftanstalten ein Funktionär mit bewaffneter Begleitung, verliest die Liste der Hinzurichtenden, je 40 bis 60 Namen, und führt die Verurteilten auf die große Karre, »la Charrette«, die zur Guillotine rollt.

Mullers Gemälde stellt den Namensaufruf der letzten 46 Verurteilten dar, die man noch am Tag von Robespierres Sturz, bei bereits sicherem Ende des Regimes, zur Hinrichtung gebracht hat.

Das Bild, 1849/50 entstanden, ist politisch tendenziös. Es zeigt 1794 und meint 1848. Die Revolution und die in ihren Hintergründen äußerst komplexen Ereignisse der 90er Jahre erscheinen auf einen einzigen, simplen Gegensatz gebracht: seelisch hochdifferenzierte Opfer, denen der innere und äußere Adel von der Stirne glänzt, werden von dumpfen, aus der Gosse gestiegenen Gesellen und deren intellektuellen Zuläufern abgeholt, von der Brust ihrer Lieben, aus dem letzten Segen des Beichtvaters gerissen und, schwankend zwischen altrömischer Fassung und Entsetzen, dem Schafott entgegengeführt.

Die Zweiteilung zeigt sich auf instruktive Weise an der Art, wie ein berühmtes Detail der Französischen Revolution zeichenhaft eingesetzt wird: Die Opfer tragen unterm Knie geschnürte Hosen, die Schergen lange Pantalons. Ersteres Kleidungsstück, die »Culotte«, gehörte zur aristokratischen Tracht des 18. Jahrhunderts. Wer sie nicht trug, war ein »Sans-Culotte«, und diese ursprünglich schnöde gemeinte Bezeichnung wurde bald einmal gleichbedeutend mit republikanischer Gesinnung im allgemeinen. Auf dem Bild wird diese Wortgeschichte tendenziös aktualisiert. Der Sansculotte, also der Republikaner, ist gleichzeitig aufs augenfälligste ein dumpfer Schurke. Der vornehme Mann in der Bildmitte, der, den Blick ins drohende Nichts gerichtet, vergeblich versucht, einige Abschiedszeilen aufs Papier zu bringen, hält seine Culottes dem Betrachter in schlanker Eleganz entgegen, während gleich dahinter die formlosen Pantalons eines Sansculotten, der nicht einmal ein Paar Schuhe vermag, gefühlsroh in den Raum greifen.

Für das Publikum des Salons von 1850 spiegeln die Sansculotten Charles-Louis Mullers (der ein Lieblingsmaler des eben gestürzten Königs Louis-Philippe war und unter dem eben aufsteigenden Kaiser Napoleon III.

seinen höchsten Glanz erreichen sollte) nicht die militanten Handwerker und Kleinkrämer von 1794, sondern die Pariser Industriearbeiter, die im Juni 1848 von der Armee nach mehrtägiger Straßenschlacht mit 10000 Toten aus Schanzen und Barrikaden geworfen wurden. Während der historische Gegensatz von Jakobinern und Girondisten, der zu den Massenhinrichtungen unter Robespierre führte, nicht vom Modell eines proletarischen Klassenkampfs her aufgeschlüsselt werden kann, weisen die Ereignisse des Sommers 1848 fraglos diesen Charakter auf. Mullers Kolossalgemälde, scheinbar nichts als eine Kaskade herzzerreißender Einzelszenen, eine schluchzende Oper in Öl, projiziert in Wahrheit die in den Großstädten wachsende Spannung zwischen Industrieproletariat und Großbürgertum zurück auf die Zeit vor dem ersten Napoleon und färbt sie zugleich polemisch ein zur Konfrontation zwischen feinorganisierten, nuanciert empfindenden Einzelwesen und einem gesichtslosen, bedrohlich-schattenhaften Kollektiv.

Was geht in Nestroy vor?

Da haben wir nun dieses Bild, und wir haben den Bericht von Nestroys seelischem Kollaps. Man steht vor der Aufgabe, den Kanal aufzudecken, über den jener Schock zustande kam. Man hat dafür eine Reihe von Anhaltspunkten, aber sie sind sehr unterschiedlicher Natur. Es gilt also, den zentralen Bereich zu finden, in dem sie zur Deckung gelangen.

Kaum zu bezweifeln ist, daß Nestroys Zusammenbruch durch unmittelbare Identifikation mit einzelnen Figuren – vielleicht mit einer einzigen – ausgelöst wurde, Figuren, in denen sich die entsetzliche Stimmung des Raumes besonders stark verdichtet.

Ein direkter persönlicher Bezug mußte sich für ihn aus zwei Gestalten ergeben: zum einen aus dem großgewachsenen Mann leicht rechts der Mitte, der zwischen Frau und Tochter steht, von denen er offenbar Abschied nehmen muß. Die Figur ähnelt in auffallender Weise Nestroy selber, vor allem dem Nestroy der späten Photographien. Die breite, unbedeckte Stirn, die waagrechte, betonte Linie der Brauen, die lange, grade Nase mit den deutlich modellierten Mundzügen: das alles erinnert, wenn auch sentimental verblaßt, an Nestroys großangelegtes Gesicht. Dazu kommt, daß seine Familiensituation derjenigen auf dem Bild gleicht. Er macht in dieser Zeit viele Reisen zu dritt mit Frau und Tochter.

Es wäre indessen unsinnig zu meinen, Nestroy hätte bei dieser Gruppe je gedacht: Da ist einer wie ich! oder sogar: Der gleicht mir! Vielmehr ist die plötzliche heftige Identifikation mit dem Bild als Ganzem nur möglich, wenn solche fast spiegelbildliche Ähnlichkeiten als Auslöser dem Betrachter unbewußt bleiben. Seit den Narzißmus-Studien Sigmund Freuds ist der Vorgang bekannt. Er stellt in vielen Fällen des täglichen Lebens die Grundlage dar für eine unverhoffte, scheinbar durch nichts vermittelte Faszination, für die Verliebtheit aus blankem Himmel ebenso wie für den jähen Abscheu vor Menschen oder Situationen.

Bedeutsamer allerdings nimmt sich eine andere Figur aus: der Mann auf dem Stuhl in der Bildmitte. Er ist nicht nur die geradezu aufdringlich präsentierte Identifikationsgestalt für jeden Betrachter – durch die lehrbuchmäßige Komposition des Gemäldes uns entgegengeworfen wie sonst nur das Jesulein auf Krippenbildern –, sondern er befindet sich, szenisch betrachtet, genau dort, wohin Nestroy täglich gerät, wenn er nicht auf Reisen ist: allein an der Bühnenrampe, in Konfrontation mit einem unberechenbaren Publikum. Es ist der täglich gefürchtete, täglich erneut fast verzehrend erfahrene Moment, in dem Nestroys sprachliche und mimische Kunst – im Unterschied zu seiner übrigen Produktion – alle Maßstäbe des Jahrhunderts durchbricht.

Man kann auch hier einen Einwand erheben. Nestroys vertraute Sehweise ist ja eben nicht die des Publikums auf den Mann an der Rampe, sondern der Blick über Lichter und Souffleur hinweg auf die bleiche Flut der Gesichter. Aber genau diese Differenz, die ihm das Gewohnte verdeckt, ermöglicht, daß das Fremde als ihn selber so unheimlich angehend erfahren werden kann. Nestroys Panik wäre ausgeblieben, hätte er in dem Mann mit dem stieren Blick sogleich das Spiegelbild der Monolog- und Couplet-Situation erkannt, auf die jeder seiner Tage wie auf eine Fieberkrise zulief. Tatsächlich gibt es in Nestroys Werk und für die Nestroy-Rolle vorgesehen mehrfach die Szene, die mit der Position des Mannes im Bildvordergrund übereinstimmt. Verwiesen sei hier nur auf *Lady und Schneider*, Nestroys politisch umstrittenstes Stück aus dem Februar 1849, wo im zweiten Akt (Szene 15–17) für Lied und Monolog der Hauptfigur ausdrücklich der in die Bühnenmitte gerückte Stuhl verlangt ist. Der Held muß, von Entsetzen gepackt, mit einem »lauten Schrei« darauf niedersinken.

Polizei und Liebe

So viel zu den oberflächlichen Kontaktstellen. Ihre Beschreibung wirft nicht viel ab. Der Zusammenbruch Nestroys aber ist ohne diese äußerliche Leiter wohl kaum zu denken. Erst über sie war es möglich, daß tiefe Schichtungen seiner Seele in unkontrollierbare Bewegung gerieten und das Bewußtsein vorübergehend zum Einsturz brachten. Diesen Sedimenten soll im folgenden nachgespürt werden.

Nestroys Kunst hat sich entfaltet unter dem feinstausgebildeten und gleichzeitig stupidesten Polizei- und Überwachungssystem des 19. Jahrhunderts. Der Spionage- und Zensurapparat des Metternich-Regimes war auch im Bereich der Kultur unablässig aktiv. Die Funktionäre, künstlerisch ahnungslos, von keinem Sachverstand belastet, aber so hellhörig, daß sie noch im unschuldigsten Satz eine verdächtige oder unzüchtige Assoziation vernahmen, saßen in allen Theateraufführungen, kontrollierten jeden literarischen und insbesondere dramatischen Text. Die schlimmsten Beispiele kennt man aus der Biographie Grillparzers. Für Nestroy war der Konflikt chronisch. Er saß mehrfach im Arrest, hatte noch und noch Bußen zu bezahlen. Die Wirkung dieses unablässigen subtilen Terrors auf Werk und Psyche geht aus den überlieferten Dokumenten nur zum Teil direkt hervor. Sie muß erschlossen werden, etwa von der Differenz her zwischen Nestroys Entwürfen und dem endgültigen Text; aus den politischen Komödien der Jahre 1848 und 1849; von dem, was wir über Nestroys seelische Besonderheiten wissen.

Als Leben in einem »verjährten Sumpf« bezeichnet Grillparzer damals seine schriftstellerische Existenz, und das geistige Klima Wiens umschreibt er mit den Zeilen:

> Dort tönt kein Wort durch späherwache Lüfte,
> Scheu kriecht das Denken in sich selbst zurück.

Man darf sich durch die massive Komik in Nestroys Werk nicht täuschen lassen. Es ist gezeichnet von der politischen Angst wie Nestroys Leben überhaupt.

Das zeigt sich nirgends besser als an der erotischen Dimension seiner Kunst. Die »Zote« wurde von der Zensur verfolgt, als wäre jedes anzügliche Wort ein Staatsstreich im kleinen. Otto Rommel berichtet, daß schon die Äußerung eines Dienstgebers zum neuen Stubenmädchen: »Wir werden dich nicht zu sehr anstrengen!« als obszön verurteilt wurde; daß Nestroy, der in einem Stück über eine Wiege stolpern mußte, den vorgesehenen Satz: »Wie ich gefallen bin, war das Kind schon da« als zu zotenhaft nicht bringen durfte. Nestroys Argumentation in einem offiziellen Rekurs aus dem Jahr 1851 ist denn auch, so grotesk sie tönt, gar nicht besonders übertrieben: »Übrigens wenn man Zoten finden will, dann ist auch jeder Satz eine Zote. Die Worte ›Vater, Mutter, Sohn, Tochter‹ sind lauter Zoten, weil man, wenn man will, dabei an den unerläßlich damit verbundenen Zeugungsakt denken kann.«

Der Satz, rhetorisch gemeint, hat seine tiefere Wahrheit. Die Sexualunterdrückung, klassisches Machtinstrument jeder starr autoritären gesellschaftlichen Ordnung, muß zuletzt tatsächlich zu einer pervertierten Sexualisierung alles Nichtverbotenen führen. Dies gilt im vorliegenden Fall nicht nur für die Zensoren, sondern auch für Schauspieler und Publikum. Potentiell besitzt nun jedes deutsche Wort einen obszönen Geheimsinn. Sobald der Schauspieler durch irgendeine mimische Nuance in dieser Richtung deutet, wird er auch schon verstanden, ist der Lusteffekt im Zuschauerraum da. Die Schauspieler – allen voran Nestroy selbst – entwickeln ein Zeichensystem von Gebärden und Tonschattierungen, das heute vermutlich kaum mehr verstanden würde, mit dessen Hilfe sie aber den puritanisch gereinigten Stücken auf der Bühne jene erotische Resonanz zurückgeben, ohne die es nie eine große Komödie, nie ein komisches Theater gegeben hat.

Der oben zitierte Satz aus Nestroys Protestschreiben stammt von einem Mann, der selber durchaus fähig war, die Worte »Vater, Mutter, Sohn, Tochter« auf der Bühne so auszusprechen, daß man »dabei an den unerläßlich damit verbundenen Zeugungsakt denken« mußte. Wie sehr Nestroys Spiel erotisch geladen war, voll blitzschneller gewagter Verweise, geht aus den überlieferten Zeugnissen unbezweifelbar hervor. Ebenso unbezweifelbar ist die peinliche »Sauberkeit« von Nestroys Texten. Sie sind stubenrein wie ein Kinderbuch des Biedermeier. Hier manifestiert sich eine durch den »Geistesdruck« (Grillparzer) aufgezwungene Spaltung, die, weil sie Nestroys spontanste Daseinsform betrifft, die künstlerische Arbeit, auch in sein übriges Leben verhängnisvoll durchschlägt.

Wie nämlich die Sexualität von seiner Sprache gewaltsam abgetrennt und in die Kanäle wortloser Mitteilungsformen gedrängt wird, so fällt sein Verhältnis zur Frau auseinander in zwei unvereinbare Bereiche. Einerseits lebt er in der streiterfüllten, aber dauerhaften Verbindung mit der strengen Marie Weiler, anderseits in einem abenteuerlichen Fächer ständig wechselnder Liebschaften. Bedeutsam ist dabei weniger die Polarisierung als die Tatsache, daß sich dieses Liebesleben hier wie dort in einer Atmosphäre grotesker Spionage und Gegenspionage abspielt. Nestroy glaubt sich von seiner Frau unablässig überwacht; sie verfolge ihn, sagt er, mit »auf die höchste Potenz getriebenem, an die spanische Inquisition mahnendem Spionieren«. Dabei operiert er bei seinen Affären selber mit wilden geheimdienstlichen Veranstaltungen, offenbar ohne zu begreifen, daß er seine Frau, deren praktischer Sinn keine unnötigen Umstände kennt, so erst zwingt, den familiären Spitzelbetrieb mitzumachen und auszubauen. Nestroy bringt durch seine ausgetüftelten Maßnahmen der Verheimlichung und Gegenaufklärung das Element konstanter Verfolgung, Angst, ja Panik eigenhändig in seine Liebschaften herein.

Ein Zeugnis ist Nestroys erster Brief an Frl. Caroline Köfer vom 12. März 1855. Er verbirgt hier seine Identität noch hinter Initialen, die einen Baron vermuten lassen. Die Folge war ein längeres Verhältnis.

Mein Fräulein! Da ich keinen Abend ohne Theaterbesuch verlebe, fügte es sich, daß ich Sie sah, daß ich Sie in Stadt- und Vorstadt-Theater(n) wiederholt gesehen. Ich glaube kaum, daß ich das Glück hatte, von Ihnen bemerkt worden zu seyn; man wird ja gewöhnlich übersehen, wenn man, wiewohl vielleicht mit einigen Ansprüchen auf Eroberungen ausgerüstet, sich an der Seite der Gemahlin, und somit als Ehekrüppel präsentirt.

Dem ungeachtet, mein Fräulein, wage ich es, in diesen Zeilen das auszusprechen, was Sie von vielen andern, und oft werden gehört haben; Ich sage Ihnen nehmlich, daß Sie, liebenswürdig und interessant in hohem Grade, der Gegenstand meiner glühendsten Wünsche sind.

Ich kenne Ihre Lebensverhältnisse nicht, und habe meinem Bedienten, welcher beym Nachhausegehen Ihren Schritten folgen mußte, und welcher von einem auf der Treppe stehenden Individuum, wenn auch in etwas unfreundlichem Tone, Ihren Namen erfuhr, jede weitere Neugier, welche Ihnen, wenn Sie Kunde davon erhalten hätten, verletzend hätte erscheinen können, aufs Strengste untersagt. Meine Ansicht ist die: junge schöne Damen, mögen in was immer für Lebensverhältnissen seyn, ein im Stillen begünstigter, beglückter und dafür dankbarer, discreter Freund ist nie unbedingt zu verwerffen, und selbst, wenn Sie Braut seyn sollten, dürfte Ihnen nach den Flitterwochen ein derart geheimer Freund nicht ohne Nutzen seyn. Wenn Sie in diese meine Ansicht eingehen, mein Fräulein, und darauf kömmt alles an, dann hoffe ich, daß Sie das, was ich Ihnen alsbald proponiren werde, nicht zurückweisen dürften.

Der Vorschlag, den ich Ihnen nun mache, ist folgender: Ich wähle eine unverdächtige Stunde: halb Zwey Uhr Mittags; ich wähle einen unverdächtigen Ort, die Prater-Hauptallee. Ich werde früher schon mich unten befinden, und morgen Donnerstag Punkt halb Zwey Uhr langsam vom unteren Ende der Haupt-Allee, vom Rondeau nehmlich, nach dem oberen Ende derselben, nach dem Prater-Stern zufahren. Wenn Sie, mein Fräulein, zur selben Zeit halb Zwey Uhr vom Praterstern nach dem Rondeau hinunterfahren, so werden unsere Wagen sich begegnen. Belieben Sie, damit ich Ihren Wagen in einiger Entfernung schon erkenne, da man in Wien links fährt, am geöffneten Wagenfenster rechts, das Schnupftuch zu halten; dieses Schnupftuch wird mir zugleich das mich hochbeglückende Zeichen seyn, daß Sie, im Falle Sie mich Ihrer Gunst würdig finden, in meine oben ausgesprochene Ansicht über geheime Liaisons eingehen. Ich selbst werde, da zu dieser Zeit mehrere Wagen den Corso machen, durch einen lichtgrauen, hochroth ausgeschlagenen Reise-Manteau Ihnen erkennbar seyn. Ohne Ihnen weiter zu folgen, sehe ich Ihr Erscheinen als die Erlaubnis an, den Zweyten Schritt zu thuen. Dieser wird darin bestehen, daß Sie gleich den folgenden Tag (Freytag) einen zweyten Brief von mir bekommen. In demselben werde ich Ihnen einen Vorschlag machen über die Art und Weise, wie ich das Glück haben kann, Sie zu sprechen.

Ihr Sie hochschätzender eifriger Verehrer L. B. v. R.

In den intimsten Zonen seines Lebens reproduziert er dergestalt das Polizeisystem, unter dem seine öffentliche Arbeit steht. Die politische Verfolgung der Sexualität hat zuletzt zur Sexualisierung der Verfolgungsmechanismen selber geführt. Die Panik ist zum Element der Liebe geworden.

Das komische Entsetzen auf der Bühne

Nicht daß die Angstzustände dadurch ihren Schrecken verlören. Im Gegenteil, die triebhafte Komponente steigert die Intensität und damit auch den objektiven seelischen Schmerz. Wer an solcher Gleichzeitigkeit von

Lust und Terror zweifelt, kann sich am leichtesten von Nestroys Werk belehren lassen. Eines der eigentümlichsten Verfahren seiner Komik besteht darin, die Helden durch irrtümliche Umstände in fürchterlichen Schrecken zu versetzen. Da werden sie dann vor den Augen eines wissenden und lachenden Publikums wie von elektrischen Schlägen hin und her geschleudert. Die Not läßt sie in Nestroys dichtester Sprache reden, bis es ihnen auch diese noch verschlägt. Man kann's am *Zerrissenen* studieren, der kein Stück über den Weltschmerz ist, sondern die komponierte Verfolgungsangst. Gluthammers sich steigernde Schreie: »Ha, sie kommen –« ... »Ha, da sind sie! – Stricke, Ketten!« ... »Ha, dort, Schergen – Hochgericht – Rad –« schallen durch Nestroys ganzes Werk. Kaum ein Stück, in dem sie nicht so oder anders vernehmlich würden. Die großen politischen Komödien *Höllenangst* und *Der alte Mann mit der jungen Frau* sind inhaltlich ganz aus der Atmosphäre politischer Verfolgung auf Tod und Leben heraus entwickelt.

Und auch dort, wo der Grund zu den spektakulären Angstzuständen nicht die Justiz ist, sondern etwa das resolute Regiment einer Frau, einer Geliebten, eines bürgerlichen Vorgesetzten, wird doch meist auf Umwegen noch die zusätzliche Furcht vor Polizei und Festung hereingebracht. In dem einzigen bei völliger politischer Freiheit geschriebenen Stück, *Freiheit in Krähwinkel*, findet das Klima, in dem Nestroys Lebenswerk entstand, gleich zu Beginn die präzise Beschreibung:

> Und kein Mensch hat sich g'rührt,
> Denn hätt's einer g'wagt
> Und ein freies Wort g'sagt,
> Den hätt' d' Festung belohnt,
> Das war man schon g'wohnt.
> Ausspioniert haben's alles glei,
> Für das war d'Polizei.
> Der G'scheite ist verstummt,
> Kurz, 's war alles verdummt ...

Auf den Tag genau vier Monate nachdem er dieses Chanson erstmals auf der Bühne gesungen hat, kapituliert das aufständische Wien vor der kaiserlichen Armee, welche die Stadt eingeschlossen hält und die Vororte bombardiert. Der frühere Zustand wird mit öffentlichen Hinrichtungen und Deportationen lautstark wieder eingeführt. Zahlreiche Intellektuelle, die sich exponiert haben, werden in die Armeelager verschickt, die radikalen Redaktoren Dr. Becker und Dr. Jellinek standrechtlich erschossen. In diesen Tagen hat der Verfasser der *Freiheit in Krähwinkel* allen Grund zu den Empfindungen, denen er einige Jahre später auf Charles-Louis Mullers Gemälde wiederbegegnen wird. Sein Kollaps in Paris ließe sich allein schon aus dem Trauma des Oktobers 1848 glaubhaft herleiten.

In den vielen Panikszenen, die der Dramatiker Nestroy geschrieben, der

Schauspieler vorgeführt hat, wird dem Publikum ebendas zum Gelächter freigegeben, was ihm außerhalb des Theaters das freie Lachen gefrieren macht. Eine kurze Dialogpartie aus *Lady und Schneider* – übrigens ein Beispiel dafür, wie sich sein Witz der Absurdität eines Karl Valentin nähern kann – muß hier für vieles andere stehen:

Paul: Er schwebt in großer Gefahr.
Linerl: Himmel! Er hat doch nicht –?
Paul: Politische Umtriebe gemacht –
Fuchs: Die ihm den Hals kosten können.
Linerl (aufschreiend): Ah!! – Sie sagen mir nicht alles – es kost't ihm auch den Kopf – ???

Das sind jene Stellen, und oft weiten sie sich zu ganzen Szenenfolgen, an denen man an die Worte des Lorenz im Stück *Die verhängnisvolle Faschingsnacht* gemahnt wird: »Ich zürn' mich nicht, ich kränk' mich nicht, ich gift' mich nicht, ich lach' nur alleweil – Ich begreif nur nicht, warum der Lacher so einen desperaten Anklang hat.«

Und hier, beim Gedanken an das Publikum, für welches Nestroy schreibt und dessen Reaktionen er unablässig belauert und berechnet, wird es klar, daß die Angstzustände in seinen Stücken nicht allein auf privat-psychologische Gegebenheiten zurückgeführt werden dürfen, daß vielmehr dieser Autor mit seinen privatpsychologischen Gegebenheiten von den Zeitgenossen zum Instrument gewählt und geformt wird, mit dessen Hilfe sie sich die wahre Beschaffenheit ihres Daseins handgreiflich vor Augen führen – anästhesiert in der Narkose eines unablässigen Gelächters.

Nestroys schwankender Heroismus

Man streitet viel über Nestroys politische Position in den nachrevolutionären Stücken. Wer diese auf formulierte Bekenntnisse hin durchliest, findet tatsächlich die widersprüchlichsten Dinge. Schon in einer Kritik aus dem Jahr 1849 fallen die bösen Worte: »Herr Nestroy ist eine der Wetterfahnen, die nach den politischen Winden ihre Richtung nehmen. Sein Witz scheint ermattet zu sein (...) er erscheint auch als eine gesinnungslose Karikatur, die von der Gunst des Publikums lebt.«

Von konservativer Seite aber wird er gerühmt: »Er hat gefühlt, daß der radikale Schwindel allgemach vorübergeht; er hat auf die allgemeine Neigung für das konservative Prinzip spekuliert; er hat den Pulsschlag des Volkes studiert, und siehe da! er hat den Nagel auf den Kopf getroffen.«

Wie liegen die Dinge wirklich? Nestroy hat, wie übrigens auch sein Zeitgenosse Heinrich Heine, in der Tat keine Neigung zum politischen Märtyrertum. Es liegt ihm sehr am persönlichen Wohlergehen, mehr noch an der ungebrochenen Entwicklung seines Finanzhaushalts. Was Brecht im *Galilei* vorgeführt hat, die Unzuverlässigkeit der großen Fortschrittlichen, man kann es ein Jahrhundert früher an Heine und Nestroy studieren. Wenn die Wahrheit den Hals kostet, warum soll man mit ihr nicht eine Zeitlang etwas zurückhaltender sein? Lohnt denn das Heldentum einer Woche den Verzicht auf ein Jahrzehnt guter Arbeit? Nach dem blutigen Oktober 1848 ist Nestroy offensichtlich darauf bedacht, sich mit einigen pointiert reaktionären Äußerungen öffentlich abzusichern. Zum Beispiel: »Das Volk is ein Ries' in der Wiegen, der erwacht, aufsteht, herumtargelt, alles zusamm'tritt und am End' wo hineinfallt, wo er noch viel schlechter liegt als in der Wiegen.« Oder:

> So glaub'n's, Freiheit heißt ungeniert
> schimpf'n über'n Staat
> Und das, was man braucht, dem
> wegnehmen, der's hat.

Das ist deutlich. Darauf kann man sich notfalls berufen. Und eben hier steckt auch bereits ein wichtiges Gegenargument: Nestroy weiß, daß er weiterhin solche Beweismittel braucht. Er weiß, daß die politischen Funktionäre jeder Gattung auf eindeutige Formeln warten, weil sie die komplexen Bilder nicht lesen können. Also liefert er ihnen die eindimensionalen Sätze innerhalb vielschichtiger Gebilde. Zensoren müssen ästhetische Analphabeten sein, weil sie sonst über ihrem Metier längst verzweifelt wären. Deshalb schützt er sich mit Dingen, die sie verstehen, vor dem drohenden Einschreiten gegen das, was sie nicht zu entziffern vermögen und worauf es doch zuletzt allein ankommt.

Für die Wiener Kulturpolizei war ein Stück wie *Lady und Schneider* die förmliche Distanzierung des Autors von der demokratischen Bewegung. Die von Nestroy gespielte Hauptfigur, der politisch größenwahnsinnige Vorstadtschneider Heugeig'n, lebt in der Überzeugung, ein kommender Umsturz werde ihn an die Spitze des Staates, ja ganz Europas tragen, und er ist bereit, dafür mit jedem zu paktieren: »Sie müssen mich noch wo an die Spitze stellen, sei's Bewegung oder Klub, liberal, legitim, konservativ, radikal, oligarchisch, anarchisch oder garkanarchisch, das is mir alles eins, nur Spitze!« (Man beachte den Wortmacher Nestroy: es gelingt ihm, das Wort Anarchie mit einem noch radikaleren Begriff zu überlagern, der »Gar-kanarchie«; für die ernsthaften Theoretiker des Anarchismus gar nicht so abwegig.)

Und etwas später erklärt dieser Heugeig'n: »Ich kann heut' nacht noch der Mann des Tages werden. Morgen steh' ich nachher schon wo an der Spitze, und übermorgen bin ich vielleicht der, von dem 's abhängt, ob Europa eine pennsylvanische Provinz oder ob Nordamerika eine Vorstadt von Frankfurt werden soll.«

Vierzig Jahre später sollte in Braunau am Inn einer geboren werden, den man in diesen Äußerungen Heugeig'ns sehr wohl vor-gespiegelt sehen kann. Dem Verfasser aber ging es damit nicht um Prophetie. Er wollte nur eine Karikatur all jener hurtigen Schnorrer geben, die in Zeiten rascher öffentlicher Veränderungen stets mit zum Bilde gehören und deren ideale Leidenschaft den handfesten Drang nach dem, was Heugeig'n »nur Spitze!« nennt, durchsichtig genug verhängt. Von heute aus gesehen, erscheint dieser halbverrückte Schneider als der zu Recht kritisierte Vertreter falschen und dummen politischen Handelns. Auch innerhalb von Nestroys Gesamtwerk nimmt er sich so aus; man braucht ihn nur mit den fortschrittlichen Köpfen in Stücken wie *Höllenangst* und *Der alte Mann mit der jungen Frau* zu vergleichen. Bei den ersten Aufführungen aber mußte ihn jedermann als absichtliche Verhöhnung der politischen Aktivität in den untern Volksschichten auffassen. Und da Nestroy stets für den Tag schrieb und nie an spätere Leser dachte, haben wir, bei noch so vielen Gegenargumenten, das Stück doch als einen kalkulierten Schachzug zu betrachten.

Wenn der Tod kommt

Solches Verhalten nimmt sich sehr klug, sehr berechnend aus. Und doch entspringt es, nach allem, was wir über Nestroy wissen, wohl weniger der kühlen Planung als dem kreatürlichen Zurückfahren vor Polizei und Kerkerhaft. Nicht zufällig wird dem gelassenen Herrn Kern im *Alten Mann mit der jungen Frau*, der unter Lebensgefahr einen politischen Flüchtling versteckt, jener Verfolgte selber gegenübergestellt, wie er, gehetzt, von Schüssen umknallt, aus Erschöpfung und Todesangst den Wächtern geradewegs in die Hände wanken will. Die überlegene Weisheit, aus der so viele Äußerungen Nestroys zweifellos herzuleiten sind, besitzt ihren Kontrapunkt in einer Todesangst, die jederzeit und aus geringsten Ursachen auffahren kann. Davon gibt es viele Geschichten, etwa den Bericht, daß er schon bei der Frage »Wie geht's?« fahl werden konnte, weil er dahinter die Möglichkeit angesprochen hörte, es könnte schlecht oder gar zu Ende gehen. Die merkwürdige Kollektivneurose des ganzen 19. Jahrhunderts, die Angst, lebendig begraben zu werden, die von E. A. Poe bis zu Gottfried Keller literarisch fruchtbar geworden ist – Nestroy war ihr hilflos ausgeliefert. Sein Testament besteht zur Hälfte aus einschlägigen Vorschriften, formuliert mit einem angestrengten Humor, der das hohle Entsetzen nicht zu verdecken vermag:

Das Einzige, was ich beym Tode fürchte, liegt in der Idee der Möglichkeit des Lebendigbegrabenwerdens. Unsere Gepflogenheiten gewähren in dieser höchst wichtigen Sache eine nur sehr mangelhafte Sicherheit. – Die Todtenbeschau heißt so viel wie gar nichts, und die medizinische Wissenschaft ist leider noch in einem Stadium,

daß die Doctoren – selbst wenn sie einen umgebracht haben – nicht einmal gewiß wissen, ob er todt ist. – Das in die Erde Verscharrtwerden ist an und für sich ein widerlicher Gedanke, der durch das obligate Sargzunageln noch widerlicher wird. (...)
Ich habe, was meinen Leichnam anbelangt, folgenden Beschluß gefaßt. Ich lasse mir vielleicht bald, vielleicht auch erst, weñ ich in ein höheres Alter vorgerückt sein werde, auf einem hiesigen Friedhofe eine Gruft bauen. Sollte jedoch mich der Tod vor Ausführung dieses Planes überraschen, so hat der Bau dieser Gruft alsogleich nach Eröffnung dieser Zeilen in Angriff genoṁen zu werden. Selbstverständlich kañ und muß so ein Bau, welcher eigentlich kein Bau, sondern nur die Ausmauerung einer Grube ist, – in Drey, längstens Vier Tagen vollendet seyn. Eine derley Wohnung kañ auch, ohne Sanitätsgefahr für die Wohnparthey sogleich bezogen werden. – Mein Leichenbegängniß wünsche ich mit ganzem Conduct, aber durchaus nicht nach Zweymahl Vierundzwanzig Stunden, – (welche Frist in der Praxis unverantwortlicher Weise mit der leichtsiñigsten Liederlichkeit oft auch noch um Zwölf oder noch mehrere Stunden verkürzt wird), – sondern darf erst mindestens volle Dreymahlvierundzwanzig Stunden nach dem Todesmoment Statthaben. Selbst dañ noch will ich, nach vollendeter Leichen-Ceremonie, in einer Todtenkammer des Friedhofes, in offenem Sarge, mit der nöthigen Vorkehrung, um bey einem möglichen, weñ auch noch so unwahrscheinlichen Wiedererwachen ein Signal geben köñen, noch mindestens Zwey Tage (vollständig gerechnet) liegen bleiben, dañ erst in die Gruft – aber selbst da noch mit unzugenageltem Sargdeckel – gesenkt werden.

Der Tod als dauerndes Schrecknis. Auch vor diesem Hintergrund scheint sich das Bild Mullers in sonderbarer Weise zu beleben: Es ist, als sähe man in einen Angsttraum Nestroys hinein. Von da aus deckt sich überdies eine bedeutungsvolle Differenz des Dramatikers zu seinem älteren Kollegen Ferdinand Raimund auf. Raimund, obwohl jähzornig, depressiv, unberechenbar, von der eigenen Vernunft nur mühsam kontrolliert, hat dem Tod gegenüber etwas von jener Gelassenheit bewahrt, die, von Lessing bis Claudius, zu den ergreifenden Ausbildungen deutscher Aufklärung gehört. Das Hobellied aus dem *Verschwender*, tausendfach verkitscht und doch wie unberührt bis heute, erweist es einfach und schön:

> Zeigt sich der Tod einst mit Verlaub
> Und zupft mich: Brüderl, kumm!
> Da stell ich mich im Anfang taub
> Und schau mich gar nicht um.
> Doch sagt er: Lieber Valentin!
> Mach keine Umständ! Geh!
> Da leg ich meinen Hobel hin
> Und sag der Welt Adje.

Wenn Raimund sich schließlich erschossen hat, dann war dies, wie bei Stifter, weniger der plötzliche Einsturz aller seelischen Tragwerke als der Entschluß, dem Tod als einem vertrauten Bekannten ein Stück weit entgegenzugehen. Raimund konnte kaum erwarten, woran Nestroy nicht zu denken wagte.

Dies sind nicht nur Charakterunterschiede, nicht bloße Abstufungen im privaten Seelenleben. Raimunds Todeserfahrung hängt insgeheim zusammen mit seinem noch durchaus ständischen Denken, seiner spezifisch österreichischen Untertanenwürde aus bürgerlich-aufgeklärtem Selbstgefühl. Dies ist ja das Fundament der großen Wiener Kunst von Haydn bis Grillparzer. Raimund sieht und wünscht die Gesellschaft statisch, gestuft, vernünftig und menschengerecht organisiert. Alles soll seinen Platz haben, und was seinen Platz hat, soll ihn behalten. So der Handwerker und der Kaiser, so der Tod nach einem ausreichenden Leben. Der Gedanke an den Tod verbindet sich da stets mit dem Gefühl einer festen Ordnung der Dinge.

Anders bei Nestroy. Seiner flackernden Todesangst entspricht ein unheimlicher Scharfblick für die Bewegung, in die die gesamte gesellschaftliche Einrichtung geraten ist. Die von den starren politischen Systemen und ihrem äußerlichen Dekor bemäntelten Umwälzungen der europäischen Wirtschaftsstruktur werden von ihm überwach registriert, ihre Symptome und sozialpsychologischen Folgen genau benannt. Wenn man Nestroys ökonomische Einsichten mit den Gedankengängen anderer zeitgenössischer Schriftsteller vergleicht, nimmt es sich oft aus, als wäre er einige Generationen jünger. Auch darin läßt er sich nur mit Heine vergleichen.

Wo Raimund, Grillparzer, Stifter, wo Gotthelf und – nach etwas anderem Beginn – auch Gottfried Keller stets das eine fordern: es solle jeder am Ort bleiben, wo er sich hingesetzt finde, jeder bei seinem Leisten, weil nur so auch das Ganze intakt bleiben könne, da weiß Nestroy, daß, wer jetzt bei seinem Leisten bleibt, daselbst verhungert. Er zeigt durchwegs Verhältnisse, in denen keiner reüssiert, der nicht rücksichtslos hinauf will. Für Raimund ist das gesellschaftliche Gefüge solid und unbewegt. Das spiegelt sich in seinem Glauben an den guten Tod mit einem festen Ort im Ganzen. Wenn demgegenüber Nestroy den Tod als etwas empfindet, was nicht einzuordnen, nicht zu bewältigen, nur zu verdrängen ist und was einem auch dann noch von Zeit zu Zeit jäh über den Hals kommt, so bricht sich darin, genau konträr, die Erschütterung aller verläßlichen gesellschaftlichen Strukturen. Was Nestroys Werk unübersehbar meldet, ist der Untergang der Handwerkerwelt mit all ihren Denk- und Lebensformen, ihrer braven, vom Zufriedenheitsgebot dominierten Sittlichkeit, es ist die ökonomische Katastrophe der kleinen Meister mit ihren Gesellen und der Aufstieg des rücksichtslosen wirtschaftlichen Einzelkämpfers.

> Da ertränkt sich a Drachsler,
> Da erhängt sich a Wachsler –
> Das kommt, weil jeder leid't
> Bei dem Umschwung der Zeit.

singt Nestroy in einem Couplet über die Misere der Gewerbler, und im *Ta-lisman* formuliert er als Titus Feuerfuchs, zur »Karriere« auf Biegen und Brechen entschlossen: »Meine Stellung hier im Hause gleicht dem Brett des Schiffbrüchigen; ich muß die andern hinunterstoßen, oder selbst un-tergehn.«

Geld und Karriere sind in den Stücken Nestroys, bevor sie in den faulen Kompromiß des Happy-Ends und der vom Stückschluß verlangten Moral-dusche auslaufen, die schlechthin einzigen Maßstäbe menschlichen Han-delns. Der wirtschaftliche und soziale Jahrhundertprozeß, der durch die Industrialisierung, die Kapitalkonzentration, das Wachstum der Groß-städte und die Verelendung ihrer Außenbezirke bestimmt wird, erscheint in der ganzen deutschen Literatur nirgends so illusionslos abgebildet wie in den zahllosen »Karrieristen« Nestroys. Die alte idealistische Moral hängt ihnen nur noch in Fetzen an – wie ihrer Sprache die Schillersche Pathetik. Ihre Grundsätze sind die jenes Schiffbrüchigen, der nur die Wahl hat, den andern vom Brett zu stoßen oder mit ihm zu ersaufen. Nestroys Größe be-steht nicht zuletzt darin, daß er diese verkümmerte Moral nicht satirisch geißelt, als wäre sie vom schlichten Entschluß des einzelnen abhängig, sondern zeigt, woher sie stammt.

Emilie (entrüstet): Er ist ein Mensch ohne Grundsätze.
Johann: Ach ja, Grundsätze hab' ich.
Emilie: Aber schlechte.
Johann: Mein Gott, ich denk' mir halt, für einen Bedienten ist bald was gut genug.

Der so argumentiert (im Stück *Zu ebener Erde und erster Stock*) ist einer der am radikalsten gezeichneten Aufsteiger Nestroys. Sein Zynismus hat Me-thode. Er beruht nicht auf angeborenen Eigenschaften, sondern auf den Schlüssen, die er aus der unablässigen Beobachtung seiner Umwelt gezo-gen hat. Man versuche nur einmal, sein Argument zu entkräften.

»Is das eine Ordnung?«

Der Scharfblick hängt nicht nur mit dem zusammen, was man Nestroys »Genie« nennt, sondern ebensosehr mit dem Ort, an dem er selber ökono-misch angesiedelt war. Seine Laufbahn als Schauspieler, Autor und Thea-terdirektor wird bestimmt vom strukturellen Umbruch der sogenannten »Volkstheater«, von ihrem Übergang in Unternehmungen einer hart kalkulierenden Unterhaltungsindustrie. Hier entsteht, erstmals, Showbu-sineß im heutigen Sinn. Der Vorgang ist gesamteuropäisch. Wien macht keine Ausnahme neben Paris und London und Berlin, wenn auch die Me-thoden in der Kaiserstadt um eine Spur weniger brutal bleiben als etwa am französischen Boulevard. Mit den gutmütigen Vorstellungen, die dem Begriff des Wiener Volkstheaters noch immer anhangen, ist es auf jeden Fall nichts. Die Schauspieler spielen um ihr nacktes Überleben. Die Direktoren betreiben die Ausschaltung der Konkurrenz und das Monopol am Platz, als wäre ihre Bühne eine expandierende Zwirnfabrik. Wer zweimal durchfällt, ist schon bald am Ende. Nestroy hat zu viele seiner Kollegen verkommen sehen, als daß er nicht alles auf den eigenen Aufstieg gesetzt hätte.

Zu seinen Kindheitserfahrungen gehörte der finanzielle Niedergang seines Vaters, eines angesehenen Juristen, dessen langsames Abrutschen in Schulden und soziale Ächtung. Das hält ihn kommerziell auf der Hut. Umsichtig plant er den Vorstoß von den Provinzbühnen in die Metropole; umsichtig kapitalisiert er sein Talent. Er spielt sich hoch zur gesuchten Attraktion der Stadt, um mit der Zeit den Anstellungsvertrag nicht mehr blindlings unterschreiben zu müssen. Stets sitzt ihm das Gespenst der sinkenden Popularität im Nacken, der durchaus kurzfristig mögliche Ruin. Wenn neue Talente auftauchen, der junge Karl Treumann zum Beispiel, gerät er in schwere Krisen, wird bösartig, hat quälerische Visionen des Scheiterns. Pfiffe im Publikum machen ihn rachsüchtig bis zum offenen Mordwunsch. Er ist an die Leiter seiner eigenen Karriere gefesselt wie ein sausender Artist in der Zirkuskuppel, fährt selber auf dem Brett des Schiffbrüchigen, von dem sein Titus Feuerfuchs redet. Hier sind die Grundlagen seines sozialpsychologischen Scharfblicks; hier nährt sich sein analytischer Verstand.

Er hält durch und prosperiert glänzend – dank dem entschlossenen Management seiner Frau. Wenn er deren Überwachung als Inquisition und Terror erfährt, so vielleicht nicht zuletzt deshalb, weil sie ihn daran hindert, plötzlich von der Leiter zu springen, in einer Nacht alles zu vertun und ins soziale Nichts zu fahren. Immerhin ist er ein großer Spieler, ein bekannter Verlierer. Die Gefahr ist ihm vertraut. Im *Lumpazivagabundus* hat er sie schon früh dargestellt. Die »Herzensangst« der zwei Landstreicher angesichts des bürgerlichen Erwerbslebens, die den dritten Aufzug krönt, ist ihm bekannt als eine lauernde Möglichkeit seiner selbst. Es ist dies nicht die harmloseste Variation von Panik in seinem Leben: die Angst, er könnte eines Tages seinen bürgerlichen Untergang in plötzlicher Verzweiflung über die Begleitumstände bürgerlichen Erfolgs selber veranstalten. Mit den Worten des Landstreichers Zwirn:

Da tun's nix als arbeiten, essen, trinken und schlafen – is das eine Ordnung? – Ich hab' eine Herzensangst in mir, eine Bangigkeit – mit einem Wort, Bruder, ich halt's nicht aus.

Heine und der Henker

Am 10. Oktober 1789, drei Monate nach dem Bastille-Sturm und kurz nach der Erklärung der Menschenrechte, forderte der Arzt Joseph Guillotin in der französischen Nationalversammlung die Gleichheit aller Menschen vor dem Henker. Es gehe nicht mehr länger an, daß mit den Verurteilten nach Ansehen des Standes verfahren werde, daß sie gemäß ihrer Abkunft enthauptet, gehängt oder anderswie zum Tode befördert würden. Jeder Kapitaldelinquent habe das Recht, geköpft zu werden wie ein Adliger. Überdies fordere die Philanthropie, daß dieser Vorgang ohne zusätzliche Leiden ablaufe; es drängten sich mithin mechanische Mittel auf.

Zwei Jahre später wurde aus dem Postulat ein rechtsgültiger Beschluß. Das vollkommenste Modell des gesuchten Apparates gelang einem deutschen Maschinenbauer. Der Name Guillotine, der sich bald durchsetzte, bekümmerte den menschenfreundlichen Joseph Guillotin für den Rest seines Lebens.

1792 wurden die ersten politischen Häftlinge auf diese Weise öffentlich gerichtet. Die Exekution des Königs, Theorie und Praxis der Terreur unter den Jakobinern, Dantons und schließlich Robespierres Ende: die blutig-spektakuläre Ereignisfolge der Jahre 1793 und 1794 machte das makabre Instrument für ganz Europa zu einem Sinnbild der Französischen Revolution. Nicht zuletzt die deutsche Intelligenz, deren Verhältnis zur Revolution durch Regizid und Terreur gründlich zerrüttet wurde, verband von nun an mit der Guillotine das ganze ungeklärte Gemisch von politischer Hoffnung, Entsetzen und Resignation, in dem sich die Vorgänge von Paris nach der frühen Begeisterung niederschlugen. Bezeichnend dafür sind etwa Georg Forsters *Parisische Umrisse* von 1793 mit ihrem zaghaften Versuch, über den Hinweis auf den älteren Brutus die Exekutionen moralisch erträglich zu machen, oder Jean Pauls Hymnus auf Charlotte Corday, die Mörderin jenes Marat, der »die Hoffnung einer steigenden, siegenden Menschheit« untergraben habe.

Und was für diese Zeitgenossen des Umsturzes gilt, das läßt sich erneut wieder bei den Intellektuellen um 1830 feststellen, die durch Julirevolution und Polenaufstand politisch extrem sensibilisiert wurden. Henker, Schwert, Guillotine und was dazu in Beziehung steht, bilden nun ein Zeichensystem, das die Schriften und Gedichte oft wie eine selbständige Aussage-Ebene durchzieht. Das ist bei Chamisso so gut zu finden wie bei Büchner, dessen *Danton* darin sogar ein Äußerstes markiert, eine Guillotinen-Mystik nachgerade, nicht ohne erotischen Einschlag. Im gleichen Stück allerdings, im ersten Auftritt schon, fällt auch, wie ein vorgängiges Korrektiv, der kritische Begriff der »Guillotinenromantik«.

Die Streuung des Motivs bei Heine

Bei keinem Schriftsteller dürfte sich indessen das Geflecht dieser Zeichen und Sinnbilder vielseitiger und feiner ausgebildet haben als bei Heinrich Heine. Guillotine, Schwert und Henker können sich bei ihm auf das merkwürdigste mit allen zentralen Themen seiner Poesie und seiner theoretischen Gänge verspleißen. Nicht nur wo er über Politik und Geschichte schreibt, ist das Spektrum dieser Vorstellungen stets präsent, auch in seine Konzeption von Kunst und Dichtung als historischen Gegebenheiten spielen die Bilder herein, in seine Liebesgeschichten und Liebesgedichte, und der fundamentalste Erfahrungskreis seines ganzen Lebens: Exil, Exkommunikation und Heimkehr in vielerlei Gestalt, kann sich sogar äußern in einer Selbstidentifikation mit dem Henker als einem institutionalisierten Ausgestoßenen. Die Ballade *Schelm von Bergen* zählt unter diesem Blickwinkel zu seinen wichtigsten Gedichten. Im »Buch Le Grand« der *Reisebilder*, das durch die Ausführungen über Napoleon berühmt ist, kommt ein französischer Tambour vor, der sich nur durch Trommeln verständlich machen kann (das Motiv stammt von Jean Paul und ist mit Oskar Matzerath wieder bekanntgeworden). Dieser lehrt im Düsseldorfer Quartier den jungen Harry Heine neuere Geschichte:

Ich verstand zwar nicht die Worte, die er sprach, aber da er während des Sprechens beständig trommelte, so wußte ich doch, was er sagen wollte. (...) In unseren Schulkompendien liest man bloß: »Ihre Exz. die Baronen und Grafen und hochdero Gemahlinnen wurden geköpft – Ihre Altessen die Herzöge und Prinzen und höchstdero Gemahlinnen wurden geköpft – Ihre Majestät der König und allerhöchstdero Gemahlin wurden geköpft –« aber wenn man den roten Guillotinenmarsch trommeln hört, so begreift man dieses erst recht, und man erfährt das Warum und das Wie. Madame, das ist ein gar wunderlicher Marsch! Er durchschauerte mir Mark und Bein, als ich ihn zuerst hörte, und ich war froh, daß ich ihn vergaß –

Vergessen also habe er die Takte, aber bei den verschiedensten Gelegenheiten seines Lebens hätte es sich ereignen können, daß er, aus Langeweile mit den Fingern trommelnd, zu seinem Entsetzen plötzlich von der eigenen Hand den roten Guillotinenmarsch vernommen habe.

Das Thema hat die Magie für Heine nie verloren. Noch in spätester Zeit, in den Jahren der jämmerlichen Krankheit mit ihren zunehmenden physischen Lähmungen; als er von vielem abrückte, was ihm einst Glaubenssatz gewesen war und ihn verfeindet hatte mit der halben Welt; als die Berichte über seinen Zustand jenseits des Rheins eine Welle rückhaltloser Schadenfreude auslösten – noch in diesen Jahren gelingt ihm in den *Memoiren* eine novellistische Behandlung des Motivs, welche die autobiographische Absicht als nebensächlich erscheinen läßt. Er erzählt, am Ende dieses Fragments, das zu seiner besten Prosa gehört, die Geschichte seiner ersten Liebe. Sie ist, nach dem Vorbild von *Dichtung und Wahrheit*, weniger im historischen als in einem sinnbildlich-repräsentativen Sinne dokumentarisch zu lesen. Diese erste Liebe galt demnach dem »roten Sefchen«, einem Henkerstöchterlein, dessen Beschreibung unmittelbar an die berühmte und literarisch folgenreiche Herodias-Vision im *Atta Troll* denken läßt.

Mit dieser Liebesgeschichte verflicht Heine nun alle Kenntnisse über Soziologie und Brauchtum der Scharfrichter, auf die er in seinen passionierten volkskundlichen Forschungen gestoßen ist, und es zeigt sich gerade da, wie der einfache Gegenstand gleichzeitig verschiedene, für den Dichter wichtige Problemkreise vor Augen und in seinem Sinne ins Licht zu stellen vermag. Neben dem Herodias-Thema, das durch ein Lied des Mädchens noch verdeutlicht wird, steht die Überwindung der sozialen Schranke, die Integration des Ausgestoßenen durch die Liebe, die er selber hier dem Mädchen zuteil werden läßt, die aber sein eigenstes Thema und nie erfülltes Bestreben ist. »Trotz der Infamia, womit jede Berührung des unehrlichen Geschlechts jeden behaftet, küßte ich die schöne Scharfrichterstochter.« Und unmittelbar auf diese Stelle folgt der Satz, mit dem die ganze vorangegangene Erzählung emblematischen Charakter bekommt:

Ich küßte sie nicht bloß aus zärtlicher Neigung, sondern auch aus Hohn gegen die alte Gesellschaft und alle ihre dunklen Vorurteile, und in diesem Augenblick loderten in mir auf die ersten Flammen jener zwei Passionen, welchen mein späteres Leben gewidmet blieb: die Liebe für schöne Frauen und die Liebe für die französische Revolution, den modernen *furor francese*, wovon auch ich ergriffen ward im Kampf mit den Landsknechten des Mittelalters.

Das Ende aller monarchischen Gestalt

Es ist nicht immer leicht, den Büchnerschen Begriff der »Guillotinenromantik«, als Bezeichnung für das Umsetzen eines der schwierigsten politisch-sittlichen Problemfelder in effektvolle Plattheiten, von Heine fernzuhalten. Allzu direkt erscheint in vielen Gedichten und Prosatexten die

Revolution auf ein schnöde hingesetztes Bild geköpfter Könige reduziert. So etwa häufig dort, wo er einem Lieblingsgedanken nachhängt: der historischen Analogie zwischen dem Ende Karls I. von England, Ludwigs XVI. von Frankreich und einem entsprechenden Ereignis in Deutschland, das er mit zweifelndem Wunsch aus den ersten beiden gewissermaßen extrapoliert. Dafür kann das Gedicht stehen mit der Überschrift »1649–1793 – ???«, das sich zum Schluß das besagte Geschehen im deutschen Nationalstil ausmalt:

> (...)
> In einer sechsspännigen Hofkarosse,
> Schwarz panaschiert und beflort die Rosse,
> Hoch auf dem Bock mit der Trauerpeitsche
> Der weinende Kutscher – so wird der deutsche
> Monarch einst nach dem Richtplatz kutschiert
> Und untertänigst guillotiniert.

Die Verse sind indessen, bei aller Drastik, skeptischer und unsicherer in der Prognose als etwa das, was Gottfried Keller, wenn auch mit demokratischem Takt, zum Thema geäußert hat (bei der Gründung des Wilhelminischen Kaiserreichs): »Die Gewalt des Deutschen Reiches kann kein Mann allein tragen. Darum trägt er mit der Krone zugleich auch die rote Andeutung um Hals und Kragen.«

Raffinierter allerdings, hintergründiger auch und offensichtlich mit dem ganzen Aufwand an formalpoetischer Planung verfertigt, deren Heine fähig ist (und die nicht selten hinter den schlenkernden Versfolgen steht), erscheint das Gedicht *Karl I.*, das zwar ebenfalls dem Bild vom gerichteten König als solchem höchste Aussagekraft unterstellt – fast wie ein Wasserzeichen der Weltgeschichte nimmt es sich aus –, bei dem aber die Simplizität nicht als Plattheit wirkt, sondern als gezielte Reduktion um eines Fächers feinerer, nur angespielter Assoziationen willen. Halb als Ballade konzipiert, halb als ein in Verse umgesetztes Gemälde, zeigen die Strophen den englischen König, allein in einer Köhlerhütte, das Köhlerkind wiegend. Er singt ihm ein Lied, nach dem Muster des Eiapopeia, aus dem allmählich hervorgeht, daß das Kind einmal sein Scharfrichter sein werde:

> Mein Mut erlischt, mein Herz ist krank,
> Und täglich wird es kränker –
> Eiapopeia – du Köhlerkind
> Ich weiß es, du bist mein Henker.

Den scheinbar forcierten Einfall macht aber nicht nur die hochartifizielle Durchführung des Liedes ästhetisch glaubwürdig, sondern, wie des öftern bei Heine, der unverhoffte Durchblick auf weitere Bedeutungsebenen. Das Köhlerkind wird über das Stichwort vom Köhlerglauben auch zum ersten Vertreter jener Generation, die ebendiesen Köhlerglauben abgeworfen hat: der Königstod rückt in die Parallele zum Tod Gottes.

> Das Kätzchen ist tot, die Mäuschen sind froh –
> Wir müssen zuschanden werden –
> Eiapopeia – im Himmel der Gott
> Und ich, der König auf Erden.

Heine weiß gut genug, wie weit die Ära Cromwells, deren Opfer jener erste Karl wurde, von den atheistischen Theoremen seiner eigenen Zeit entfernt war, daß er hier eine leidenschaftliche Parole des deutschen Vormärz (den »bejahenden Atheismus« Feuerbachs) der Szene aus dem 17. Jahrhundert unterschob. Gerade dieser bewußte Anachronismus aber verweist auf die tiefere Pointe des Gedichts: die Hinrichtung Karls I. ist nur ein Glied in dem großen, zwei Jahrhunderte überspannenden Prozeß einer *universalen Dekapitation*, einer *Enthauptung aller monarchischen Gestalt*. Selbst die Französische Revolution stellt unter diesem Blickwinkel nur einen Teilvorgang dar, kaum mehr als ein Symptom.

Deutschland und Frankreich

Das muß man wissen, nicht zuletzt um Heines Beurteilung der deutschen Situation zu verstehen. Seine einfache, aber wirksame Theorie von der Differenz zwischen Deutschland und Frankreich, aus der ein großer Teil seiner schriftstellerischen Tätigkeit die Energien bezieht, besteht nicht, wie man denken könnte, in der Vorstellung von einem stagnierenden Deutschland, dem ein fortgeschrittenes Frankreich Muster und Stachel sein sollte, sondern in der Meinung, daß sich in beiden Ländern parallele Prozesse auf verschiedenen Ebenen abgespielt hätten, die nun, hier wie dort, komplementär zu ergänzen wären. Was Frankreich im politischen, hat Deutschland im philosophischen Bereich getan. In der *Einleitung zu »Kahldorf über den Adel«* zeichnet Heine diese Entsprechungen mit einer Akribie, die schon wieder ans Komische zu grenzen droht:

Man vergleiche nur die Geschichte der französischen Revolution mit der Geschichte der deutschen Philosophie, und man sollte glauben: (...) unsre deutsche Philosophie sei nichts anders als der Traum der französischen Revolution. So hatten wir den Bruch mit dem Bestehenden und der Überlieferung im Reiche des Gedankens ebenso wie die Franzosen im Gebiete der Gesellschaft, um die Kritik der reinen Vernunft sammelten sich unsere philosophischen Jakobiner, die nichts gelten ließen, als was jener Kritik standhielt, Kant war unser Robespierre – Nachher kam Fichte mit seinem Ich, der Napoleon der Philosophie, (...) der despotische, schauerlich einsame Idealismus – Unter seinem konsequenten Tritte erseufzten die geheimen Blumen, die von der Kantischen Guillotine noch verschont geblieben oder seitdem unbemerkt hervorgeblüht waren, die unterdrückten Erdgeister regten sich, der Boden zitterte, die Konterrevolution brach aus, und unter Schelling erhielt die Vergangenheit (...) wieder Anerkennung (...), und in der neuen Restauration, in der Naturphilosophie, wirtschafteten wieder die grauen Emigranten (...) – bis Hegel, der Orleans der Philosophie, ein neues Regiment begründete, (...) worin er den alten Kantischen Jakobinern, den Fichtischen Bonapartisten, den Schellingschen Pairs und seinen eigenen Kreaturen eine feste, verfassungsmäßige Stellung anweist. – In der Philosophie hätten wir also den großen Kreislauf glücklich beschlossen, und es ist natürlich, daß wir jetzt zur Politik übergehen.

Auch später insistiert Heine immer wieder auf dem weltgeschichtlichen Rapport zwischen Kant und den Jakobinern, Kant und Robespierre vor allem. Sobald er auf den Philosophen zu sprechen kommt, stellt sich auch schon das Stichwort vom »Scharfrichter« ein, wobei Kants »Terrorismus« denjenigen Robespierres weit übertroffen habe. Furchtbar seien beide gewesen, schreibt er in seiner Philosophiegeschichte (3. Buch), und beide doch nach außen hin Spießbürger von der dürrsten Sorte: »Die Natur hatte sie bestimmt, Kaffee und Zucker zu wiegen, aber das Schicksal wollte, daß sie andere Dinge abwögen, und legte dem einen einen König und dem andern einen Gott auf die Waagschale ... Und sie gaben das richtige Gewicht!«

»Die Tat von deinen Gedanken«

Diese Zuordnung Kants zu den Jakobinern der Terreur-Zeit ergibt nicht nur eine generell verstärkte Resonanz des Guillotinenmotivs bei Heine (noch in den scheinbar simplen Varianten), sondern es wird von hier her auch verständlich, warum er so oft und so hartnäckig vom Zusammenhang zwischen »Gedanke« und »Tat« spricht, von den Bedingungen des Übergangs und von der Unausweichlichkeit der »Tat« bei einmal gesetztem »Gedanken«. So ist Robespierre nach Heines Überzeugung »die Hand von Jean-Jacques Rousseau«, während das, was die deutsche Philosophie als »Gedanke« geschaffen hat, weit über die Errungenschaften Frankreichs hinausgeht, aber noch nicht »Tat« geworden ist.

Es ist dies wohl ein unkompliziertes Schema, aber Heine hat erst mit dessen Entwurf und ständigem Überdenken seine intellektuelle und auch künstlerische Identität gefunden. »Mein Amt!« sagt er mit deutlichem Pathos in der Vorrede zu den *Französischen Zuständen*, und meint damit sowohl die systematische und unverdroßne Vermittlung französischer Gedanken nach Deutschland, damit es dort einmal zur »Tat« käme, als auch die ebenso folgerichtige Vermittlung deutscher Kunst und Philosophie – als der Spitze der aktuellen Weltkultur – nach Frankreich. Wir müssen, ruft er seinen deutschen Lesern in der Einleitung zum *Wintermärchen* zu, die Franzosen »überflügeln in der Tat, wie wir es schon getan in Gedanken«; und sein schwarzer Haß gegen alle jene, die ihn im Namen der bereits ausgebildeten Erbfeind-Ideologie als Franzosenfreund und Verräter an der deutschen Sache bezeichneten, wird nur ganz verständlich, wenn man diese Lehre von der Komplementärstruktur der beiden Länder kennt und die Aufgabe begreift, die er daraus für sich selber ableitet: die Kommunikation zu sichern zwischen »den beiden auserwählten Völkern der Humanität« (ebd.) und mit dem neuen Medium der Presse über den Kreis der literarisch Interessierten hinaus breiteste Schichten zu erreichen. Und so einfach der Nenner ist, auf den er dergestalt seine Lebensarbeit bringt, so einfach und vor Augen liegend ist auch das Ziel:

Wenn wir es dahin bringen, daß die große Menge die Gegenwart versteht, so lassen die Völker sich nicht mehr (...) zu Haß und Krieg verhetzen, das große Völkerbündnis (...) kommt zustande, wir brauchen (...) keine stehenden Heere von vielen hunderttausend Mördern mehr zu füttern (...), und wir erlangen Friede und Wohlstand und Freiheit. Dieser Wirksamkeit bleibt mein Leben gewidmet; es ist mein Amt!

Das ist 1832 geschrieben und noch getränkt von der hellen Zuversicht der Julitage, von jenem graden Optimismus, der die Jungdeutschen in ihren Anfängen kennzeichnet, von ihrer Ahnungslosigkeit den tiefer gelagerten sozialen und politischen Gesetzmäßigkeiten gegenüber. (Mit dem Verbot der Bewegung von 1835 wurde das massiv gedämpft und wandelte sich in den vierziger Jahren zum Bedürfnis nach breit angelegten Analysen.) Etwas von der Überzeugung, daß zwischen Gedanke und Tat eine gestreckte, glatte Bahn verlaufe, hat sich indessen bei Heine stets erhalten; insgeheim rechnete er immer mit dem nahen Effekt seiner Worte und Schriften. In *Deutschland. Ein Wintermärchen*, seinem heute am meisten besprochenen Gedichtwerk, wird dies prachtvoll umgesetzt, episch verkörperlicht in der Gestalt des »vermummten Gastes«, den der Erzähler nachts am Schreibtisch plötzlich hinter sich stehen sieht. Er bleibt stumm, fast reglos, aber unter dem langen Mantel trägt er etwas, das gelegentlich aufblinkt und aussieht wie ein Richtbeil. Auf der Deutschlandreise, in den nächtlichen Straßen Kölns, steht die Erscheinung wieder da, folgt ihm im gleichen Abstand.

Er stellt das Phantom zur Rede, fragt nach seinen Absichten. Es ist, wie könnte es anders sein, ein Henker, allerdings besonderer Art und ihm zugehörend wie ein Hausgeist:

Ich bin von praktischer Natur
Und immer schweigsam und ruhig.
Doch wisse: was du ersonnen im Geist,
Das führ' ich aus, das tu' ich, (...)

Ich bin dein Liktor, und ich geh'
Beständig mit dem blanken
Richtbeile hinter dir – ich bin
Die Tat von deinen Gedanken.

Innerhalb des *Wintermärchens* bereitet die Szene das gespenstische Sakrileg im Kölner Dom vor, dann aber auch die Begegnung mit Barbarossa im Bergesinnern, wo der Erzähler die Majestät in der neueren Geschichte unterrichtet (wie einst jener Tambour den kleinen Harry). Dieser Bericht über die Revolution wird zu einer eigentlichen Guillotinen-Kanzonette, dem fraglosen Spitzenexemplar der ganzen krassen Gattung. In dem spezifisch unverfrorenen Parlandoton der *Wintermärchen*-Verse erfährt der ewige Kaiser Theorie und Praxis des revolutionären Hochgerichts; er erzürnt sich erwartungsgemäß und treibt dadurch den Erzähler, der als konstitutioneller Monarchist mit gutdeutschem Kaiserheimweh in den Berg gestiegen ist, zu republikanischen Kühnheiten:

> Das beste wäre du bliebest zu Haus,
> Hier in dem alten Kyffhäuser –
> Bedenk' ich die Sache ganz genau,
> So brauchen wir gar keinen Kaiser.

Das wird zwar bald wieder zurückgenommen (Heine hat sich nie eindeutig und auf die Dauer zu deutscher Republik erklärt), aber jener kleine Mythos vom Liktor, der alles Gedachte verwirklicht, gerät nun im überschaubaren Zusammenhang des Werks zu dieser Szene in ein unausgesprochenes Spannungsverhältnis. Auch wo Heine über die »Gedanken« selber erschrickt, kann er ja die »Tat« als deren unausweichliche Folge nicht aufhalten; der Beilträger hat seinen Auftrag; hier verfällt ihm die Idee einer demokratisch strukturierten Monarchie.

Diese Vorstellung von der welthistorischen Wirkung seiner Schriften auch in Bereichen, wo er sich selber nie vorbehaltlos festgelegt hat, prägt das Bewußtsein des alternden Heine unübersehbar. Es betrifft das nicht nur die Frage der Republik, sondern mehr noch den Aufstieg des organisierten Kommunismus. Gleichzeitig mit dem Eingeständnis seiner Angst (»horreur et effroi«) vor dessen Machtergreifung nimmt er, in der vielberedeten Préface zur französischen »Lutetia«-Ausgabe von 1855, für sich in Anspruch, die große sozialrevolutionäre Bewegung aus isolierten Einzelgrüppchen zur geschlossenen Formation gemacht zu haben. Er allein habe durch seine Publizistik die weitverstreuten, tatenlosen Zirkel über ihre kollektive Existenz, ihre Macht, ja sogar über ihren Namen aufgeklärt.

Wie weit solches zutrifft, ist weniger wichtig als die Tatsache, daß auch hier, verbunden mit dem Theorem von Gedanke und Tat, die zentrale Idee von der *Irreversibilität der Geschichte* sichtbar wird, von der Unwiderruflichkeit alles Historischen, von der Unmöglichkeit auch, Geschichtliches aus dem linearen Prozeß zu lösen und aufzuheben in morphologischer Typik. Diese Konzeption ist bei Heine nicht auf Originalität hin zu untersuchen, sondern auf die Konsequenzen, die sie den Dichter in den verschiedensten Belangen ziehen ließ. Das Bildfeld um Henker und Guillotine aber stellt, alles in allem, nichts anderes dar als die pointierte Versinnlichung dieser seiner unerschütterlichsten Überzeugung. Im Sausen des Fallbeils hört er stets das große, welthistorische Nevermore.

Kunst

Auch die Kunst hat er schließlich unter dieses Gesetz des Nevermore stellen müssen, nicht allein die seinige, sondern den ganzen Kosmos der in allen überlieferten Werken objektivierten Schönheit. Er hat dies theoretisch abgehandelt in seinen verstreuten Ausführungen über das »Ende der Kunstperiode«. Auch da ist er halb original und halb eklektisch (H. R. Jauss hat die Theorie als ein gesamteuropäisches Phänomen nachgewiesen); aber auch da ist die Originalitätsfrage belanglos in Anbetracht der komplexen Weise, wie er sich selber auf dem Hintergrund dieses Epochensprungs bald als Vorkämpfer der neuen, bald als letzten Zeichenträger der alten Zeiten faßt und vorstellt. Grob gesprochen könnte man seine beiden großen Versdichtungen danach unterscheiden: das *Wintermärchen* von der ersteren, *Atta Troll* von der letzteren Haltung aus. In Wahrheit spielt allerdings hier wie dort beides unlösbar ineinander, und die Elegie auf die verlorene Schönheit, auf die autonome Poesie, die dem Geschick alles Königlichen verfallen muß, wird nur hintergründiger durch sein Bewußtsein, an dem irreversiblen Vorgang mitgewirkt zu haben.

Das geht alles ein in die Gestalt der Herodias im *Atta Troll*. Im großen Geisterzug reitet sie nächtlich durch die Pyrenäen, und sie schaut den Erzähler so merkwürdig an, daß ihm ihr Blick immerfort »im Gehirne lodert«. Er weiß nicht, was ihm geschieht: »Es ergriff mich wilde Sehnsucht / Wie nach Traum und Tod und Wahnsinn«; und nur halbwegs wird ihm klar, daß sie ihn deshalb so tief fasziniert, weil sie nach der Sage einst den Mann (Johannes) töten ließ, den sie liebte.

> Nächtlich auferstehend trägt sie,
> Wie gesagt, das blut'ge Haupt
> In der Hand, auf ihrer Jagdfahrt –
> Doch mit toller Weiberlaune
>
> Schleudert sie das Haupt zuweilen
> Durch die Lüfte, kindisch lachend,
> Und sie fängt es sehr behende
> Wieder auf, wie einen Spielball.

Daß Herodias in diesem Werk die freie, herrliche, »phantastisch zwecklose« Schönheit der Kunst vertritt, kann von der Konzeption des Ganzen her nicht bezweifelt werden. Warum dafür gerade diese Figur steht, ist weniger offenkundig. Daß sie die schöne Frau schlechthin ist, beruht wohl auf einer Kontamination mit ihrer Tochter Salome und deren traditionellen Attributen. Die seltsamere und eigentlich paradoxe Verschmelzung an ihr aber ist diejenige von Scharfrichter und Opfer, die den ästhetischen Effekt der Gestalt ausmacht und doch logisch nicht ganz aufgelöst werden kann. Herodias ist tot, untergegangen, für immer dahin: »Du bist tot und liegst begraben / Bei der Stadt Jeruscholayim!« Ihre Existenz ist die eines Gespenstes, das um Mitternacht für kurze Zeit aus dem Sarge fährt.

Gerade als Gespenst aber liebt sie der Erzähler, will er sie für sich, eifersüchtig selbst noch auf den Kopf des Täufers. Er hat mit ihr gemeinsam, daß auch er über eine leidenschaftliche Liebe zu Gericht gesessen und geurteilt hat – so mindestens verstand er erklärtermaßen sein Verhältnis zur »Kunstwelt« der Klassik und Romantik. Und er muß sich selber zum Gespenst machen, wenn er noch in jener versunkenen Weise dichten will. Ebendies aber möchte er und nichts weiter: als Phantom unter Phantomen nächtlich ausschwärmen und die von der Geschichte unwiderruflich gerichtete Welt von Klängen und Lichtern mit sinnloser Passion nochmals und nochmals beschwören:

> Jede Nacht an deiner Seite
> Reit' ich mit dem wilden Heere,
> Und wir kosen und wir lachen
> Über meine tollen Reden.
>
> Werde dir die Zeit verkürzen
> In der Nacht – Jedoch am Tage
> Schwindet jede Lust, und weinend
> Sitz' ich dann auf deinem Grabe.
>
> Ja, am Tage sitz' ich weinend
> Auf dem Schutt der Königsgrüfte,
> Auf dem Grabe der Geliebten,
> Bei der Stadt Jeruscholayim.

Der Epigrammatiker
Grillparzer

Zu den berühmten Stücken unter Grillparzers Epigrammen gehört die aus spätester Zeit stammende Strophe:

> Ich war ein Dichter,
> Jetzt bin ich keiner;
> Der Kopf auf meinen Schultern
> Ist nicht mehr meiner.[1]

Das ist eines jener Zeugnisse, nach denen das Bild des alten Grillparzer im allgemeinen Bewußtsein geformt wurde. Dieses Bild hält sich auch dann in unverminderter Intensität, wenn man es mit der Erscheinung des jungen oder noch kaum gealterten Mannes konfrontiert und von daher zu korrigieren sucht. Im Gegenteil, eine solche Konfrontation verstärkt nur die Aussage des Epigramms von den zwei Hälften, in die ein Leben hier zerfallen sei. Und offensichtlich entsprach es durchaus dem Willen des Dichters, daß man ihn sich so imaginiere: als einen schwer Lädierten, an Augen, Ohren und allen Nerven Geschädigten, zu nichts mehr fähig, als schräg in seinem Lehnstuhl zu liegen und auf den zaudernden Tod zu warten. Denn dergestalt hat er sich jahrelang in allen Briefen und Gesprächen fast stereotyp einer ehrfürchtig-mitleidvollen Zeitgenossenschaft präsentiert. Wer ihn besuchte, der konnte es mit Augen sehen, und wer einen Brief von ihm erhielt, den wies er unweigerlich darauf hin, daß dieser sein ruinöser Zustand aus der Gestalt der Handschrift dokumentarisch abzulesen sei.

Nun widerspricht aber gerade das zitierte Epigramm als solches, als ein bedeutendes poetisches Produkt, der Aussage, die es so apodiktisch tut. Der Kopf, der das schreibt, sitzt fest, sonst könnte er uns nicht mit vier einfachen Zeilen vom Gegenteil überzeugen. Und wenn man sich, einmal stutzig geworden, in den Epigrammen weiter umsieht, stellt man fest, daß die gleiche Aussage, die hier den gebrochenen Greis dem einstigen Dichter klagend gegenüberstellt, schon in der produktivsten Zeit gerade dieses einstigen Dichters zu vernehmen ist. Denn nichts anderes, als was die zitierten Verse sagen, meint das Epigramm von 1826:

> Was je den Menschen schwer gefallen,
> Eins ist das Bitterste von allen:
> Vermissen, was schon unser war,

Den Kranz verlieren aus dem Haar,
Nachdem man sterben sich gesehen,
Mit seiner eignen Leiche gehen.[2]

Das ist das eine: der Nachweis, daß die Strophe vom fremden Kopf auf den eigenen Schultern nicht die spezifische Befindlichkeit von Grillparzers Alter wiedergibt, sondern vielmehr einen der Ur-Gedanken des Dichters – unter Verheimlichung ebendieser Tatsache – auf die späten Jahre anwendet. Das andere aber ist: daß es Epigramme gibt, die das genaue Gegenteil aussagen und die Vorstellung vom nur noch Scheinlebendigen, vom innerlich längst Abgestorbenen als eine Maske entlarven. Denn aus der gleichen Zeit wie jene vier Zeilen stammt auch das folgende Epigramm (es ist als Frage und Antwort zu lesen):

»Wollen Sie uns kein Gedicht mehr schenken?
Unsterbliches uns schuldig bleiben?«
Bedürfnis ists mir, Großes zu denken,
Nicht aber zu schreiben.[3]

Das ist ein Bekenntnis zur ungebrochenen Identität, ein schroffes und in der Ironisierung des Fragers fast böses Wort hinter der Maske hervor. Und die gleiche Widersprüchlichkeit in den Aussagen Grillparzers über sich selbst findet sich nun auch noch weiterhin, etwa in den zwei letzten überlieferten Unterschriften unter Bildnisse von ihm. Da schreibt er zu einem Aquarell für Josephine von Wertheimstein:

Ob das Bild mir gleicht? Ich gleiche mir selbst nicht mehr.[4]

Das tönt als ein genaues Echo auf den Satz vom fremden Kopf auf seinen Schultern. Der andere Spruch aber, vielleicht das schönste Prosaepigramm Grillparzers überhaupt, das man nur wegen seiner unglaublich einfachen Gestalt nicht beachtet, sagt etwas entschieden anderes:

Das Original ist getreuer als das Abbild.[5]

Hinter der Spitze gegenüber dem Künstler oder Photographen, die den Oberflächeneffekt des Diktums ausmacht, erscheint, durch das Wortspiel eher verstärkt als verschleiert, die Idee oder besser: das Bekenntnis zum getreuen Geist als einem der nie erschütterten Angelpunkte in Grillparzers intellektuellem Dasein. Man könnte versucht sein, dieses »getreue Original«, von dem das Epigramm spricht, unmittelbar auf die politische Haltung Grillparzers zu beziehen, auf seinen bösen Konservatismus, aber das wäre ungenau. Vielmehr ist dieser komplexe und oft genug widersprüchliche Konservatismus nur eine Dimension des getreuen Geistes, der verbissen und kompromißlos bis zum Haß an sich selbst festhält. Ja man darf wohl sagen, daß Grillparzer, nur um an sich selbst festhalten zu können, sich so früh schon die Maske des gebrochenen Alten vorgesetzt hat. Er weigerte sich, das Schicksal seiner Generation, einer der großen Generationen der europäischen Romantik, zu teilen, das der Graf von Platen einmal benannt hat mit den Versen:

> Und jener Mensch, der ich gewesen und den ich längst
> Mit einem andern Ich vertauschte, wo ist er nun?[6]

Grillparzer hat, und das ist eines seiner Geheimnisse, diese Vertauschung des Ich gespielt – um sie nicht Wirklichkeit werden zu lassen; er hat sie den Zeitgenossen vorgeführt und bis zum Anschein der Wehleidigkeit vorgeklagt: als eine beklemmende Parodie jener progressiven Selbstzerstörung, die das Lebensgeschäft aller seiner großen Dramenfiguren ist.

Dem stellt sich nun aber als ein drastisches Gegenargument das Faktum von Grillparzers dichterischem Schweigen gegenüber, der Bruch des 47jährigen Dramatikers mit der öffentlichen Institution des Theaters. Doch gerade da wäre es voreilig, von innerer Lähmung zu sprechen, von einem am Stocken der Produktivität abzulesenden Ich-Verlust. Es gibt zwar unzweideutige Zeugnisse von gelegentlicher, geradezu qualvoller Paralyse. Repräsentativ dafür sind die fünf Entwürfe zu einem politischen Aufruf aus der akuten 48er Revolution,[7] von denen keiner fertig wurde und hinter denen weniger politische Einsicht als eine unheimlich steigende politische Angst sichtbar wird – der seltsame Begriff drängt sich bei Grillparzer auf –, eine Angst, die als solche nicht mitteilbar war, weil sie sich auf dem Papier gleich wie Quietismus und mißliche Reaktion ausnehmen mußte. Hier wie dort liegt nicht Gebrochenheit vor, sondern ein Einsturz der Kommunikationsbahnen zwischen dem Ich und der Gesellschaft. Der Mann, der im hohen Alter einen Brief (an Auguste von Littrow) mit den Worten unterzeichnet: »Franz Grillparzer, schweigender Dichter«[8], ist sich bewußt, daß dieses sein Schweigen eine durchaus aktive Komponente hat, den Einschlag eines willentlichen Nein.

Das mag sich, als These, wie ein Sophisma ausnehmen; wenn einer nichts mehr zustande bringt, ist die Behauptung billig, er wolle eben nicht, bleibe aber unverwandt ein großer Poet. Genau das sagt Grillparzer jedoch nicht, sondern betont noch und noch, er sei kein Dichter mehr, und die gegenteiligen Äußerungen – »Bedürfnis ists mir, Großes zu denken / Nicht aber zu schreiben« – muß man sorgfältig suchen[9]. Allerdings haftet solchen einzelnen Äußerungen auch immer etwas Zufälliges an. Obwohl sie durch den Gegensatz zum dominierenden Habitus vermehrtes Gewicht bekommen, liegt ihr dokumentarischer Wert nicht außerhalb jedes methodisch berechtigten Zweifels. Was demgegenüber aber durchaus massiv, als festes, greifliches Argument vor uns hintritt, ist Eigenart und *Konstanz der Produktion von Epigrammen* überhaupt. Denn wenn wir diese Produktion als ein Ganzes betrachten – und dazu sind wir berechtigt –, dann erweist sie sich als ein großes schöpferisches Kontinuum, das sich ungebrochen von der frühesten Zeit bis zu den letzten Tagen erstreckt. Und so überzeugend Grillparzers Thesen von seinem mehrfach geknickten, in vorzeitige Dürre mündenden Lebensgang anzuhören sind, dieses Kontinuum ist der faktische Gegenbeweis, das Zeugnis eines stetsfort wachen und elastischen Geistes, der in seinen tragenden Sedimenten fast siebzig bewußte Jahre lang nicht das geringste Schwanken gekannt hat.

Schon Grillparzers erstes Gedicht ist ein Epigramm, *Auf zwei Vettern*[10], ein formal perfektes Stück des 13jährigen. Es schlägt – durchaus konventionell in der Lessingschen Manier – das in der Aufklärung topische Motiv der Dummheit an, jenes Thema also, welches viel später wieder, im politischen Räsonnement des alten Mannes, bedeutenden Raum einnehmen wird. Und nach diesen ersten Versuchen setzt die epigrammatische Arbeit nie mehr aus; alles, was ihn umtreibt, womit sich sein rastlos meditierender Geist beschäftigt, wird in die kleinen, präzisen Sprachstücke ausgemünzt. Man kann sich, angesichts der gewaltigen Masse, zu der diese Opuscula mit den Jahren anwachsen, des Eindrucks nicht erwehren, Grillparzer habe nicht denken können, ohne zu produzieren, und jede Überlegung, die ihm auch nur einigermaßen naheging, sei erst mit dem entsprechenden Epigramm als abgeschlossen, als in ihren Resultaten definitiv anerkannt worden. Das aber liegt nun erneut in eklatantem Widerspruch zu allen Äußerungen Grillparzers über seine Art, als Dichter zu arbeiten. Gerade die Fähigkeit, das Gedachte oder Geschaute umzusetzen in sprachliche Gestalt, streitet er sich immer wieder teilweise, wenn nicht gänzlich ab, oder er betrachtet sie als eine bereits reduzierte und rasch sich verringernde Kraft. Die spontane, aus der Imagination sich unmittelbar und unausweichlich ergebende Kreation liegt ihm, nach seinen eigenen Aussagen, völlig fern, ja gerade darin sieht er das eigentliche Signum eines Dichtertums, das ihm auf immer verschlossen bleiben müsse. An Goethe erkennt er solches und an Lope de Vega, und er bewundert sie dafür mit ernster Nostalgie. Dennoch muß man sagen, daß Grillparzer selber über Jahrzehnte hin Hunderte von Epigrammen in ebendieser spontanen Weise hervorgebracht hat. Das widerlegt nun natürlich die Berichte über die Not seines Schaffens nicht. Es besteht kein Zweifel, daß der Vergleich mit dem »armen Muscheltier«, den er im Gedicht *Abschied von Gastein*[11] anstellt, hinsichtlich der an Selbstzerfleischung grenzenden Schmerzen, unter denen er die großen Dramen schrieb, vollauf berechtigt ist. Aber das verstärkt ja nur den sonderbaren Charakter und den Symptomwert, der den Epigrammen in diesem Lebenswerk zukommt. Als die Arbeit an Theaterstücken und Gedichten längst endgültig eingestellt ist, entstehen sie weiterhin in gleichmäßiger

Zahl, ohne Stocken und ohne Minderung. Um die Besonderheiten dieser Kunst am konkreten Beispiel zu erläutern, sei ein Blick auf jene Gruppe von Epigrammen geworfen, die sich im Jahre 1839 mit dem Fürsten Metternich befassen. Nicht daß hier so etwas wie eine geschlossene poetische Formation zu finden wäre; davon kann keine Rede sein, obwohl eine überlegte Anordnung zusammengehöriger Stücke und ihre Ergänzung zu einer überzeugenden Komposition durchaus nahegelegen hätte. Aber solches übte auf Grillparzer offensichtlich nur sehr geringen Reiz aus, und so finden sich denn die Metternich-Epigramme dieses Jahres ungesiebt und zufällig unter der amorphen Masse aller anderen Stücke. Gerade das aber ist hier wichtig, denn es berechtigt, diese Strophen als in jeder Hinsicht repräsentativ auch für die übrigen zu betrachten. Was nun das Besondere daran ausmacht, ist die Tatsache, daß aus dem gleichen Jahr auch der große Aufsatz über Metternich überliefert ist. Er stellt eines der bedeutendsten Dokumente von Grillparzers politischem Denken dar, ein brillantes Zeugnis seines illusionslosen, von keiner Ideologie tangierten Blicks, der die wirtschaftlichen, die machtpolitischen und die privat-psychologischen Faktoren in der großen Maschinerie der damaligen Weltpolitik mit der gleichen unbestechlichen Schärfe analysiert. Der Metternich-Aufsatz enthüllt gleichsam eine weite, zusammenhängende, in jahrelanger Arbeit bestellte Region von Grillparzers Denken. Der Vergleich der Epigramme mit dieser Schrift zeigt deshalb beispielhaft die Beziehung, in der die Sinngedichte zum Fundament konstanter Meditation im Geist des Dichters stehen.

Auf ein System bringen läßt sich der Zusammenhang zwischen dem Essay und den Epigrammen allerdings nicht. Ein poetologischer Mechanismus, wie er etwa bei Friedrich Hebbel spielt, wo in den Tagebüchern mit fast pedantischer Ökonomie Metaphern und Ideen zu späterer Verwendung wie auf Schnüre gezogen werden, ist da nirgends festzustellen. Andererseits aber zeigt es sich, daß die Epigramme viele der wesentlichen Gedanken des Essays wiedergeben. Nicht alle Schlüsselstellen der Argumentation sind in die poetische Kleinform umgesetzt, aber es wird doch erkenntlich, wie sehr jedes einzelne Epigramm, das sich beim Durchlesen als die bloße Versifizierung eines flüchtigen Gedankensplitters ausnimmt, als das Kind eines munteren oder zornigen Augenblicks, in Wahrheit integrierender Teil eines schrittweise sich entwickelnden geistigen Konnexes ist, jener unerbittlich analysierenden Welt- und Zeitbetrachtung, die eine der Hauptarbeiten in Grillparzers Leben war. Daß er gerade das letztere genau wußte und wie sehr er es zu seinen Leistungen zählte, erhellt etwa aus dem folgenden Epigramm gegen die historische Schule:

> Kommt mir mit eurem historischen Lichte,
> In dem ihr Daten und Zahlen gebt!
> Ihr seid die Totenbeschauer der Geschichte,
> Ich habe sie schauend durchlebt.[12]

»Schauend durchleben« – das ist die Formel für jene Aktivität, von der die Epigramme das faßbar überlieferte Testimonium sind.

In der ersten Hälfte des Metternich-Aufsatzes geht Grillparzer sehr gründlich dem Einfluß nach, den Friedrich von Gentz auf den Fürsten ausgeübt hat. Die Betrachtung gipfelt in den Sätzen:

Dieser Mann [i. e. Gentz, P. M.] von hellem Verstand, aber eine sybaritische, feige Natur, als Deutscher Pedant, trotz früherer Beweglichkeit, brachte durch den Einfluß seiner Unterhaltung die Idee von System in das mousseux der geistreichen Natur des Fürsten. Ohne Instruktion, von einem mehr weiblichen, taktartigen, als männlichen, denkenden Verstand (wie er in den diplomatischen Gesellschaften und Antichambern ausgebildet wird) hatte der Fürst seine bisherigen Sukzesse der augenblicklichen geschickten Benützung der Umstände zu verdanken. Nun kam ein neues Agens hinzu: Prinzipien, von denen er bisher nichts geträumt hatte. Dieses neue Element schmeichelte seiner Eitelkeit, weil es Würde und scheinbare Konsequenz in seine Handlungen brachte; seinen aristokratischen Neigungen, denn der Aushängschild hieß: Bestehen, Legitimität; ohne auf der andern Seite seinem aphoristischen Geiste zu enge Schranken zu setzen, denn es hinderte ihn nicht, von Zeit zu Zeit mit einzelnen Intrigen dazwischenzufahren und sein diplomatisches Gelüsten zu büßen, auf die Gefahr, durch solche Husarenstreiche all das wieder zu zerstören, was ein methodischer Gang seit Jahren festgestellt hatte.[13]

Mit diesem Abschnitt in unmittelbarem Rapport steht nun das Epigramm aus derselben Zeit:

> Grundsätze, Freund, Prinzipien
> Sinds, die den Staatsmann führen.
> Sie geben Haltung, hält man sie,
> Und lassen sich ignorieren.[14]

Es ist erstaunlich, wieviel von dem Gedankengang des Essays in diesen Vierzeiler eingegangen ist, viel mehr, als man auf Anhieb daran sieht. Ohne Kenntnis des zitierten Abschnitts beachtet man die Strophe kaum und nimmt die Pointe von den Prinzipien, die sich ignorieren lassen, als eher flach und abgedroschen, als einen müden Ausfall gegen die Charakterlosigkeit der Politiker. Jene Passage des Aufsatzes aber gibt Auskunft, wie das Epigramm von Grillparzer in Wahrheit gemeint ist und in welchem imaginären Rahmen wir es zu lesen haben. Nur dort erfahren wir, was zur Pointe wesentlich gehört, daß sich nämlich die vier Zeilen an einen Staatsmann richten, der bereits jahrelang große Politik getrieben hat, ohne daß er bei dieser Beschäftigung von der Idee verpflichtender Grundsätze jemals auch nur gestreift worden wäre, und der nun durch einen fiktiven Sprecher zum erstenmal darüber aufgeklärt wird, daß es so etwas wie Prinzipien überhaupt gibt, daß deren Wert aber vor allem in ihrer Eigenschaft als Teil eines machiavellistischen Instrumentars besteht. Nach Grillparzers Intention stellt dieses Epigramm somit in winziger Form eine

Szene vor unsere Augen, jenen Moment, in dem der Fürst Metternich unter dem Einfluß Friedrichs von Gentz als Diplomat eine Mutation durchmachte und vom Pragmatiker im Stil des 18. Jahrhunderts zum systematischen Reaktionär wurde. Wenn man die Zeilen nun aber ganz unbekümmert liest:

> Grundsätze, Freund, Prinzipien
> Sinds, die den Staatsmann führen.
> Sie geben Haltung, hält man sie,
> Und lassen sich ignorieren.

und wenn man ihre auf Anhieb faßliche Aussage vergleicht mit dem, was sie nachweisbar alles beinhalten, dann ergibt sich die irritierende Erkenntnis, daß in den Epigrammen Grillparzers offenbar Gedankengänge einbeschlossen sein können, die aus dem einzelnen Stück gar nicht auszumachen sind, und daß gerade hinter den harmlos, wenn nicht banal tönenden Versen höchst originelle und scharfsinnige Überlegungen stehen mögen. Es sei hier jedoch nicht gefragt, was sich aus einer solchen Feststellung für den poetischen Wert dieser Gebilde ergibt, sondern nur ein Licht geworfen auf das erwähnte große Kontinuum des »schauenden Durchlebens« in Grillparzers Existenz und auf die spezifische Relation, in der die Epigramme dazu stehen. Um ein Bild zu gebrauchen: Sie muten an wie die Reihen schwimmender Korken auf einem See, an denen große Netze hangen, die man nicht sieht und deren Beute man nur ungefähr zu schätzen vermag.

Andere Stellen des Metternich-Aufsatzes sind allerdings direkter, vollständiger ins Epigrammatische umgesetzt. So etwa die geistvolle Passage über des Fürsten späte Ehe:

– der alternde Fürst hatte zum dritten Male geheiratet. Da der Leitstern seiner Handlungen im Privat- wie im öffentlichen Leben immer das Gelüsten war, so nahm er sich ein junges, rasches, ungebildetes, von einer hochmütigen und bigotten Mutter geleitetes Weib. So sehr sich der Fürst durch großartigen Leichtsinn und vornehmes Behagen konserviert hatte, mußte doch mancher Wunsch der rüstigen Magyarin unerfüllt bleiben. Um desto mehr galt es, die erfüllbaren Wünsche zu befriedigen. Schenken, Geben, Zuvorkommen war die Losung. Aber Hals- und Armschmuck, Perlen und Diamanten hatte sie zu Genügen. Was blieb da zu geben als: zum Geburtstagsangebinde die Jesuiten, zum Neujahrsgeschenke die gemischten Ehen?[15]

Auf diesen Abschnitt antworten zwei Epigramme, die unter dem gemeinsamen Titel ›Fürstliche Freigebigkeit‹ stehen:

> 1. Mein liebes Kind, mein holder Schatz,
>   Was kann ich dir noch bieten?
>   Du hast schon Halsband, Schmuck und Kleid.
>   Nimm denn die Jesuiten.

II. Morgen fällt dein Namenstag,
Um dich froh zu sehen,
Schenk ich dir zum Angebind
Die gemischten Ehen.[16]

Das gibt die angestellten Gedanken prägnant wieder, mit einer leichthändigen satirischen Zuspitzung, die sich vor keinem Vergleich mit der besten
Tradition deutscher Sinngedichte zu scheuen braucht. Und doch zeigt es
sich bei näherem Zusehen, daß eine Überlegung, die im Prosatext sichtbar
wird, in den Epigrammen bis zur Unkenntlichkeit reduziert ist. Und zwar
betrifft dies einen spezifisch Grillparzerschen Gedanken, jene Beziehung
von Erotik und Politik, der er in seinen historischen Studien, in den Dramenplänen und in den vollendeten Werken so oft nachgegangen ist. Der
Aufsatz macht es nämlich deutlich genug, daß Grillparzer überzeugt war,
Metternich habe seine Dekrete über die Jesuiten und über die gemischten
Ehen nur deshalb ausgestellt, weil er damit seine »rüstige Magyarin« für
eine zunehmende Schwäche der eigenen Männlichkeit entschädigen zu
können glaubte. Das steckt zwar drin in den Versen:

Mein liebes Kind, mein holder Schatz,
Was kann ich dir noch bieten?

aber man hört den schnöden Affront doch wohl nur dann heraus, wenn
man die Abhandlung kennt.

Der vielleicht eindrücklichste Gedanke des Metternich-Aufsatzes findet
sich in dem folgenden Abschnitt, der inhaltlich unmittelbar anschließt an
die Ausführungen über des Fürsten Akquisition praktikabler Grundsätze:

Dieses Sich-Andichten und Vorlügen von Gesinnungen und Prinzipien hatte nur
die üble Folge, daß à force de répétition der Fürst endlich anfing, seine eigenen Lügen zu glauben, was immer der Zeitpunkt ist, wo der Betrüger in den Betrogenen
übergeht. Auch der Fürst entging dieser Klippe nicht, und der als gran tacaño anfing hat als Don Quixotte aufgehört.[17]

Aus diesem Passus wurde, und zwar diesmal in fast minuziöser Auswertung
aller Nuancen der formulierten Idee, das beste aller Metternich-Epigramme
und eines der hervorragendsten Kurzgedichte Grillparzers überhaupt:

Grabschrift

Hier liegt, für seinen Ruhm zu spät,
Der Don Quixot' der Legitimität,
Der Falsch und Wahr nach seinem Sinne bog,
Zuerst die andern, dann sich selbst belog,
Vom Schelm zum Toren ward bei grauem Haupte,
Weil er zuletzt die eignen Lügen glaubte.[18]

166

Daß die Verse als Epitaph konzipiert sind, hängt damit zusammen, daß Metternich 1839 plötzlich auf den Tod erkrankte. Niemand glaubte mehr an ein Aufkommen, und dieser jähe physische Zusammenbruch des Staatsmanns hat bei Grillparzer sowohl den Aufsatz als auch das breitgeführte Gedicht *Der kranke Feldherr*[19] und eben die zitierte Grabschrift entstehen lassen. Es war offenbar die Thematik von Glück und Ende, der unverhoffte Umschlag vom einen zum andern, was diesen produktiven Stoß auslöste. Ein Vergleich des erwähnten Gedichts vom *kranken Feldherrn* mit der *Grabschrift*, die ja beide ein abschließendes Wort zur Gestalt Metternichs überhaupt sein wollen (im Unterschied zu den vorigen Epigrammen), wäre höchst verlockend. Denn während das Epigramm, nach dem Zeugnis des Aufsatzes, den Kommentar des welthistorisch geschulten Tagespolitikers Grillparzer zu seinem Zeitgenossen Metternich wiedergibt, setzt das Gedicht zwar am gleichen Punkte ein, wächst sich dann aber rasch aus zu einer grandiosen Arie von der Selbstvernichtung des Menschen nach der für Grillparzer spezifischen Fatalitätskurve. Selbst hier also, an der Differenz zweier Gedichte auf den gleichen Anlaß, zeigt sich das Besondere, das den Epigrammen im Rahmen von Grillparzers poetischer Gesamtproduktion zukommt, ihr unvergleichlich engeres Verhältnis zur täglichen Verstandesarbeit. Was er hinsichtlich der Genese seiner Dramen und Gedichte immer wieder mißmutig beklagt, sie hätten bei ihrer Konzeption, ihrer ersten phantastischen Geburt in einer geradezu glühenden Lebendigkeit vor ihm gestanden, seien ihm aber nachher unter den Händen erstarrt und bis zur Unkenntlichkeit erkaltet, diese heillose Dialektik zwischen dem Kunstwerk als Actus und dem Kunstwerk als Opus – sie ist epochentypisch – trifft auf die Epigramme nicht zu. Die Formel, die sich schon in einem frühen Gedicht (*Licht und Schatten*, 1817)[20] findet und die für ihn die Gültigkeit nie verloren hat: »Warm, was ich dachte / Kalt, was ich schrieb«, diese Formel spart in seinem gesamten Schaffen wohl einzig die Epigramme aus. Sie sind, um jene Begriffe aufzunehmen, kühl gedacht und kühl geschrieben. Während im großen Gedicht ›Der kranke Feldherr‹ die Gestalt Metternichs unversehens seltsam flackernde Züge annimmt, Züge eines Jason oder eines Otto von Meran, gibt die *Grabschrift* mit harter Sachlichkeit jene Erkenntnis wieder, die der Beobachter Grillparzer am Fürsten gewonnen hat, eine Gesetzmäßigkeit des politischen Lebens, die, grotesk und unheimlich in einem, das Geschick der europäischen Staaten tatsächlich bis heute wesentlich bestimmt hat. Es ist die Erkenntnis, daß jeder, der an der Macht ist, um diese Macht zu halten, lügen muß, daß aber nicht darin die eigentliche Korruption des Mächtigen durch die Macht besteht, sondern erst in dem nächsten Schritt, der möglicherweise gerade durch den noch verbliebenen Rest von Sittlichkeit im Mächtigen bewirkt wird. Endgültig fatal und gleichzeitig unheilbar wird die Situation nach Grillparzer nämlich dort, wo der mächtige Lügner seine

Lügen zu glauben beginnt und – das sagt Grillparzer nicht mehr, aber man hat es erfahren – aus diesem Glauben eine stete, ungebrochene, begeisterte Tatenlust zu seiner üblen Sache empfängt. Der Vergleich Metternichs mit Don Quijote, den Grillparzer der *Grabschrift* zugrunde legte, will den Fürsten also nicht einfach als Narren bezeichnen, sondern meint diesen präzise beschreibbaren Prozeß. Die fast schauerliche Konsequenz des Gedankengangs, die Grillparzer meditierend zweifellos gezogen hat, ist aber die, daß der Machiavellist an der Spitze des Staates besser ist als derjenige, der auf die Stimme seines Gewissens hört. – An solchen Stellen verstehen wir, daß der Dichter von Lähmung befallen wird, wenn er in einem öffentlichen Aufruf erklären soll, was nun im Staate zu tun und zu lassen sei.

Wie die Gruppe der Metternich-Epigramme von 1839, zu der noch andere, sowohl frühere als auch spätere Stücke über den gleichen Mann treten, ließen sich aus der Gesamtmasse von weit über tausend Sinngedichten ähnliche, einigermaßen homogene Formationen herausheben, wobei es eine attraktive Aufgabe wäre, jenes Fundament zusammenhängender Überlegungen zu rekonstruieren, dessen Existenz die Epigramme bezeugen und das uns im Fall der Metternich-Gedichte ausnahmsweise als fertiger Aufsatz vorliegt. So ergäben etwa die Epigramme über die Dummheit eine faszinierende poetische Konstellation. Ich zitiere nur einige wenige. Sie sollen zeigen, daß hier in nuce so etwas wie eine Phänomenologie der Dummheit skizziert ist, der Dummheit als eines ewig-lebendigen Faktors in Kultur und Politik. Aus dem Jahre 1848 stammt die feierliche Anrede:

> Ich grüße dich mit ehrfurchtsvollem Grauen,
> O Dummheit, hohe Königin der Welt,
> So kommst du her in unsre fernen Gauen,
> Zu sehen ob dein Reich auch wohl bestellt?[21]

Den Unterschied zwischen Deutschland und Österreich, der Grillparzer sein Leben lang beschäftigt hat, führt er einmal auf eine typologische Opposition zurück:

> Die Dummheit in verschiedenem Kleid
> Wird in Deutschland und Österreich frei,
> Bei uns die Dummheit aus Unwissenheit,
> Dort die Dummheit aus Vielwisserei.[22]

Er weiß aber auch, daß diese Geistesbeschaffenheit vor allem dann ernsthaft wird, wenn sie sich mit politischer Macht paart:

> Ein Dummkopf bleibt ein Dummkopf nur,
> Für sich, in Feld und Haus.
> Doch wie du ihn zu Einfluß bringst,
> So wird ein Schurke draus.[23]

Das erfährt dann später noch eine kontrapunktische Ergänzung:

> Daß die Schurken so mächtig heute,
> Wollt ihr wissen, warum;
> Es kommt daher, daß die ehrlichen Leute
> Entsetzlich dumm.[24]

Als kurz vor der Schlacht bei Königgrätz ein kaiserliches Manifest die Hilfe Gottes anrief, schrieb der Dichter dazu den bösen Kommentar:

Feindesgefahr

> Die Hilfe Gottes, muß ich vermuten,
> Liegt für uns heute ein wenig im weiten,
> Denn nach diesem Leben hilft er den Guten,
> In diesem Leben den Gescheiten.[25]

Dieser für Grillparzer so überaus bezeichnende Gedanke, daß der liebe Gott es mit den Intelligenten und Vernünftigen halte, führt also soweit, daß er bei einem beginnenden Krieg die Fortüne seiner Partei nach dem Einschluß von Dummheit berechnet, der an ihr festzustellen ist. Das wird in dem folgenden Epigramm noch pointierter gesagt, so spitz, daß es vermutlich auch eine aufgeklärte Theologie nicht mehr ganz einwandfrei finden dürfte. Das Stück besteht aus zwei Vierzeilern, von denen der erste zunächst selbständig konzipiert war und erst nach einigen Jahren durch die zweite Strophe ergänzt wurde. Das Ganze richtet sich gegen die Historiker hegelianischer Tradition, die Grillparzer ebenso schroff ablehnte wie die neu aufkommende streng positivistische Geschichtsforschung. Aufschlußreich ist dabei die Art, wie er in der ergänzenden Strophe die Dummheit der moralischen Schlechtigkeit gegenüberstellt und erklärt, von den beiden Lagern reüssiere in der Politik und mithin auch in der Geschichte ganz allgemein das letztere. Das heißt aber in der Konsequenz nichts anderes, als daß die Theorie vom unaufhaltsamen Fortschritt einer göttlich fundierten Geschichte zu einem stets besseren sittlichen und materiellen Gesamtzustand für den Weltbeschauer Grillparzer vom Phänomen der Dummheit her ad absurdum geführt wird.

Historische Schule

> Wenn ihr aus der Geschichte Gott studiert,
> Ist die Aussicht eine geringe,
> Studiert aus ihr nur, wie sichs gebührt,
> Die menschlichen Dinge.

> Denn im Verstehn von Gottes Art
> Sind wir und bleiben Kinder,
> Er straft vor allem die Dummen hart,
> Die Schlechten minder.[26]

Von dieser Gruppe aus ließe sich nun sehr leicht eine Brücke schlagen zu jener Schar von Epigrammen, die sich mit dem Kaiser Franz Joseph befassen und die vor allem in Grillparzers letzten Jahren stark angewachsen ist. Es sind Gedichte, die einen durchaus eigenen Ton haben, einen Stich ins Gutmütige, wie er sich sonst eher selten findet. Das hängt vermutlich mit dem Charakter des Monarchen zusammen; es darf aber nicht darüber hinwegtäuschen, daß Grillparzer wohl gerade an der Figur Franz Josephs seine obenerwähnte Theorie von den intellektuellen Vorbedingungen zum politischen Erfolg bestätigt fand. Zu den amüsantesten Epigrammen des Dichters gehören jene, die sich über die sprichwörtliche Jagdleidenschaft des Herrschers mokieren. Zum Beispiel:

> Unser guter Landesvater
> Sorgt für uns ohn Unterlaß,
> Er geht auf die Jagd
> Und schießt uns was.[27]

Oder:

> Man kann so leicht den Faden verlieren,
> Ich habe mich schon öfter gefragt:
> Ruht er auf der Jagd aus vom Regieren,
> Oder im Regieren von der Jagd.[28]

Überwältigend schließlich:

> Regierungssorgen
>
> Immer jagen, immer jagen!
> Hört man den Volksmund klagen.
> Um dem Vorwurf zu entwischen,
> Fing er nun auch an zu fischen.[29]

Einen ganz andern, schneidenden Klang aber bekommt das gleiche Thema in dem einfachen Zweizeiler aus den Tagen vor Königgrätz:

> »Ich jage!« – »Du jagst!« – »Er jagt!« –
> Gebt acht! Ihr werdet gejagt![30]

Und in Wahrheit ist denn auch das wohlwollend Verzeihende der vorigen Stücke nur auf dem Grund der Tatsache möglich, daß Grillparzer auf den Monarchen seit Jahren nicht die geringste politische Hoffnung mehr gesetzt hat. Ein Epigramm wie das folgende, das geschrieben wurde, nachdem sich Franz Joseph während eines Sturms fahrlässig auf die hohe See begeben hatte, ist im Grunde vernichtender als die schärfste Attacke:

> Vorsicht ist keine Schande,
> Suche nicht freiwillig die Gefahr;
> Bedenk, du bist notwendig deinem Lande,
> Bis dein Sohn sechzehn Jahr.[31]

Damit liegt nur ein kleiner Teil der Epigrammatik vor, die Grillparzer seinem letzten Kaiser gewidmet hat, jenem Manne, dessen Geburt er einst, 1830, mit einem großartigen, in seiner Verbindung von Skepsis und Hoffnung ergreifenden Gedicht begrüßt hatte (*Bei der Geburt eines Prinzen*)[32] und der ihm doch schon 1852, kaum war er ein paar Jahre gekrönt, eine seiner bittersten Strophen abnötigte:

> Ich bin euch wie früher ergeben,
> Nur der Grund ist ein andrer und neu,
> Sonst war ichs aus Liebe eben,
> Jetzt aus Abscheu vor der Gegenpartei.[33]

Zum Abschluß stellt sich die Frage nach der ästhetischen Qualität, und gerade das ist bei diesem Gegenstand etwas heikel. Das Einfachste wäre, die Sinngedichte mehr als biographische Dokumente zu nehmen, wobei man sich sogar auf den Autor selber berufen könnte, der mehrfach erklärt hat, seine Gedichte seien seine Biographie.[34] Andererseits aber zeigt die kritische Ausgabe zur Genüge, daß Grillparzer an unzähligen Epigrammen lange gearbeitet, sie wieder und wieder umgeschrieben und oft nach Jahren erneut in Angriff genommen hat. Wir dürfen und müssen sie der Frage nach dem poetischen Wert aussetzen. Das aber setzt einen Maßstab voraus. Nach guter Tradition würde der zu finden sein in den renommiertesten Mustern der Gattung, das heißt in unserem Fall: in der Epigrammatik des deutschen 18. Jahrhunderts, insbesondere Lessings. Und tatsächlich gibt es viele Stücke, die sich in ihrer aggressiven Präzision, in der gewissermaßen resonanzlosen, allein dem sicheren Schnitt des Gedankens dienenden Luzidität mit Lessing messen dürfen. Drei Beispiele mögen hier für viele stehen:

Rothschilds Sammlung für die Armen

> Im Schenken ohne Maß, im Darleihn klug bedacht,
> Erquickst du Bettler heut, die gestern du gemacht.[35]

An eine hohe Gönnerin der Karlisten

> Mit Unrecht schützest du so schlechte Leute,
> Schickst ihnen Geld mit eignen hohen Händen,
> Du kennst sie freilich nur von ihrer guten Seite:
> Vom Glauben, Beten und vom Schänden.[36]

Das dritte ist gegen einen Minister gerichtet, der sich den Wahlspruch »In cruce spes mea« zulegte:

In cruce spes mea

Stellst deine Hoffnung du aufs Kreuz?
Wir wollen um ein Wort nicht balgen.
Ein gleicher Wunsch lebt unsrerseits,
Wir sähen längst dich gern am Galgen.[37]

Das ist aufklärerische Tradition, Poesie als schlankes Vehikel für die agonale Idee, als Instrument der autonomen, freiheitschaffenden Vernunft. Daß Grillparzer als Dichter, als Politiker und als Weltbetrachter dem josephinischen 18. Jahrhundert sein Leben lang mit festen Strängen verhaftet blieb, ist eine Tatsache, die nicht genug betont werden kann. Und doch wäre es verfehlt, seine Produktion von Epigrammen nun auf Lessingsche Prägungen hin durchzugehen und eine entsprechende Qualitätsstufung vorzunehmen. Denn was immer uns persönlich berührt an diesen Dingen, wo immer uns Grillparzer leibhaftig entgegenzutreten scheint, das ist gerade nicht auf jene schlagende Präzision gearbeitet, sondern hat etwas absichtsvoll Ungeschliffenes, fast Sprödes, wie man es etwa aus den »Sprüchen« des alternden Goethe kennt. Und diese Art von Epigrammen ist es ja auch, an welcher der Zusammenhang mit dem Kontinuum von Meditation erst sichtbar wird, von dem als einem nie geschwächten Fundament der geistigen Existenz des Dichters die Rede war. Die Epigramme, ihrem Wesen nach eine entschieden gesellschaftsbezogene, auf rasche und überzeugende Kommunikation zielende Gattung der Poesie, werden bei Grillparzer – unter vorgegebenem Festhalten an diesem Charakter – zu einer merkwürdig monologischen Form. In dieser Widersprüchlichkeit liegt ihre Essenz und ihre eigenartige ästhetische Ausstrahlung. Sie bezeugen und bewältigen in einem Gange die tiefe soziale Isolation des Dichters, der ein durch und durch politischer Autor war in einem Staatswesen, das von ihm nichts wissen wollte.

Anmerkungen

1 Franz Grillparzer: Sämtliche Werke. Historisch-kritische Gesamtausgabe, hrsg. von August Sauer, fortgesetzt von Reinhold Backmann. Wien 1909–1948 (im folgenden abgekürzt SW), I/12/1, S. 338.

2 SW I/11, S. 74. Auf die künstlerische Bedeutung der Epigramme weist Zdenko Škreb hin in »Grillparzers Epigramme«. In: Jahrbuch der Grillparzer-Gesellschaft 3. F., 3. Bd., 1960, S. 39–55.

3 SW I/12/1, S. 358.

4 SW I/12/1, S. 355.

5 SW I/12/1, S. 346.

6 Ghasel 17, »Der Strom, der neben mir verrauschte...« Platens sämtl. Werke, mit einer Einl. von Karl Goedeke, 4 Bde. Stuttgart o. J., Bd. 2, S. 12.

7 SW I/13, S. 201 ff.

8 26. Dezember 1868.

9 Analoge Epigramme sind z. B. noch:

> So willst du von der hohen Kunst dich trennen?
> Zwar dich nicht, aber uns, durch dich, in dir?
> Sieh nur den Wahnsinn durch die Straßen rennen,
> Die Frechheit und der Selbstsucht rohe Gier.
>
> (SW I/12/1, S. 208)

> »So ist dir erloschen der Musen Gunst,
> Erlahmt dein ganzes Streben?«
> Mein Freund ich treibe die schwere Kunst,
> In diesen Zeiten zu leben.
>
> (SW I/12/1, S. 210)

> Ich spreche nicht, wo jeder spricht,
> Wo alle schweigen, schweig ich nicht.
> Weh mir und euch, wenn ich von uns je wieder singe,
> Ich bin ein Dichter der letzten Dinge.
>
> (SW I/12/1, S. 241)

10 SW II/5, S. 3.

11 SW I/10, S. 16 f.

12 SW I/12/1, S. 217.

13 SW I/13, S. 166.

14 SW I/12/1, S. 101.

15 SW I/13, S. 174 f.

16 SW I/12/1, S. 100.

17 SW I/13, S. 167.

18 SW I/12/1, S. 105.

19 SW I/10, S. 181 ff.

20 SW I/10, S. 11.

21 SW I/12/1, S. 202.

22 Ebenda.

23 SW I/12/1, S. 169.

24 SW I/12/1, S. 336.

25 SW I/12/1, S. 337.

26 SW I/11, S. 273.

27 SW I/12/1, S. 351.

28 SW I/12/1, S. 350.

29 SW I/12/1, S. 330.

30 SW I/12/1, S. 338.

31 SW I/12/1, S. 352.

32 SW I/10, S. 103 ff.

33 SW I/12/1, S. 237.

34 Gespräche 1148 und 1541.

35 SW I/12/1, S. 37.

36 SW I/12/1, S. 152.

37 SW I/12/1, S. 281.

Die Trieblizenz des historischen Erzählens
Am Beispiel von Gotthelfs
»Kurt von Koppigen«

> Je vais écrire un roman dont l'action se passera trois siècles
> avant Jésus-Christ, car j'éprouve le besoin de sortir du
> monde moderne, où ma plume s'est trop trempée et qui
> d'ailleurs me fatigue autant à reproduire qu'il me dégoûte
> à voir.
> (Flaubert am 18. März 1857 an Mlle Leroyer de Chantepie,
> über *Salammbô*)

> Mich beschäftigt etwas Neues, kein ungefährliches
> Thema. Daß ich es wiederum in alte Zeit (Charlemagne)
> verlege, hat seinen Grund darin, daß ich für meine etwas
> großen Gestalten eine geräumige Gegend und wilde Sit-
> ten brauche.
> (C. F. Meyer am 20. Februar 1884 an Louise von François,
> über *Die Richterin*)

Gotthelf und das Wasser

Wie viele der großen bürgerlichen Dichter, die sich unter die Pflicht gestellt sahen, die feste Ordnung zu zeigen, das rechte Leben zu lehren und
alle Maß- und Schrankenlosigkeit zu bannen, war Gotthelf von Katastrophen fasziniert. Nicht anders als bei Stifter gewinnt bei ihm das Erzählen
seine höchste Gewalt, wo es von der höchsten Gewalt in der Natur handelt. Und wenn C. F. Meyer berichtet, wie der sterbende Gottfried Keller
von ausbrechenden Wassern phantasierte, von der großen Überschwemmung, die den zweiten Teil des Salander-Romans abschließen sollte[1], muß
man daran erinnern, daß Meyer selbst die riskanteste Szene seines literarischen Schaffens, den Bekenntnismoment der inzestuösen Liebe in der
Richterin – »Ich begehre die Schwester!« –, an einen Ort der tobenden Gewässer, der »rasenden Flut« versetzt hat.[2] Mit einem »furchtbaren Eis-
gang« und der Überschwemmung der Leopoldstadt endet Grillparzers Erzählung vom *Armen Spielmann*. Und Stifter, der sich dieser Dichtung nur
erwehren konnte, indem er eine Echo-Erzählung dazu schrieb, den *Armen
Wohltäter* (den späteren *Kalkstein*), gestand die intertextuelle Verknüpfung
ein durch die Aufnahme eben dieser Thematik. Zum Spielmann wie zum
Wohltäter gehört die Situation, wo sie bis zur Brust in den kalten Wassern
der ausgetretenen Flüsse stehen.[3] Gotthelf, der mit der *Wassernot im Em-
mental* einen der hinreißendsten Tatsachenberichte seines Jahrhunderts ge-

schrieben hat, erlebte das eigene Schreiben als einen Vorgang, der anders nicht denn als ein solcher Ausbruch von Wassergewalt zu begreifen war. Im Sommer 1837 schrieb der fast Vierzigjährige seinen Erstlingsroman und fand über dieser Arbeit zu sich selbst. Am 13. August des gleichen Sommers traten alle Flüsse des Emmentals reißend über die Ufer. Gotthelf sah das und schrieb darüber und erklärte wenig später, daß es mit seinem eigenen Schreiben genau so zugegangen sei: »Dieses Leben mußte (...) losbrechen auf irgend eine Weise. Es tat es in Schrift. (...) ich möchte sagen der Ausbruch eines Bergsees (...) Ein solcher See bricht in wilden Fluten los, bis er sich Bahn gebrochen, und führt Dreck und Steine mit in wildem Graus.«[4]

Die Semantik der wilden Gewässer im 19. Jahrhundert ist mehrschichtig. Sie hat ihre politische Dimension in den Chiffren der Angst, Abwehr und Warnung vor der Revolution[5], und sie hat ihre erotische Dimension in den Chiffren der Angst, Abwehr und Warnung vor der Leidenschaft. »... aber aus dem dumpfen Brausen des Meeres tönete es mir immerfort, gleich einem finsteren Wiegenliede: Aquis submersus – aquis submersus!« heißt es bei Storm[6], der damit eindimensional fortführt, was die *Wahlverwandtschaften* in höchster Komplexität initiiert haben: den Wassertod des in der Passion gezeugten Kindes.

Zu diesen Gewässern gehören die Dämme, die Ufer, die festen Ränder, gehört die deutliche Grenze und die Pflicht der dauernden Überwachung. Ein einziges Mal hat Gotthelf eine Erzählung geschrieben, *Kurt von Koppigen*, in der es noch keine Deiche und Wehre und Abdämmungen gibt. Der Welt, in der sie spielt, fehlt wesentlich die klare Trennung von Wasser und Land. »... die Gewässer, von denen man oft nicht wußte, sollte man See oder Sumpf, Bach oder Fluß sie heißen.«[7] – »Keine Dämme faßten die Emme ein und hinderten sie, ihr Bett zu verlassen...«[8] – »Schon damals belebte die Forelle die klaren Bäche und größer und mächtiger als jetzt. Der Lachs stieg zur Laichzeit die Bäche herauf, hellen Kies suchend für seine Nachkommenschaft (...). Stolze Hirsche brachen durch die Büsche, schwammen durch die Flüsse...«[9] – »Wald und Wild und Wasser und sonst nichts.«[10] Das ist ein Gegenbild zu jener Vorstellung von Stau und Dammbruch, mit welcher Gotthelf seine eigene Kreativität zu begreifen versuchte, ein Gegenbild jedoch innerhalb des übergreifenden Sinnzusammenhangs vom Wasser als dem ungesetzlichen Element, dem ordnungsfeindlichen, der Ordnung als ein Älteres lange vorausliegenden. Wenn die dichterische Arbeit für Gotthelf in Analogie tritt zum ausbrechenden Wasser, dann muß sie auch mit der Vision einer Welt der ungedämmten, frei mäandrierenden, regellos stehenden und ziehenden Fluten in einem semantischen Rapport stehen.

Wo immer von Geschichte als Literatur die Rede ist, muß kategorial unterschieden werden zwischen der Umsetzung der eigenen Epoche in Literatur und dem poetischen Sprung in eine gänzlich andere, lang vergangene Zeit. Intentionalität und Verfahren beider Genres sind völlig verschieden. Wer die eigene Epoche, die gegebenenfalls mehrere Jahrzehnte zurückreichen kann, ins literarische Werk holt, Geschichte also versteht als das Kontinuum, in das er selbst eingebunden ist, und nicht als den Gegensatz zur Gegenwart, der arbeitet an der Identitätsfindung seiner Zeit und mithin seiner selbst. Der entscheidende Vorgang ist dabei das Erscheinen des Zeitgenossen mit seinem vollen Namen auf der Bühne, im Roman, in der Story. Zeitgenosse ist, wer mit mir lebt, gelebt hat, noch leben könnte. So war Skandalon und Faszinosum der Dokumentarliteratur nicht ihre Arbeitsweise, nicht das Collagieren und Montieren, sondern das Prinzip: der Zeitgenosse mit vollem Namen auf der Bühne. Das allein verbindet den formal konventionellen *Stellvertreter* mit der formal innovativen *Ermittlung*.

Historisches Erzählen als Gang in eine ferne Vergangenheit aber, was ist es? Es ist rückwärtsgewandte Science-fiction. Warum? Die »fiction«, die in der historischen Erzählung entwickelt wird, hängt auf gleiche prekäre Weise von einer »science« ab wie in irgendeinem Weltraumroman. Nur ist die Wissenschaft hier nicht naturwissenschaftlich-technischer, sondern kultur- und sozialwissenschaftlicher Art. Aber dilettantisch ist das Verhältnis der »fiction« zu ihrer »science« hier wie dort. Denn hier wie dort werden die erhärteten Daten vom Zweck zum Mittel, zum Anlaß, wenn nicht zum Alibi für ein Unternehmen, dem an der Wirklichkeit des Vergangenen resp. Zukünftigen weit weniger gelegen ist, als vorgegeben wird. Das Kostüm, in dem der Held einer historischen Erzählung auftritt, ist weniger die Veranschaulichung einer vergangenen Welt als so etwas wie die schwarze Maske des nächtlichen Diebs, der sich in unsere gepflegten Wohnräume einschleicht, um da sein dunkles Handwerk zu treiben. Wo die historische Erzählung tatsächlich im Dienst der Historie steht und nichts weiter, wird sie trivial. Erst von da an, wo sie nur so tut, als stünde sie im Dienst der Historie, wird sie bedeutend, und sie wird um so bedeutender, je besser sie verheimlicht, in wessen Dienst sie tatsächlich steht. In wessen Dienst, beispielsweise, steht denn letztlich und tatsächlich Schillers dramatische Erzählung vom Zweikampf zwischen den Frauen Maria und Elisabeth?

In dem Augenblick, wo man auf diese Frage hin stutzt, überlegt, einerseits meint, das sei ja längst klar, andererseits doch wieder zögert mit der Antwort, in diesem Augenblick erfährt man etwas von der vitalen Spielregel des historischen Erzählens, seiner Verschlagenheit und Doppelbödigkeit.

Was mit der Antwort zögern läßt, ist die Spannung zwischen – vereinfacht gesagt – Idee und Traum. Eines wie das andere treibt den Autor in die Geschichte. Als Ideenträger eignet sich der historische Gegenstand besser als jeder Stoff aus der Gegenwart. Schillers philosophische Anthropologie schreit förmlich nach Veranschaulichung durch heftig kolorierte historische Figuren. Die Resultate der Reflexion und des scharf kontrollierten moralischen Gefühls versinnlichen sich leicht und einprägsam mittels der Spielfiguren, die ich mir aus jeder geschichtlichen Epoche zusammenstellen kann. So wie die idealistische Reflexion sich die Jeanne d'Arc aus der großen Truhe greift, greift die marxistische nach Galilei, die existentialistische nach den Wiedertäufern, die feministische nach Kassandra. Und mit dieser Idee gibt sich denn auch im nachhinein die Interpretation am liebsten ab.

Dennoch funktioniert das historische Sujet als Ideenträger ästhetisch nur dann, wenn es gleichzeitig noch etwas ganz anderes verkörpert, etwas mit der Idee zutiefst Unvereinbares, das sich ihr doch in spektakulärer Widersprüchlichkeit im ästhetischen Ereignis verschwistert: Traum-Material[11], die Ausgeburten des Begehrens und der verbotenen Wünsche. Das drängt hier wankend heran, phosphoreszierend in acherontischen Farben, und fährt in die Hüllen der Idee wie der Wind in die Vogelscheuchen.

Das sei, kann man sagen, etwas gar einfach. Es soll besser begründet werden im Blick auf eine Kategorie, die für das historische Erzählen unabdingbar ist, die Kategorie »Kolosse und Extremitäten«. Die Formel stammt bekanntlich aus den *Räubern*, ist dort ein verzweifelter Sehnsuchtsschrei. Karl Moors Ausruf – über einem Buch ausgestoßen! – benennt den Stachel, der das historische Erzählen seit je in Bewegung setzt. Man sucht die Größe, das Mächtige in Gestalten und Szenen, das man in der eigenen Gegenwart schmerzlich vermißt. Insofern setzt historisches Erzählen den Ekel an der eigenen Epoche voraus. Wo immer die Parole »Kolosse und Extremitäten« ausgegeben wird, ist auch ein charakteristischer Degout vor der Gegenwart zu finden. Man könnte durchaus von einem gattungskonstitutiven Ekel sprechen. Genau so aber, wie sich die banale Gegenwart zur sagenhaften Zeit der Kolosse und Extremitäten verhält, verhält sich das kontrollierte Bewußtsein zum Traum und seinen Gestalten. Was der historischen Reflexion als der Glanz der alten Zeit erscheint, das ist auf der Ebene des Traums die leuchtende Verkörperlichung des verbotenen Wunsches, sind die bewegten Masken des Begehrens.

Man kann nun sagen, so kolossal gehe es ja gar nicht immer zu in der historischen Erzählung. Sie handle doch meist von Menschen wie du und ich in etwas altertümlichen Kostümen. Der Faktor »Größe«, der hier gemeint ist, muß indessen nicht unbedingt als menschliche Kolossalität im landläufigen Sinn erscheinen. Er kann auch seine Ausprägung finden in einer unerhörten Natur, in Landschaften, die, als die versunkene Gestalt des bekannten Heutigen, dieses in der Grandeur der Kontur und des Lichteinfalls übersteigen.[12] Oder es erscheint die »Größe« als eine urtümliche Simplizität des Lebens, jene spezifische Monumentalität des ehrwürdig Einfachen, die sich seit Goethes *Götz* wie ein szenischer Refrain durch das historische Erzählen zieht, sehr oft, wie etwa im *Kohlhaas*, als das Aufscheinen einer rousseauistischen Urfamilie. Von hier aus ergibt sich dann auch ein Bezug zur Sprachgestalt des historischen Erzählens, seiner Neigung, jenes großartig Einfache archaisierend oder sonstwie lapidarisierend auf der Klang- und Stilebene einzuholen – bis hin zur hieratischen Monotonie des *Witiko*, die sich ja deutlich genug als langsames Gegenwort zum quicken Gerede einer verabscheuten Gegenwart zu erkennen gibt. Auch wo die Autoren es bestreiten, ist die Wirklichkeit, die in der historischen Erzählung betreten wird, eine grundsätzlich gesteigerte. Semantisch überdeterminiert, verkörpert sie das Andere des Ekels vor dem Zeitgenössischen. Mag Walter Scott in seinen weitläufigen Einleitungen, Nachreden und Anmerkungen noch so detailfreudig auf der dokumentarischen Echtheit des Erzählten, dem ganz und gar geschichtlich Sachlichen insistieren, wenn man den ersten Auftritt Rowenas oder Rebeccas im *Ivanhoe*[13] nachliest, erkennt man rasch, worin der Unterschied besteht zwischen der Optik der historischen Forschung und dem Traumlicht der Geschichte als einer gesteigerten Wirklichkeit. (Und was dem alten Scott seine Rebecca, das ist dem jüngeren Thomas Mann sein »hübscher und schöner Joseph«.)

Konventionalisierte Geschichtstheorie

Damit tritt nun auch die Geschichtstheorie auf den Plan. Denn jede Aussage, implizit oder explizit, über die Differenz zwischen alter Zeit und Gegenwart ist ein geschichtstheoretischer Akt. Wenn nun also die Thesen von der Vergangenheit als einer größeren, mächtigeren Zeit allgegenwärtig sind im historischen Erzählen, müssen sie begründet werden. Womit? In der Regel steht dahinter ein wissenschaftlicher Mythos, der das 18. und 19. Jahrhundert nachhaltig geprägt hat. Dieser wissenschaftliche Mythos, den noch Hegel über Seiten hin überscharfsinnig entwickelt[14], besteht in der Lehre von den Epochen der Geschichte als der objektiven Entsprechung zu den Lebensphasen des Menschen. Was hat das mit Größe zu tun, mit Kolossen und Extremitäten, mit Leidenschaften, die mächtiger, Tugenden, die ergreifender, Landschaften, die unermeßlicher sind? Jene Analogie zwischen Geschichte und Menschenleben führt zwingend zur Bestimmung einer einzelnen Epoche als des Jugendalters der Geschichte. Diese kann in unterschiedlichen Zeiten angesetzt werden, nur nie in der eigenen. Denn zu jenem wissenschaftlichen Mythos gehört, daß man die Gegenwart dem Greisenalter zuschlägt. »Du, in deinen zu klugen, altgreisen Jahren...«, spricht Herder 1774 (vor Lessings *Erziehung des Menschengeschlechts* übrigens) den Zeitgenossen an.[15] Gegenwartsekel und Vision vergangener Größe erhalten damit ein frappierend einleuchtendes Fundament; die aufregende Differenz zwischen damals und heute wird zu einer metaphysisch und biologisch gleichermaßen abgesicherten Gegebenheit. Daß dies in der literarischen Praxis dann oft in die Nähe eines andern, ebenso produktionsfördernden Mythos führt, des Theorems nämlich vom »Naturzustand des Menschen«, sei nur erst einmal erwähnt.

Es ist bekannt, welche Schwierigkeiten die Theorie von den Lebensaltern der Geschichte den Philosophen gemacht hat. Sie geht wunderbar auf bis zu den Römern, die nach der »Kindheit« im Orient, der »Knabenzeit« in Ägypten und den »Jünglingsjahren« in Griechenland meist das »Mannesalter«[16] verkörpern. Aber nach den Römern nur noch die große Vergreisung, unabsehbar und über zwei Jahrtausende hin? Es gemahnt fast an ein philosophisches Kabarett, was sowohl Herder[17] wie Hegel[18] an Kunstgriffen vornehmen, um die absurde Analogie zu retten, die ja am Mittelalter so unzweifelhaft scheitern muß. Und Nietzsche hatte denn auch ein leichtes Spiel, als er in der zweiten Unzeitgemäßen das Konstrukt hohnvoll über den Haufen warf.[19]

Für die Literatur aber ist nur eines wichtig: Das Schema Vorzeit vs. Gegenwart als das Verhältnis von ungestümer (oder hochgemuter) Jugend zu kläglichem (oder zynischem) Alter liegt seit dem mittleren 18. Jahrhundert überall griffbereit. Und da die Epoche der Jugend beliebig angesetzt werden kann, ist damit ein Erkenntnis- und Produktionsmuster gegeben, das immense Felder eröffnet.

Der Beispieltext

Hier muß ein Geständnis eingeschoben werden. Was ich bisher in fahrlässiger Verkürzung umrissen habe, um eine Basis zu gewinnen für die Betrachtung eines konkreten literarischen Textes, ist in Wahrheit bereits das Ergebnis meiner Auseinandersetzung mit diesem Text. (Wer so etwas noch nie gemacht hat, werfe den ersten Stein.)

Es verhält sich also so, daß dieser Text, Gotthelfs Erzählung *Kurt von Koppigen*, einige Regeln des historischen Erzählens dermaßen frappant aufdeckt, daß man ihn als Meßpunkt für das grundsätzliche Erkunden der Gattung nehmen kann. Er ist in seiner Art so radikal und nicht weiter zu steigern wie etwa Stifters *Witiko* oder Flauberts *Salammbô*. Der Autor, einer der sittenstrengsten, moralisch unerbittlichsten seiner Zeit, verstößt hier über Seiten und Seiten hin lustvoll und triumphal gegen alle Normen, unter die er sich sonst als unter die gottgewollte, in der Menschennatur tief verankerte Ordnung bedingungslos stellt. Hingerissen und hinreißend schildert er das jahrelang ungestörte Treiben eines schlechthin amoralischen Subjekts, eines liebenswürdigen jungen Ritters aus dem 13. Jahrhundert, der mordet, würgt und raubt und plündert, was immer ihm über den Weg läuft, von keinem Skrupel gestreift, von keines Gewissens Stimme auch nur mit einem Hauche je gemahnt. Was in der Erzählung abläuft, ist eine einzige Festlichkeit des gesetzlosen Handelns, ein Paradieseszustand nicht vor der Sünde, sondern in der allerhandgreiflichsten Sündhaftigkeit. Wohl durchläuft der Held seine Gefühlskurven, gerät er in Phasen der Niedergeschlagenheit und Erbitterung. Aber was ihm die Seele beschwert, ist nie das Bewußtsein der bösen Tat. Jene Stimme des Guten im Innern des Menschen, auf der Gotthelf sonst so viel hält, ist hier nicht etwa schwach und unentwickelt, sondern schlicht nicht vorhanden:

> Sie bedurften keinen Erlöser, da sie keine andere Sünde kannten, als einen Fang sich entgehen zu lassen, den sie hätten machen sollen; da sie geschickte Leute waren, so beginngen sie diese Sünde selten, und geschah es einmal, so machten sie dieselbe alsbald durch verdoppelte Anstrengung wieder gut.[20]

Das heißt, daß der Pfarrer Gotthelf hier seine ganze christliche Anthropologie kurzerhand außer Kraft setzt. Er, dessen große Leistung unter anderem darin besteht, zu zeigen, wie reich die Gefühle auch der Armen sind, wie komplex das Empfinden der Einfachen, er, der im *Bauernspiegel* gleichzeitig mit dem Büchner des *Woyzeck* das für die Literatur seines und des nächsten Jahrhunderts entscheidende Axiom aufstellt:

> Aber das ist eben das Unglück, daß man allen denen, die unter einem sind, keine Gefühle zutraut, also auch keine Gefühle berücksichtigt, (...) daß man nicht aus jeglichem Kleide den Menschen herauszuwickeln versteht und nach der Liebe Gesetz ihn betrachtet, behandelt.[21]

– dieser Gotthelf operiert hier mit einem anthropologischen Grundriß, der, genau betrachtet, die Moral als etwas gänzlich von außen Kommendes begreift, dezidiert antiidealistisch also als das Produkt nicht der Menschennatur, sondern einer wie auch immer gearteten »Genealogie«. Wie es für die Wasser der Koppigen-Welt noch keine Dämme, Wehre und Kanäle gibt, existiert für den jungen Mann noch kein moralisches Gesetz. Und wie die Wasser frei strömen und stehen und plötzlich wieder reißend wegschießen, ist auch das Erzählen von dieser Zuchtlosigkeit ästhetisch zuchtlos. Die Ordnungslosigkeit wird ordnungslos erzählt. Im Unterschied zur *Schwarzen Spinne*, die als eine Erzählung vom Eindämmen und Bannen des erkannten Bösen ihr eigenes Erzählen streng führt und formbewußt aufbaut, setzt der *Koppigen* die Regeln planvoller Fügung rücksichtslos außer Kraft und läßt den Diskurs mäandrieren nach den unberechenbaren Impulsen des Lustprinzips.

Wie legitimiert sich nun ein solcher Text in seinem Jahrhundert? Er ist ja nicht eine heimliche Ausschweifung des Autors. Die Erzählung erschien auf die übliche Art; in einer ersten Fassung 1844[22], in der zweiten, nicht etwa gedämpften, sondern drastisch gesteigerten, 1850. Das heißt: Der Text muß konkrete Maßnahmen enthalten, die vor der Öffentlichkeit rechtfertigen, was im Grunde nicht zu rechtfertigen ist. Diese Maßnahmen lassen sich ausfindig machen. Die eine ist das Finale, das trickreich vorgibt, das Ganze sei eine herkömmliche Besserungsnovelle. Die andere Maßnahme aber besteht nun eben darin, daß der Text die Trieblizenz des historischen Erzählens so massiv, aber folgerecht und mit allen charakteristischen Begründungen in Anspruch nimmt, daß daraus ein literaturwissenschaftlicher Paradefall wird.

Das erwähnte Finale läuft so ab, daß der Held nach einer letzten unbekümmerten Schandtat von einer schauerlichen Vision heimgesucht wird. Die Wilde Jagd der Sage tobt heran, er wird zum Hund, der gehetzt wird und selbst hetzen muß. Die Scheusale, die ihn hetzen, sind Vater und Mutter, das arme Wild, das er hetzen muß, sind seine Frau und seine Kinder. Das geht über zwei grausige Seiten hin, dann fiebert er noch einige Zeit, und schon ist er ein anderer Mensch: »... als sei ihm ein Brett vor den Augen gewesen und jetzt abgefallen.«[23] Der Unhold steht da als ein wackerer Hausvater, und das bleibt er auch. Nun gehört die schreckliche Nacht, die einen Menschen dauernd verändert, zur Konvention der Besserungsgeschichten im 18. und 19. Jahrhundert. Was aber bei Gotthelf das Besondere ausmacht, ist die Tatsache, daß keine Entwicklung, kein irgendwie strukturierter, gestufter Prozeß vorausgeht. Im Gegenteil: die Erzählung spielt mehrfach sehr deutlich auf dieses Schema an, läßt aufwendig neue Lebensabschnitte anbrechen, von denen man nach allen literarischen Erfahrungen auch einen neuen Bewußtseinsstand erwartet – und jedesmal bleibt der Kerl genußvoll und gewissenlos, was er war. Das ist ein wesentliches Moment des Textes. So konventionell die plötzliche Bekehrung sein mag, so ungewöhnlich ist der repetierte Bruch jenes Handlungsmusters. Die Kritik, die am *Koppigen* verschiedentlich, wenn auch eher formelhaft geübt wurde, hat stets bei diesem Finale angesetzt, beim Höllentraum, der sich ja wirklich ausnimmt wie ein veritabler Diabolus ex machina. Dabei übersah man allerdings, wie leicht es dem Erzähler gefallen wäre, die Bekehrung seines Helden konventionsgerecht vorzubereiten, sei es durch wachsende Regungen des Gewissens, die berühmte »Stimme des Guten« in der fühlenden Brust, sei es durch das Stufenmodell des Entwicklungsromans, der Entwicklungsnovelle. Hier wie dort hätte sich mühelos eine überzeugende Erzähllogik ergeben, in die sich der Schluß stimmig und ohne ästhetische Anstößigkeit eingefügt hätte. Tatsächlich aber lehnt der

Text die eine Möglichkeit explizit, die andere implizit ab – und beides demonstrativ genug. Was eine herkömmliche Ästhetik mit guten Gründen beanstanden muß, die Disharmonie zwischen dem amoralischen Diskurs des Hauptteils und dem ebenso massiv moralischen Diskurs des Schlusses, das erscheint einer behutsameren Optik gerade als das Außerordentliche des Textes. Die Mechanik der abrupten Bekehrung dekuvriert sich selbst als literarisches Manöver, das sich den Bedingungen des Schreibens im bürgerlichen Dixneuvième unterwirft. Es hält die Normen in einem Akt von Übergehorsam ein, der deren eigene Artifizialität zum Vorschein bringt.

Noch wichtiger aber ist das zweite Verfahren der Legitimation. Es besteht im konsequent wiederholten Verweis auf die Differenz der Epochen, und wenn auch der Begriff des Jugendalters der Geschichte nicht explizit fällt – er ist bei Gotthelf anderswo nachweisbar[24] –, so wird doch das entsprechende Denkschema dem Leser förmlich eingehämmert. Und der zugehörige Topos vom Ekel vor der Gegenwart erscheint tatsächlich schon im vierten Satz: »... wer in jenen Zeiten gelebt, den würde, in unsere Zeit versetzt, der Ekel töten.«[25] Dieser Ekel, der sich mit einer ganzen Epoche – »unsere Zeit« – definitorisch verbindet, verweist zwingend auf die ebenso definitorische Lusthaltigkeit der Gegenepoche: »jene Zeiten«. Die Wendungen »Damals war noch ...«, »Damals gab es noch nicht ...«, »Das war noch eine Zeit, wo ...« folgen sich denn auch in regelmäßigen Abständen bis zum Schluß. Mit ihnen kann der Autor alles begründen, was er nur begründet haben will. Ein Verweis auf die europäische Ordnungskrise nach dem Tode Friedrichs II. (1245) soll die Konstruktion noch historisch schulgerecht abstützen[26], wissenschaftlich also im Sinne der rückwärtsgewandten Science-fiction. Das Tor in den Raum der »Kolosse und Extremitäten« ist damit aufgetan, und mitten im puritanischen 19. Jahrhundert kann niemand etwas dagegen haben. So wird die Trieblizenz des historischen Erzählens fast rituell, erzählrituell, gewonnen.

Die Produktionskraft der Trieblizenz

Was die Trieblizenz des historischen Erzählens hier ermöglicht, beschränkt sich nicht auf den privaten Luxus des phantastischen Auslebens eines schrankenlosen Amoralismus. Die unbedingte Gewissenlosigkeit erinnert deutlich an die Spekulationen über den vorgesellschaftlichen Naturzustand in der Tradition von Hobbes bis Hegel, jenes Konzept von einem naturhaft inhumanen Menschen, das in Hegels Charakterisierung der »Neger« im Kapitel »Afrika« der geschichtsphilosophischen Vorlesungen[27] eine schauerliche, ihrerseits inhumane Ausprägung gefunden hat. Es wäre dies, neben dem Modell von den Lebensaltern, ein zweites konventionalisiertes geschichtstheoretisches Konzept, das vom historischen Erzähler als Produktionsmittel herangezogen werden kann. Die Gattung wird dadurch noch deutlicher erkennbar als potentielle Einbruchstelle anderer, von fremden Normen regierter Diskurse, noch deutlicher erkennbar auch in ihrer Aufgabe, diese fremden Diskurse mit erzähltechnischen Kunstgriffen zu domestizieren und als Teil der ästhetisch-moralischen Einheitsrede erscheinen zu lassen, die als einzige unterstellt wird. In dieser verständigen sich die Erzähler mittels auktorialer Einschübe beliebig mit ihrem Publikum; über sie versichern sie sich sowohl des allgemeinen ideologischen Konsenses wie auch ihrer erzieherisch-belehrenden Rolle. Die dauernde Bestätigung dieses Konsenses und der pädagogischen Funktion des Erzählens in der vormodernen Ära ist nun aber gerade die Voraussetzung für den zeitweiligen Einbruch eines anderen Redens. So ist ja auch bei Stifter der Gestus des Lehrens und Führens in dem Maße monumental, in dem die ordnungsfeindliche Passion hinter jeder menschlichen Einrichtung gegenwärtig ist und magmatisch herandrängt an den abdämmenden polierten Stein.

Was so ermöglicht wird, ist auch das Spektakel der Natur. Neben den Bericht von einer Existenz, die ohne Gott und Teufel, ohne Gut und Böse auskommt – »sie bedurften keinen Erlöser...«: ein immerhin beachtenswerter Satz aus dem Munde eines Pfarrers und lautstark bekennenden Christen –, gehört die ungeheure Landschaftsvision, die gattungsspezifisch gesteigerte Natur, eine hingeträumte Welt der Wälder, Sümpfe und Flußläufe, von Tieren in unwirklicher Dichte bewohnt, eine symbolische Landschaft, die unerschöpflich scheint im Spiel ihrer zeichenhaften Momente. Sie ist erotisch aufgeladen – schon Walter Muschg sprach von der »Erotisierung der Landschaft« im *Koppigen*[28] –, wie sie parallel geht zu einer schockierenden, auf vielfältige Art bewerkstelligten Eliminierung der Frau als einer Partnerin, Eliminierung der ganzheitlichen Liebe um eines latenzzeitlich männlichen, männerbündischen Kampf- und Aggressionsglücks willen. Daß der Held allein mit seiner Mutter und zähneknirschend unter ihrer Herrschaft lebt, einem pittoresken Mutter-Scheusal, fügt sich konsequent ins Bild. Dabei darf allerdings nicht übersehen werden, daß die äußerste Häßlichkeit dieser Frau in einem untergründigen Konnex steht zur wilden Pracht der Natur, der maternal akzentuierten Wald- und Wasserwelt. Mag dieser Bezug immer seine individualpsychologische Basis haben, er gewinnt überindividuelle Aussagekraft insofern, als die Erzählung damit den zivilisationsgeschichtlichen Konflikt zwischen matriarchalen und patriarchalen Positionen aktualisiert. Dieser Konflikt wird über die Trieblizenz des historischen Erzählens der Erfahrung des Schreibenden wie seiner Leserschaft zu einem Zeitpunkt zugänglich gemacht, wo das offizielle Bewußtsein davon ganz und gar nichts wissen will. Auch das offizielle Bewußtsein des Autors nicht! Denn die abrupte Bekehrung des Helden am Schluß ist ebensosehr ein Salto aus der

Adoleszenzverweigerung in die Reife des Erwachsenen und aus der Amoralität in die strenge Zucht, wie sie ein Salto ist aus einer präpatriarchalen Grenzzone in die unbedingteste, geradezu fundamentalistische Patriarchalität. Die für Gotthelfs öffentlich-politisches Wirken zentrale Lehre vom »Haus« und vom »Hausvater« setzt gleich nach dem Bekehrungsspektakel der Höllennacht ein, als ein verdichteter Sermon, der den Charakter einer Gegenrede zu allem Vorgängigen fast von Satz zu Satz unter Beweis stellt. Das geht von der famosen Aussage: »Er fühlte zum ersten Male, wie bequem dem Manne ein verständiges, sorgliches Weib komme...«[29] über die förmliche Entdeckung der eigenen Kinder: »Auch empfand Kurt eigentlich zum ersten Male Vaterfreuden und Vaterstolz; bei seinem unsteten Leben hatte er sich um seine Kinder weder gekümmert, noch kannte er sie...«[30] bis zur Apotheose des »Hausvaters« als eines universalen Ordnungsprinzips: »Es ist kurios, aber die wahre Achtung geht immer vom Hausvater aus, in den höchsten und in den niedrigsten Ständen, unter Heiden, Türken, Mohammedanern...«[31] Und der letzte Satz des Ganzen distanziert sich nochmals – in verräterischer Insistenz! – von der Mutter-Herrin.

Der Begriff der Trieblizenz des historischen Erzählens darf also keinesfalls auf das private Wunschpotential des Autors eingeschränkt werden. Wie sehr ein weiteres Publikum in diesen Dingen sensibilisiert und aufnahmebereit, bereit zum Mitspielen ist, zeigen die Buchkarrieren, die sich in jüngster Zeit mit den Namen Eco und Süskind verbinden. Dennoch behält das Individuelle, die Spur der persönlichen Lebensgeschichte im Text Gewicht und Bedeutung, beim Gotthelf des *Koppigen* wie beim Meyer der *Richterin*. Wenn man nämlich weiß, daß die Landschaft dieser Raubrittergeschichte identisch ist mit der Kindheitslandschaft des Autors, geographisch identisch bis zum einzelnen Bach und Wald und Hügel, wo der Junge gespielt, gefischt, auf Eichhörnchen geschossen hat, kommt man von der biographischen Betrachtung nur schwer los. Das rauschende Paradies, das sich da aus Nebeln hebt und in Nebeln wieder versinkt, wo die Sünde nichts weiter ist als ein zusätzlicher Glücksfaktor: Ich darf und muß es als tumultuarische Regression des Erwachsenen in seine versunkene Kindheit und *deren* Phantasien lesen. Ich darf und muß mir dabei meine Gedanken machen über die Aggressionsverdichtung im Innern des Pfarrers von Lützelflüh. Ich darf und muß wohl auch nachdenken über die seelischen Voraussetzungen seiner Sprachgewalt, seines herrlichen Verfügens über die Sprache als Waffe und als Halluzinogen.

Und trotzdem steht Gotthelf mit keinem Wort nur für sich allein. Immer steht er auch für sein Jahrhundert, für dessen Erzählen, das sich vom erzieherischen Auftrag her definiert und öffentlich rechtfertigt – und das an diesem erzieherischen Auftrag ästhetisch scheitern muß, sofern es nicht gelingt, diesen zu unterlaufen und sich unerkannt auf die Gegenseite zu schlagen. Erziehendes Erzählen ist das von Natur aus Langweiligste, ist kunstfeindlich in einem grundsätzlichen Sinn. Nur wo der pädagogische Diskurs von konträren Diskursen durchsetzt, durchzogen, förmlich durchfressen wird, gewinnt er die Totalität des genuin Ästhetischen. Doch darf der Widerspruch den Zeitgenossen nicht auffallen. Das 19. Jahrhundert hat zu diesem Ziel viele Verfahren entwickelt. Eines läuft über die Regeln und Lizenzen des historischen Erzählens, das sich der konventionalisierten geschichtstheoretischen Mythen bedient und so – bald subtiler, bald drastischer, immer aber in eigentümlich intensivem Kolorit – das Gewebe seiner rückwärtsgewandten Science-fiction spinnt. »Wer erträgt schon ohne Scham, sich zu widersprechen?« fragt Roland Barthes an berühmter Stelle[32], und antwortet: »Es ist der Leser eines Textes in dem Moment, wo er Lust empfindet.« Das Beispiel zeigt, daß der Satz ohne Minderung auch für den Autor gilt.

Anmerkungen

1 Adolf Frey (Hrsg.): Briefe Conrad Ferdinand Meyers, nebst seinen Rezensionen und Aufsätzen, Bd. II. Leipzig 1908, S. 517.

2 Conrad Ferdinand Meyer: Sämtliche Werke, Historisch-kritische Ausgabe, hrsg. von Hans Zeller und Alfred Zäch, Bd. XII. Bern 1961, S. 215.

3 Franz Grillparzer: Sämtliche Werke, hrsg. von Peter Frank und Karl Pörnbacher, Bd. III. München 1964, S. 185.

4 Jeremias Gotthelf: Sämtliche Werke in 24 Bänden, hrsg. von Rudolf Hunziker und Hans Bloesch, Ergänzungsbd. IV. Erlenbach–Zürich 1948, S. 280.

5 Vgl. dazu beispielsweise die Szene V. 7 der Natürlichen Tochter, Verse 2805–2808.

6 Theodor Storm: Sämtliche Werke in vier Bänden, hrsg. von Karl Ernst Laage und Dieter Lohmeier, Bd. II. Frankfurt a. M. 1987, S. 454f. In Vergleich zu ziehen dazu wäre auch der Schluß von Storms Erzählung Carsten Curator.

7 Op. cit., Bd. XVII, S. 226.

8 Ebd., S. 227.

9 Ebd., S. 230f.

10 Ebd., S. 246.

11 Es geht hier nicht um eine direkte und so nicht haltbare Parallele zwischen Traum und literarischem Text, aber auch nicht um eine bloß metaphorische Verwendung des Begriffs Traum. Gemeint ist, daß bestimmte literarische Formen für die »latenten Inhalte« des Unbewußten, die Elemente des »Primärprozesses« durchlässiger sind. Sie können diese nicht unmittelbar wiedergeben, neigen aber in besonderer Weise dazu, sie in die ästhetische Bearbeitung aufzunehmen. – Daß die Annäherung an das Wasser resp. das Heranrücken der Gewässer eine hauptsächliche Verzifferung der beweglichen Beziehungen des bewußten Ich zum Unbewußten ist, hat C. G. Jung vielfach gezeigt; die Freudsche Wasser-Semantik ist damit grundsätzlich kompatibel.

12 Erinnert sei etwa an Virginia Woolfs Orlando und die dortige Beschreibung des Winters zur Shakespeare-Zeit.

13 Chapter IV und Chapter VII.

14 Vgl. das Kapitel »Einteilung« der »Einleitung« in Hegels Vorlesungen über die Philosophie der Geschichte. Georg Wilhelm Friedrich Hegel: Werke in zwanzig Bänden, hrsg. von Eva Moldenhauer und Karl Markus Michel, Bd. XII Frankfurt a. M. 1970, S. 133–141.

15 Johann Gottfried Herder: Auch eine Philosophie der Geschichte zur Bildung der Menschheit, in ders.: Werke, hrsg. von Wolfgang Pross, Bd. I München 1984, S. 666.

16 Die Terminologie zeigt, wie selbstverständlich die Geschichte der Menschheit als die Entwicklung eines männlichen Subjekts begriffen wird.

17 Op. cit. S. 628 ff., vgl. insbesondere die Uhren-Metapher S. 631.

18 Zu Beginn des »Vierten Teils« der *Vorlesungen* (»Die germanische Welt«) stellt Hegel das Modell auf, wonach die Geschichte der germanischen Welt den Ablauf der vorhergehenden welthistorischen Epochen im kleineren wieder reproduziere. Dadurch erhält er die Möglichkeit, innerhalb des Greisenalters wieder eine Kindheit und eine Jünglingszeit zu lokalisieren. Op. cit. S. 417 f.

19 Friedrich Nietzsche: Werke in drei Bänden, hrsg. von Friedrich Schlechta, Bd. I München 1966, S. 258 ff.

20 Op. cit., S. 347.

21 Op. cit., Bd. I, S. 178.

22 Die erste Fassung ist im erwähnten Bd. XVII der *Sämtlichen Werke* im Anhang abgedruckt.

23 Op. cit., S. 347.

24 Vgl. op. cit. Ergänzungsbd. XII, S. 46 f.

25 Op. cit., S. 226.

26 Ebd., S. 243 f. Genau besehen ist es grotesk, ein anthropologisches Phänomen wie das Fehlen jeder Gewissensinstanz von einem politischen Ereignis wie dem Tod eines Kaisers abzuleiten. Auf einer psychologisch-zeichenhaften Ebene kann dieser Tod allerdings in Verbindung gesehen werden mit der Mutterherrschaft auf dem Schlößlein Koppigen. Dadurch würde die Differenz zwischen gesetzlicher und gesetzloser Welt charakteristisch für den Unterschied zwischen patriarchaler und matriarchaler Ordnung.

27 Op. cit., S. 120–129.

28 Walter Muschg: Gotthelf. Die Geheimnisse des Erzählers, München 1931, S. 424. In Walter Muschgs grundlegendem Gotthelf-Buch finden sich, passim, die bis heute treffendsten, inspiriertesten und inspirierendsten Äußerungen zu dieser wenig behandelten Erzählung.

29 Op. cit., S. 348.

30 Ebd.

31 Ebd., S. 357.

32 Roland Barthes: Die Lust am Text, Frankfurt a. M. 1986, S. 8.

Gottfried Keller
und der brachiale Zweikampf

Gottfried Keller ist ein Autor, um den sich Gerüchte lagern, Gerüchte volkstümlicher Art und Gerüchte germanistisch-wissenschaftlicher Art. Ein Trinker sei er gewesen, ein Saufbold, allabendlicher Kneipengänger – so das volkstümliche Gerücht. Als ob nicht die meisten Schriftsteller Trinker wären, eingeweiht in die geheimnisvolle Trias von Wahrheit, Wort und Wein, unfreiwillige Adepten des uralten mystischen Verkehrs, der zwischen Wein und Wort und Wahrheit sich ereignet. Trinken tun sie alle – bei Keller aber wurde daraus zusätzlich noch ein Gerücht, das jetzt wie ein brummender Bienenschwarm um seinen Namen hängt. Dabei gibt es weiß Gott auch Gegendokumente. Heyse an Storm, am 18. September 1885:

Drei Tage blieben wir auf der Heimreise in Zürich, wo wir unseren Meister Gottfried (...) leider in sehr trüben Zuständen, an seine kropfkranke Schwester und eine ungemütliche Wohnung gebunden, verwaist und unfroh fanden. Er geht nur dreimal in der Woche zum Wein, die anderen Abende verbrütet er ganz einsam bei einer Tasse Thee bis Mitternacht, nachdem schon sein Tag unmenschlich genug vergangen ist. Er war einsilbiger und unergiebiger als sonst (...).[1]

Das ist eine ungeschönte Momentaufnahme, und solche Bilder muß man jener anbiedernden Legende von Zeit zu Zeit entgegenhalten.

Das andere Gerücht verdankt sich den Germanisten, und zwar der interessanteren Hälfte der Zunft. Eines Tages haben sie angefangen, Keller zum Zwerg zu erklären. Ein schwer Deformierter sei er gewesen, ein klinisch Verzwergter, abnorm, ein Oskar Mazerath. Die Thesen tauchen erst lang nach Kellers Tod auf.[2] Die Zeitgenossen sahen einen kleinen, deutlich kurzbeinigen Mann und fanden nicht viel dabei. Nach Mitteilung des Schweizerischen Bundesamtes für Statistik vom September 1989 betrug die mittlere Körpergröße im Jahre 1884 163,5 cm, heute steht sie bei 176,8 cm; das sind volle 13,3 cm mehr.[3] Wenn man also beurteilen will, wie Kellers Körperlichkeit von seinen Zeitgenossen und ihm selbst erfahren wurde, muß man diese 13,3 cm zu den überlieferten Angaben[4] hinzurechnen – das ergibt keinen Mißgeschaffenen, sondern einen kleinen Menschen, wie er einem gelegentlich begegnen mag. In 100 Jahren werden die Germanisten wahrscheinlich auch gegenüber einem Elias Canetti hermeneutische Leibes-Übungen dieser Art vornehmen; uns, den Zeitgenossen, würden sie noch absurd vorkommen. Man muß dem furiosen Ereignis Canetti ein einziges Mal gegenübergesessen haben, um zu wissen, daß die erlebte Vertikale einer Person von anderen Dingen abhängt als vom Metermaß. Keller selbst äußert sich über den »kleinen Kerl«, der er sei, meist mit gelassener Ironie. Eine eigentliche Stigma-Erfahrung ist weder von ihm noch von seinen Freunden dokumentiert.

Es gibt allerdings einen Grund, der die Zeitgenossen in jedem Fall davon abgehalten hätte, ihn als Kretin zu apostrophieren. Der Mann war nämlich gefährlich. Gelegentlich genügte ein unbedachtes Wort, um ihn handgreiflich werden zu lassen. Er konnte blitzschnell hochfahren, war wendig, zielsicher und traf hart. Noch 1865, als der 46jährige schon lang als Staatsschreiber des Kantons Zürich amtete, konnte man in einem polemischen Artikel gegen ihn lesen, es sei auch den erfahrensten Versicherungsexperten nicht möglich, »den obersten Schreiber unserer Republik gegen Händel und darauf folgende Prügel zu assekurieren«.[5] Tatsächlich konnten ihm noch in den allerfeinsten Kreisen die derben Hände durchgehen. An großer Tafel in der Villa Wesendonck, mit Richard Wagner, Jakob Burckhardt, Gottfried Semper, Friedrich Theodor Vischer und allerlei weiterer Eleganz und Prominenz, geriet er einmal dergestalt in Rage, daß er einen kleinen Stoß japanischen Porzellans mit der Faust in Scherben schlug.[6] Daß die Attacke gegen die Tischgenossen im letzten Moment auf die durchsichtigen Täßchen abgelenkt wurde, scheint sich einzig dem eleganten Rahmen verdankt zu haben. Man wagt nicht auszudenken, wie an diesem Abend mit Wagner die deutsche Oper, mit Semper die deutsche Architektur und mit Burckhardt die europäische Renaissance-Forschung schweren Schaden hätte erleiden können.

Anekdoten, Kuriosa – oder sogar ein neues Gerücht? Es finden sich Anzeichen, die das Thema »Keller und der brachiale Zweikampf« nicht völlig abseitig erscheinen lassen. Neben Dingen, die ganz eindeutig sind, gibt es einige Gegebenheiten, die sehr rätselhaft erscheinen.

Am einfachsten wäre es, das Ganze in den Kontext des Jähzorns zu rücken. Man stünde dann vor einer simplen Charaktereigenschaft, als deren Symptom das gelegentliche Aufspringen und Dreinschlagen erschiene. Tatsächlich finden sich dafür verschiedene Zeugnisse nicht nur biographischer, sondern auch literarischer Art. So steht in den tagebuchähnlichen Aufzeichnungen die folgende Szene, die vielleicht auf ein Erlebnis zurückgeht, vielleicht aber auch eine kalkulierte politische Allegorie ist:

Ich sah einmal einen halb verhungerten Hund vor ein Wägelchen gespannt. Auf diesem saß ein betrunkner Kesselflicker mit seinem Weibe, die auch besoffen war, und einer ganzen Brut skrophulöser Kinder. Diese artige Familie fuhr in hellem Galopp auf der Straße daher, den Hund peitschend und antreibend, daß das arme Tier sich vor Geheul und Schweiß nicht zu helfen wußte und die Zunge fast im Staube schleifte. Empört warf ich das Pack von seinem sauberen Triumphwagen herunter und prügelte den ehrenwerten Vorsteher desselben weidlich durch; hernach schnitt ich die Stränge entzwei und befreite den Hund. Da fuhr mir die Bestie wie rasend an die Kehle, daß ich genug zu tun hatte und nicht erwehren konnte, daß der Kesselflicker mir seine Prügel doppelt wieder vergalt, wozu seine Brut ein niedliches Lied sang. (XXII, 338)

Als biographisch-psychologisches Zeugnis gelesen, bestätigt der Text die Selbstverständlichkeit, mit der bei Keller die sittliche Empörung in brachiale Aktivität übergehen kann, ohne daß ihm dies zu irgendwelchen Skrupeln Anlaß gäbe. Er findet das Verhalten zu Zeiten offensichtlich angemessen. Daß der Prügelnde hier zuletzt selbst gehauen wird, ist die Strafe nicht für seine Handgreiflichkeit, sondern für seine mangelnde Kenntnis der Untertanenmentalität, der Sklavenseele des Hundes. Unter diesem Aspekt ist der Text auch eine politische Fabel, die Warnung vor einer Revolution, welche die mögliche Freiheitsunfähigkeit der unterdrückten Völker zu wenig in Rechnung stellt. Die verkommene Familie kann ohne Schwierigkeiten als die europäische Aristokratie gelesen werden. Der Gedanke, daß eine Republik auch eine spezifische Republik*fähig*keit erfordert, hat Keller sein Leben lang beschäftigt und gehört wesentlich zum Gehalt seiner beiden Romane.

Die drastische Tätlichkeit erscheint hier also als der unbedenkliche Ausdruck eines naturhaften Gerechtigkeitsgefühls und einer entflammbaren Seele. Diesem Typus entsprechen viele Keller-Anekdoten, Berichte über sein bald gerechtfertigtes, bald voreiliges Explodieren im unterschiedlichsten gesellschaftlichen Rahmen. Auch im literarischen Werk finden sich entsprechende Szenen. Man denke nur an den verprügelten Feldhüter in der ersten Fassung des *Grünen Heinrich*. Ein Problem höheren Verknotungsgrades liegt da jedoch insgesamt nicht vor.

Anders ist es allerdings mit dem Dreinhauen aus Melancholie, aus Trübsal, aus unglücklicher Liebe und existentieller Unerlöstheit. Dieser zweite Typus Kellerscher Handgreiflichkeit ist vom ersten wesentlich zu unterscheiden. Wir besitzen dafür ein präzises autobiographisches Dokument, dem einige ebenso genaue Umsetzungen ins erzählerische Werk entsprechen. Der Ausgangspunkt ist, wie so oft, Keller in Berlin. Keller in Berlin, das heißt: fünf Jahre unerhörter Kreativität und innerer Expansion, mächtiger Welt- und Bildungserfahrung, aber auch fünf Jahre Einsamkeit, Armut, Schuldenmacherei und quälender Verliebtheit. Wer Keller rundum kennenlernen will, muß ihn nicht in Zürich studieren, sondern in Berlin. Hier hat er die eine Hälfte seines Lebenswerks geschrieben und die andere im Kopf entworfen. Und hier hat er auch jene spezifische Brachialkultur entwickelt, deren Kenntnis wir dem Briefwechsel mit der Berliner Verlegersgattin Lina Duncker verdanken – der Schwester übrigens jener Betty Tendering, in die Keller 1854/55 so foltermäßig-entsetzlich verliebt war. Als er wieder in Zürich lebte, schrieb Lina Duncker in einem Brief von einer ihr widerwärtigen Person: »(...) [ich] könnte sie mit Kellerschen Worten und Fäusten zum Tempel heraus jagen, wenn ich nur das freche (...) Gesicht sehe«.[7] Der Ausdruck »mit Kellerschen Worten und Fäusten« ist bemerkenswert. Er deutet auf ein Phänomen, das mit Keller offenbar definitorisch verbunden wurde. Vielleicht müßte man jene mystische Trias von Wort und Wein und Wahrheit bei diesem Dichter erweitern um die geballte Faust. Auf jeden Fall hat Lina Dunckers Bemerkung in Kellers Antwortbrief das folgende Bekenntnis ausgelöst:

Bei dieser Gelegenheit muß ich Ihnen noch nachträglich gestehen, daß jenes blaue Auge, mit welchem ich einst bei Ihnen erschien, obgleich ich es abgeleugnet, dennoch von Prügeln herrührte. Ich hatte nämlich nicht nur den Schlivian geprügelt, sondern in der folgenden Nacht wieder einen, wegen dessen ich verklagt und von der Polizei um fünf Taler gebüßt wurde. In der dritten Nacht zog ich wieder aus, fand aber endlich meinen Meister in einem Hausknecht, der mich mit dem Hausschlüssel bediente, worauf ich endlich in mich ging. Es war eine Donnerstags-, Freitags- und Sonnabendsnacht, wo ich so mit gebrochenem Herzen mich umtrieb und anderen Leuten mir zur Erleichterung an den Köpfen kratzte. Aber es war doch eine hübsche Zeit, und jetzt geht gar nichts Rechtes mehr vor.[8]

Was hier beschrieben wird, ist kein Aufflammen aus sittlicher Empörung, kein explosives Gerechtigkeitsgefühl. Solche Brachialität verlangt einen anderen Namen. Und wenn man danach fragt, merkt man, daß da nun tatsächlich ein Problem von höherem Verknotungsgrad vorliegt.

Hier geht es darum, eine Last zu erleichtern durch eine Lust. Das von der Liebe bis zum Unerträglichen gequälte Herz sucht und findet Linderung, indem es sich ein derbes Vergnügen macht. Die Art, wie Keller jene Woche beschreibt, in der er Tag für Tag auszieht, um sich mit dem ersten besten anzulegen, macht deutlich, daß er darüber noch im Rückblick und bei aller grundsätzlichen Mißbilligung von einem unverkennbaren Vergnügen beschlichen wird. »(...) es war doch eine hübsche Zeit, und jetzt geht gar nichts Rechtes mehr vor« – das tönt fast, als hätte man ihm etwas weggenommen.

Was auf den nächtlichen Streifzügen geschieht, ist die Verschiebung von einer versperrten erotischen Freude in eine spezifisch vorerwachsene, adoleszente Kampf- und Streitaktivität. Diese mag in älteren Zeiten der Beseitigung des erotischen Rivalen gedient haben, oder sie war eine Einübung in derartige Hirsch- und Hahnenkämpfe. Aus solchem Herkommen bezieht sie den Lustgehalt, einen erotischen Einschlag, der als solcher nicht begriffen wird und der sich doch zu erkennen gibt in der Verbindung von äußerlicher Sinnlosigkeit – es geht um nichts, und der Gegner hat einem nichts getan – und innerlicher Befriedigung. Zur gleichen Zeit, als Keller solche Brachialkultur in Berlin pflegt und sie auch umgehend zum literarischen Motiv im *Grünen Heinrich* und in der ersten Seldwyler-Novelle macht, erscheint, ebenfalls in Berlin, eine Erzählung, die in epischer Breite und Behaglichkeit berichtet, wie ein junger Mann aus der Lebensepoche des prächtig-fröhlichen Sich-herum-Prügelns, in der er am liebsten für immer bleiben würde, über eine Folge höchst komischer Ereignisse zu reifer Sexualität und erfüllter Liebe gelangt. Die Arbeit stammt von einem andern Schweizer, der damals eben seinen Berliner Verleger gefunden hatte und beim großstädtischen Publikum für einige Jahre zum fulminanten Erfolgsautor geworden war: Jeremias Gotthelf. Seine Erzählung heißt *Michels Brautschau*[9], und wir wissen, daß sich Keller in Berlin ernsthaft mit der Dramatisierung dieser Novelle beschäftigte. *Michels Brautschau* erscheint auf den ersten Blick als nicht viel mehr denn ein derber Bauernschwank. Erst bei genauerer Betrachtung zeigt sich dahinter ein höchst subtiles entwicklungspsychologisches Muster. Das Syndrom von adoleszenter Rauflust und Zurückschrecken vor der reifen Liebe, bei gleichzeitiger Bindung übrigens an eine dominante Mutterfigur, der Lustgewinn im brachialen Kampf, der sich vom legitimen Element einer bestimmten Lebensphase zum entwicklungshemmenden Faktor bedenklicher Art auswächst, dies alles wird in der Gotthelf-Erzählung so präzis demonstriert, wie es nur je ein entwicklungspsychologisches Lehrbuch darzulegen vermöchte. Es ist der rustikale Rahmen und die unbekümmerte Drastik des Erzählens, was den Blick auf die psychologisch-psychoanalytische Diagnose in Gotthelfs Arbeit verstellt. Zu dieser versteckten Subtilität gehört, daß Gotthelfs kampfvergnügter Jüngling auch historisch um ein halbes Jahrhundert zurückversetzt wird in die napoleonische Zeit. Die Figur erhält so einen archaischen Akzent, den einige zusätzliche Signale noch verstärken. Dem Eindruck der Selbstverständlichkeit eines begeisterten Beulensetzens – Michel trägt an seinem kleinen Finger einen großen silbernen Ring, der einzig dazu dient, anderen Köpfen sein Siegel aufzuprägen – tritt Gotthelf also vorsichtig entgegen durch die Lokalisierung des Geschehens in einer vergangenen Epoche.

Die historische Distanzierung besagt, daß solches Treiben, wenn es sich in der Gegenwart des Erzählers ereignen sollte, als Rückfall in überwundene Zeiten verstanden werden müßte, als eine Art sozialgeschichtliche Regression. Diese steht parallel zur psychischen Regression, als welche der brachiale Zweikampf erscheint, wenn er, als erotisches Geschehen, die erwachsene Liebesfähigkeit ersetzt.

Die zwei Stellen im frühen Erzählwerk, in denen Keller jenes nächtliche Ausschwärmen literarisch umsetzt, weisen beide unverkennbar auf das biographische Faktum zurück, pointieren es aber je ganz anders. Die eine Passage, in *Pankraz, der Schmoller*, unterschlägt den erotischen Aspekt scheinbar vollständig und verbindet die Brachialität in einer zweideutigen Art mit dem Typus der Handgreiflichkeit aus aufflammendem Gerechtigkeitsgefühl. Demgegenüber ist die andere Passage ganz aus der Pathologie der Verliebtheit heraus entwickelt, unterschlägt nun aber ihrerseits den Aspekt des urtümlichen Vergnügens. Dennoch sind hier wie dort die Elemente eines regressiven Lustgewinns über Verschiebungen und Symbolisierungen deutlich auszumachen, und sie werden vom Text auch nicht in Abrede gestellt. Dies ist wichtig hinsichtlich des schweigenden Geheimnisses, das dann den dritten Typus, von dem zuletzt die Rede sein soll, umgeben wird. Wohl kommentiert der Erzähler weder im *Pankraz* noch im *Heinrich* den Vorgang auf erschöpfende Art, setzt ihn vielmehr den Lesenden als etwas vor, das sie sich selbst zurechtzulegen hätten, aber er gibt doch genügend Anhaltspunkte, damit man bei einigem Nachdenken zu einer befriedigenden Deutung gelangt.

Pankraz, der Schmoller ist die Geschichte eines jungen Nichtstuers und aggressiven Melancholikers, den das Leben schließlich in die Schule nimmt und zurechthobelt. Vorher aber führt er jahrelang ein unbehaglichwiderborstiges Parasitendasein bei Mutter und Schwester. Unentwegt sucht er Situationen, in denen ihm Unrecht geschieht, um sich daran selbstquälerisch-grimmig zu weiden. Für dieses verwickelte Psychogramm setzt Keller den Ausdruck »schmollen«. Die auffälligste Blüte dieses Treibens ist nun eine Weiterentwicklung dessen, was wir aus Kellers Berliner Nächten kennen:

Doch nahm er bei dieser Lebensart merklich zu an Gesundheit und Kräften, und als er diese in seinen Gliedern anwachsen fühlte, erweiterte er seinen Wirkungskreis und strich mit einer tüchtigen Baumwurzel oder einem Besenstiel in der Hand durch Feld und Wald, um zu sehen, wie er irgendwo ein tüchtiges Unrecht auftreiben und erleiden könne. Sobald sich ein solches zur Not dargestellt und entwickelt, prügelte er unverweilt seine Widersacher auf das jämmerlichste durch, und er erwarb sich und bewies in dieser seltsamen Tätigkeit eine solche Gewandtheit, Energie und feine Taktik, sowohl im Ausspüren und Aufbringen des Feindes als im Kampfe, daß er sowohl einzelne, ihm an Stärke weit überlegene Jünglinge als ganze Trupps derselben entweder besiegte oder wenigstens einen ungestraften Rückzug ausführte.
War er von einem solchen wohlgelungenen Abenteuer zurückgekommen, so schmeckte ihm das Essen doppelt gut und die Seinigen erfreuten sich dann einer heiteren Stimmung. Eines Tages aber war es ihm doch begegnet, daß er, statt welche auszuteilen, beträchtliche Schläge selbst geerntet hatte, und als er voll Scham, Verdruß und Wut nach Hause kam, hatte Estherchen, welche den ganzen Tag gesponnen, dem Gelüste nicht widerstehen können und sich noch einmal über das für Pankraz aufgehobene Essen hergemacht und davon einen Teil gegessen, und zwar, wie es ihm vorkam, den besten. Traurig und wehmütig, mit kaum verhaltenen Tränen in den Augen, besah er das unansehnliche, kalt gewordene Restchen, während die schlimme Schwester, welche schon wieder am Spinnrädchen saß, unmäßig lachte.
Das war zu viel, und nun mußte etwas Gründliches geschehen. Ohne zu essen, ging Pankraz hungrig in seine Kammer, und als ihn am Morgen seine Mutter wecken wollte, daß er doch zum Frühstück käme, war er verschwunden und nirgends zu finden. (VII, 14f.)

Zurückkehren wird er erst wieder als geprüfter, innerlich ausbalancierter Mann. Auffällig an der Stelle ist nicht nur die unverstellte Nähe zu jenem biographischen Bericht – daß Keller selbst nicht ungern Stärkere und Größere provozierte, hat sein Freund Hegi aus der Münchner Zeit überliefert[10] –, sondern auch die entwicklungspsychologische Diagnose. Die ausgreifende Brachialkultur des jungen Pankraz ist Ausdruck einer Entwicklungshemmung, der auch die Verweigerung einer sinnvollen Arbeit entspricht. Dieses Sinndefizit kompensiert der Bursche auf hybride Weise, indem er sich einredet, das allgemeine Unrecht in der Welt zu bekämpfen. Das seinem Alter gemäße erotische Leben scheint völlig auf die hohe Lust am Herumprügeln und auf die damit fast rituell verbundenen kulinarisch-oralen Genüsse verschoben. Allzuweit von jenem Bauernsohn Gotthelfs – »eine rechte wahrhaftige Lümmelmajestät, aber eine gutmütige«,[11] heißt es dort – liegt Pankraz also nicht ab. Er ist nur insofern gefährdeter, als seine Krise auch die Arbeitsfähigkeit und den Gewinn eines sozialen Standorts betrifft, was bei dem andern, dem reichen Hofbesitzer, pointiert nicht der Fall ist. Durch die Ansiedlung der Brachialität im Auftakt einer Erziehungs- und Mannwerdungsnovelle wird das Phänomen also einer folgerichtigen Deutung durch die Leser zugänglich gemacht. Wobei die Merkwürdigkeit bleibt, daß der weit über dreißigjährige Keller sein eigenes aktuelles Verhalten in diesen psychologischen Rahmen rückt.

Nicht minder faszinierend ist die zweite Umsetzung, die Szene in den Dortchen-Kapiteln im *Grünen Heinrich*. In dem Maße, in dem der Faktor der unglücklichen Verliebtheit, das was Keller im Brief an Lina Duncker das »gebrochene Herz« nennt, in der Pankraz-Geschichte ausgesperrt bleibt, macht er hier die Mitte und Hauptsache aus. Heinrich ist so fürchterlich in Liebe geraten und so sehr außerstande, sich darüber zu äußern und eine Verwirklichung zu initiieren, daß er sich gelegentlich in der weiten Natur auf den Boden wirft, wo es ihn dann »emporschnellte und herumwarf, wie eine Forelle, die man ins grüne Gras geworfen hat und die nach Wasser schnappet«. (XIX, 282). In solcher Verfassung gerät er zu folgendem Ergebnis:

Wiederum ein andermal setzte er sich auf einen verlassenen Pflug, welcher in einer angefangenen Ackerfurche lag, und machte ein trübseliges Gesicht; denn er begriff nicht, wie jemand noch Freude daran finden könne, zu pflügen, zu säen und zu ernten, und er machte allem zusammen umher Leerheit, Nichtigkeit und Seelenlosigkeit zum Vorwurf, da er Dortchen nicht hatte. Da schlenkerte ein vergnügt grinsender Feldlümmel daher, der ein irdenes Krüglein an einem Stricke über der Schulter trug, stand vor ihm still, gaffte ihm in das betrübte Gesicht und fing endlich an, unbändig zu lachen, indem er sich mit dem Ärmel die Nase wischte. Schon das arme Krüglein tat Heinrich weh in den Augen und im Herzen, da es so stillvergnügt und unverschämt am Rücken dieses Burschen baumelte; wie konnte man ein solches Krügelchen umhertragen, da Dortchen nicht im Lande war? Da nun der grobe Gesell nicht aufhörte dazustehen und ihm ins Gesicht zu lachen, stand Heinrich auf, trat weinerlich und leidvoll auf ihn zu und schlug ihm dergestalt hinter das Ohr, daß der arme Kerl zur Seite taumelte, und ehe der sich wieder fassen konnte, prügelte Heinrich all sein Weh auf den fremden Rücken und schlug sich an dem brechenden

Kruge die Hand blutig, bis der Feldlümmel, welcher glaubte, der Teufel sei hinter ihm her, sich aus dem Staube machte und erst aus der Entfernung anfing, mit Steinen nach dem tollen Heinrich zu werfen. Langsam ging dieser davon und bedeckte seine überströmenden Augen mit beiden Händen. Solche Kunststücke trieb er nun und der Himmel mochte wissen, wo er sie gelernt hatte. (XIX, 282 f.)

Auffällig ist die deklarierte Abwesenheit allen Vergnügens. Das Dreinhauen geschieht aus dem lautersten Weh und Elend, und der Bezug zur brachialen Lust der Gotthelfschen »Lümmelmajestät« scheint nur noch indirekt als Echo vorhanden zu sein in der rustikalen Gestalt des »vergnügt grinsenden Feldlümmels«. Im übrigen nimmt sich auf den ersten Blick alles ganz eindeutig aus: Heinrich ist in der bittersten Not, wird ausgelacht und rächt sich – nicht nur nach Maßgabe der Frechheit des andern, sondern auch nach Maßgabe seiner eigenen Schmerzen. Das scheint so problemlos wie jene Szene mit dem losgeschirrten Hund. Aber da ist dieses Krüglein. Es bringt in den Text eine zweite, eine figurative Rede. Darin tritt es, ist man einmal aufmerksam geworden, neben den verlassenen Pflug in der angefangenen Ackerfurche. Der zerbrochene Krug und der Pflug in der Furche: zwei der ältesten Bilder für Sexualität, körperliche Liebe, den Übergang von der Virginität zur Frau und geliebten Freundin. Hier liegt eine jener Stellen vor, an denen die Naivität oder besser: das listige Sichahnungslos-Stellen der Autoren aus vorfreudianischen Zeiten poetische Spiele ermöglicht, die später, nach der Popularisierung der Freudschen Konzepte, so augenzwinkernd nicht mehr möglich waren. Bei genauem Zusehen ist es weit mehr der Pflug und das Krüglein, was zu Heinrichs handgreiflichem Geschäft führt, als das Grinsen des Bauernburschen. Dieses hat nur noch auslösende Wirkung. Auf den Pflug in der angefangenen Furche setzt er sich hin, dieser Pflug beschäftigt ihn über die Maßen: »(...) er begriff nicht, wie jemand noch Freude daran finden könne, zu pflügen (...), und er machte allem Lebendigen umher Leerheit, Nichtigkeit und Seelenlosigkeit zum Vorwurf (...)«. Mit dem objektiv Ergreifenden der Situation verbindet sich da eine kuriose Ironie. Sie leitet sich einerseits von der alten Tradition her, wonach schmerzhaft Verliebte zum Lachen seien, andererseits, und versteckter, nährt sie sich von der grotesken Tatsache, daß einer erhaben-düstere Philosopheme entwirft und über die Seelenlosigkeit alles Lebendigen reflektiert, während er auf dem sitzt, was als schlichte Metapher den Angelpunkt seines Elends vor Augen führt. Ähnlich verhält es sich mit dem nun wahrhaft famosen Satz über das Krüglein: »Schon das arme Krüglein tat Heinrich weh in den Augen und im Herzen, da es so stillvergnügt und unverschämt am Rücken dieses Burschen baumelte; wie konnte man ein solches Krügelchen umhertragen, da Dortchen nicht im Lande war?« Man beachte, wie das »Krüglein« zum »Krügelchen« wird, als es in die Nähe des Wortes »Dortchen« kommt. Das Suffix wandelt sich dem an, wofür das Wort steht. Und folgerichtig prügelt Heinrich dann nicht einfach den Kerl durch, sondern vollzieht die Aktion auch auf der metaphorischen Ebene und zerschlägt das Gefäß: »und schlug sich an dem brechenden Kruge die Hand blutig«. Jetzt also wird, mit rührendem sprachlichem Takt, der assonierende Diminutiv wieder weggelassen und signalisiert, daß man keineswegs an eine Brutalität der Frau gegenüber denken dürfe. Der »zerbrochene Krug« hätte dem »Krügelchen« kein Leid getan.

Insgesamt kann also festgehalten werden, daß die zwei zitierten Stellen, die genetisch zweifellos auf die dokumentierte Brachialpraxis Kellers in Berlin zurückgehen, ihre historische Grundlage je einseitig und selektiv auswerten, daß sie den Vorgang aber auch je auf ihre Art ins Komplexe steigern. Sie bilden zwei hermeneutische Vorgaben, die den Leserinnen und Lesern zu sinnvoller Auslegung überantwortet werden. Man kann sie deuten und soll sie deuten. Es ist nicht zuletzt die Ironie, die den Text jedesmal mitkonstituiert, was auf die Überlegenheit des Erzählers nicht nur seinem Helden, sondern auch dem erzählten Geschehen gegenüber verweist. Das Zeichen, das der Autor setzt, ist ihm selbst keine Crux, und für den Leser soll es ein Lese-Spiel abgeben. Selbst wenn man annehmen wollte, daß sich Keller bei Krug und Pflug, Krüglein und Pflüglein nichts weiter gedacht haben sollte als eben Krug und Pflug, bleibt die hermeneutische Zugänglichkeit der Stelle unbeeinträchtigt.

Gottfried Keller und der brachiale Zweikampf – wir stehen vor einem bald ungezogenen, plebejischen und rustikalen, bald regressiven, bald auch wieder hochgemut sittlichen Verhalten. Man muß die Szenen und Berichte offensichtlich von Fall zu Fall genau studieren. Die Gruppierung nach Typen hat gezeigt, daß sich innerhalb des einzelnen Typus wieder Abschattierungen aussagekräftiger Art ergeben. Vor diesem Hintergrund ist es nun möglich, eine dritte Gestalt des Geschehens in Kellers Werk vorzustellen, die spannungsreichste, die – so meine These – ihre Bedeutung darin findet, daß der Erzähler selbst ihrer Bedeutung gegenüber hilflos ist. Während die Kämpfe eines Pankraz innerhalb der psychologischen, der erzählästhetischen, aber auch der pädagogisch-wirkungsästhetischen Strategien der Novelle ihren deutlichen Sinn machen, entziehen sich die Kämpfe, von denen jetzt zu reden ist, hartnäckig einer unmittelbaren psychologischen, soziologischen oder figurativen Sinngebung. Diese Feststellung leitet sich nicht aus der Erfahrung des Germanisten ab, der irgendwo nicht weitergekommen ist und jetzt seine Frustration zum Wesen der Sache erklärt, sondern sie ist begründet in der Art und Weise, wie die Erzählung selbst das Zeichen, das sie setzt, als ein nicht dechiffrierbares vorstellt. An die Stelle der Deutung tritt nämlich demonstrativ und mehrmals die reine Wiederholung dessen, was zu deuten wäre.

Gemeint ist der Zweikampf zwischen dem jungen Heinrich und seinem

Freund und Feind Meierlein. Dieser Zweikampf spielt im Roman eine gewichtige Rolle. Wenn man, in Abgrenzung zu den bisher erwähnten Szenen, seine Spezifika festhält und das Gesamtwerk überblickt, stellt man fest, daß der Typus auch in *Romeo und Julia auf dem Dorfe* wieder erscheint, in den *Drei gerechten Kammachern* und zuletzt noch im *Martin Salander*. In der Forschung zum *Grünen Heinrich* gibt es einige sehr scharfsinnige Deutungen der Meierlein-Episode,[12] aber was man bisher nie richtig sehen wollte, ist die Tatsache, daß der Romanerzähler selbst das Geschehen als etwas darstellt, das ihn nur deshalb so obsessiv verfolgt, weil er keine Möglichkeit hat, es zu durchschauen und in die tragenden Sinnzusammenhänge des Romans zu integrieren. Die bisherigen Deutungen mögen vielfach plausibel sein, ungedeutet bleibt bei ihnen die Tatsache, daß der Roman selbst die Szene für hermetisch erklärt und den Deutungsdruck, der von ihr ausgeht, offenbar nur durch Wiederholungen einigermaßen auffangen kann.

Die Vorgeschichte ist jedem Keller-Leser vertraut. Meierlein und Heinrich sind Schulfreunde und geraten langsam in ein seltsames Verhältnis. Meierlein spielt den Kaufmann, der über alles immerzu Buch führt, und bringt dabei den ahnungslosen Heinrich bei sich, dem angeblichen Freund, immer tiefer in Schulden. Er macht laufend kindische Wetten, und wenn Heinrich verliert, trägt er säuberlich eine Schuld mehr in das mitgeführte Heft. Heinrich, der in einer schwimmenden Grenzzone zwischen Phantasie und Wirklichkeit lebt, in einem prekären, aber auch kostbaren Zustand, ist von der Sache als einem Spiel fasziniert. Eines Tages fordert Meierlein alle Schulden ein, unerbittlich wie ein kleiner Shylock, tritt feierlich vor die Mutter und vor den Rektor der Schule, mit gesetzten Worten und offenem Schuldbuch. Die Erwachsenen betrachten das Ganze als eine ärgerliche Kinderei, zerreißen die kalligraphische Bilanz und kanzeln die merkwürdigen Geschäftspartner scharf ab. Damit könnte alles erledigt sein. Zwischen Heinrich und Meierlein aber beginnt nun ein monatelanges erbittertes Hassen, fast stumm, bloß über Blicke und gelegentliche tödlich böse Worte geführt. Eines Tages treffen sie unverhofft aufeinander in der einsamen Natur (es geschieht im Verlauf einer Gefechtsübung mit Knabengewehren), und da kommt es nun zu dem Kampf, der so ganz anders ist als die sonstigen Raufereien. Was ist anders und was ist das Besondere daran?

Bald hatte ich mich von den übrigen verloren und befand mich mitten am Abhange einer wilden, mir unbekannten Schlucht, in deren Tiefe ein Bächlein rieselte und die mit altem Tannenwalde erfüllt war. Der Himmel hatte sich bedeckt, es ruhte eine düstere und doch weiche Stimmung auf der Landschaft (...). Da hörte ich Schritte in der Nähe, und auf dem schmalen Felspfade, in der tiefen Einsamkeit, kam mein Feind daher, das Herz klopfte mir heftig, er sah mich stechend an und sandte mir gleich darauf einen Schuß entgegen, so nah, daß mir einige Pulverkörner ins Gesicht fuhren. Ich stand unbeweglich und starrte ihn an; hastig lud er sein Gewehr wieder, ich sah ihm immer zu, dies verwirrte ihn und machte ihn wütend, und in unsäglicher Verblendung (...) wollte er in dichter Nähe eben wieder anlegen, als ich, meine Waffe wegwerfend, auf ihn losfuhr und ihm die seinige entwand. Sogleich waren wir ineinander verschlungen und nun rangen wir eine volle halbe Stunde miteinander, stumm und erbittert, mit abwechselndem Glücke. Er war behend wie eine Katze, wandte hundert Mittel an, um mich zu Falle zu bringen, stellte mir das Bein, drückte mich mit dem Daum hinter den Ohren, schlug mir an die Schläfe und biß mich in die Hand, und ich wäre zehnmal unterlegen, wenn mich nicht eine stille Wut beseelt hätte, daß ich aushielt. Mit tödlicher Ruhe klammerte ich mich an ihn, schlug ihm gelegentlich die Faust ins Gesicht, Tränen in den Augen, und empfand dabei ein wildes Weh, welches ich sicher bin, niemals tiefer zu empfinden, ich mag noch so alt werden und das Schlimmste erleben. Endlich glitten wir aus auf den glatten Nadeln, welche den Boden bedeckten, er fiel unter mich und schlug das Hinterhaupt dermaßen wider eine Fichtenwurzel, daß er für einen Augenblick gelähmt wurde und seine Hände sich öffneten. Sogleich sprang ich unwillkürlich auf, er tat das gleiche; ohne uns anzusehen, ergriff jeder sein Gewehr und verließ den unheimlichen Ort. Ich fühlte mich an allen Gliedern erschöpft, erniedrigt und meinen Leib entweiht durch dieses feindliche Ringen mit einem ehemaligen Freunde. (XVI, 239f.)

Zu erwarten wäre ein bekannter Vorgang, ein Ablauf, für den es bei Keller selbst genügend Muster gibt. Eine unbereinigte Situation wird auf derbe Art bereinigt, ein hereinhängendes Gewitter bricht endlich aus, das Duell kommt zustande, und wer immer auch der Sieger bleibt, die Affäre ist abgeschlossen. Man mag ein blaues Auge davontragen und eine blutende Nase, hat aber auch ein grimmig entlastetes Herz. Genau dieser Einschlag einer verdeckten Lust, das zweideutig Wohlige aller naturhaften Aggressionsabfuhr, fehlt hier nicht nur, sondern verkehrt sich ins offene Gegenteil. Der Satz, der dies ausspricht, ist ungeheuerlich in einem Roman, wo so viel Schmerzen, Not und Trübsal vorkommen, wo so viel Geliebtes verloren, so viel Glück in Scherben geht, der Satz: »Ich empfand dabei ein wildes Weh, welches ich sicher bin, niemals tiefer zu empfinden, ich mag noch so alt werden und das Schlimmste erleben.« Auch wenn man sich in das Ausbleiben der brachialen Lust einigermaßen einfühlen kann, dieses letzte und äußerste Weh, das alles sonst denkbare seelische Leiden übertreffe – man kann es nur zur Kenntnis nehmen. Unmittelbar einzuleuchten vermag es nicht.

Was ist nun sonst noch anders bei diesem Kampf? Wichtig scheint das Wegwerfen der Waffe. In Umkehrung des Reflexes, daß man im Streit nach einer Waffe sucht und damit auf den andern losgeht, wird hier, als es tödlich ernst wird, zunächst einmal die Waffe beseitigt. Noch wichtiger aber ist die zeitliche Struktur, die Dauer, das fast Endlose. Darin steckt ein geheimnisvolles Paradox. Der Kampf, dessen Wesen doch die rasche Scheidung in Sieger und Besiegten ist, geht in einen Zustand über. Und zwar liegt dies nicht an der zufällig gleichen Stärke der Kontrahenten, sondern gehört zutiefst zu dieser Sache selbst. Ich kann es nicht begründen, nur feststellen. »Eine volle halbe Stunde« dauert das unselige Geschehen, und was es schließlich beendet, ist ein Zufall. Sieger kann es keinen geben:

»(...) ohne uns anzusehen, ergriff jeder sein Gewehr und verließ den unheimlichen Ort.«

Diese Unheimlichkeit wird am Anfang schon exponiert durch die Naturkulisse: »(...) am Abhange einer wilden, mir unbekannten Schlucht, in deren Tiefe ein Bächlein rieselte und die mit altem Tannenwalde erfüllt war (...)«. Der Unbekanntheit des Ortes, seiner Lautlosigkeit, entspricht die tiefe Fremdheit des Geschehens für den, der es vollzieht. Auch Heinrichs Gefühle während des Kampfes sind nicht von der plötzlichen, aufflammenden Art, von jener kurzfristigen Rasanz, die sonst zum brachialen Handeln gehört, sondern seltsam zustandshaft: »(...) ich stand unbeweglich und starrte ihn an« – »wenn mich nicht eine stille Wut beseelt hätte« – »mit tödlicher Ruhe klammerte ich mich an ihn«. Dieser Zusammenfall von einmaliger Tat und Endlosigkeit hat einen mythischen Einschlag. Er erinnert an Hades-Situationen, Hades-Arbeiten. Bei Dante, im 7. Gesang des Inferno, kommen solche vor, die ewig miteinander kämpfen müssen: »Sie schlugen sich, und nicht nur mit den Händen, / Mit Köpfen, mit der Brust und mit den Füßen (...).«[13] Auch dazu gibt jene düstere Szenerie ja ein erstes Signal. Überdies entsprechen dem einige merkwürdige Andeutungen im Erzählkontext. Meierlein wird wiederholt als »Dämon« bezeichnet und als »der Feind« mit einem unverkennbaren Anklang an das Böse und an den ältesten Bösen.

Unbewegt andauernd, entwicklungslos bleibt das tiefe Hassen zwischen den beiden auch nachher, bleibt so über Jahre hin, und selbst als Meierlein eines Tages vom Dach stürzt und auf der Gasse stirbt, heißt es: »Mein Inneres lächelte dazu, (...) so tief hatte der Haß gewurzelt!« (XVI, 244)

Der Umriß einer mythischen Figuration, der sich hier dämmerhaft zeigt, ist nicht einfach eine poetische Zutat, sondern tritt mit innerer Notwendigkeit an die Stelle der Erklärung, der schlüssigen Lokalisierung im Sinngefüge des Romans. Es ist eine Fabel ohne fabula docet, und dies in einem Erzählwerk, das sich selbst wesentlich als einen mächtigen Akkord von Lebenskunde, Vorbild und lehrhafter Abschreckung versteht. Damit gewinnt die Szene romanästhetischen Aussagewert. Sie wird zum fremden Wort in einer sonst gewohnten Rede. Sie liegt plötzlich wie eine unbekannte Münze im vertrauten Kleingeld. Eine Grenze wird damit sichtbar, die der Roman sonst nicht gelten lassen will, ein anderes Reden, eine Verlautung außerhalb jenes breiten Sprachflusses, der ganz und gar übersetzbar ist in mein eigenes Lebenswissen.

Natürlich springen an solchen Stellen alle Germanisten auf und wollen dem Dichter helfen und ihm erklären, was er selber nicht versteht. Dagegen ist nichts einzuwenden, nur ändert das an der Gestalt des Romans nichts. Man kann die Fabel vom Kampf mit dem kleinen Dämon nicht mittels Interpretation ins vertraute Kleingeld zurückwechseln. Das fremde

Zeichen bleibt bestehen, auch wenn sich eines Tages alle Germanisten hinter dem Rücken des Erzählers über die Bedeutung einig wären.

Die Szene, ich habe es gesagt, kehrt im Roman wieder. Als Heinrich in München mit seiner Malerkarriere falliert, ins Elend gerät und zuletzt nichts mehr hat, nur Hunger, Löcher in den Schuhen und das Manuskript seiner Jugendgeschichte, da schlägt seine äußere Misere in innere Herrlichkeit um, und er beginnt zu träumen, prächtig, leuchtend und tönend, von der Heimat, von Gold und Schätzen, von schönen Mädchen und einer wundersam verjüngten Mutter, und er träumt den langen Traum von der Heimkehr in die Heimat. Darin steht er schließlich vor dem Vaterhaus. Dieses stellt sich als ein immenses, kunstvolles Möbelstück heraus, »ein Schrankwerk« aus »dunklem Nußbaumholz (...) mit unzähligen Gesimsen, Balkonen und Galerien« (XIX, 174). Er steigt an der Außenseite auf »schön geschnitzten Treppen« (XIX, 175) hoch, und wie er durch eine Kristallscheibe späht, blickt er »in einen herrlichen Garten hinaus, der im Sonnenlichte lag, und dort glaubte er zu sehen, wie seine Mutter im Glanze der Jugend und Schönheit, angetan mit seidenen Gewändern, durch die Blumenbeete wandelte« (XIX, 176). Und jetzt kommt's, jetzt geschieht es wieder, genau in der Sekunde, da die Erfüllung anbrechen will:

Er wollte ihr eben sehnlich zurufen, als er unten auf der Gasse ein häßliches Zanken vernahm. Erschreckt sah er sich um und sprang im Nu hinunter; denn unten stand der vom Turme gestürzte junge Mensch aus der Jugendzeit, jener feindliche Meierlein, und störte mit einem Stecken Heinrichs schöne Effekten auseinander. Wie dieser aber unten war, gerieten sie einander in die Haare und rauften sich ganz unbarmherzig. Der wütende Gegner riß dem keuchenden Heinrich alle seine schönen Kleider in Fetzen, und erst als dieser ihm einige verzweifelte Knüffe versetzte, entschwand er ihm unter den Händen und ließ den Ermatteten und ganz Trostlosen in der verdunkelten kalten Straße stehen. Heinrich sah sich angstvoll mit bloßen Füßen und mit nichts als einem zerrissenen Hemde bekleidet dastehen; das Haus aber war das alte wirkliche Haus, jedoch halb verfallen, mit zerbröckelndem Mauerwerk, erblindeten Fenstern, in denen leere oder verdorrte Blumenscherben standen, und mit Fensterläden, die im Winde klapperten und nur noch an einer Angel hingen. Von seiner vortrefflichen Traumeshabe war nichts mehr zu sehen als einige zertretene Reste auf dem kotigen Pflaster, welche dazu von nichts Besonderem herzurühren schienen, und in der Hand hielt er nichts als den seinem bösen Feinde entrungenen Stecken. (XIX, 176f.)

Diese Kampfszene ist in manchen Dingen anders als die vorige. Gleich ist sie im Streitverlauf, der keinen Sieger kennt, und im Gefühl einer unsäglichen Trauer während des Würgens und Hauens. Auch die anschließende Verfassung Heinrichs, die beim ersten Mal mit den Begriffen »erniedrigt« und »entweiht« umschrieben wurde, ist hier analog vorhanden, und zwar noch gesteigert zur Entblößung des Leibes. Hinzu tritt eine Entzauberung und Erkaltung der ganzen Welt. Jenes äußerste mögliche Weh, von dem die erste Stelle sprach, wird hier grandios körperhaft in der Tatsache, daß der Glanz und das Licht aller Dinge erlischt, das Schöne in Zerfall kippt und der Reichtum zu Dreck wird. Schon im Kontext des ersten Meierlein-Kampfs hatte es geheißen: »(...) aber für mich waren alle gemeinsamen Freuden trüb und kalt geworden (...)«. Es ist auffällig, wie nachdrücklich Keller den Topos von der plötzlichen Vereisung und Vergreisung der Welt, der aus der Romantik stammt, in der Romantik ubiquitär ist, mit diesem Kampf verbindet. Die zwei zitierten Stellen laden sich also gerade durch ihre Unterschiede gegenseitig semantisch auf, jede wird im Hinblick auf die andere komplexer, aber keine ist der andern Auflösung und Erklärung.

Ungewiß bleibt, wie alt Meierlein in der Traumszene ist. Er könnte das Alter seines Todes haben, da er als »der vom Turm gestürzte junge Mensch« bezeichnet wird, sicher ist es nicht. Die Frage mag vielleicht belanglos erscheinen. Wie wenig sie es tatsächlich ist, zeigt die Stelle, wo das Geschehen sich zum dritten Mal ereignet. Der verlassene und verlorene Heinrich beginnt in seinem kahlen Zimmer ganz unverhofft und zu seiner eigenen Überraschung Verse zu schreiben. Er ist dabei von einem Rhythmus bewegt, der ihm aus den langen Träumen noch im Ohr hängt. Und dann heißt es: »(...) als er wieder von dem schlimmen Meierlein träumte, hämmerte er in stillem Ingrimm einige bittere Verse zurecht« (XIX, 180). Es ist also, wohlgemerkt, nicht der bereits zitierte Traum, der hier zum Gedicht wird, sondern ein nochmaliges Erlebnis des Kampfes. Die Szene ist denn auch wiederum in einigen Punkten anders:

> Im Traum sah ich den schlimmen Jugendfeind,
> Mit dem ich in der Schule einst gesessen;
> Sein Name schon verdunkelt mir den Sinn,
> Wie viel der Jahre auch geflohn indessen!
>
> Als bärt'ge Männer trafen wir uns nun;
> Doch jeder trug annoch sein Bücherränzchen,
> Das warf er ab und rief dem andern zu,
> Die Fäuste ballend: he, willst du ein Tänzchen?
>
> Wir rauften uns, er spie mir ins Gesicht,
> Ich unterlag in Schmach und wildem Bangen;
> Da bin in Schweiß und Tränen ich erwacht
> Und sah die Sonne kalt am Himmel prangen.
>
> (XIX, 180)

Die kalte Sonne, die Entzauberung, Entseelung der Welt macht auch hier die rätselhafte Pointe aus, so wie das »wilde Bangen« und die »Tränen« an exakter Stelle wiederkehren. Auch der Akzent einer mythischen Szene, einer Art Hades-Arbeit, der sich beim ersten Mal aufdrängte, wird hier verstärkt wieder spürbar in der archetypischen Chiffre des alten Kindes, des puer senex, die Ernst Robert Curtius einst erläutert hat.[14] Die zwei bärtigen

Männer tragen immer noch ihren Schultornister, werfen ihn ab wie Schuljungen, *sind* Schuljungen und bestandene Männer zugleich, als sie mit den Fäusten aufeinander losgehen. Das bärtige Kind ist ein strukturell ähnliches Paradox wie die kalte Sonne, mit der das Gedicht endet. Hier wie dort handelt es sich nicht um Oxymora im Sinne eines rhetorischen Effekts, sondern um genuin mythische Zeichen. Sie machen deutlich, daß die Wiederholung des Kampfes keine schrittweise Auflösung des Rätsels darstellt, keine allmähliche Übersetzung der fremden Rede in den rationalen Diskurs. Ganz ähnlich, wie die Jugendgeschichte in dem Roman, dessen Teil sie ist, auch als ein konkreter Gegenstand vorkommt – sie ist, in Wachstuch eingeschlagen, der letzte, ans Herz gepreßte Besitz des verlorenen Sohnes –, wird auch der unbegriffene Kampf mit dem kleinen bösen Feind vom Ereignis zum Ding, zum beschriebenen und aufbewahrten Blatt. Das erinnert an Magie, an alte Praktiken des Bannens und Beschwörens, auch wenn vom Schicksal dieses Blattes weiter nichts berichtet wird. Während aber der Umgang mit dem Manuskript der Jugendgeschichte das Bestreben bezeugt, die Vergangenheit nicht ganz vergehen zu lassen, das Gewesene zu bewahren und der fressenden Zeit zu entreißen, stellt das Gedicht, als Akt des Bannens betrachtet, den vergeblichen Versuch dar, eine Wiederkehr des Vergangenen zu verhindern. Dort möchte der Erwachsene das Kind, das er war, nicht fahren lassen, hier sitzt es ihm auf wie ein Doppelgänger,[15] und er bringt es nicht vom Hals. Übrigens bringt die zweite Fassung des Romans das Motiv auch in den Kampf auf der Gasse ein; sie spricht explizit von einem »Knirps von Knaben mit grauen verwelkten Haaren« (VI, 134).[16]

Es ist auffällig, wie sehr der Aspekt des Alters in der wichtigsten Variation dieses Typus außerhalb des *Grünen Heinrich*, im Kampf der Väter in *Romeo und Julia auf dem Dorfe*, betont wird. Auch dort gemahnt die Szenerie unübersehbar an eine Hadeslandschaft. Die zwei Streitenden sind alte Bauern, die sich aus unerbittlicher Starrheit und verdrängter Schuld gegenseitig ruiniert haben. Daß sie zuletzt von ihren Kindern aus dem Handgemenge gerissen werden, bestätigt den Charakter eines Kampfes ohne Entscheidung. Die Erzählerreflexion, die hier zusätzlich noch eingeflochten wird, skizziert übrigens selbst so etwas wie eine Typologie des brachialen Zweikampfs:

Es fing an zu blitzen und erleuchtete seltsam die dunkle melancholische Wassergegend; es donnerte auch in den grauschwarzen Wolken mit dumpfem Grolle und schwere Regentropfen fielen, als die verwilderten Männer gleichzeitig auf die schmale, unter ihren Tritten schwankende Brücke stürzten, sich gegenseitig packten und die Fäuste in die vor Zorn und ausbrechendem Kummer bleichen zitternden Gesichter schlugen. Es ist nichts Anmutiges und nichts weniger als artig, wenn sonst gesetzte Menschen noch in den Fall kommen, aus Übermut, Unbedacht oder Notwehr unter allerhand Volk, das sie nicht näher berührt, Schläge auszuteilen oder welche zu bekommen; allein dies ist eine harmlose Spielerei gegen das tiefe Elend, das zwei alte Menschen überwältigt, die sich wohl kennen und seit lange kennen, wenn diese aus innerster Feindschaft und aus dem Gange einer ganzen Lebensgeschichte heraus sich mit nackten Händen anfassen und mit Fäusten schlagen. So taten jetzt diese beide ergrauten Männer; vor fünfzig Jahren vielleicht hatten sie sich als Buben zum letzten Mal gerauft, dann aber fünfzig lange Jahre mit keiner Hand mehr berührt, ausgenommen in ihrer guten Zeit, wo sie sich etwa zum Gruße die Hände geschüttelt, und auch dies nur selten bei ihrem trockenen und sichern Wesen. Nachdem sie ein oder zweimal geschlagen, hielten sie inne und rangen still zitternd miteinander, nur zuweilen aufstöhnend und elendiglich knirschend, und einer suchte den andern über das knackende Geländer ins Wasser zu werfen. Jetzt waren aber auch ihre Kinder nachgekommen und sahen den erbärmlichen Auftritt.

(VII, 119f.)

Man sieht: was diese zwei zu Haß und Feindschaft jammervoll Verdammten innerlich erleben, ist genau jenes äußerste Weh, das Heinrich als Schuljunge erlitten hat. Es war dort eine erwachsene Qual im Kind, so wie hier, bei den Erwachsenen, das Kindische der Handlung die Qual potenziert. Der Topos der Tränen aber, der zu diesem Kampf gehört, wird gleich anschließend eingebracht in der Beschreibung, wie einer der beiden Alten vor seinem Sohn her nach Hause geht: »(...) er duckte sich, beide Hände in den Taschen, unter den Regengüssen, zitterte noch in seinen Gesichtszügen und mit den Zähnen, und ungesehene Tränen rieselten ihm in den Stoppelbart, die er fließen ließ, um sie durch das Wegwischen nicht zu verraten.« (VII, 121)

Das entsetzlich Traurige dieser Szene findet am Schluß der *Drei gerechten Kammacher* seine schauerlich groteske Parallele. Jobst und Fridolin, die Übergerechten und Überkorrekten, die gierigen Asketen und seelisch eingedorrten Karrieristen, veranstalten dort den Wettlauf um eine reiche Frau – zum allgemeinen Gaudium der keineswegs asketischen, aber auch zu keiner Karriere fähigen Seldwyler. Während dieses Wettlaufs geraten die beiden Männer aneinander, ohne allerdings darüber ihr Rennen aufzugeben:

Darüber gewann Fridolin einen größern Vorsprung, und wie Jobst es merkte, warf er ihm den Stock zwischen die Füße, daß er hinstürzte. Wie aber Jobst über ihn wegspringen wollte, erwischte ihn der Bayer am Rockschoß und zog sich daran in die Höhe; Jobst schlug ihm auf die Hände und schrie: »Laß los, laß los!« Fridolin ließ nicht los, Jobst packte dafür seinen Rockschoß, und nun hielten sie sich gegenseitig fest und drehten sich langsam zum Tore hinein, nur zuweilen einen Sprung versuchend, um einer dem andern zu entrinnen. Sie weinten, schluchzten und heulten wie Kinder und schrieen in unsäglicher Beklemmung: »O Gott! laß los! du lieber Heiland, laß los, Jobst! laß los, Fridolin! laß los, du Satan!« Dazwischen schlugen sie sich fleißig auf die Hände, kamen aber immer um ein weniges vorwärts. Hut und Stock hatten sie verloren, zwei Buben trugen dieselben, die Hüte auf die Stöcke gesteckt, voran, und hinter ihnen her wälzte sich der tobende Haufen; alle Fenster waren von der Damenwelt besetzt, welche ihr silbernes Gelächter in die unten tosende Brandung warf, und seit langer Zeit war man nicht mehr so fröhlich gestimmt gewesen in dieser Stadt. (VII, 316)

Auch hier gibt es keinen Sieg, nur die schreckliche Dauer. Immerzu kämp-
fend bewegen sich die beiden durch die Stadt hindurch und zum andern
Tor wieder hinaus, sinnlos und blind am gesetzten Ziel vorbei, und fallen
schließlich »auf dem freien Felde« um, »ganz ineinander verbissen« (VII,
318). Der Verwandlung des Traurigen ins Groteske entspricht, im Vergleich der zwei Szenen, das Elend der zuschauenden Kinder dort, und das
tobende Vergnügen der zuschauenden Seldwyler hier. Gleich bleiben sich
die Tränen, gleich bleibt die innere Qual, gleich bleibt das puer-senex-
Signal: »Sie schluchzten und heulten wie die Kinder.«

Und hier ist nun auch noch darauf hinzuweisen, daß sich bei allen Szenen dieses Typus im Nachzug schwere Katastrophen ereignen: Meierlein
stürzt vom Dach; einer der alten Bauern wird verrückt, und die Kinder töten sich; einer der Kammacher erhängt sich, und wie der andere das sieht,
verliert er allen Halt und geht kaputt. Unter dem Aspekt dieser Fatalitäten
gewinnt die Meierlein-Szene auch für das Schicksal Heinrichs im Roman
den Charakter eines desaströsen Orakels.

Und jetzt? – Das waren die Stellen und die Szenen in ihrer typologischen
Abgrenzung vom Harmlosen zum Bedenklichen, vom Eindeutigen zum
Rätsel, von der psychologischen Anekdote zur mythischen Fabel. Was dabei fehlt, ist der Fluchtpunkt, auf den alle diese Vorgänge bezogen werden
können und der auch die hermetische Chiffre einigermaßen orten ließe.
Auffällig ist die hohe emotionale Besetzung des Geschehens, die Dimension von wildem Vergnügen und schwerem Kummer, wobei auch das
unsägliche Weh in den Hades-Szenen dialektisch auf eine verlorene Lust
verweist, nicht anders als die kalte Sonne auf die heiße, das alte Kind auf
das junge. Noch in den schluchzenden Schreien der kämpfenden Kammacher ist solche Gegensätzlichkeit signalisiert: »Laß los, du lieber Heiland!
laß los, du Satan!« Brachialität als Lust und Elend, Lust oder Elend, Lust
im Elend: Man wird unweigerlich erinnert an die Theorie, die Norbert
Elias über die »Wandlungen der Angriffslust«[17] im Prozeß der Zivilisation
aufgestellt hat, an seine Ausführungen über die schrittweise »Verhöfli-
chung der Krieger«.[18] Wie nehmen sich vor diesem Hintergrund die Vorgänge in Kellers Werk aus? Werden sie banalisiert durch das einfache Modell, oder erscheinen sie in einem andern Licht?

Elias untersucht ganz allgemein die Entwicklung von der direkten zur
indirekten Befriedigung der unterschiedlichsten Triebimpulse. Die historis-
sche Entfaltung dessen, was man Anstand nennt, Wohlerzogenheit, gesellschaftlich richtiges Benehmen, ist für ihn nicht ein Prozeß vom Schlechten
zum Guten, sondern eine durch handfeste Interessen gesteuerte Verfeine-
rung des sozialen Verhaltens. Die Äußerungen des menschlichen Affektge-
füges, die Umsetzungen der Triebimpulse in Handlungen und Benehmen,
werden nicht etwa schrittweise beseitigt, sondern feiner geregelt, subtiler
ritualisiert und auf ausgewählte Orte, Zeiten und Formen eingegrenzt.

Das Begehren verschwindet nicht, sowenig wie seine naturhafte Einheit hinter allen Verästelungen und Ausdifferenzierungen je verloren geht. Kampflust und Liebe bleiben verknüpft, wie das Eß- und Trinkvergnügen mit dem Vergnügen an der Erkenntnis. Wort und Wein und Streit und Zärtlichkeit und Wahrheit sind allesamt nie völlig voneinander zu scheiden. Sie machen zusammen den einen, ganzen, geheimnisvollen Seelenbaum aus. Der Prozeß der Zivilisation ist einer des schrittweisen, subtil kalkulierten Verbots, aber kein Verbotenes verschwindet. Verbot ist Verwandlung. Das Ausgewiesene steht in andern Kleidern wieder da, das Zottige kehrt frisiert zurück, der alte Schwefel weht als Parfüm durch die gepflegten Räume. Sitten und Sittlichkeit sind historisch so beweglich wie die Hüte und die Speisekarten. Der Code des gesellschaftlichen Anstands ist zugleich eine Last und eine Entlastung, er macht uns frei in dem Maße, in dem er uns unterdrückt. Der Stein, der vom Herzen fällt, liegt schwer auf dem Magen. Deshalb bewirkt auch die Durchbrechung des sittlichen Regelsystems beides zugleich: würgende Angst und rauschhafte Erleichterung. Das ist ein Paradox wie eine kalte Sonne oder ein bärtiger Schuljunge.

Im Gesamtprozeß der Zivilisation bildet nun die Kanalisierung und Formalisierung der Angriffslust einen zentralen Strang. Man wird sagen dürfen, daß diese »Wandlungen der Angriffslust« nicht zuletzt auch in der schrittweisen Abkehr vom brachialen Zweikampf in der verhöflichten Gesellschaft bestehen, einem Vorgang, der mindestens so bedeutend sein dürfte wie die berühmte schrittweise Distanzierung vom Messer beim Essen am Tisch. Im Unterschied zu andern Tabus ist nun aber der Weg zum Brachialitätsverbot uns allen ohne weiteres einfühlbar, und zwar deshalb, weil er im Rahmen unserer eigenen Sozialisation vom Schuljungen zum Erwachsenen ontogenetisch wieder durchlebt wurde und weil, wie wir alle wissen, bestimmte Lokalitäten wie die Kneipe oder die Kaserne, bestimmte Situationen wie der Lackschaden auf der Straßenkreuzung sehr rasch zur Durchbrechung dieses Tabus führen können. Die Labilität, die das Brachialitätsverbot in unserer Gesellschaft kennzeichnet, macht den Zweikampf mit bloßen Fäusten geradezu exemplarisch für alle andern möglichen Rückfälligkeiten im Gefüge der kollektiven Affektbewältigung. Er kann zum Zeichen werden einerseits für ein generell anstößiges Verhalten, andererseits aber auch für den bewahrten Zugang zu älteren Erfahrungs- und Handlungsformen überhaupt. Von hier aus beginnt sich das Geheimnis des Meierlein-Kampfes als eines Typus etwas zu lichten, das Geheimnis jenes Streits mit Fäusten, aber unter Tränen und ohne Sieger, des Streits der bärtigen Kinder, bei dem sich die Welt verschattet und erkaltet. Die mythische Chiffre vom puer senex steht für die Gleichzeitigkeit unvereinbarer psychischer und geschichtlicher Entwicklungsstufen mit ihren je zugehörigen Erfahrungen, und zwar bei Keller als Person wie auch in seinem Werk als einem symbolischen Kosmos.

Wo immer man diesen Autor angeht, stößt man auf latente Paradoxien, auf eine akute Gleichzeitigkeit des Ungleichzeitigen, die sich nur im bedrängenden Bild äußern kann, und jedes bedrängende Bild bei Keller nährt sich davon.

So feiert er den Fortschritt, die wirtschaftliche Entwicklung des Jahrhunderts, die unternehmerische Tatkraft und beklagt dies zugleich als Verlust und Untergang, als Liquidation einer alten Genußkultur. Er bezichtigt die Seldwyler der moralischen und ökonomischen Lumperei und hält ihnen als Kontrast weit üblere Beispiele lebensfeindlicher Karrieresucht vor Augen.

So fördert er die Beseitigung Gottes, hilft den Himmel ausräumen, als wäre er zum Verbindungsmann zwischen Heine und Nietzsche berufen, feiert die Sterblichkeit in einem etruskischen Kult der Gräber und Friedhöfe, aber zugleich veranstaltet er die Erscheinung der wundersamsten Jungfrau Maria seines ganzen Jahrhunderts.

So schildert er mit Wohlgefallen die Emanzipation der Keller-Familie aus dem bäuerlichen Herkommen ins städtische Karrierebürgertum und zeigt den Aufstieg zugleich als tristen Niedergang, den bewunderten Aufsteiger-Vater als suizidalen Selbstausbeuter.

So vollzieht er dichtend die Abkehr von der Romantik, das Auftauchen aus den falschen Gluten und Ekstasen der romantischen Nacht, preist das antike Licht des realistischen Tags und bleibt untergründig mit jener Tiefe verbunden, gewinnt aus ihr die unberechenbaren Bilder und trauert mit der verbannten Wasserfrau unter dem Eis.

So fügt er sich kämpferisch ein in die bürgerlich-republikanische Abbrucharbeit an aller feudalen Macht, allen patrizischen Zöpfen, Zierdegen und Privilegien, aber errichtet dieser Welt in der Landvogt-Novelle ein Denkmal, als wäre mit ihr die Sonne erloschen.

So erklärt er die Vaterlosigkeit zum schwersten Schicksal, tritt ein für die patriarchale Lenkung jeder Institution, sieht nur den Mann am Steuer von Staat und Wirtschaft und erzählt gleichwohl hingerissen von weiblicher Autonomie und von den letzten Positionen matriarchaler Verfügung.

Das alles sind Jahrhundertprozesse, grundstürzende Abläufe der Phylogenese, in die Keller so doppelt, so janusköpfig verflochten erscheint, wie er sich doppelgesichtig zeigt im ontogenetischen Übergang von der prägenitalen Sexualität mit ihrer schweifenden Augen-, Mund- und Ohrenlust zur Genitalität, deren dramatische Zentrierung unter der Bedrohung der mythischen Sichel steht.

Kellers Arbeit als Autor, Dichter in des Worts hochfliegendster Bedeutung, nährt sich überall von der paradoxen Gleichzeitigkeit genetisch unvereinbarer Positionen. Das kann nicht rational aufgelöst werden, weil dabei das Gute immer auch das Schlechte ist. Nur ein mythisches Zeichen wie das vom Zweikampf der pueri senes, der bärtigen Kinder, vermag das

Unaussagbare zu sagen, weil es eben selbst einem andern Reden angehört. Damit wird auch ein wenig verständlicher, warum zu diesem Kampf das »wilde Weh« (XVI, 240) gehört. Es ist die psychische Gestalt der Paradoxie. Die Erfahrung, daß das Gute immer auch das Schlechte und das Schlechte das Gute ist, das Alte richtig und grundfalsch und das Neue falsch und einzig richtig, diese Erfahrung wird in jenem »wilden Weh« unmittelbares Gefühl.

Integriert in den Lauf seines voranstürzenden Jahrhunderts, der nur als linear gerichteter Prozeß begreifbar war, als Geschichte eben im modernen Sinn, sieht sich Keller gleichzeitig von einer ganz andern Wahrheit bewohnt. Jenem System schlüssiger Weltdeutung steht in der Mitte seiner erfahrenden Person ein ganz anderes, nicht lineares, mythisch-zyklisches Weltverständnis gegenüber. Beide haben recht, beide beweisen sich augenfällig, beide stehen je unter einer eigenen Sonne, und beide bringen in die Existenz dieses tapferen Mannes eine rasende Spannung, die ihn jederzeit »mit Worten und Fäusten«[19] gefährlich macht.

Anmerkungen

Alle Keller-Zitate nach der Ausgabe in XXII Bänden von Fränkel und (später) Helbling, Bern, Leipzig, Erlenbach, Zürich 1926–1949.

1 Georg J. Poltke (Hrsg.): Heyse-Storm. Briefwechsel in zwei Bänden. 2. Band. München 1918, S. 145.
2 Dieser drastische Diskurs beginnt mit Walter Muschgs nachgelassenem *Umriß eines Gottfried-Keller-Porträts*. Während er bei ihm wie auch in den bekannten Büchern von Adolf Muschg und Gerhard Kaiser methodisch reflektiert erscheint, hat er sich neuerdings in der Öffentlichkeit unkontrolliert fortentwickelt. Bisheriger Höhepunkt dürfte der Satz aus der *Weltwoche* vom 24. März 1990, Nr. 21. S. 61, sein: »Die groteske Embryonenform eines wie in (sic!) Fortsatz am mächtigen Haupt hängenden Körperchens. (...)«
3 Vgl. Tages-Anzeiger Zürich, 23. September 1989, S. 7.
4 Diese Angaben sind widersprüchlich. Adolf Frey spricht in seinen *Erinnerungen an Gottfried Keller*, Leipzig 1892, S. 7, von 1,40 Meter. Kellers Paß für seine Reise nach Heidelberg nennt offiziell »5 Schuh, 4 Zoll«, was nach Auskunft des Baugeschichtlichen Archivs und Büros der Archäologie der Stadt Zürich heutigen 160 cm entspräche. Vgl. die Reproduktion des Passes in Hans Wysling (Hrsg.): Gottfried Keller 1819–1890. Gedenkband zum 100. Todesjahr. Zürich 1990, S. 151.
5 Emil Ermatinger: Gottfried Kellers Leben, Briefe und Tagebücher. 1. Band, Stuttgart und Berlin 1920, S. 423.
6 Ermatinger, a. a. O. S. 378.
7 Lina Duncker an Gottfried Keller, 28. Juni 1857. Carl Helbling (Hrsg.): Gottfried Keller. Gesammelte Briefe in vier Bänden. 2. Band. Bern 1951, S. 169.
8 Gottfried Keller an Lina Duncker, Juli 1857, a. a. O. S. 170 f.
9 Rudolf Hunziker und Hans Bloesch (Hrsg.): Jeremias Gotthelf. Sämtliche Werke in 24 Bänden. Zürich 1928. 20. Band, S. 125–286.

10 Ermatinger, a. a. O. S. 70.

11 Jeremias Gotthelf: Michels Brautschau, a. a. O., S. 135.

12 Neben den Büchern von Adolf Muschg und Gerhard Kaiser sei hier hingewiesen auf die Studie von Gert Sautermeister, »Gottfried Keller: Der grüne Heinrich, Gesellschaftsroman. Seelendrama. Romankunst.« In: Horst Denkler (Hrsg.): Romane und Erzählungen des Bürgerlichen Realismus. Neue Interpretationen. Stuttgart 1980; sowie auf Walter Morgenthaler: Bedrängte Positivität. Zu Romanen von Immermann, Keller, Fontane. Bonn 1979.

13 Dante Alighieri: Die göttliche Komödie. Übersetzt von Germann Gmelin, Stuttgart 1968, S. 89.

14 Ernst Robert Curtius: Europäische Literatur und lateinisches Mittelalter. Bern ²1954, S. 108 ff.

15 Der Begriff »Doppelgänger« fällt auch bei Gerhard Kaiser.

16 In der zweiten Fassung hat Keller das Gedicht gestrichen, das puer-senex-Motiv allerdings daraus gerettet und in die Traumszene übernommen. Der vorliegende Aufsatz geht grundsätzlich von der ersten Fassung aus.

17 Norbert Elias: Über den Prozeß der Zivilisation. Wandlungen des Verhaltens in den weltlichen Oberschichten des Abendlandes. Bern und München² 1969, S. 263–282.

18 Ebd. 2. Band S. 351–368.

19 Lina Duncker an Gottfried Keller, a. a. O. S. 169.

Aus der Geschichte der Geistergeschichte

Gottfried Kellers Auseinandersetzung
mit der phantastischen Literatur

»Schön Menschlich Antlitz!«
(Matthias Claudius)

In Gottfried Kellers Erzählwerk *Das Sinngedicht* findet sich die Novelle *Die Geisterseher*. Darin erlebt einer eine Gespenster-Erscheinung, so schauerlich und fortwirkend, daß sein ganzes Leben verändert wird.

Wie kommt Gottfried Keller dazu, eine Geistergeschichte zu schreiben?

Man kann darauf in zweierlei Weise antworten, und jedesmal ist ein Vorentscheid damit verbunden.

Die eine Antwort: Wieso soll er nicht? Eine Geistergeschichte ist ein erprobter literarischer Stoff. Es ist einer jener ehrwürdig-zählebigen Erzählgegenstände, von denen Keller selber einmal sagt, daß sie zwar zahlenmäßig beschränkt seien, aber stets »in neuem Gewand wieder in die Erscheinung«[1] träten. Die Frage wäre demnach unnötig.

Die andere Antwort lautet gegenteilig: Auch ein Novellenstoff ist der Geschichte unterworfen. Er kann zu Zeiten an der Zeit sein, zu andern Zeiten nicht. Wenn er nicht an der Zeit ist und doch von einem erfahrenen Autor aufgegriffen wird, kommt meistens statt des Kunstwerks ein Kunststück, eine technisch eindrückliche Routinearbeit heraus. Die Frage wäre demnach berechtigt.

Ich respektiere die erste Meinung, aber ich halte es mit der zweiten. Das hat seine Gründe. In der Darlegung dieser Gründe muß ich ausführlich werden. Dadurch wird der erste Teil dieser Studie zu einer historischen und formalen Theorie der Geistergeschichte.

Die Geistergeschichte als literarisches Ereignis tritt im 18. Jahrhundert überall in Europa aus dem Bereich der Volkssage – und also der Volksliteratur – in die Zonen jener Literatur über, die sich als Kunst versteht und als Kunst verstanden wissen will. Es entwickelt sich dabei rasch ein feingliedriges System von teils unabdingbaren, teils fakultativen Elementen – unabdingbar zum Beispiel der betont dokumentarische Erzählrahmen, fakultativ dagegen etwa der winselnde Hund als Zeuge: er winselt schon bei Kleist, und im *Zauberberg* winselt er noch immer. Dieses Erzählmodell, in seinem Ursprung durchaus ein Produkt der europäischen Aufklärung, wird von den Romantikern lustvoll aufgegriffen und nach allen Richtungen durchexerziert. Die Folge ist, daß es sich binnen kurzem schon zu einem Muster verfestigt, einer simplen erzähltechnischen Apparatur, deren man sich auch bei sonst mäßiger Inspiriertheit erfolgreich bedienen kann. Um die Mitte des 19. Jahrhunderts ist die Geistergeschichte der ursprünglichen Art ein Virtuosenstück geworden, bei dem man nur noch aus unerwarteten Kombinationen der bekannten Bestandteile Effekte schlagen kann.

Um die Grenzen zu verdeutlichen: Der Auftakt geschieht in England und ist, wie es bei literarischen Durchbrüchen nicht selten geschieht, gleich schon vollkommen. Es handelt sich um die Erzählung *The Apparition of Mrs. Veal (Die Erscheinung der Mrs. Veal)* von Daniel Defoe, gedruckt 1706. Das Paradebeispiel für das Ende dieses Traditionsstrangs findet sich ebenfalls in der englischen Literatur: Bulwer Lyttons Erzählung *The Haunted and the Haunters (Die Verfolgten und die Verfolger)* von 1857. Das ist nun eine Geistergeschichte, die geradezu als Enzyklopädie aller denkbaren Elemente der Gattung gelten kann, frappant in der technischen Aufbereitung, souverän in der Erzählkultur und doch im Grunde belanglos: ein hochdifferenziertes Gebilde aus Zeichen, deren Bedeutung abgestorben ist.

Authentisch verwirklichen läßt sich die Gattung von der Jahrhundertmitte an nur noch unter immer komplexeren Voraussetzungen. E. A. Poe hat sie vor allem entwickelt. Das Prinzip besteht – vereinfacht gesagt – darin, daß die übernatürlichen Ereignisse überlagert werden von pathologischen Störungen in der Bewußtseinsstruktur dessen, dem sie begegnen. Dadurch gerät der Leser in ein schwankendes Durcheinander dreier verschiedener Wirklichkeitsebenen: der Tageswirklichkeit, der Jenseitswirklichkeit und der Wahnsinnswirklichkeit. Für jede gibt es gute Gründe, und für keine reichen sie ganz aus. Auch dieses Verfahren ist indessen geschichtlich begrenzt. Den letzten Höhepunkt und das Ende zugleich markiert die Erzählung *The Turn of the Screw (Die Schraubendrehung)* von Henry James aus dem Jahr 1898. Sie stellt das vermutlich Äußerste dar, was sich mit einer Geistergeschichte je an Einsichten in das menschliche Seelenleben verbunden hat. Da waltet eine Psychologie von entsetzlicher Schärfe, der gegenüber die gleichzeitig entstehenden wissenschaftlichen Modelle der Psychoanalyse geradezu erleichternd wirken mußten.

Was soll damit gesagt sein? – Ich möchte deutlich machen, daß jede Erzählung, in der dem Helden ein Gespenst begegnet, einen bestimmbaren Ort hat in der Geschichte dieses Novellenstoffes. Die Frage, wie die Erzählhandlung im einzelnen Fall endet, ist für diese Lokalisierung zwar wichtig, aber sie ist nicht das erste Kriterium. Also: ob die Erzählung zuletzt deutlich macht: das Ganze war nur eine Täuschung, oder: das war tatsächlich übernatürlich, oder: es bleibt ein Rätsel übrig (eine vierte Möglichkeit gibt es nicht) – diese je spezifische Pointe der Geistergeschichte ist nur ein Gesichtspunkt unter andern.

Warum aber die Beispiele aus der angelsächsischen Literatur? – Sie zeigen die historischen Konturen der Gattung deutlicher, modellhafter als die entsprechenden deutschen Texte. Wir haben in der deutschen Literatur nichts, was den Anfang, die spezifische Krise und das Ende dieser merkwürdigen Literatursorte so exemplarisch verkörperte wie die erwähnten Arbeiten von Defoe, Bulwer-Lytton und Henry James. Dieser Befund wird nun allerdings aufgewogen durch die Tatsache, daß die entscheidenden Impulse zur Vertiefung und Verdichtung des Genres unübersehbar aus der deutschen Literatur stammen. Vom Russen Gogol bis zum Amerikaner Poe ist die Weltliteratur dieser Richtung geprägt von einer fast fieberhaften Verarbeitung deutschsprachiger Autoren, insbesondere Ludwig Tiecks, Achim von Arnims und E. T. A. Hoffmanns.

Worauf beruht nun aber dieses literarische Phänomen überhaupt? – Es wurde betont, daß die literarische Geistergeschichte ihrem Ursprung nach nicht aus der Romantik, sondern aus der europäischen Aufklärung stammt. Auch in der deutschen Literatur sind die wichtigsten modellbildenden Arbeiten vor- bzw. außerromantisch. Schillers *Geisterseher* und die Gespenstergeschichten in Goethes *Unterhaltungen deutscher Ausgewanderter* haben formale Muster bereitgestellt, die für Arnim und Hoffmann zu eigentlichen Produktionsmitteln wurden. Selbst Kleists *Bettelweib von Locarno* – der dritte große Initialtext unserer Literatur – wäre in seinem beunruhigendsten Aspekt, dem Fehlen jedes Selbstkommentars und jeder Deutungshilfe an den Leser, kaum möglich gewesen, hätte nicht Goethe in seinen *Unterhaltungen* eine Literatur gefordert und mit Beispielen belegt, in der das Erzählte unerklärbar bleiben muß.

Berichte von wandelnden Toten hat es immer gegeben; die Geistergeschichte als verbindliche Kunstform jedoch entsteht in dem Moment, wo man aufhört, an Geister zu glauben. Die Geister*geschichte* wird als literarisches Genus mit eigener Tradition erst möglich, als die Geister-*Erscheinung* dem offiziellen Wirklichkeitsbegriff widerspricht und das geltende wissenschaftliche Bewußtsein durchkreuzt. Das ist merkwürdig. Man würde ja wohl das Umgekehrte erwarten. Schließlich gibt es Liebesgeschichten auch nicht deshalb, weil die Leute aufgehört hätten, sich ineinander zu verlieben.

Man kann den Faktor, der hier wirksam ist, benennen. Was das Thema in dem Augenblick, wo es an sich obsolet werden müßte, in neuer Weise aktuell macht, ist nicht der äußere Vorgang der Geister-Erscheinung, sondern der Vorgang *im Innern desjenigen, dem die Erscheinung begegnet.* Das wahre Thema der literarischen Geistergeschichte ist die plötzliche, furchtbare Unsicherheit eines Einzelnen in seiner Welt, die Dynamik eines fundamentalen Zweifels. Nur weil es um die Dynamik des Zweifels geht, bedarf es des dokumentarischen Aufwandes, der diese Erzählungen alle charakterisiert. Selbst der famose winselnde Hund verdankt seine zähe Existenz der Funktion, eine ganze Reihe von Erklärungsversuchen zu verunmöglichen. Auch er aber kann nur einige natürliche Erklärungen ausschließen lassen, den umgekehrten Beweis erbringt er deshalb noch nicht. Das heißt: der ganze dokumentarische Aufwand, dessen sich die Geistergeschichte seit je bedient, zielt paradoxerweise nicht auf die Klärung dessen, was geschieht, sondern auf eine Verstärkung des Zweifels, genauer: jenes spezifischen Zweifelzustandes, in den die Geistergeschichte den Helden und über ihn den Leser versetzt.

Die Geistergeschichte gesteht das allerdings nicht ein. Sie kann und darf es nicht, wenn sie ihre Funktion behalten will. Zu ihrer Struktur gehört eine spezifische List: den Leser glauben zu machen, sie wolle die Frage, ob es Geister gebe oder nicht, abklären helfen. Das wäre, je nachdem, gut aufklärerische oder gut gegenaufklärerische (z. B. romantische) Arbeit. Unter dem Vorwand, sich in die Dienste solcher Arbeit zu stellen, betreibt die Geistergeschichte ein ganz anderes: die Vorbereitung, Einleitung und krisenhafte Steigerung des Zweifelzustandes als einer ebenso extremen wie signifikanten Befindlichkeit des modernen Menschen.

Genau deshalb ist es nun auch von zweitrangiger Bedeutung, ob das Ereignis am Ende der Geschichte als natürlich, als übernatürlich oder als unentscheidbar hingestellt wird. Das Ziel des Ganzen, die Zweifelerfahrung, wird ja in allen drei Fällen temporär erreicht. Auf die Dauer kommt es da weniger an als auf die Intensität der Gefühle.

Man könnte einwenden, es gebe doch schon früher literarisch hochstehende Gespenster, in Shakespeares *Hamlet* zum Beispiel. Und auch Hamlet habe dem Geist gegenüber seine Zweifel. Was soll da die These von einer Epochengrenze? Gerade Hamlet bestätigt aber das Gesagte. Der melancholische Prinz ist zwar unsicher, ob ihm der Geist seines Vaters oder ein höllisches Wesen begegnet sei; keinen Moment jedoch zweifelt er an der Geister-Erscheinung als solcher. Das heißt: hier ist noch in keiner Weise Thema, was später das alleinige Thema wird: der Zweifel an der Möglichkeit dieser Dinge.

Damit läßt sich nun die für den Helden der Geistergeschichte zentrale Erfahrung näher eingrenzen. Den Kern des Vorgangs bildet die schockartige Unsicherheit, ob das offizielle Wirklichkeitsverständnis denn überhaupt Geltung habe oder nicht. Das heißt: für die Dauer dieses Zustandes wird die Verbindlichkeit dessen, was Wirklichkeit heißt, aufgehoben. Ohne Ersatz! Es ereignet sich, vielleicht nur sekundenlang, ein winziger privater Weltuntergang. Das ist mehr als nur eine Metapher. Die empirische Untersuchung dessen, was im und mit dem Helden der Geistergeschichte passiert, wenn er auf den Höhepunkt jenes Zweifelzustandes gelangt, erbringt eine Skala von Symptomen, die alle auf den Zusammenbruch dessen deuten, was uns üblicherweise am Leben hält: die Macht über den Körper geht verloren, die Sprache setzt aus, die Kommunikationsfähigkeit bricht zusammen, an die Stelle des Redens und Verstehens tritt der für diese Erzählungen charakteristische Schrei, der nichts anderes mehr mitteilen kann als das Ende der Mitteilungsfähigkeit selbst. Ob schließlich Bewußtlosigkeit folgt oder panische Flucht oder – wie im *Bettelweib* – Selbstzerstörung als eigenhändig veranstalteter privater Weltuntergang, das ist dann nur noch eine Frage der Umstände bzw. der Radikalität des Autors. Nicht selten fällt die Krise übrigens mit dem Ende der Erzählung selbst zusammen – eine Tatsache, die ihre literaturtheoretischen Tücken hat.

Daß in diesen Dingen derbe literarische Effekte mit den letzten Dingen der Metaphysik in Berührung kommen, macht die Gattung für viele verdächtig. Andere wissen sie gerade deshalb zu schätzen. Es wäre ein faszinierendes Unterfangen, alle die Krisenzustände im Detail zu studieren, welche die Helden der weltliterarisch wichtigsten Geistergeschichten des 18. und 19. Jahrhunderts erfahren. Das geht von der kühlen Diagnose der Ohnmacht – Goethe: »an dem Orte ihrer Bestimmung hob man die beiden Frauen für tot aus dem Wagen«[2] – über die Deskription eines psychologisch nicht mehr auflösbaren Verhaltens – Kleist: »Der Marchese, von Entsetzen überreizt, hatte (... das Schloß ...) an allen vier Ecken, müde seines Lebens, angesteckt«[3] – bis zu jener Kultur des minuziös beschriebenen Schreis, deren Höhepunkte sich bei Hoffmann, Poe, Maupassant und Henry James finden.

Was den latenten Vorwurf der Trivialität betrifft, ist zu sagen, daß es zweifellos leicht ist, mit den Effekten der Geistergeschichte allein zu arbeiten, und daß mancher so zu billigem Erfolg gekommen ist, daß aber dadurch jene Texte nicht entwertet werden, in denen unmittelbare Erzähldramatik sich mit einer kompromißlosen Analyse jener Beziehungen verbindet, die unser Bewußtsein – gläsern und gefährlich genug – an unsere Wirklichkeit knüpfen.

Soviel zu Theorie und historischem Umriß der literarischen Geistergeschichte. Man hätte auch den Begriff »phantastische Literatur« brauchen können. Unter diesem Stichwort nämlich sind die eben entwickelten Zusammenhänge in den letzten Jahren international ziemlich leidenschaftlich diskutiert worden.[4]

So kann denn die Eingangsfrage wiederholt werden: Wie kommt Gottfried Keller dazu, eine Geistergeschichte zu schreiben? In der Novelle, von der hier zu reden ist, überlagern sich auf sehr merkwürdige Weise die verschiedensten Aspekte der Gattung. Zunächst scheint alles eher einfach. Zwei Freunde verlieben sich in die gleiche Frau. Diese liebt ihrerseits alle beide. Um zu einer Entscheidung zu kommen, verkleidet sie sich als Gespenst und inszeniert eine Geisternacht. Wer sich tapferer hält, soll ihre Hand erhalten. So geschieht's. Dem einen schwinden die Sinne, der andere bleibt bei Verstand. Der Unerschütterte bekommt den schönen Preis, der Eingebrochene bleibt sein Leben lang allein.

Das ist didaktisch eindeutig und eindeutig didaktisch. Dem Leser wird das Fabula docet unmißverständlich mitgegeben: Wer »der göttlichen Vernunft mankiert im rechten Augenblick«[5], bleibt mit seinem Glück auf der Strecke. Ebenso problemlos scheint sich die Erzählung in die Geschichte der Gespensternovellen einzufügen. Sie ist durchgeführt mit jener erzähltechnischen Souveränität, die in den mittleren Jahrzehnten des Jahrhunderts das Genre zu charakterisieren beginnt, und sie entgeht gleichzeitig der Gefahr, ein Literatenkunststück zu werden, indem sie das Erfinden von Gespenstergeschichten selber thematisiert und das Geschehnis so auf einer zweiten, reflektierten Ebene ansiedelt. Auf diese Weise wird das virtuose Verfügen über alle angestammten Elemente der Gattung nicht zu einer leerdrehenden Erzählmaschinerie, sondern zu einem Beweis für die erfinderischen Fähigkeiten einer verliebten, klugen Frau.

Nun habe ich aber darauf hingewiesen, daß die Geistergeschichte, bzw. die phantastische Erzählung ganz allgemein, nicht in erster Linie von ihrem Ende her zu bestimmen sei, sondern von den Besonderheiten jenes phantastischen Zustandes, der als Erfahrung des Helden (und des Lesers!) durch keine Aufklärung am Schluß mehr ungeschehen gemacht werden kann. Die Aufteilung in sogenannte echte und unechte Geistergeschichten ist zwar nützlich, darf aber die Analyse des phantastischen Zustandes als eines authentischen Geschehens auch bei den schließlich rational aufgeklärten Geschichten nicht als unnötig erscheinen lassen. Wenn nämlich dieser phantastische Zustand im schockhaften Zweifel an der Verläßlichkeit der Welt überhaupt besteht, in der plötzlichen Einsicht, Wirklichkeit sei nicht gegeben, sondern vorgegeben, dann muß die Analyse dieses Zustandes *in jedem Fall den spezifischen Wirklichkeitsbegriff des Autors zum Vorschein bringen.*

Wir müssen also ins Detail gehen. Hinsichtlich der Geisterszene in der Keller-Novelle kann ich mich nicht auf die Formel beschränken: Gespensterglaube wird bestraft. Vielmehr muß ich fragen: Wann und wie tritt die spezifische Krise ein? Tatsächlich ist Keller hier äußerst nuanciert, und es wird sich zeigen, daß die Abstufungen ihre Bedeutung haben. Die Geister-Erscheinung, die der Leser in der Perspektive des unglücklichen Helden mitverfolgt (dieser erzählt selbst), zieht sich im Text über mehrere Seiten hin – es ist eine der längsten in der deutschen Literatur! – und die Klimax wird scharf herausgehoben. Es beginnt mit einem Knall, der den Eingeschlafenen weckt; dann folgt ein Fegen und Kratzen, ein eisiger Luftzug; die Bettdecke fliegt weg; eine zitternde Stimme wird hörbar; die Gestalt einer uralten Frau erscheint. In der zweiten Phase beobachtet der junge Mann, steif auf dem Bettrand sitzend, wie sich das Wesen an einem alten Sekretär zu schaffen macht und mit einem Messer ein Dokument radiert. Dann beginnt die letzte Steigerung. Bislang hat sich der Held einigermaßen gefaßt verhalten. Was bewirkt nun doch die Bewußtseinskrise?

Plötzlich dreht sich die Gestalt um und schleppt sich nach der Richtung hin zurück, wo ich reglos sitze, bis sie beinah dicht vor mir still steht und mich anschaut. Nie vergesse ich das infame Hexengesicht, obschon es nur seitwärts vom Monde gestreift wurde und der größte Teil im Schatten lag. Nase, Kinn, der Mund, alles grinste, wie in blühendem Leichenwachs ausgeprägt, mir entgegen, voll Hohn und Grimm, wie das dunkle Feuer in den doch unkenntlichen Augen. Ich war in Kartätschenfeuer geritten, das mir wie Zephirsäuseln vorkam gegen die Schauerlichkeit, die mich jetzt übernahm. Was hatte ich mit diesem verfluchten Wesen zu schaffen, dem ich nie ein Leides getan? Was sollte das für eine Vernunft in der Welt sein, wo ein beherzter ehrlicher Kerl macht- und wehrlos dem wesenlosen Scheusal gegenüber dasaß und bei der geringsten Bewegung vielleicht durch die Schrecken der Ewigkeit um Gesundheit und Leben kam? Dergleichen verworrenes Zeug schwirrte mir durch den Kopf, als das Gespenst mich anschaute; ich fühlte, wie das Haar mir zu Berge stand, der Atem versagte mir, und ich konnte gleich einem, den der Alp drückt, nur noch rufen: »Die alte Kratt!«, als mir für einen Moment die Sehkraft und Besinnung schwand.[6]

Das ist der phantastische Kollaps, so folgerecht und klinisch genau geschildert wie nur je in der Literatur.

Der Erzähler ist ein bejahrter Mann; das Ereignis geschah in seiner Jugend. Wenn das Wort »ich« fällt, müssen wir also immer darauf achten, ob der Alte oder der Junge gemeint ist. Literaturwissenschaftlich gesprochen: wir müssen unterscheiden zwischen dem erzählenden Ich und dem erzählten Ich, obwohl die beiden ja eine und dieselbe Person sind. Da ist es nun interessant, wie das erzählende Ich – der alte Herr – in diesem Passus versucht, den Vorgang im Innern des erzählten Ich – des jungen Leutnants – begrifflich zu fassen. Der Wirbel, der diesen ergreift, als er in das Geistergesicht schaut, wird im Rückblick vorsichtig analysiert und als sogenannte »erlebte Rede« in den Erzählgang eingefügt: »Was sollte das für eine Vernunft in der Welt sein, wo ein beherzter ehrlicher Kerl macht- und wehrlos dem wesenlosen Scheusal gegenüber dasaß und bei der geringsten Bewegung vielleicht durch die Schrecken der Ewigkeit um Gesundheit und Leben kam?« Der Satz ist merkwürdig diffus: »Was sollte das ... wo einer ... vielleicht?« Erst im Zusammenhang mit der Theorie des phantastischen Zustandes wird er klar. Was den treuherzigen Leutnant aus allen Widerlagern wirft, ist nicht eine kreatürliche Angst, sondern das Ereignis einer fundamentalen Unsicherheit, was denn nun eigentlich gelte und wahr und wirklich sei in dieser Welt. Genau diese Information steckt in dem verwikkelten Satz. Wenn man ein großes Wort brauchen wollte: der Mann verliert das metaphysische Urvertrauen. Ein wacher Mensch erfährt sich unversehens als Schlafwandler, der auf dem Dachgiebel beim Namen gerufen wird.

Welches ist nun der Faktor, der die Krise auslöst, und welche Bezüge laufen von ihm aus zum Welt- und Poesiesystem Gottfried Kellers überhaupt? Nehmen wir den Bestand auf. Der junge Mann hält sich dem Gespenstertreiben gegenüber erstaunlich lange aufrecht. Erst das Gesicht des

Wesens verändert für ihn alles. Er verliert seinen Ort in dieser Welt in dem Augenblick, als die Welt zusammenschrumpft auf dieses eine Gesicht.

Hier kreuzen sich nun zwei literarisch bedeutsame Motivketten: das Gesicht in der Tradition der phantastischen Literatur und das Gesicht in der poetischen Arbeit Gottfried Kellers, insbesondere im *Sinngedicht*. Zum ersten: Es fällt auf, daß in den Spitzenwerken des phantastischen Erzählens das Gesicht, das Menschenantlitz, auf seltsame und bedeutende Weise thematisch wird. Das ist so in E. T. A. Hoffmanns *Sandmann*, wo das Gesicht der automatischen Puppe Olimpia, ein starres Gebilde aus Holz und Wachs und klapperndem Metall, unerhörte Verwandlung erfährt, Menschwerdung durch den Strahl einer entfremdeten Phantasie. Es ist so in E. A. Poes *Ligeia*, wo der Erzähler, durchflutet von Opiumträumen, die Totenwache hält bei einer ungeliebten Frau und sieht, wie sich die Züge der Toten langsam wiederbeleben, aber mit jeder Regung die Merkmale einer andern Person annehmen, der längst verlorenen ersten Geliebten, die hier durch den fremden Leib, das fremde Antlitz hindurch ins Dasein zurückdrängt. Es verhält sich so mit den zwei Kindergesichtern in Henry James' *The Turn of the Screw*, deren Schönheit in dem Maße wächst und fast unerträglich wird, als der Verdacht zunimmt, sie könnten die Gefäße der scheußlichsten Verworfenheit sein. Und um schließlich noch ein entspannteres Beispiel anzuführen: Es ist auch so bei Nikolaj Gogols Kollegienassessor Kowaljew, der, wie man weiß, »zu einer ziemlich frühen Morgenstunde erwachte« und »zu seinem größten Erstaunen feststellen mußte, daß sein Gesicht dort, wo sich sonst seine Nase befunden, eine vollkommen glatte Fläche aufwies«.[7]

In der deutschen Sprache ist das Wort »Gesicht« von doppelter Bedeutung. Es meint sowohl das, womit ich erkenne, wie auch das, woran ich erkannt werde. Das ist ein linguistisches Naturspiel und zugleich mehr als das. Es deutet insgeheim auf die Tatsache, daß sich unsere Menschwerdung nur ereignen konnte, indem Sehen und Gesehenwerden, Erkennen und Erkanntwerden, Nennen und Benanntwerden zu einem einzigen unteilbaren Geschehen verschmolzen.

Von diesem Zusammenhang ist auszugehen, wenn man die Funktion des Gesichts in der phantastischen Literatur begreifen will. Das Gesicht wird hier zu einem dramatischen Schauplatz, wo die Erkenntnisfähigkeit des Menschen und die Erkennbarkeit der Welt einer Probe unterworfen werden, die oft genug anders ausgeht, als die eigene Behaglichkeit es wünschen möchte. Das geschaute wie das schauende Gesicht beginnen sich zu verdoppeln, ohne daß das eine als wahr, das andere als falsch erkennbar würde, während doch gerade von solcher Unterscheidung die Sicherheit des Subjekts sich selbst und der Welt gegenüber abhängt. Da kann es denn zuletzt, wie bei Annette Droste, vom eigenen Gesicht heißen: »Phantom, du bist nicht meinesgleichen!«[8]

Dem gegenüber nun das Menschengesicht bei Keller, genauer: im *Sinnge-dicht*. Da ist es auch zentral, aber auf ganz andere Art. Das Gesicht – »Schön Menschlich Antlitz!« heißt es bei Claudius[9] – erscheint in diesem Werk in immer neuer Variierung und in nahezu systematischer Durchführung als eine wahrhaftige Schaubühne, eine Schaubühne, die nicht nur, gut deutsch, eine moralische Anstalt ist, sondern auch eine erotische Anstalt von durchaus riskanter Art.

Die Stellen lassen sich hier nicht alle anführen. Sie bilden zusammen die vielleicht folgerichtigste und am konsequentesten durchgezogene Motiv-reihe dieses Werks, das ohnehin schon reich ist an poetisch-symbolischen Zeichenketten. Noch weniger aber kann ich alle die subtilen Bezüge auf-decken, die von ihnen jeweils zum Kerngeschehen der einzelnen Novelle und zum ganzen Erzählwerk laufen. Die Grundidee mit dem Epigramm von den Lilien, die in Rosen verwandelt werden sollen, erklärt die Häufig-keit und Intensität des Motivs keineswegs. Die Art, wie das Thema immer neu aufgegriffen, abgewandelt, mit Umschlägen und Gegenformen erfin-dungsreich ausgespielt wird, hat etwas entschieden Musikalisches. Es ist ein erzählerisches Rondo, folgerichtig geführt und doch weit entfernt von jener etwas hölzernen Repetitionstechnik, die später mit der expliziten Lehre vom literarischen Leitmotiv kulturnotorisch wurde.

Schön ist schon der Auftakt dieser Folge von Gesichtern, welche alle nah und groß an den Leser herangeholt werden. Das erste Frauengesicht, das dem in Liebesgeschäften reisenden Herrn Reinhart entgegenscheint, ist eben in der Morgensonne am Brunnen gewaschen worden und zeigt sich, wie es heißt, noch »feucht von dem frischen Quellwasser«.[10] Es gehört der schlagfertigen Zöllnerin, die mit ihrer nicht ganz ungebrochenen Keckheit zur weiblichen Hauptfigur Lucie in einem ähnlichen Verhältnis steht wie Lessings Franziska zum Fräulein Minna von Barnhelm. Hier findet sich auch schon die erste jener Stellen, wo das Gesicht durch eine unerwartete Formulierung des Erzählers zu einem Schauplatz sui generis wird. Was zu-nächst nur eine charmante Wendung scheint, zeigt sich in der Sicht aufs Ganze als ein konstituierender erzählerischer Gestus, eine narrative Mikro-struktur. Die Optik verdichtet sich auf das Gesicht allein, und was da ge-schieht, steht dann für das Wesen der ganzen Person. Die Knappheit der Stelle verhält sich umgekehrt proportional zum Leseeindruck:

... sie schwang sich zu ihm hinauf, schlang ihren Arm um seinen Hals und küßte ihn lachend. Aber sie errötete nicht, obgleich auf ihrem weißen Gesicht der be-quemste und anmutigste Platz dazu vorhanden war.[11]

Dieser kleine Abschnitt ist das genau gesetzte Pendant zu jenem Satz am Ende des ganzen Werks und damit am Ende der Motivkette, in dem alles seine anrührende Pointe findet und der ebenso knapp ist in der äußern Ge-stalt, ebenso ausgreifend aber auch in der inneren Bewegung:

... (als) Lucie und Reinhart sich küßten. Lucie hatte die Augen voll Wasser und doch lachte sie, indem sie purpurrot wurde von einem lange entbehrten und verschmähten Gefühle, und Reinhart sah deutlich, wie die schöne Glut sich in dem weißen Gesichte verbreitete.[12]

Es ist die leicht irreale zeitliche Verlangsamung und räumliche Dehnung, was die Imaginationsgewalt des Satzes ausmacht.

Zwischen diesen zwei Stellen, deren reale Wirkung sich beim bloßen Zitieren teilweise verflüchtigt, spielt das erwähnte physiognomisch-dramatische Rondo. Die Theorie dazu finden wir im Vorgespräch zur Novelle *Regine*. Herr Reinhart ist in die heikle Situation geraten, mit Lucie über das Verhältnis von Schönheit und Klugheit bei weiblichen Personen im allgemeinen diskutieren zu müssen. Nach einigen eher altklugen Äußerungen sieht er sich von Lucie unversehens auf der Behauptung behaftet, ein Mann könne vom Verstand seiner Partnerin eher absehen als von der Schönheit. Nun muß er einen Ausweg finden zwischen seinem tendenziellen Patriarchentum und den Grundsätzen einer liberalen Humanität, wobei er, vielleicht zu seiner eigenen Überraschung, auf eine ausgewachsene Lehre von der Rolle des Gesichts im Zusammenleben der Menschen kommt. In dieser Lehre steckt eine zentrale Hypothese, die vom *Sinngedicht* als Ganzem immer neu dem Wahrheitsbeweis ausgesetzt wird.

Was ich als die erste und letzte Hauptsache in den bewußten Angelegenheiten (d. h. für eine dauerhafte Liebe. P. v. M.) betrachte, ist ein gründliches persönliches Wohlgefallen, nämlich daß das Gesicht des Einen dem Andern ausnehmend gut gefalle. Findet dies Phänomen statt, so kann man Berge versetzen und jedes Verhältnis wird dadurch möglich gemacht.[13]

Und was nun folgt, geht das Hauptthema dieser Arbeit ganz besonders an. Lucie wendet nämlich ein, er beschreibe ja nichts anderes als die altbekannte Sache mit der Verliebtheit. Reinhart entgegnet:

Zur Verliebtheit genügt oft das einseitige Wirken der Einbildungskraft, irgend eine Täuschung, ja es sind schon Leute verliebt gewesen, ohne den Gegenstand der Neigung gesehen zu haben. Was ich hingegen meine, muß gerade gesehen und kann nicht durch eine Einbildungskraft verschönert werden, sondern muß dieselbe jedesmal beim Sehen übertreffen. Mag man es schon Jahre lang täglich und stündlich gesehen haben, so soll es bei jedem Anblick wieder neu erscheinen, kurz, das Gesicht ist das Aushängeschild des körperlichen wie des geistigen Menschen; es kann auf die Länge doch nicht trügen, wird schließlich immer wieder gefallen und, wenn auch mit Sturm und Not, ein Paar zusammenhalten. (...) ein (...) Mann kann (...) ein Weib heiraten und ihr gut sein, ohne zu sehen, wo sie herkommt und was sie ist; das Gebiet seiner Wahl umfaßt alle Stände und Lebensarten, alle Temperamente und Einrichtungen, nur über eines kann er nicht hinauskommen, ohne zu fehlen: das Gesicht muß ihm gefallen und hernach abermals gefallen.[14]

Es ist ein kleines Dogma aus der diesseitigen Glaubenslehre, was hier formuliert wird. Wie Luther den Scholastikern sein »sola scriptura«, stellt Keller hier den Theorien von der Bedingtheit der Liebe durch gesellschaftliche und imaginative Faktoren sein »sola facies« gegenüber. Das Gesicht ist der Mensch, und das Gesicht kann nicht trügen. In der Verläßlichkeit des begegnenden Gesichts liegt die Gewähr für die Wahrheit der ganzen Welt.

Eine entschlossenere Stellungnahme gegen die Art und Weise, wie das menschliche Gesicht von der phantastischen Literatur erfahren und behandelt wird, läßt sich nicht denken. Wenn es bei Keller heißt: »Es kann auf die Länge doch nicht trügen«, so würde es bei E. T. A. Hoffmann heißen: »Es bleibt auf die Länge doch nur Lug und Trug.« Ein Vorgang wie in der Sinngedicht-Novelle *Die arme Baronin* ist bei Hoffmann schlechthin undenkbar: Da wird die Genesung einer erniedrigten, verzweifelten Frau dargestellt als die ganz langsame, pflanzenhaft zögernde Wiedergeburt ihres Antlitzes, des jungen Gesichts aus einem gealterten heraus. Bei Hoffmann pflegt es umgekehrt zu laufen: das schöne Gesicht erfährt einen unverhofften Zerfall; ja es gibt sogar Stellen, wo es in wenigen Sekunden uralt wird. Dadurch wird bei Hoffmann das angeschaute Antlitz in genau dem Maße zum Inbegriff der Unwirklichkeit, in dem es bei Keller für die Zuverlässigkeit aller Dinge dieser Welt steht.[15]

Um auf die Novelle *Die Geisterseher* zurückzubiegen: Der Problemzusammenhang, in dem jene große Beschreibung der Gespenstervisage steht, ist dargelegt. Hinter dieser Gespenstervisage steckt, wie wir wissen, das prächtigste Frauengesicht. Das Mädchen Hildeburg ist allerdings keine ganz harmlose Erscheinung; ihre Schönheit spielt ins Herrische und hat Anflüge von unverhofftem Hexenzauber:

In der Tat waren ihre waagerechten Augenbrauen so sammetdunkel wie der heraldische schwarze Zobel auf den alten Wappenschilden, und über der Stirne hing die krause Nacht eines Tituskopfes – na, ich will keine Beschreibung zum besten geben, nur anmerken will ich noch, daß an festlichen Tagen ein paar kleine Brillantsterne aus der nächtlichen Wildnis funkelten wie Leuchtwürmchen. Und dennoch fiel der Blick, der von dem Schimmer angezogen wurde, sogleich hinunter in den warmen Glanz der dunklen Augen, die meistens gütig ihn empfingen. Aber trau, schau wem![16]

Das ist spannungsreich, von Gegensätzen beherrscht, nicht ganz berechenbar im Herzlichen wie im Bedrohlichen. Aber gerade so stellt das Gesicht die ganze Person dar, das heftige Ineinander von Stolz und Klugheit und Liebesleiden.

Man kann nun die Handlung der Novelle begreifen als einen kleinen Mythos von der Unzerstörbarkeit eben dieses schönen Gesichts. Es verschwindet hinter der Maske des vergreisten Gespensts und taucht makellos wieder hervor. Seine Beständigkeit steht für die Wahrhaftigkeit der erscheinenden Welt überhaupt. Wer am einen festhält, dem gehört auch das andere an. Von den zwei jungen Männern führt der die Braut heim, für den Vernunft und Wirklichkeit zusammen den Boden der Existenz abgeben. So wie er über seine Vernunft sich der Welt versichert, umarmt ihn in der schönen Partnerin die leibhaftige Wahrheit.

Dies muß man sich vor Augen halten, wenn man die Szene liest, wo die verkleidete Hildeburg ihren zweiten Verehrer prüft. Das novellistische Spektakel kann den feinen allegorischen Hauch, der darüber liegt, nicht zum Verschwinden bringen. Alles geschieht gleich wie das erstemal. Es knallt um Mitternacht und keucht und ächzt, und das schreckliche Mütterlein erscheint. Aber diesmal wird es angesprochen und angefaßt. Während der Leutnant stumm und steif dasaß, bleibt Mannelin der beiden Gewalten mächtig: des Wortes und der Hand. In genau dem Augenblick, wo in der phantastischen Literatur die Sprache in den Schrei und das Tun in den Stupor umschlägt, wird hier geredet und zugepackt.

... Mannelin guckte dem Gespenst still über die Schulter, bis es fertig war und sein schändliches heiseres Gelächter aufschlug. Da sagte er plötzlich: »Na, Frauchen, was treiben Sie denn da?« Wie eine Schlange schnellte das Gespenst empor und stand wohl um einen Kopf höher als vorher ihm gegenüber. Mit dem schrecklichen Gesichte starrte sie ihm entgegen; aber schon hatte er die Hand auf ihre Schulter gelegt; dann packte er sie unversehens um die Hüfte, um sie in die Gewalt zu bekommen und die graue Mantille wegzuziehen. Er fühlte einen allerdings schlangenförmigen, aber sehr lebenswarmen Körper, und da sie sich jetzt in seinen Armen hin und her wand und mit dem Leichengesichte nahe kam, faßte er unerschrocken die im Monde glänzende schreckliche Nase und behielt eine abfallende Wachsmaske in der Hand, während Hildeburgs feines Gesicht zu ihm emporlächelte. Leider küßte er es sogleich zu verschiedenen Malen und an verschiedenen Stellen, beschränkte sich aber doch endlich auf den Mund.[17]

Auch bei diesem letzten Satz finden wir in der Feinstruktur jene winzige Irrealität, in der das Gesicht zu einem Schauplatz ausgeweitet wird, zu einer wunderreichen, geräumigen Bühne, die für einmal wahrhaftig die ganze Welt bedeutet.

Sola facies –: in *eine* Reihe treten da Angesicht, Vernunft und Liebe. Man könnte zwar einwenden, für den Leutnant sei das Gesicht, vor dem er so erschrak, ja auch wirklich vorhanden gewesen. Das stimmt, aber er hat es nicht als solches genommen. Er hat es nicht angesprochen. Das menschliche Gesicht, wie es im *Sinngedicht* verstanden sein will, ist eben nicht nur das Angeschaute, sondern es ist Ort und Organ der Verständigung. Es will Rede und Gegenrede. Als der Leutnant am andern Morgen erzählt, er habe das Gespenst gesehen, sagt Hildeburg nur eines: »Und haben Sie mit ihr gesprochen?« – Das ist ganz harmlos und doch der schwerste Vorwurf, den sie machen kann. Der Satz bedeutet nämlich, ohne daß der Leutnant es ahnt: »Hättest du geredet, so wär' ich jetzt deine Frau!«

Es wurde hier mehrfach auf E. T. A. Hoffmann verwiesen. Einer der

Gründe dafür ist sehr konkret: die Novelle *Die Geisterseher* stellt nämlich unverkennbar die Verarbeitung und Umgestaltung einer Hoffmann-Erzählung dar. Diese heißt *Ein Fragment aus dem Leben dreier Freunde* und findet sich in den *Serapionsbrüdern*. Die Entdeckung ist nicht neu; Jonas Fränkel hat das in der kritischen Ausgabe bereits festgestellt. Was er nicht anmerkt, ist die Tatsache, daß eine zweite Hoffmann-Novelle fast ebenso deutliche Spuren zurückgelassen hat: die späte Erzählung *Der Elementargeist*. Nun kann es hier nicht darum gehen, den Prozeß der Aneignung und Neuschaffung, der da spielte, rekonstruieren zu wollen. Das ist bei Keller mit seinen extrem langen Ausarbeitungszeiten ohnehin schwierig. Dazu kommt aber noch, daß man bei einem solchen Versuch auf immer neue Vorläuferschaften stößt. Der Einfall etwa, daß das Gespenst die zukünftige Frau selber ist, stammt nicht von Hoffmann her, sondern offenbar aus Adalbert Stifters Erzählung *Die drei Schmiede ihres Schicksals*. Und während Stifters Text ebenfalls deutliche Hoffmann-Spuren aufweist, war Hoffmann selber wiederum inspiriert von zwei Geschichten des heute vergessenen Johann August Apel. Dieser aber hatte auf Anregung eines vieldiskutierten Zeitungsberichts im Berliner *Freimüthigen* (April / Mai 1810) geschrieben, und das war ebenjener Zeitungsbericht, der auch den Anstoß gab zu Kleists *Bettelweib von Locarno*. Da soll noch einer drauskommen! Es gibt offenbar Gespenster, die nicht nur durch nächtliche Landhäuser wandeln, sondern auch unverdrossen durch ein halbes Jahrhundert großer deutscher Literatur.

Die Zeit, wo man solchen Zusammenhängen – »Einflüssen« – mit botanischer Leidenschaft nachging, ist wohl vorbei. Dennoch erscheint die Lebens- und Verwandlungskraft dieses Novellenstoffs bedenkenswert. Seltsam ist vor allem die frühe Kopplung der Geistergeschichte mit dem Thema der Brautwahl und der erotischen Sozialisation überhaupt. Sie wird von Hoffmann dezidiert eingeleitet und findet den fabelhaften Höhepunkt bei Stifter. Ebenfalls Hoffmann ist es, der die Erscheinung des geisterhaften Mütterchens als dramatischen Katalysator im Spannungsfeld zwischen männerbündischem Soldatenwesen und reifer Geschlechterliebe eingesetzt hat.

Kellers Auseinandersetzung mit der phantastischen Literatur: das Fazit scheint einfach. Er greift einen Novellenstoff auf, der aus dem Kernbereich des romantisch-phantastischen Erzählens stammt, und wendet ihn so, daß zuletzt das spezifisch Phantastische als eine Grundgestalt menschlicher Verkehrtheit erscheint. Man verliert darüber das Lebensglück. Dies ist die Lehre der Geschichte; sie ist es unverkenn- und unbestreitbar. Der Ausstoß eines pädagogischen Grundsatzes gehört zur Poetik des bürgerlich-realistischen Erzählens, und Keller hält sich daran.

Andererseits ist die Lehre eine Spur zu eindeutig, zu selbstgewiß. Es läßt sich ja bei den großen bürgerlichen Erzählern nicht selten feststellen, daß sie insgeheim und oft nur mit winzigen Signalen die pädagogische Devise des jeweiligen Werks wieder in Frage stellen. Das ist auch hier zu verfolgen. Es gibt Stellen in dieser Novelle, wo Keller dem Leser die Deutung naherückt, jener vernunftsichere Mann, der die Braut heimführt, verdanke den Sieg auch ein wenig seiner etwas einfachen und trocken-soliden Seelennatur. Der Mann gehört nicht zu den Spießern, aber die Spießer gehören in seine entfernte Verwandtschaft. Der Leutnant dagegen verkörpert den nahezu reinen Typus des Kellerschen Protagonisten. Sie werden ja immer gerichtet, diese liebenswürdigen Versager mit ihren schweifenden Imaginationen. Aber wenn sie der Erzähler mit seinem pädagogischen Auftrag im Rücken auch streng zu verurteilen pflegt, was er ihnen zuletzt doch wortlos zuhält, ist die Liebe der Leser. Es walten da Erzählstrategien, welche die Eindeutigkeit der pädagogischen Devisen unterlaufen, ohne daß man den Autor darauf behaften könnte.

Wenn dem aber so ist, kann auch jener Glaubenssatz vom menschlichen Gesicht, die »sola facies«-Lehre, nicht ganz so blank und rund aufgehen. Tatsächlich zeigen innerhalb des *Sinngedichts* sowohl die *Regine* wie auch die *Don Correa*-Novelle die Grenzen dieses großen Gedankens. Sie erweisen ihn nicht als falsch, aber sie verschieben ihn ganz leicht in die Richtung einer notwendigen Utopie. Und wenn wir schließlich an den späten Roman *Martin Salander* denken, dann setzt dort mit der Figur der wunderschönen, aber im Geist gestörten, innerlich zu dumpfer Stupidität verkümmerten Myrrha eine geradezu unheimliche Gegenbewegung ein. Was über Figura Leu im *Landvogt von Greifensee* noch als bloße Angst und Drohung lagert, das Auseinandertreten von Gesicht und Seele, das wird hier schauerliche Wirklichkeit. Von da her erscheint Gottfried Kellers anmutige Metaphysik, nach welcher das Antlitz des geliebten Partners das fröhliche Beweisstück abgibt für die Wahrheit der erkannten Welt und die Zuverlässigkeit der erkennenden Vernunft, als eine schwebende Fata Morgana, an die man um der Menschenwürde willen glauben *muß* – und wär's zuletzt quia absurdum.

Findet also auch das Urteil über die phantastische Literatur, das die Novelle in ihrem Vollzug spricht, seine versteckten Vorbehalte? – Es ist so, daß die Geschichte bis zu den Erklärungen im Schlußteil selber authentisch phantastisches Erzählen praktiziert. Keller kann, so wird man sagen dürfen, eine phantastische Geschichte nur schreiben, indem er solches Schreiben kritisiert; über die scharfe Kritik an phantastischer Literatur gelingt es ihm, phantastische Literatur erzählend noch einmal zu verwirklichen. Was für den Geisterseher-Roman des vorromantischen Schiller galt, gilt für die Geisterseher-Novelle des nachromantischen Keller: die literarische Praxis vollzieht, was die intellektuelle Praxis verbietet. Das mag als Argumentation sophistisch anmuten, aber es stimmt im letzten doch.

Die phantastische Literatur als ein großer weltliterarischer Produktionszusammenhang rüttelt an dem einzigen Mythos der Neuzeit: dem Glauben an die universale Vernunft. Dieser Glaube hat unsere Zivilisation von vielen Schrecken befreit: von der Furcht vor der Natur, vor der Übernatur und vor der gesellschaftlichen Hierarchie. Wir verdanken ihm unter anderem, was an politischer Freiheit und Autonomie des Einzelnen vorhanden ist. Insofern sind die Umtriebe der phantastischen Literatur tendenziell reaktionär.

Jener universalen Vernunft entspricht aber auch das Konzept einer totalen Verfügbarkeit aller Dinge. Das wird handgreiflich in einer entsprechend universalen Technologie, welche die Reproduzierbarkeit jedes Teils der Schöpfung postuliert. Am Ende, vielleicht schon am Horizont, steht der synthetische Mensch, und es ist kein Zufall, daß gerade die phantastische Literatur seit ihren Anfängen vom künstlichen Menschen weiß und mit ihm literarisch arbeitet. Indem sie die totalitären Ansprüche solcher Vernunft denunzieren, sind die Umtriebe des phantastischen Erzählens tendenziell freiheitlich.

Zuletzt steht da ein Dilemma. Es ist ein Dilemma, das die Erfindungen vieler Dichter genährt hat. Man kann es umsetzen in Fabeln und Geschichten. Lösen kann man es nicht.

Anmerkungen

Die Novelle *Die Geisterseher* ist literaturwissenschaftlich kaum untersucht. Sie findet im allgemeinen nur als Motivträger im Gesamtzusammenhang des *Sinngedichts* flüchtige Erwähnung. Auffälligerweise sind auch die beiden verwandten Erzählungen bei Hoffmann (*Ein Fragment aus dem Leben dreier Freunde*) und Stifter (*Die drei Schmiede ihres Schicksals*) nahezu unbearbeitet. – Zu den *Geistersehern* haben sich geäußert:

Heinrich Brockhaus: Kellers »Sinngedicht« im Spiegel seiner Binnenerzählungen. Bonn 1969, S. 67–76.
Gabriella Cesaro: Gottfried Kellers Sinngedicht. Dissertation Universität Venedig 1973/74, S. 67ff. (Typoskript in der Zentralbibliothek Zürich, Nr. FK 139).
Emil Ermatinger: Gottfried Kellers Leben, Briefe und Tagebücher, 1. Band. Stuttgart und Berlin 1915, S. 598 f.
Ernst May: Gottfried Kellers »Sinngedicht«. Eine Interpretation. Bern 1969, passim.
Wolfgang Preisendanz: Humor als dichterische Einbildungskraft. Studien zur Erzählkunst des poetischen Realismus. München 1963, passim.

Aufschlußreich für Kellers eigenes Verständnis der Figur des Mädchens Hildeburg ist seine Antwort (vom 1. Mai 1881) auf einen kritischen Brief C. F. Meyers (vom 24. April 1881).

1 Zitat aus Kellers Einleitung zu *Romeo und Julia auf dem Dorfe.*

2 J. W. Goethe: Unterhaltungen deutscher Ausgewanderter. In: Goethes Werke. Hamburger Ausgabe Band VI (1958), S. 155.

3 H. von Kleist: Das Bettelweib von Locarno. In: H. v. K., Sämtliche Werke und Briefe, hrsg. von Helmut Sembdner. Bd. 2, München 1965, S. 198.

4 Der wohl wichtigste Beitrag zu dieser Diskussion, dem der Verf. wesentliche Anregungen verdankt, ist: Tzvetan Todorov: Einführung in die phantastische Literatur. München 1972 (erstmals Paris 1970). Zahlreiche, wenn auch qualitativ sehr unterschiedliche Beiträge finden sich in der Reihe: Phaicon. Almanach der phantastischen Literatur, hrsg. von R. A. Zondergeld. Frankfurt a. M. 1974 (Band 1), 1975 (Band 2), 1978 (Band 3).

5 Gottfried Keller: Sämtliche Werke, hrsg. von Jonas Fränkel (später von Carl Helbling), 11. Band (»Das Sinngedicht«). Bern 1934, S. 232.

6 Ebd., S. 233 f.

7 Nikolaj Gogol: Die Nase. In: N. G.: Meistererzählungen, Zürich 1949, S. 407.

8 Annette von Droste-Hülshoff: Das Spiegelbild (Vers 7). In: A. v. D.-H.: Sämtliche Werke in sechs Bänden, hrsg. von Eduard Arens. Leipzig o. J., 1. Band, S. 115.

9 Matthias Claudius: Täglich zu singen (Vers 7). In: Sämtliche Werke des Wandsbecker Bothen, III. Theil. Wandsbeck 1777, S. 128 (Schreibweise der Originalausgabe).

10 G. Keller, a. a. O. S. 7.

11 Ebd., S. 11.

12 Ebd., S. 379.

13 Ebd., S. 57.

14 Ebd., S. 57 f.

15 Hier läge ein Exkurs nahe über die Funktion des Gesichts in der Literatur des europäischen Barock. Es fungiert da als zentrales Element in der immer neu beschworenen Dialektik von Schönheit und Vergänglichkeit. Man denke nur an Shakespeares Sonette. Die Thematik des rasch zerstörten schönen Gesichts ist im Barock indessen wesentlich anders akzentuiert als in der Romantik: es steht eine je andere Vorstellung von »Ewigkeit« hinter dem jeweiligen Vergänglichkeitsbegriff.

16 G. Keller, a. a. O. S. 204.

17 Ebd., S. 231.

»Die Richterin«

Conrad Ferdinand Meyers Kunst im Widerstreit zur privaten Phantasie

Von der Krise des erzieherischen Auftrags zur Krise der Auktorialität

Allen Erzählern, die man unter dem brauchbaren Begriff ›Bürgerlicher Realismus‹ zusammenzufassen pflegt, ist mindestens eines gemeinsam: das Bewußtsein, einen erzieherischen Auftrag zu haben. Schreiben heißt für sie, nach Möglichkeit ›alle‹ ansprechen und diesen allen zu einer behutsamen Korrektur und Befestigung des sittlichen Verhaltens verhelfen. Die demonstrative Abkehr von der Romantik, insbesondere von E. T. A. Hoffmann, die häufig zu beobachten ist, hängt damit eng zusammen. Hoffmanns kompromißlose Verachtung des philiströsen Bürgers; der Radikalismus, mit dem er den ekstatischen Werdegang seiner Helden verfolgt und illuminiert; die gefährliche Außenseiterschaft dieser Helden, die nie zurückgebogen wird in ein Muster für ›alle‹, sondern sich bis zuletzt im Guten und im Bösen aus dem Gegensatz zu ›allen andern‹ bestimmt – es macht insgesamt den genauen Kontrapunkt zu den Erzählprinzipien aus, die für die Autoren um die Jahrhundertmitte Gültigkeit bekommen. Der erzieherische Auftrag verhilft dem Künstler endlich wieder zu einer geklärten und gesicherten Stellung in der bürgerlichen Gesellschaft. Seine Helden sind unweigerlich Vorbilder oder abschreckende Beispiele, die jeden angehen; seine Erzählungen führen ihre Lehre, ihre Mahnung, ihr »fabula docet« mit sich wie das Vexierbild im Kinderbuch den versteckten Polizisten.

Die Mahnung betrifft durchweg eine Tugend von öffentlich-allgemeiner Bedeutung. In der überwiegenden Zahl der Fälle läuft sie auf einen Mäßigungsappell hinaus, der ein bestimmtes Gebiet des Trieblebens, des Gelderwerbs oder des Machtstrebens betrifft. Maxime aller Maximen ist das Zufriedenheitsgebot. Der Lehrsatz: »Schuster, bleib bei deinem Leisten!« bildet die produktivste Formel. Der komplementäre Spruch: »Wer nicht hören will, muß fühlen!« garantiert eine sinnvolle Dramatik des Handlungsablaufs. Meistgezüchtigter Held ist der ungeduldige soziale Aufsteiger. Die kritisch-analytische Leistung der großen realistischen Erzähler wird durch den erzieherischen Auftrag gleichzeitig ermöglicht und in Grenzen gehalten. Ihr Amt ist die Korrektur von Auswüchsen innerhalb der gegebenen Verhältnisse. Das schließt Scharfblick und harte Urteile ein, es schließt aber auch alle Radikalität im Verneinen oder Neuentwerfen aus.

Bei Conrad Ferdinand Meyer (1825–98) gerät der erzieherische Auftrag des Erzählens in eine Krise, ohne daß der Erzähler selbst sich dessen bewußt ist und ohne daß er fähig wäre, die Krise spontan zu bewältigen. Sie zeichnet, belastet, verzerrt ihm die Arbeit. Noch scheint ihm die Propagierung von Tugenden und die Geißelung von Lastern selbstverständliche Schreiberpflicht. Er übt sie aus und führt sie durch, aber sie gerät ihm gleichzeitig zu gewissenhaft und zu halbherzig, zu lauthals und zu reich an Vorbehalten. Mit der einen Hand arbeitet er eifrig im Sinne des Auftrags, mit der andern betreibt er Obstruktion, und die Rechte darf nicht wissen, was die Linke tut. Er entwirft und gestaltet Helden, die wesentlich nicht mehr Vorbild oder abschreckendes Beispiel ›für alle‹ sein können, aber er kommentiert und beurteilt ihr Treiben unentwegt, als wären sie's und als müßte er seine Leser vor solchem Verhalten in solchen Situationen warnen. Wenn man in der Novelle *Die Richterin* jene Zusammenhänge herausarbeitet, auf die am meisten erzählerische und moralische Leidenschaft verwendet wird, dann kommt als die spezifische ›Mahnung‹ der Geschichte die groteske Grundsatzreihe zum Vorschein: »Du sollst nicht den Gatten töten, wenn du ein Kind von einem andern hast!« – »Du sollst nicht die eigene Schwester begehren!« – »Falls du die eigene Schwester begehrst, sollst du dich dessen anklagen!« – »Hast du den Gatten getötet, bekenne es öffentlich!«

So unsinnig sich solche Leitsätze ausnehmen und so ungerecht sie der Novelle gegenüber scheinen, man kann die moralische Pointe des Werks nicht anders fassen. Was an einem solchen Resümee störend erscheint, ist nur die Vergröberung eines großen Widerspruchs, der der Arbeit innewohnt. Sie zeigt Ausnahmefiguren und Ausnahmetaten, aber es wird ihnen kein entsprechend extraordinäres Sittlichkeitssystem zugestanden. Vielmehr spannt sich über das archaische Treiben wie ein Netz die puritanisch-sentimentale Moral der kulturellen Sonntagsblätter der Bismarckzeit.

Bei jedem andern ungefähr gleichzeitigen deutschen Erzähler wäre dieser Stoff entweder auf das Thema der raffinierten Verheimlichung alter Schuld oder auf die Problematik des schuldbeladenen Richters hin zugespitzt worden. Das hätte dann tatsächlich ein fabula docet ›für alle‹ ergeben: »Nichts ist so fein gesponnen, es kommt doch an die Sonnen!« oder »Urteile nicht über andere, wenn du selbst ein Sünder bist!« Genau um diese Dinge bemüht sich nun aber die Novelle irritierenderweise am wenigsten. Die Richterin braucht gar keine Vorkehrungen zu treffen, um ihre Schuld zu verheimlichen; ihr Verbrechen ist von Anfang an im kriminalistischen Sinne ›perfekt‹. Und die Szene, die sich ein Autor, wie man denken würde, zuletzt entgehen ließe: eine ausführliche Schilderung, wie die Schuldbeladene einen andern Schuldigen zu Tode verurteilt, gerade sie fehlt, sie fehlt auffällig und demonstrativ. Es wird nur mitgeteilt, daß Stemma eifrig und unerbittlich richte, zu konkreter Anschauung gelangt der Vorgang nie. Das Aussparen dieser Szene – sie wäre beispielsweise die natürliche Exposition der ganzen Handlung gewesen – kann nicht anders gelesen werden denn als eine gezielte Abwehr solcher eingängig-moralischer Sinndeutung. Hier wird die erwähnte Obstruktion des Erzählers gegen sein eigenes Unterfangen greifbar. Obwohl die Novelle auf dieser Ebene am reinsten aufgegangen wäre und eine klare Botschaft an die Leser erlassen hätte, wird der Zusammenhang nur rasch berührt und dann hartnäckig vermieden.

Daß die zeitgenössische Rezeption sich bemühte, dem Werk die eindeutige moralische Pointe, die es nicht freigeben wollte, gewaltsam zuzusprechen, kann nicht überraschen. Adolf Frey teilt in seiner Biographie, der ersten großen Gesamtdarstellung des Dichters, den tieferen Sinn der Novelle gewissermaßen ex cathedra mit, so nachdrücklich, daß alles Zweideutige aus der Welt geschafft scheint: »›Die Richterin‹ ist das Hohelied des Gewissens. (...) das Gewissen arbeitet in ihr und macht sie zunächst zu einer Pedantin des Rechts (...) Dann arbeitet es weiter, bis sie sich selbst verrät, Bekenntnis ablegt und Gift nimmt. «[1] Zu dieser Deutung konnte sich Frey autorisiert glauben durch eine Briefstelle Meyers. Der Dichter war von Louise von François, die ein Separatum der ersten zwei Kapitel erhalten hatte, genau auf das Problem der diffusen moralischen Pointe angesprochen worden: »Ein bißchen Angst habe ich vor der Entwickelung. (...) so will ich denn hoffen, daß die Richterin *nicht* aus Mutterzärtlichkeit zur Bekennerin ihrer Sünd- und Heucheltat wird.«(348)[2] Darauf antwortete Meyer wenige Tage später: »Um auf die ›Richterin‹ zu kommen, so waren mir Ihre Bedenken – mit noch ein paar andern – ganz gegenwärtig. Da ich aber den Stoff (übrigens eine von mir ersonnene Fabel) nicht fahren lassen wollte, schloß ich klüglich die Augen und ließ das Saumroß (um nicht zu sagen das Maultier) meiner Einbildungskraft den Fuß setzen, wie es für gut fand. Im Ernste: die Mutterliebe wirkt nur secundär, es ist das arbeitende Gewissen, das die Richterin überwältigt. « (348) Das scheint klar genug, nur: es stimmt nicht mit den Gegebenheiten der Novelle überein. Die Richterin versucht in Tat und Wahrheit bis zuletzt unerschüttert und ohne Gewissensqualen, das Verbrechen zu verheimlichen. Es gibt keinen einzigen Hinweis, der darauf schließen ließe, daß sie je bekennen würde, wenn nicht Wulfrin und Palma an den Rand der Katastrophe gerieten. Nur um die beiden zu retten, deckt sie die Wahrheit auf. Meyers Interpretationslenkung, die von Frey getreulich aufgegriffen wurde, ist also durchaus scheinhaft. Der Einwand Louise von François' bleibt bestehen: Wenn es nicht um das Gewissen geht, muß es um die Mutterliebe gehen; als exemplarisches Beispiel von Mutterliebe aber eine Frau zu zeigen, die um ihres Kindes willen den Mord an dessen Vater zugibt, ist ohne neue Verwirrung der Maßstäbe nicht möglich. Die geheime Wahrheit steckt denn auch in dem vorletzten Satz des Briefzitats, einer Aussage von kaum zu überschätzendem Wert. Wie der Reiter auf einem gefährlichen Gebirgspfad habe er, der Dichter, beim Schreiben die Augen geschlossen. Das Reittier geht sicher, weil es keine Reflexion kennt. Der Dichter konnte schreiben, weil er das Nachdenken über das Geschriebene zeitweise unterdrückte. Wie der Reiter nachher zurückschaut auf die Spur am Abgrund, in den er bei offenen Augen gestürzt wäre, schaut der Autor nachher auf sein Werk, dessen heikelste Stellen die unkontrollierte Einbildungskraft geschaffen hat. C. F. Meyer formuliert da eine Poetik, die er schon im nächsten Satz mit dessen Interpretationsbefehl wieder verleugnet.

Wenn der erzieherische Auftrag die Autoren des Bürgerlichen Realismus ihrer gesellschaftlichen Stellung und also im letzten ihrer selbst versichert, dann muß die Krise des Auftrags, die sich bei Meyer abzeichnet, mit diesem Verhältnis zusammenhängen. Das aufdringliche Bewerten aller Vorgänge mit Kategorien zeitgenössisch-bürgerlicher Moral (»So grelle und freche Worte redete die Richterin.« 226), die dauernde Verurteilung des Tuns und Denkens der Figuren mit dem Lieblingswort »Frevel« – Meyer trägt den Begriff wie einen Stempel in der Tasche und drückt ihn allem auf, woran ihm als Erzähler doch am meisten liegt –, es läßt sich nur erklären aus der Angst des Autors, er könnte mit der Aufkündigung des erzieherischen Auftrags die feste Rolle in der Gesellschaft und so die eigene Identität gefährden.

Deutlicher formuliert: Was hier sich auswirkt, ist die Angst, das tatsächlich gestörte, schwer disharmonische Verhältnis des Schriftstellers zu den Normen der Gesellschaft, das ihn zum Schreiben treibt, könnte am Geschriebenen sichtbar werden. Ihrer Anlage nach ist die Novelle ein Manifest, das ebenjene gemeinsame Sittlichkeit von Autor, Leser und dichterischer Handlung aufkündigen möchte, die im Bürgerlichen Realismus die Verständigungsbasis zwischen Schriftsteller und Publikum, die wesentliche Produktionsbedingung also, abgab. Zur Durchführung des Werks aber gehört, daß es diese Anlage, um der Verständigung willen, verleugnet. Wie im erzählten Geschehen die Richterin Stemma das eigene Verbrechen verdeckt und doch gesteht, verdeckt und gesteht die Novelle selbst die ihr zutiefst innewohnende andere Moral.

So schwierig es ist, das genaue Verhältnis des historischen Autors C. F. Meyer zu seiner historischen Leserschaft aufgrund der greifbaren Daten zu fassen, so eindeutig zeigt sich die Störung des Verhältnisses auf der analogen Ebene im Text selbst: zwischen dem ›Erzähler‹ (im Sinne der Autorfunktion, des impliziten Autors) und dem ›Leser‹ (im Sinne der Leserfunktion, des impliziten Lesers).[3] In der Regel wird im Bürgerlichen Realismus die Beziehung zwischen dem im Text wirkenden Autor und dem vom Text anvisierten Leser rasch geklärt, sei es durch Anreden, sei es durch Zwischenbemerkungen oder eigentliche Exkurse. Der Autor zeigt sich im Erzählwerk als eine autonome Größe mit einem deutlichen Profil, das die Merkmale: Väterlichkeit, psychologischer Scharfblick, Gewissensstrenge und menschliches Verstehen aufweist. Über diese im Text dauernd fühlbare Autorinstanz bestimmt und regelt sich dann spielend die Perspektivik der Erzählung. Die Umschaltungen zwischen auktorialem und personalem Erzählen laufen reibungslos. Der Leser steht bald neben dem Erzähler, der ihm die Figuren und Geschehnisse kommentierend zeigt wie ein kluger Reiseführer, bald darf er auf einige Zeit mit den Augen einer einzelnen Gestalt selbst schauen, mit ihren Ohren hören und mit ihrer Brust fühlen.

Bei Meyer ist der implizite Autor eine Größe von seltsam verschwimmendem Profil. Der Erzähler gibt nie gelassen Rechenschaft über sein Verhältnis zum Leser, wie es die großen Auktorialen Stifter, Gotthelf und Keller so häufig tun. Er vermeidet es, sich über die Verständigungsbasis und den Führungsanspruch offen auszusprechen. Der ungelösten Krise des erzieherischen Auftrags entspricht sehr genau die Krise der Auktorialität als einer wesentlichen Werk- und Arbeitsstruktur. Die Autorkommentare zum Geschehen wirken immer wieder unerwartet und aufgesetzt, wie auf dem Theater dreingerufen. Die Perspektivik ist gewaltsam insofern, als der Leser oft genug zu einer Sehweise gezwungen wird, deren Sinn er nicht begreift oder als widersprüchlich erfährt. Gewiß gibt es auch bei Meyer beides im Wechsel: die Sicht auf die Figuren und das Sehen mit den Augen der Figuren; und den Entscheid über die jeweilige Optik trifft, wie überall, der implizite Autor. Aber was anderswo ein spontan einsichtiges, ja kaum bemerktes Verfahren ist, irritiert in der *Richterin* in zunehmendem Maße. Da entwickelt sich nämlich im Verlauf der Novelle eine eigentliche Konkurrenz zwischen zwei unterschiedlichen Erlebnisperspektiven, derjenigen der Richterin Stemma und derjenigen des Höflings Wulfrin, ohne daß die beiden Sehweisen durch eine gezielt agierende Autorinstanz sinnvoll vermittelt würden. Dadurch gerät dem Leser die gewohnte Stufung der Identifikationsgestalten, die Hierarchie der Haupt- und Nebenfiguren, der Sympathie- und Antipathieträger zunehmend ins Schiefe. Entweder müßte Wulfrin zur Hauptsache in Stemmas Sicht erscheinen, von außen, als ihr Schicksal und ahnungsloser Richter; oder es müßte Stemma selbst überwiegend in der Perspektive Wulfrins gezeigt werden, als das fremdartige Rätsel, das gewaltsam in sein Leben tritt und es auf immer verändert. In beiden Fällen gewänne die Novelle einen genauen, je anders gelagerten Fluchtpunkt. So aber hat sie zwei, die beide die Orientierungsachse für sich beanspruchen.

In der Geschichte des weltliterarischen Erzählens steht der Meyer der *Richterin* dort, wo er sich entscheiden müßte zwischen einer radikal vorurteilslosen, ›impassiblen‹ Anschauung, einem unbestechlich konsequenten Analysieren von Figuren, die jenseits der Kategorien Vorbild oder abschreckendes Beispiel stünden – der Methode des Zeitgenossen Gustave Flaubert –, oder aber einem Erzählen aus radikaler Personenperspektive, das den Leser mit den letzten Schwankungen der Welt- und Icherfahrung einzelner Menschen konfrontiert, ohne ihm die Beurteilung aus ›objektiver‹ Sicht mitzuliefern – der Methode der (teilweisen) Zeitgenossen

E. A. Poe und Henry James. Meyer steht schwankend und zögernd auf der Grenze dieser Poetik, einer aus allen gesellschaftlichen Absprachen entlaufenen Kunst. Er tritt in die neue Zone ein und fährt gleich wieder zurück. Er markiert für die deutsche Literatur den Ansatz zu einem andern Erzählen, zugleich mit dem Entschluß, es nicht so weit kommen zu lassen. Franz Kafka, der, weltliterarisch gesehen, über Poe und Flaubert und James hinaus dann den nächsten Schritt tut, kann sich nicht an Meyer schulen, mit dem ihn doch im Seelischen so viel verbindet; er findet und verändert sich in der Verarbeitung des Franzosen Flaubert. Die Position, die Poes *Ligeia* und Flauberts *Hérodias* exemplarisch vertreten und zu der Meyers *Richterin* in ihrem Kern tendiert, bleibt in der deutschen Literatur ein weißer Fleck.

Die Unterwelt

Zwei Abschnitte allerdings besitzt diese Novelle, in denen auf eine unerwartete und fast unbegreifliche Art der Rückstand aufgeholt wird und Meyers Prosa für kurze Zeit eine fremdartige Vollendung erreicht. Hier darf sie tatsächlich gelassen neben Poe und Flaubert treten. Die Seiten werden in der Forschung zur *Richterin* häufig herangezogen; man zitiert daraus, aber man hat bisher nie entschieden genug festgestellt, daß es sich hier nicht nur um besonders eindrückliche Passagen handelt, sondern um Texte, die ein qualitativer Sprung von der übrigen Novelle und vielleicht vom ganzen Prosawerk Meyers trennt. Das Zögern der Literaturwissenschaft, Qualitätsbestimmungen vorzunehmen, ist verständlich und gerechtfertigt. Andererseits ist nicht einzusehen, warum das Phänomen eines geradezu frappanten künstlerischen Rangunterschieds innerhalb einer Novelle nicht als solches benannt und befragt werden soll. Der Wissenschaftler muß dabei zwar mit einer Behauptung operieren, aber der Leser kann sie ja nachprüfen, und der Wissenschaftler läuft einzig die Gefahr, die Zustimmung jener Leser zu verlieren, die eine Qualitätsdifferenz hier gar nicht merken wollen. Die beiden Passagen sind: die Begegnung der träumenden Richterin mit dem toten Vater ihres Kindes und Wulfrins Gang durch die Bergschlucht. Beide Texte wirken in das Kontinuum der Novelle wie eingesprengt; umgekehrt gesagt: sie scheinen aus dem Kontinuum ausgetrieben, exkommuniziert. Jedesmal bleibt das Hauptgeschehen allen andern Figuren unbekannt. Nur der Leser ist Zeuge des Gesprächs zwischen Peregrin und Stemma, nur der Leser hört den Satz: »Malmort strahle! Ich halte Hochzeit mit der Schwester!« (216). Wulfrin und Stemma treten einsam, aus allen Bindungen gelöst, sich selbst gegenüber, sich selbst als leidenschaftsfähigen und leidenschaftswilligen Wesen, deren Begehren eine Wirklichkeit vor allen sozialen Normen ist. Hier geben sie diesem Begehren ihr Recht, und der gesellschaftliche Gesetzesapparat verdämmert im Hintergrund. Sie werden sich gleich wieder unterwerfen und sogar das Geschehen vor sich selbst als Traum und Unwirklichkeit hinzustellen suchen. Dennoch ist es da, ist es eine Realität des Erlebens der Figuren und eine literarische Wirklichkeit, schwarz auf weiß, der Novelle. In beiden Texten, vom Satz: »Frau Stemma wurden die Lider schwer (...)« (187) bis »(...) und Peregrin zerfloß« (191); und von »Da er in den Schlund hinabstieg (...)« (215) bis »(...) stand schwarz auf dem wetterleuchtenden Nachthimmel« (216), ist kein ungenaues Wort zu finden, kein kleinlicher Zwischenruf des Autors, der dem Leser versichern möchte, der Dichter sei dann persönlich nicht dieser Meinung. Auch die altertümliche Stilisierung, auf die sich die Novelle im Sprachlichen sonst kapriziert (mit anstrengenden Ellipsen: »er wischte einen Schweißtropfen« – 165; der Wirt »schenkt einen herben« – 165; »Und wie schaut sie?« – »Stark und warm« – 171), ist nirgendwo zu spüren. Die beiden Texte unterscheiden sich zwar auch voneinander sehr deutlich in der Intonation und den Prosamitteln, dennoch bleibt ihr Gemeinsames für das Verständnis des Ganzen wichtiger. Der Wulfrin-Text ist um eine Spur virtuoser, kompakter auch; er stellt die geglückte Umsetzung einer Böcklin-Szenerie ins Literarische dar. Der Stemma-Text ist subtiler, raffinierter und nuancenreicher in der Prosakultur. Etwas wie die Beschreibung des lebenden Schattens Peregrin sucht man anderswo in der Erzählung vergebens. »Der Schatten schüttelte seine Gestalt wie einen rinnenden Regen« (188) – das ist in der Metaphorik so exquisit und zugleich einfach-richtig, wie es die ganze Darstellung von Peregrins gestischem Verhalten ist: »Das ungewisse Wesen rutschte auf den Knieen oder watete, dem Steinboden zutrotz, in einem Flusse.« – »Dann aber, von dem warmen Atem Stemmas angezogen, schleppte er sich rascher gegen ihre Kniee, auf welche er die Ellbogen stützte, ohne daß sie nur die leiseste Berührung empfunden hätte« (188). Hier erreicht der Erzähler jene höchste Genauigkeit im Mehrdeutigen, die sonst nur dem Lyriker Meyer, und ebenfalls nicht täglich, gelingt.

Auch in der Struktur der Reden, der Dialoge, unterscheiden sich die zwei Texte unverkennbar voneinander, ebenso unverkennbar aber gleichfalls zusammen wieder vom Rest der Novelle. Die Tendenz zur theatralisch monumentalisierten Wechselrede, die man sonst als stilistische Manier in Kauf nimmt, ist in der Schlucht-Szene plötzlich das einzig Angemessene und gewinnt eine grade Gewalt:

Da traf der starre Blick seines zurückgeworfenen Hauptes auf ein Weib in einer Kutte, das am Wege saß. »Nonne, was hast du gefrevelt?« fragte er. Sie erwiderte: »Ich bin die Faustine und habe den Mann vergiftet. Und du, Herr, was ist deine Tat?« Lachend antwortete er: »Auch ich begehre die Schwester!«
Da entsetzte sich die Mörderin, schlug ein Kreuz über das andere und lief so geschwind sie konnte. Auch er erstaunte und erschrak vor dem lauten Worte seines Geheimnisses. Es jagte ihn auf und er floh vor sich selbst.   (215)

Der Stemma-Text bringt im Reden der Richterin selbst zwei konträre, widersprüchliche Ebenen dieser Gestalt zum Vorschein, von denen die restliche Erzählung nichts wissen will, ja die sie an der eindimensional-steilen Figur geradezu verleugnet. Daß Stemma einst die Verführerin war, die leidenschaftliche Wilde; daß sie unbekümmert alle Bindungen zu zerreißen bereit war; daß sie jetzt noch für den von ihr gemordeten Comes nur höhnische Überlegenheit empfindet und den zum Beischlaf gewaltsam verlockten Peregrin bald freundlich, bald mit Verachtung behandelt – diese aufregende Differenzierung der Figur wird, kaum ist der Traumtext zu Ende, vom auktorial und altklug kommentierenden Erzähler wieder verdeckt. Als wäre ihm unheimlich, was er eben erreicht hat, sucht er es mit moralisierenden Reden zu erledigen: »Längst war der Jüngling, dem sie sich aus Trotz und Auflehnung mehr noch als aus Liebe heimlich vermählt, an ihrem kasteiten Herzen niedergeglitten und untergegangen, und der einst aus ihrer Fingerbeere gespritzte Blutstropfen erschien der Geläuterten als ein lockeres und aberwitziges Märchen« (191 f.).

Die beiden Texte heben sich vom novellistischen Umfeld noch in anderer Weise ab. Zu dem, was in der Erzählung offizielle Wirklichkeit ist, treten sie in Unterscheidung durch einen psychologisch nicht definierbaren Zwischenzustand zwischen Traum und Tagesbewußtsein. Gerade das nicht eindeutig Traumhafte, das man an der Stemma-Szene gern kritisiert, weil der Schatten unwahrscheinlicherweise ein Gedicht vortrage,[4] verstärkt den Charakter des grundsätzlich andern. Wichtiger noch: Die Kulissen eines rustikalen Mittelalters, die dem übrigen Geschehen den Hintergrund liefern, werden hier abgelöst durch zwei mythische Räume. Beide Male handelt es sich um die antik-heidnische Unterwelt: In der Stemma-Szene ist es die graue Schattengegend an Styx und Lethe, wo die Toten – das ist Meyers Zutat – im Schilf sitzen, reglos und mit verdämmernden Gefühlen. Die Wulfrin-Szene zeigt den Tartaros, das tiefe Gefängnis der Titanen, die noch immer tobend und aufständisch ihrem alten Trotz frönen und auf die Stunde der Rache warten. Was die Stellen unterscheidet, ist also auch hier etwas, das ihnen gleichzeitig und im Abstich zum ganzen Kontext spezifisch gemeinsam ist.

Als entscheidend für die Interpretation muß die Einsicht gelten, daß diese zwei Szenen in der Novelle funktional nicht aufgehen. Was sie zutage fördern, wird vom erzählenden Fortgang nur teilweise, im wesentlichen nicht verarbeitet. Man muß sich also vor einer harmonisierenden Auslegung hüten. Die Annahme, in den beiden Texten werde uns ein kurzer Einblick ins ›Unbewußte‹ der Protagonisten gewährt, wir bekämen da einige nützliche Zusatzinformationen, liegt nahe, aber sie läßt sich nur bei oberflächlicher Lektüre halten. Stemma und Wulfrin sind für kurze Zeit in einer Weise andere Personen, daß es sich weder psychologisch noch erzähltechnisch integrieren läßt. Das Werk erscheint als ein beherrschtes, durchkomponiertes, peinlich kontrolliertes Gebilde, das zweimal einbricht und den Blick auf eine Unterwelt freigibt, von welcher aus der künstlerische und ideologische Aufwand des ganzen Unternehmens in Frage gestellt wird.

Öffentliche und private Phantasie

Das ist sehr schroff formuliert. Man muß es tun, um die Verhältnisse deutlich zu machen. Erst dann läßt sich zeigen, daß die Gegenposition der Unterwelt-Szenen die Novelle auch sonst verschwiegen durchzieht, als ein Reden in schwierigen Bildern gegen das offizielle Reden in Kommentaren und einfachen Bildern.

Das Ganze gibt sich als ein einheitliches Geschehen, in dem eine verbundene Masse moralischer, politischer, seelischer und familialer Chaoszustände in die große Ordnung übergeführt wird. Vor den »strahlenden Augen« (232) des Kaisers gleitet alles Ausgerenkte wie von selbst an seinen Platz: das Verborgene taucht ans Licht; das Gefälschte findet seinen wahren Namen; die Schuld tritt über in die Buße; das Unregierte gewinnt den strengen Herrn und Meister. Man kann die Novelle lesen als die Fabel von der Reinigung der Welt durch den starken, unbedingten Herrscher (sie ist zweifellos unter anderem ein demokratiefeindliches Pamphlet, und Karl der Große erscheint als literarischer Prototyp jenes Bildes, das Wilhelm II. sich wenig später von sich selbst machen sollte). Dem Leser wird ein Phantasiespiel vorgelegt und zum Mitbetreiben angeboten, das in den strengsten moralischen und politischen Rigorismus mündet. Man könnte das als die Ebene der öffentlichen Phantasie bezeichnen, auf der die Gegenstände Inzest und Gattenmord nur eingeführt werden als Ausgangspunkte für das feierlich-ergreifende Ordnungschaffen. Dem steht nun, zunächst belegt durch die eingesprengten Szenen, eine Ebene der privaten Phantasie gegenüber, welche jener öffentlichen als ihrer Maske bedarf, sich ihrer zur Legitimation und Verhüllung zugleich bedient. Diese private Phantasie läßt sich rekonstruieren und als Element des literarischen Produkts nachweisen, ohne daß damit das Feld der Literaturwissenschaft in unziemlicher und menschlich indiskreter Weise verlassen würde. Insofern die private Phantasie Teil des literarischen Produkts ist, wird sie vom Leser aufgenommen; insofern sie vom Leser aufgenommen werden kann, ist sie bereits über das Intim-Persönliche hinausgetreten in den Bereich allgemeinerer Bedeutung. Die empathische Fähigkeit des Lesers vernimmt und versteht die Äußerungen eines asozialen Wunsches, nicht weil ebendieser Wunsch auch der des Lesers wäre, sondern weil er für den Leser die Kategorie ›verbotener Wunsch‹ ganz allgemein repräsentiert, die – sei's zum Leiden, sei's zum Gewinn – Grundbestandteil auch seiner eigenen Sozialisation gewesen ist. Die Rekonstruktion der privaten Phantasie will also nicht einem längst verstorbenen Menschen hinter die Schliche seines kummervollen Lebens kommen, sondern einem immer noch gelesenen literarischen Text auf die erregende Spur.

Wenn man die private Phantasie, die diese Novelle als das »psychodramatische Substrat«[5] durchzieht, beschreiben will, muß man als Voraussetzung die Geschehnisse zweier Zeitabschnitte im Leben C. F. Meyers wiedergeben, eines ›archaischen‹ (um das 5., 6., 7. Lebensjahr) und eines ›rezenten‹ (um Pubertät und Adoleszenz). Es geschieht hier verkürzt und ohne detaillierten Verweis auf die Dokumente.[6]

Die Ereignisse der frühen Zeit: Ein Sohn ist seiner Mutter heftig zugetan und steht zu seinem Vater in der ambivalenten Spannung, die solche Liebe mit sich bringt. In diese noch unbewältigte Konfliktsituation fällt die Geburt einer Schwester. Das zweite Kind verlangt und gewinnt die Liebe der Mutter natürlicherweise vor allen andern. Für den Sohn ist damit der Vater nicht länger der große Mitbewerber um die Liebe der Mutter. Die primäre Ambivalenz ist aufgelöst; der Vater kann ungebrochen zum Vor- und Leitbild werden. Er nimmt die Umrisse einer mächtigen Gestalt mit »strahlenden Augen« an, und der Sohn ist von nun an sein Gefolgsmann. Als natürlicher Konkurrent bleibt diesem Sohn die Schwester. Indessen: Gegen sie zu fühlen, was zum Gefühl drängt, ist so erschreckend, daß das Gefühl sich in sein Gegenteil wendet. Jene erste ungestüme Zuneigung, die der Mutter galt, wird in dem zentralen, schicksalbauenden Akt dieses Lebens von ihr abgezogen und auf die kleine Schwester verlagert. Die Lösung scheint perfekt. Die alte Liebe hat einen unverdächtigen, die Aggression keinen deutlichen Gegenstand mehr. Daß die Beziehung zur Mutter dabei gefühlsneutral wird, in eine trübe, undefinierte Zwiespältigkeit gerät, fällt kaum auf. Man kann die Zeichen dieses neuen Konflikts, wo sie etwa sichtbar werden, leicht mit ›Charaktereigenschaften‹ erklären.

So verläuft, was entwicklungspsychologisch die ödipale Krise genannt wird. Danach beginnt die Latenz, die Phase einer regulären sexuellen Quarantäne. Erst die Pubertät weckt die alten Spannungen wieder auf und fordert eine zweite Lösung, jene, über die einer zum Erwachsenen wird.

Soviel zum ›archaischen Drama‹. Das ›rezente‹ beginnt sensationell: Kaum haben die Unruhen und Aufregungen der pubertären Krise eingesetzt, stirbt der Vater. Er fällt für den Fünfzehnjährigen als natürlicher Widerpart beim neuen Kräftemessen aus; seine Verklärung bleibt unangetastet. Das befestigt und verhärtet die alten Bahnen der Konfliktlösung. Zu diesen aber gesellt sich als neuer Faktor die erwachte Sexualität: Jetzt wird die Schwester Gegenstand einer Liebe, die sich von Begehren nicht mehr unterscheidet. Jene Liebe, die einst in ihrem Ursprung Schuld beseitigte, wird selbst zu einer über das Leben des Sohnes hereinhängenden Schuld. Der Mutter aber, von der ja diese Liebe wegverschoben wurde, wächst die Rolle der Repräsentantin sozialer Normen zu, der Überwacherin, der Gesetzesinstanz. Da der Vater in die einseitige Verklärung eingegangen ist, wird die Mutter zur bedrohlichen Richterin. Es beginnt ein Kampf zwischen Mutter und Sohn, bei dem keines weiß, was eigentlich geschieht, und doch jedes das andere auf Tod und Leben, tatsächlich jahrelang auf Tod und Leben verfolgt. Eine Lösung kann es nicht geben, nur die Versuche, die Dinge im labilen Gleichgewicht zu halten. Der erste, der die Balance verliert, ist der Sohn. Er befreit sich nur unter furchtbarem Kräfteaufwand, mit Hilfe der zum Engel gesteigerten Schwester, aus der Heilanstalt. Kaum ist er wieder da, fällt die Mutter. Auch sie befreit sich, aus der gleichen Heilanstalt, aber auf andere Weise: Sie geht ins Wasser.

Jetzt lebt der erlöste Sohn mit der Schwester, vereint, ein Paar. Zwar fehlt die letzte Konsequenz: die körperliche Liebe und die fröhliche Fortpflanzung. An deren Stelle aber tritt die Dichtung, eine literarische Produktion, die ganz und einzig durch die erotisch gesättigte Symbiose der Geschwister möglich wird und die in ihrer Ritualisierung – er diktiert, und sie schreibt; sie prüft, nimmt an oder verwirft – die Verwandtschaft mit den Funktionen von Zeugung und Empfängnis nicht verleugnet.

Für diese Dichtung besitzen zwei Themen auffällige, dauernde, unablässige Magie: der »Frevel« und: daß die Toten leben. »Frevel« ist alles, was in jene Zone gehört, die durch die Produktion von Literatur domestiziert und sozialisiert werden konnte. Die Toten: das sind die Mitglieder des Familiensystems aus der ›archaischen‹ oder der ›rezenten‹, eventuell aus noch früherer oder späterer Zeit. Der zeitlichen Vervielfachung entspricht in der Literatur ein Auseinandertreten in verschiedene Figuren. Der schattenhaft-gewalttätige Vater, das uralte Aggressionsobjekt; der strahlende Held, das spätere Identifikationsobjekt; der sanfte Vater, der Mann, den man in Schwäche sterben sah: sie haben alle neben- und gegeneinander Raum in der Landschaft der Fiktion, in einer einzigen Novelle. Ähnlich die Mutter, ähnlich die Schwester, ähnlich die eigene Person. Wulfrin: der Sohn des schattenhaft-gewalttätigen Wulf, der Gefolgsmann des strahlenden Charlemagne, der Nachfolger des gütig-schwachen Bischofs Felix in der Herrschaftsgewalt – er ist im Ursprung identisch mit seinem demonstrativen Gegensatz, dem zarten Graciosus, dem Sohn des Bischofs und Mitbewerber um die »Schwester« Palma, der vor dieser im entscheidenden Moment zurückschreckt. Die spezifische Logik der literarischen Fiktion ermöglicht es, daß das qualvoll Identische auseinandertritt ins deutlich Unterschiedene und das zeitlich Weitabliegende zu einer gemeinsamen Gegenwart findet; daß das Verknotete und Verspannte sich ausrollt in dramatische Konstellationen und Abläufe. Was als Einheit unerträglich wäre, verwandelt sich in die geräumige Vielzahl der literarischen Figuren und Konflikte, und schreibend kann sich einer so das Leben retten.

Wie nimmt sich nun das Geschehen der *Richterin* auf dergestalt erhelltem

Hintergrund aus? In den zwei eingesprengten Szenen wird das Recht des Individuums auf jenen »Frevel« eingestanden, bei dessen völliger Verneinung es physisch und seelisch zugrunde gehen müßte. Der eine »Frevel« ist die inzestuöse Liebe zur Mutter, das Urälteste in diesem Leben; er richtet sich gegen die schattenhaft-gewalttätige Doppelgestalt Judex / Comes und wird vollzogen von »Peregrin«, einer Graciosus-Variante, die offen jenen Namen trägt, den sich der Autor selbst sonst am liebsten zuteilt: Wandrer, Pilger (»[...] ich bin ein Pilgerim und Wandersmann«[7]). Der andere »Frevel« ist die inzestuöse Liebe zur Schwester, zur »Palma novella« (was auch die *zweite* Palme heißen dürfte). Mit einem außerordentlichen Aufwand an Erfindungen erreicht die Novelle, daß das Geständnis in der Schlucht: »Ich halte Hochzeit mit der Schwester!« möglich und wiederum entschärft wird. Die Entschärfung aber geschieht mit Hilfe einer Phantasie, die vielleicht schon die Tagträume des Jugendlichen so oder anders bewegte, einer rankünevollen, gegen die Mutter gerichteten, der Mutter unterschobenen Vorstellungskette. Ihre Logik ist folgende: Da ich die Schwester liebe und begehre, kann sie nicht meine Schwester sein. Nun ist sie aber das Kind der Mutter; also ist die Mutter eine Betrügerin. Sie hat den Vater betrogen. Der Vater ist gestorben. Warum mußte er sterben? Cui bono? Nur die Mutter, die Sünderin, hatte ein Interesse daran. Also hat sie ihn getötet. Und ich, der Sohn: ich bin berufen, diese Dinge einzurenken. Hamlet in Graubünden!

Diese Phantasie strukturiert als Ereignisfolge die Novelle. Ob sie in den langen, dumpfen Jahren, die der junge C. F. Meyer vor dem Tod der Mutter unter deren erniedrigender Herrschaft verbrachte, bereits gedacht, gewagt wurde, spielt keine Rolle. Sie ist jetzt aufgezeichnet da. Und im Bereich der Fiktion gelingt ihr mehr, als jedem Tagtraum je gelingen könnte: Das Gericht über die Mutter fällt zusammen mit der Wiederkehr des herrlichen Vaters, der dem Sohn feierlich die Schwester zur Frau gibt.

Das alles spiegelt und bestätigt und verdeutlicht sich in den Zeichen, mit denen die Novelle so angelegentlich arbeitet, ihren redenden Dingen. Sie sind von einer kaum glaublichen Simplizität und fügen sich doch spielend ein in die verwickelte Handlung. Die Dinge: das Burgtor, der Becher, das Horn. Ihre Beziehung: Horn und Becher begegnen sich im Tor, der Becher kommt von innen, das Horn von außen. Ihre Vereinigung ist Hochzeit in jedem Sinne.

Die Zeichen sind einfach und fest. Ihre Bedeutung ist mehrfach und gleitend. Das eine Ding kann ein Bündel von Sinnsträngen vereinigen, die untereinander durchaus widersprüchlich sein mögen. Der Becher meint das Weibliche, das Horn das Männliche. Wie das Weibliche in der Novelle tödlich und erlösend ist, trägt der Becher bald Gift, bald Wein. Wie das Männliche gefährdet und triumphierend ist, wird das Horn in den Abgrund geworfen und kehrt rächerisch zurück. Gemeinsam ist Becher und Horn die Beziehung zum Mund, zum »Mündlichen«. Trinken und Reden werden eins. Der Becher redet, dichtet in seinem eingeritzten Spruch, der beim Trinken aufgesagt werden muß, damit die Vereinigung glückt und die Frau dem Mann »mundet« (sic, 166). Das Horn ist schon Rede in seinem Ton, und Rede wird durch es bewirkt: »es zwingt die Wölfin zu bekennen« (166). Die beiden Dinge sprechen also leibhaftig immerzu von Hochzeit, Frevel und Gericht. In ihnen kommentiert nicht nur die Dichtung das Geschehen, sondern sie spricht auch über sich selbst: über ihre eigene letzte Beschaffenheit. Das Horn ist Meyers Poesie, seine Poesiefähigkeit. Es erschüttert die Welt, wenn es tönt. Es würde, einmal nur geblasen, »die Stadt Rom in Aufruhr bringen« (167). Wulfrin hat es vom Vater, wie die Schwester den Becher von der Mutter hat. In den zwei Dingen verdichtet sich für beide Lebensziel und Lebensaufgabe; die zwei Dinge verwehren das Aufbrechen des Familiensystems. Die Selbstverständlichkeit, mit der sich Palma und Wulfrin auf Becher und Horn berufen, sich ihrer als des unverzichtbaren Besitzes versichern, bezeugt allen Enthüllungen zum Trotz die Geschwisterschaft. Zwar wirft die Richterin das Horn einmal in die Schlucht: So hat die biographische Mutter das Dichten Meyers mit allen Mitteln zu verhindern gesucht, es unerbittlich verworfen. In der Novelle beseitigt es die Mutter und ruft die Schwester mit dem Becher. Die Begegnung von Horn und Becher, das am häufigsten genannte Geschehen des Werks, spiegelt die Vereinigung der Geschwister in der poetischen Produktion, einer Hochzeit der Rede. Diese hält in ihrem Vollzug über sich selber Gericht und spricht sich frei.

Indem die Leser die Geschichte nachvollziehen auf der Ebene der öffentlichen Phantasie mit ihrem effektvoll-konservativen Finale und indem sie dem ganzen Geschehen zuletzt willig zustimmen, bestätigen sie als Repräsentanten der wirklichen Gesellschaft ahnungslos auch jenen Freispruch der zwei Protagonisten aus der nahezu wahnsinnigen Landschaft der privaten Phantasie.

Kunst und Erstarrung

Der Aufweis solcher gegenläufiger Elemente und Strukturen in der Erzählung erleichtert dem Leser die Lektüre nicht. Da ist ein Werk, das man nicht, wie man sonst so gern tut, ›aus einem Punkte kurieren‹ kann. Zudem werden sich auch erfahrene Leser vielleicht entschieden weigern, eine eindeutig berichtete Handlung gegen ihren expliziten Verlauf zu lesen. Wenn die inzestuös geliebte Schwester zuletzt gar nicht die Schwester ist und diese Liebe also eine ganz und gar ›natürliche‹, warum soll ich da die Illusion als das Wesen betrachten und die Wahrheit als Maske der Illusion? Meyer wollte seine Werke am ehesten als prachtvoll-schauerliche Gemälde gelesen wissen, groß und erschütternd wie die Fresken, deren Anblick ihn einst zum Künstler machte: Michelangelos Sixtina. Wer kann mir verbieten, diese Lesehaltung zu suchen und einzunehmen? Niemand verbietet. Die Literatur über Meyers *Richterin* ist bis heute reich bestückt mit Dokumenten von Germanisten, die der Novelle genau so begegnet sind, wie die Bildungsreisenden Conrad und Betsy Meyer in ihrer römischen Begeisterung den Gemälden Michelangelos. Von Adolf Frey[8] über Robert Faesi[9] bis zu Alfred Zäch[10] ist die Rezeption auf »groß«, »gewaltig«, »wuchtig« gestimmt. Die konträre Lesart, die die homogene Prunkfassade durchbrechen und zu den bewegenden Kräften dahinter gelangen möchte, ist verblüffenderweise vom Autor selbst in die Wege geleitet worden. Die Schwester überliefert die Worte, mit denen er ihr die Novelle als Buch übergeben habe. *Die Richterin*, sagt sie zunächst, sei »das einzige Gedicht«, bei dessen Entstehung sie überhaupt unbeteiligt gewesen sei. Dieser Äußerung ist nicht ganz zu trauen. Die Briefstelle vom 9. April 1884 an Hermann Haessel gestattet einigen Zweifel: »Stündlich erwarte ich heute Frau und Milly (die Tochter Camilla), nach einer Abwesenheit von drei Wochen, von Weggis zurück. Eben verließ mich Betsy. Die Richterin führe ich langsam vorwärts.« Das deutet darauf hin, daß die Schwester, die anzureisen pflegte, sobald die Gattin aus dem Hause war, und verschwand, wenn diese zurückkehrte, mindestens in den früheren Stadien der Novelle an der Arbeit beteiligt war. Daß sie es später nicht wahrhaben wollte, hängt mit der Art zusammen, wie sie die Novelle verstand. Sie schimmert durch in den Sätzen, die sie ihrem Bruder zuschreibt: »Mich wundert, was du dazu sagen wirst. Du wirst nicht begreifen, wie ich dazu komme, diese Gewissenskonflikte anzufassen. – Es mußte sein. Ich mußte einmal Stellung nehmen zu den unaufhörlichen stillen Angriffen. – Es ist eine Abrechnung ... Und jetzt: ein dicker Strich darunter. –« (340) Das kann schwerlich der historische Wortlaut sein. Zu wenig will sich die Novelle als Widerlegung von Gerüchten und als ›Abrechnung‹ lesen lassen, als daß man annehmen könnte, Meyer habe sich genau so geäußert. Da der Bericht aber von der Schwester stammt, ist er auch so original. Unbestreitbar geht daraus hervor, daß Meyer die Struktur eines privaten Kerns in prachtvoller Verhüllung bedacht hat und mit der Schwester den Deutungsmodus besprach. Wie das genaue Resultat einer solchen Art des Lesens aussieht, ist weniger wichtig als die Tatsache, daß das Verfahren von der ersten historischen Leserin an existiert hat.

Den entscheidenden Durchbruch einer unheroischen, analysierenden Verstehensweise ins Wissenschaftliche markiert Sigmund Freuds Brief an Wilhelm Fließ vom 20. Juni 1898, geschrieben während der Arbeit an der *Traumdeutung*. Eingangs längerer Ausführungen zur *Richterin* heißt es da: »Kein Zweifel, daß es sich um die poetische Abwehr der Erinnerung an ein Verhältnis mit der Schwester handelt. Merkwürdig nur, daß diese *genau* so geschieht wie in der Neurose. Alle Neurotiker bilden den sogenannten Familienroman (der in der Paranoia bewußt wird), der einerseits dem Größenbedürfnis dient, andererseits der Abwehr des Inzestes. Wenn die Schwester nicht das Kind der Mutter ist, so ist man ja des Vorwurfs ledig. «[11] Auch hier ist die einzelne Feststellung weniger wichtig als die Optik. Freud nimmt unbekümmert ein historisches » Verhältnis mit der Schwester« im Sinne sexueller Handlungen an, wofür nichts, wogegen alles spricht. Das Werk ist in Wahrheit nicht die Abwehr der Erinnerung an etwas Geschehenes, sondern das Produkt einer einzigartigen Form von »Verhältnis« selber. Daß indessen eine reale Leidenschaft gleichzeitig Voraussetzung und Thema der Novelle bildete und daß diese der Struktur des verbergenden Zeigens, des offenbarenden Verhüllens, der Umkehrung von Ja und Nein bedurfte, um entstehen zu können, läßt sich seit Freuds Brief zwar noch ignorieren, nicht aber bestreiten oder widerlegen. Die beiden bis heute interessantesten und ertragreichsten Arbeiten über *Die Richterin*, je ein Kapitel in William D. Williams' *The Stories of C. F. Meyer*[12] und in Friedrich A. Kittlers *Der Traum und die Rede*[13], zeigen genau die zwei Möglichkeiten, die dem Leser offenstehen, wenn er nicht die »gewaltige Größe« zu bewundern vorgeben will, sondern mit kühlem Kopf und in kritischer Anteilnahme an das eigenartige Ding herantritt. Williams und Kittler wissen nichts voneinander; ihr Verfahren berührt sich in keinem Punkt, und doch konvergieren die beiden Studien auf spannende Art. Williams, ganz der ironisch-scharfsinnigen, bei aller Fairneß unbestechlichen Arbeitsweise englischer Kritik verpflichtet, weist in einem brillanten Gang alle sachlichen Widersprüche und Unwahrscheinlichkeiten der Novelle nach. Dennoch verwirft er sie nicht einfach als mißraten. Er kommt sogar so weit, daß er hinter der tendenziellen Absurdität eine ihm verborgene Absicht vermutet. Die aufgehäuften Unwahrscheinlichkeiten kann er nicht anders denn als intentional begreifen: »Meyer seems to fling these coincidences at us with a take-it-or-leave-it air, as though to dare us continually to disbelieve his story.«[14] Diese These ist verblüffend und faszinierend. Williams führt sie nicht weiter aus – aus dem einfachen Grund, weil er schlechthin nicht weiß, warum Meyer so etwas veranstalten sollte. Sein minuziöses Analysieren aller Handlungsphasen und ihrer Logik hat ihn zu einem Ergebnis geleitet, das völlig begründet dasteht, aber für den Kritiker selbst ein blankes Rätsel ist. Demgegenüber zielt Kittlers Arbeit genau und ausschließlich auf diese Rätselzone. Er kommt von Freud und Lacan her und entwickelt in einer ehrgeizig-schwierigen Studie (der seit Jahren wichtigsten Arbeit zum Dichter) die Kommunikationssituation des Menschen und Poeten Meyer, aus der heraus sein Werk »gesprochen« ist und von der her es sich neu und anders »hören« läßt. Während Williams ganz von der erscheinenden Oberfläche aus operiert, arbeitet Kittler ganz von den untergründigen Faktoren her.

So verweisen also die Methoden der Forschung selbst, nebeneinander gehalten, auf jene strukturelle Polarität von Untergrund und Oberfläche in Meyers Kunst. Diese Polarität ist so heftig, daß die beiden Widerlager je ins

Extreme wachsen. Der Erstarrung der Oberfläche korrespondiert eine vulkanische Ungestalt der Tiefe, zwischen denen keine Vermittlung möglich ist. Die Spannung zwischen privaten Leiden und gesellschaftlicher Norm, die so oder anders alles bewegt, was Kunst heißen darf, wird von der Novelle *Die Richterin* nicht aufgehoben, nicht gelöst. Vielmehr transportiert das Gebilde selbst die Spannung als störend schmerzhafte Realität. Was wir unmittelbar feststellen, auch heute und beim spontanen Lesen, sind die Phänomene des einen Pols. Kunst ist hier, will es scheinen, Arbeit an erstarrter Materie. Alles wird mit Gewalt hergestellt, aus Glas und Metall gebrochen, gesägt, geschliffen. Man achte nur, wie komponiert wird in dieser Novelle! Nichts, das sich dem Prinzip ›Komposition‹ entziehen könnte. Jede Szene unterliegt einer bühnenmäßigen Regie, könnte so in den Goldrahmen eines Historienmalers hinübergleiten – ja ist wahrscheinlich in diesem Rahmen ursprünglich geschaut und aus ihm heraus gedacht. Das ist kein Geheimnis; es wird immer wieder eingestanden, so oft, bis der Leser das Malerarrangement auch dort erkennt, wo kein expliziter Hinweis fällt. So erscheint die läutende Palma auf dem Turm: »In der weiten Bogenöffnung des von den ersten Sonnenstrahlen vergoldeten Turmes wiegte sich ein lichtes Geschöpf auf dem klingenden Morgenhimmel. Der Höfling sah einen läutenden Engel, wie ihn etwa in der zierlichen Initiale eines kostbaren Psalters ein farbenkundiger Mönch abbildet.« (195) Diese spezifisch Meyerschen Tableaux sind stets Steigerung und Versteinerung in einem: Kunst und Erstarrung werden konvertible Größen.

Als ›Komposition‹ sind auch alle die Vorausdeutungen und Querverweise zu betrachten, die erlesen, wie mit einem Stab gezeigten Symbole, die Sätze, Dinge, Motive, die eingeführt und wiederaufgegriffen werden, so daß sie bedeutungsschwer und sinnbeladen bereitliegen für die Haupt- und Schlüsselszenen. Was am Ende der Novelle geschieht, auf den letzten vier Seiten, ist in jedem einzelnen Detail vorbereitet. Alles wurde einmal angemeldet, war schon da als Omen und kehrt jetzt wieder als dessen Einlösung. Der Satz »Concepit in iniquitatibus me mater mea« (in Sünden hat mich meine Mutter empfangen – 163 und 233) ist nur eine besonders auffällige der vielen Spangen, die um das Ganze geschmiedet sind. Wenn man alle Ebenen, auf denen in diesem Werk ›Komposition‹ wirkt, auseinanderlegen wollte, es müßte zuletzt der Eindruck einer vergoldeten Maschine entstehen.

Dem stehen nur die zwei eingesprengten Szenen entgegen und dazu jene Gegebenheit, die an der Novelle besonders häufig kritisiert wird: die Verworrenheit der Vorgeschichte. Es ist unbestreitbar, daß der Leser erst beim zweiten oder dritten Durchgang und nur, wenn er sich Notizen macht, die vergangenen Ereignisse klarbekommt. Zwar stimmt alles, geht alles auf. Es ist ganz durchdacht und ganz berechnet, aber es ist so verästelt und wird in so kleinen Splittern mitgeteilt, daß dem Leser auch nach den verschiede-

nen Geständnissen die Vorzeit als dunkle Wirrnis voll unbegreiflich-plötz-
licher Taten erscheint. Da schlägt tatsächlich das Überkontrollierte und
Überberechnete in sein Gegenteil um. Das Geschmeide wird zum Knäuel,
der sich dem offiziellen ästhetischen Gesetz des Ganzen entzieht. Es ist nur
für die Erstlektüre so; da aber ist es eine Realität. Sie lockert, selbst wo sie
irritiert, die Erstarrung, hebt die Gleichsetzung von Artefakt und Petrefakt
auf und verweist ungewollt auf jene vulkanische oder titanische Tiefe, die
das total Komponierte und totalitär Geordnete unterlagert.

Anmerkungen

1 Adolf Frey: Conrad Ferdinand Meyer. Sein Leben und seine Werke. 2. Aufl.
  Stuttgart / Berlin 1909. S. 332 f.
2 Zitate, die nur mit einer Seitenzahl bezeichnet werden, beziehen sich auf Text
  und Kommentarteil in der historisch-kritischen Ausgabe: Conrad Ferdinand
  Meyer: Sämtliche Werke. Hrsg. von Hans Zeller und Alfred Zäch. Bd. 12. Novellen II. Bern 1961.
3 Zu diesen Begriffen vgl. Rainer Warning: Rezeptionsästhetik als literaturwissenschaftliche Pragmatik. In: R. W. (Hrsg.): Rezeptionsästhetik. Theorie und
  Praxis. München 1975. S. 9–41.
4 So schon Paul Heyse im Brief an Meyer vom 4. 11. 1885.
5 Zu diesem Begriff vgl. Peter von Matt: Literaturwissenschaft und Psychoanalyse. Eine Einführung. Freiburg i. Br. 1972. S. 54 ff.
6 Unterlagen für das Folgende waren zur Hauptsache: Karl Fehr: Conrad Ferdinand Meyer. Stuttgart 1971; Frey (Anm. 1); David A. Jackson: Conrad Ferdinand Meyer in Selbstzeugnissen und Bilddokumenten. Reinbek 1975; Friedrich
  A. Kittler: Der Traum und die Rede. Eine Analyse der Kommunikationssituation Conrad Ferdinand Meyers. Bern / München 1977; Betsy Meyer: Conrad
  Ferdinand Meyer in der Erinnerung seiner Schwester. Berlin 1903; Maria Nils:
  Betsy. Die Schwester Conrad Ferdinand Meyers. Frauenfeld 1943.
7 Refrain des Gedichts »Ein Pilgrim«. In: Sämtliche Werke (Anm. 2) Bd. 1.
  S. 392 f.
8 Frey (Anm. 1) S. 333.
9 Robert Faesi: Conrad Ferdinand Meyer. 2. Aufl. Frauenfeld 1948, S. 160 ff.
10 Alfred Zäch: Conrad Ferdinand Meyer. Dichtkunst als Befreiung aus Lebenshemmnissen. Frauenfeld / Stuttgart 1973. S. 197 ff.
11 Zit. in: Reinhold Wolff (Hrsg.): Psychoanalytische Literaturkritik. München
  1975. S. 11 f.
12 W[illiam] D[avid] Williams: The Stories of C. F. Meyer. Oxford 1962. S. 114–
  142.
13 Kittler (Anm. 6) S. 273–294.
14 Williams (Anm. 12) S. 137.

Literaturhinweise

David, Claude: Zwischen Romantik und Symbolismus 1820–1885. Gütersloh 1966.

Faesi, Robert: Conrad Ferdinand Meyer. 2. Aufl. Frauenfeld 1948.

Fehr, Karl: Conrad Ferdinand Meyer. Stuttgart 1971.

Frey, Adolf: Conrad Ferdinand Meyer. Sein Leben und seine Werke. 2. Aufl. Stuttgart / Berlin 1909.

Henel, Heinrich: The Poetry of Conrad Ferdinand Meyer. Madison 1954.

Hertling, Gunter H.: Conrad Ferdinand Meyers Epik: Traumbeseelung, Traumbesinnung, Traumbesitz. Bern / München 1973.

Jackson, David A.: Conrad Ferdinand Meyer in Selbstzeugnissen und Bilddokumenten. Reinbek 1975.

Jeziorkowski, Hans: Die Kunst der Perspektive. Zur Epik C. F. Meyers. In: Germanisch-Romanische Monatsschrift 48 (1967) S. 398–416.

Kittler, Friedrich A.: Der Traum und die Rede. Eine Analyse der Kommunikationssituation Conrad Ferdinand Meyers. Bern / München 1977.

Mayer, Hans: Epische Spätzeit. In: Von Lessing bis Thomas Mann. Pfullingen 1959. S. 317–337.

Meyer, Betsy: Conrad Ferdinand Meyer in der Erinnerung seiner Schwester. Berlin 1903.

Moos, Carlo: Dasein als Erinnerung. Conrad Ferdinand Meyer und die Geschichte. Bern / Frankfurt a. M. 1973.

Nils, Maria: Betsy. Die Schwester Conrad Ferdinand Meyers. Frauenfeld 1943.

Wiesmann, Louis: Conrad Ferdinand Meyer. Der Dichter des Todes und der Maske. Bern 1958.

Williams, W[illiam] D[avid]: The Stories of C. F. Meyer. Oxford 1962.

Zäch, Alfred: Die Richterin: Entstehungsgeschichte, Quellen, Handschriften und Drucke, Lesarten, Anmerkungen. In: Conrad Ferdinand Meyer: Sämtliche Werke. Hrsg. von Hans Zeller und Alfred Zäch. Bd. 12. Novellen II. Bern 1961. S. 340–380.

– Conrad Ferdinand Meyer. Dichtkunst als Befreiung aus Lebenshemmnissen. Frauenfeld / Stuttgart 1973.

Zur Psychologie des deutschen Nationalschriftstellers

Die Bedeutung der Hinrichtung und Verklärung Goethes durch Thomas Mann

Der Nationalschriftsteller – wer ist das? Er ist einerseits der mustergültigste Autor, den eine Nation je hervorgebracht hat, andererseits meint der Begriff den mustergültigsten Autor irgend eines Zeitraums. Es handelt sich also um geschichtlich benennbare Figuren, denen eine besondere gesellschaftliche Rolle zukommt. Diese Rolle ist bisher nicht als solche beschrieben worden. Was im folgenden geschieht, ist der Versuch, sie – für Deutschland – von ihren psychologischen Voraussetzungen her zu erfassen. Was dabei offen bleibt, ist eine genauere Abklärung der öffentlichen Funktionen dieser Rolle.[1]

Die Differenz zwischen dem absoluten und dem epochalen Nationalschriftsteller ist nicht nur eine der Qualität. Vielmehr verhalten sich die beiden zueinander wie Modell und Nachbildung. Die Besonderheiten des absoluten Nationalschriftstellers ergeben einen bestimmten Katalog von Merkmalen, die der epochale ebenfalls aufweisen muß, soll er den Namen zugestanden erhalten. So kann denn die These formuliert werden: Wer immer die Rolle eines deutschen Nationalschriftstellers anstrebt oder sich in sie versetzt sieht, ist in eine Konfrontation gebracht mit der Figur und Person J. W. v. Goethes. Er muß diese Konfrontation aushalten, austragen, verarbeiten. Die Dynamik dieses Vorgangs bestimmt wesentlich die Rollenpsychologie des Nationalschriftstellers in Deutschland.[2]

Dabei verläuft die Konfrontation bei den deutschen Autoren um spezifische Nuancen anders als etwa bei den Italienern mit Dante oder bei den Engländern mit Shakespeare. Dante wie Shakespeare haben zwar, wie Goethe, die jeweilige Nationalsprache und die Nationalliteratur zu wesentlichen Teilen geschaffen, aber als Person stehen sie abgerückter da. Was wir von ihnen über das Werk hinaus wissen, ist kärglich. Bei Goethe kennen wir nicht nur die Liebschaften und die Sommerreisen, wir kennen seine somatische Existenz bis hin zur flüchtigen katarrhalischen Störung, seine intellektuelle Existenz bis zum Wortlaut zahlloser Gespräche. Man kann einen beliebigen Tag aus seinem Weimarer Leben herausgreifen und rekonstruieren; da finden sich so viele Fakten, daß man zuletzt meint, er hieße Leopold Bloom.

Das bedeutet: Im Gegensatz zu Dante und Shakespeare wurde Goethe von Anfang an als Nationalschriftsteller *und* Zeitgenosse erfahren. Die

Rolle und die konkrete mitmenschliche Existenz waren in seinem Fall jahrzehntelang untrennbar. So, als Zeitgenosse und als mythische Gestalt, hat Goethe die Romantiker, die Jungdeutschen, die frühen Realisten traumatisiert. Er wollte nicht sterben, und er wollte nicht aufhören zu produzieren. Die Gegenwärtigkeit und der nie erreichbare Rang – nie mehr erreichbar, weil die Verwandlung einer europäischen Provinzsprache in eine Kultursprache sich eben nur einmal vollzieht – bestimmen das Urbild des deutschen Nationalautors.

Genau diese beiden Faktoren nun aber rücken Goethe für die Erfahrung des Schriftstellers, des ehrgeizigen und ruhmwilligen deutschen Autors, in die Nähe jener Stelle, an der in ihrer infantilen Erfahrung einst der Vater stand. Der Vater in der infantilen Erfahrung: das ist ja das gleichzeitig mit mir lebende Wesen, dessen Möglichkeiten und Besitzrechte meine eigenen um eine qualitative Stufe übersteigen; genauer: um die qualitative Stufe, welche später für den Erwachsenen die Götter von den Menschen unterscheidet.

Wenn dem so ist, dann muß die Begegnung mit Goethe für den deutschen Autor zu einer mehr oder minder intensiven Reaktivierung jener vergessenen Erlebnisbahnen führen, über welche sich einst seine gefährlichste soziale Krise ereignet hat: die das ganze spätere Leben prägende Sozialisation im Durchgang durch das ödipale Dilemma.

Der Autor kann ausweichen. Er kann die Reaktivierung ödipaler Konflikte vermeiden, indem er die Begegnung selber vermeidet. Das ist ein Vorgang, der deutlich die literarische Szene unserer Jahrzehnte prägt. Eine auffällige Goethe-Anästhesie ist nämlich unverkennbar, eine Art wortloser Abmachung unter den Autoren der bundesdeutschen Gegenwart, von ihm nicht zu reden und seine Werke aus dem eigenen Modellarsenal herauszuhalten. Dieser Vorgang wird aber als einer von Verdrängung indirekt faßbar in der offenkundigen Identifikation vieler Autoren mit Figuren, welche als Opfer Goethes, als von Goethe Beschädigte und Erniedrigte gelten: Hölderlin, Kleist, Lenz und via Lenz auch Büchner; Heine ebenfalls, als einer, der es wagte, dem Alten frech zu kommen.[3]

Und tatsächlich ist nun Heine, über das Anekdotische hinaus, ein exzellenter Fall für unsere Fragestellung. Es gibt bei ihm eine Assoziationskette, die im Zusammenhang mit Goethe unweigerlich auftaucht. Es sind die Assoziationen: Goethe – König; König – Revolution; Revolution – Guillotine; Hinrichtung des Königs – Hinrichtung Goethes. Das läuft dann meistens aus in den für Heine gleicherweise zentralen Gedanken einer Hinrichtung Gottes. Die Berührungsfläche der zwei Vorstellungen liegt im damals geläufigen Vergleich Goethes mit Jupiter. Am genauesten studieren läßt sich das alles in der *Romantischen Schule*. Dort kommt auch die Ambivalenz der Figur gegenüber deutlich zum Vorschein, die Gleichzeitigkeit der unvereinbaren Haltungen Liebe / Verehrung und Haß / Aggression. Sie findet ihren Ausdruck in Heines Lieblingsanekdote, dem Bericht über die Hinrichtung Karls I., und deren Anwendung auf Goethe. »Ich bemerkte: Goethe sei doch immer der König unserer Literatur; wenn man an einen solchen das kritische Messer lege, müsse man es nie an der gebührenden Courtoisie fehlen lassen, gleich dem Scharfrichter, welcher Karl I. zu köpfen hatte, und, ehe er sein Amt verrichtete, vor dem König niederkniete und seine allerhöchste Verzeihung erbat.«[4]

Dies muß man nun, im Überblick über Heines seelische Landschaft, zusammensehen mit der Art, wie Revolution und Guillotine, Königs- und Vatertötung im *Wintermärchen* aktualisiert werden: dort steht der Vorgang nämlich ganz eindeutig in direktem Bezug zu dem als Mutterinstanz erfahrenen, in die Linie der Mutterinstanzen eingeordneten Deutschland. Die Stationen von Vatertötung, Mutter-Inzest und Kastration sind im *Wintermärchen* so manifest, wie sie eben in literarischen Werken, welche *vor* den psychoanalytischen Theorien entstanden sind, noch manifest werden konnten. Wer es nachlesen möchte, gehe rückwärts von den Versen aus:

> Die Schere klirrt in seiner Hand,
> Es rückt der wilde Geselle
> Dir auf den Leib – er schneidet ins Fleisch –
> Es war die beste Stelle.[5]

Hier geht es indessen nicht um den Nachweis, *daß* diese Stationen der ödipalen Dramatik im *Wintermärchen* massiv ausgebildet sind, sondern um die Tatsache, daß dabei Deutschland, die politisch-soziale Einheit Deutschland, sich mit der Mutterimago deckt. Die Feststellung läßt sich übrigens auch andernorts belegen. So organisiert sich z. B. das Gedicht, das mit der berühmten Zeile beginnt: »Denk ich an Deutschland in der Nacht«, ganz und gar von der Identifikation Deutschland / Mutter her:

> Mein Sehnen und Verlangen wächst.
> Die alte Frau hat mich behext,
> Ich denke immer an die alte,
> Die alte Frau, die Gott erhalte![6]

Damit ist ein Bestand an Grundelementen, von denen her die Psychologie des deutschen Nationalschriftstellers Konturen annimmt, gegeben. Er ist gewonnen aus authentischem, d. h. literarischem Material.

Nun finden sich bei Heine noch Detailelemente. Da ist die Anekdote, daß er, bei seiner Begegnung mit Goethe in Weimar, auf dessen Frage, was er denn so schreibe, geantwortet habe: »Einen Faust«, worauf Goethe erwidert haben soll: »Haben Sie sonst noch Geschäfte in Weimar?« Die Anekdote ist nicht belegt. Heines eigener Bericht tönt gegensätzlich: Es habe ihm damals die Sprache so verschlagen, daß er nur Unsinn stammeln konnte. Wenn die Anekdote aber von jemand anderem erfunden worden ist, spiegelt sie dessen genauen Blick für die Beschaffenheit von Heines Verhältnis zu Goethe.[7] Und mehr noch: Sie gibt einen Hinweis darauf, was von nun an, unterschwellig und unausgesprochen, als *das* Kriterium des deutschen Nationalschriftstellers gelten wird: einen Faust geschrieben zu haben. Wobei, und das impliziert die Anekdote ebenfalls, dieses Unternehmen, einen Faust zu schreiben, einen Affront Goethe gegenüber beinhaltet – so lange mindestens, bis die öffentliche literarische Meinung dem Schriftsteller bestätigt: Du bist heute soweit, du bist der Thronfolger, du darfst einen Faust schreiben.

Abgekürzt gesprochen: Einen Faust schreiben, heißt gleichzeitig Goethe entthronen und Goethe werden – das ist ein Widerspruch, aber er ist signifikant –; und Goethe werden, heißt für den deutschen Poeten: Deutschland in sublimierter Weise angetraut bekommen.

Hier soll nun aber in der Hauptsache nicht von Heine die Rede sein, sondern von Thomas Mann. Ich stelle die These auf, daß Thomas Mann, im Anschluß an den nicht erhofften, alle vorstellbaren Maße übersteigenden Erfolg der *Buddenbrooks*, plötzlich die reale Möglichkeit sah und phantasierend bearbeitete, der deutsche Nationalschriftsteller zu werden. Denn so viele Romane zu seiner Zeit auch geschrieben wurden (nicht zuletzt auch von seinem Bruder Heinrich) und so anerkannt sie als literarische Leistungen waren, kein damaliges novellistisches Opus erfuhr dergestalt und so fraglos die Anerkennung als ein die literarische Epoche bestimmendes Produkt. Dieses Werk veränderte die Gattung »deutscher Roman« als Ganzes, rückwärts und vorwärts, und machte seinen Autor zu einer Person, der man weitere, gesteigerte, höchste Produktionen zutraute.

Thomas Mann selber bringt in der Rückschau eine Formulierung, die man, der Wortwahl nach, sonst eigentlich nur auf Goethes Werk anwendet. Er sagt: »(Es) läßt sich doch heute wohl mit Fug sagen, daß in diesem Buch der deutsche Roman seine Ansprüche auf Weltfähigkeit anmeldete. Es war der Durchbruch in die Weltliteratur...«[8]

Wieweit das Urteil zutrifft, steht hier nicht zur Diskussion. Zweifel sind gestattet. Wesentlich ist, daß im Rückblick des Autors seine damalige Chance, der deutsche Nationalschriftsteller zu werden, implizit zum Ausdruck kommt.

In dieser Situation nun mußte Thomas Mann in ein krisenhaftes Verhältnis zu Goethe geraten. Das 19. Jahrhundert, die 60er und 70er Jahre insbesondere, hatte ja im Zusammenhang mit der Reichsgründung auch die Rolle und Position des nationalen Autors in einer vordem nicht gekannten Weise ausgebildet. Sie wurde zu einem wichtigen Teil der nationalistischen Ideologie; man wollte den Poesie-Bismarck, und man wollte ihn so sehr, daß mediokre Figuren wie Geibel von der Öffentlichkeit zeitweise fast gewaltsam den Rang zugesprochen erhielten. Thomas Mann selber ist diesem Geibel in früher Jugend in Lübeck begegnet; die ironische Aggression gegen ihn und vor allem gegen dessen Erhebung zum Laureatus kennzeichnet seine früheste faßbare literarische Reflexion.[9]

Ich sage: Er mußte in ein krisenhaftes Verhältnis zu Goethe geraten. Krisenhaft war es deshalb, weil ja das bisherige Werk, *Buddenbrooks*, ihn erst zu einem Thronanwärter machte, nicht aber zu einem, der sich bereits mit Goethe gleichstellen, kollegial und entspannt neben ihn treten durfte.

Die Last der Aufgabe, die jetzt am Horizont sich abzeichnet, verschärft die Konkurrenz. Sie reaktiviert heftig und präzise jene widersprüchlichen, im Haß und in der Liebe maßlosen, auf unsinnige Weise gleichzeitigen Leidenschaften, denen sich das Kind auf dem Höhepunkt der ödipalen Krise dem Vater gegenüber ausgesetzt findet.

Es ist die Situation der großen »Ambivalenz«. Freud hat den Begriff von Bleuler übernommen und profiliert. Der geläufige Sprachgebrauch hat ihn wieder abgeflacht. Umgangssprachlich meinen wir damit ein Schwanken zwischen Zuneigung und Aggressivität, reden wohl auch von Haßliebe und ähnlichem, von Emotionen also, für die sich in unserem bewußten Gefühlsleben durchaus Beispiele finden. Freud betont demgegenüber, daß die Ambivalenz als charakteristische Erscheinung des ödipalen Gefühlslebens dadurch bestimmt wird, daß sich Haß und Liebe nicht, wie beim Erwachsenen, gegenseitig durchdringen und beeinträchtigen zu einem trüben und unentschiedenen Gefühl. Vielmehr sind beide rein und voll ausgebildet. Mordwunsch und Sehnsucht nach völliger Hingabe an die Vatergestalt dämpfen einander nicht, sondern sind in ihrer ungeschwächten Radikalität gleichzeitig da: »... solche gegensätzliche – oder besser gesagt: ambivalente – Gefühlseinstellungen, die beim Erwachsenen zum Konflikt führen würden, vertragen sich beim Kinde eine lange Zeit ganz gut miteinander, wie sie später im Unbewußten dauernd nebeneinander Platz finden.«[10]

Für die Bestimmung des Unbewußten dürfte dies nahezu so bedeutsam sein wie die Kategorie der Zeitlosigkeit.

Wenn es also so ist, daß die Situation Thomas Manns nach dem Erfolg der *Buddenbrooks* das ödipale Dilemma seiner infantilen Jahre reaktiviert, und zwar, fast wie in einem Theaterstück, auf Goethe bezogen, dann bedeutet dies auch, daß eine Spannung eintreten muß zwischen dem Verhalten des bewußten Seelenlebens, das zu einer gereizten Sympathie tendiert, und dem unbewußten, dem wiedererweckten infantilen, das entschlossen den Tod fordert, die Hinrichtung, *und* die rückhaltlose Hingabe. Da nun aber dies alles sich im Bereich des Schreibens, der literarischen Produktion abspielt, da es den Schreiber Thomas Mann betrifft und somit um vieles spezifizierter ist als irgendeine andere Lebenskrise oder Gemütsturbulenz, wirkt es sich auch auf das konkrete Schreiben aus. Das Ziel, der nationale Autor zu werden, das die Krise ausgelöst hat, ist nicht zu erreichen, solange diese Krise akut bleibt. Das heißt: Das große Buch, das den Rang schaffen soll, das den Thronanwärter zum Throninhaber macht, kann nicht entstehen, so lange Mordwunsch und Vereinigungssehnsucht nebeneinanderstehen und ihre Forderung erheben.

Das bewußte Seelenleben kann zwar tun, als gäbe es die Krise nicht. Das heißt für den Schriftsteller: Er kann den Plan zu dem maßgeblichen Werk entwerfen und in Arbeit nehmen. Thomas Mann unternimmt dies tatsächlich. Er faßt den Entschluß, über die für das wilhelminische Deutschland zentrale historisch-mythische Gestalt den repräsentativen Roman zu schreiben: den nationalen Roman schlechthin, der als solcher auch seinen Verfasser in die fraglose Rolle des nationalen Autors transportieren und darin befestigen wird. Es ist der Roman über Friedrich den Großen, ins Auge gefaßt seit 1905.[11] Die Zeugnisse, die wir darüber haben, sind kärglich. Einige Äußerungen in den Briefen an den Bruder, ein Bündel Materialien und Notizen, später dann, nach dem Scheitern des Plans, die essayistische Verwertung des Stoffs im Aufsatz *Friedrich und die große Koalition*. Eine verhüllte Auferstehung allerdings wird der *Zauberberg* bringen: Was das Kernstück des *Friedrich* gewesen wäre, die brillanten Gespräche zwischen Friedrich und Voltaire, kehrt dort wieder in den Wortgefechten zwischen Settembrini und Naphta. Was Thomas Mann wollte, was er als die Aufgabe seiner damaligen Stunde sah, das skizzieren die Briefe, die vom Friedrich-Projekt Mitteilung machen: »Ich bin nun dreißig. Es ist Zeit, auf ein Meisterstück zu sinnen«;[12] und: »Ich traue mir nicht mehr ... die Bescheidenheit zu, zwei, drei Jahre die Bürde irgendeines modernen Romans zu schleppen. ›Mein Friedrich‹ – das ist was anderes. Das gibt Stolz im Tragen, gibt Halt, läßt aushalten ...«[13]

Die Imago des Buches aber, die es zum Zwecke der erwähnten Funktion hätte haben sollen, finden wir umrissen an verschiedenen Stellen des *Tods in Venedig,* wo Gustav Aschenbach erscheint als der Autor, der nationale Autor, der seine repräsentative Position ebendiesem Roman, »der klaren und mächtigen Prosa-Epopöe vom Leben Friedrichs von Preußen«,[14] verdankt. Ausdrücklich wird festgehalten, daß Aschenbach geadelt wurde als »Dichter des *Friedrich*«.[15]

Thomas Manns ursprüngliches Friedrich-Projekt aber mußte scheitern, weil es zwar genau die Zielvorstellung vom jetzt erforderlichen Produkt erfüllte, mit der beschriebenen Krisensituation jedoch nicht zu vereinen war. Die Funktion des nationalen Romans verlangte die heroisch gesteigerte, exemplarische Gestalt, von Ironie umfunkelt vielleicht, aber nicht beschädigt. Wenn wir von der Hypothese der heftig reaktivierten großen Ambivalenz ausgehen, dann mußte die Liebes- und Identifikationsbegierde einem solchen Projekt entgegenkommen, der Mordwunsch aber mußte es blockieren. Was Thomas Mann im ersten Brief darüber als Charakteristik des Projekts angibt, das ist in Wahrheit bereits der Grund für das Scheitern. Er sagt: »Einen Helden menschlich-allzumenschlich darstellen, mit Skepsis, mit Gehässigkeit, mit psychologischem Radicalismus und dennoch positiv, lyrisch, aus eigenem Erleben: mir scheint, das ist überhaupt noch nicht geschehen ...«[16] Die Differenz zwischen dieser Beschreibung und der Beschreibung des angeblich fertigen Werks im *Tod in Venedig* ist äußerst signifikant. Der *Tod in Venedig* zeigt den Friedrich-Roman in jener Gestalt, in der er die nationale Rolle hätte spielen können, die aber Thomas Mann selber nicht zustande bringen konnte. Die Beschreibung im Brief hingegen – »mit Gehässigkeit und dennoch positiv« – zeigt das Werk in der Gestalt, in die es der Autor hätte bringen können, die aber gleichzeitig die Funktion des nationalen Repräsentationsromans ausgeschlossen hätte.

Offensichtlich war die Situation nicht zu bewältigen durch den bewußten und strengen Entschluß zu einem Friedrich-Roman. In Wahrheit hätte dieser nämlich die Position des nationalen Repräsentationsautors, die er nach dem Lebensplan Thomas Manns schaffen sollte, bereits vorausgesetzt – genau wie sein *Faust*, der zur gleichen Zeit geplant wird[17] und den er viele Jahrzehnte später als Krönung seiner Rollenidentität tatsächlich vollenden wird.

Da die insgeheim akute Spannung nun aber die zu Goethe war, gab es zunächst die Möglichkeit einer Identifikation mit Figuren, welche in der gleichen Spannung gestanden hatten.

Die gegebene Gestalt hierfür ist Friedrich Schiller. Im gleichen Jahr, aus dem die erwähnten Zitate stammen, erscheint die Schiller-Novelle *Schwere Stunde*; wenig später plant und bereitet Thomas Mann eine breit ausgefaltete kritisch-philosophische Abhandlung vor, *Geist und Kunst*, die eindeutig als Imitatio der Schillerschen Abhandlung über naive und sentimentalische Dichtung zu erkennen ist – der Beweis findet sich übrigens wiederum im *Tod in Venedig*.[18] Auch dieses gescheiterte Projekt wird Aschenbach zugeschrieben, wobei es ausdrücklich in den Rang der Schillerschen Arbeit erhoben wird.

Das heißt: Schiller repräsentiert für Thomas Mann zur Zeit der *Schweren Stunde* genau den Zustand, in dem er sich selber sieht, den er aber zu verändern entschlossen ist. Schiller konnte nicht Goethe werden, weil Goethe lebte – so ging es auch Kleist, und eine größere Anerkennung Kleists durch Goethe hätte ihm nicht geholfen –, Thomas Mann aber konnte den Ehrgeiz behalten, weil die Stelle auf dem Postament frei war. Die Schiller-Novelle ist kostbar als Diagramm und Diagnose dieser von schwerster Ambivalenz stigmatisierten Situation. Es wird in ihr die Qual der schriftstellerischen Arbeit dargestellt, als eine Folter, eine physische und psychische Hölle – das Wort »Verdammnis« fällt ausdrücklich. Aber nicht nur die Qual des Handwerks erscheint und die Schmerzen des kranken Körpers, sondern dahinter und daneben zwei andere Dinge, wie magnetische Pole: der Wille zur Größe im äußersten und extremsten Sinn und das Wissen, daß am eigentlichen Ziel schon ein anderer steht. Die Erzählung hebt das Dilemma nicht auf, sie zeigt es nur. Die Lösung der Geschichte ist scheinhaft, bis ins Sprachliche hinein dünn und blaß. Die Pole aber sind genau umrissen.

Der Ehrgeiz zur höchsten Position und die Aggression gegen den, der diese bereits innehat, machen die ästhetische Vitalität der Novelle aus. Was dem Thomas Mannschen Schiller, der Identifikationsgestalt Schiller, durch den Kopf fährt, das ist: »Größe! Außerordentlichkeit! Welteroberung und Unsterblichkeit des Namens!... Gekannt sein – gekannt und geliebt von den Völkern der Erde!«[19] Und sobald diese Zielvision aufleuchtet, taucht auch »der Andere« vor dem inneren Blick auf: »der Andere, der dort, in Weimar, den er mit einer sehnsüchtigen Feindschaft liebte«.[20] Und später heißt es: »Dies war seine Eifersucht: daß niemand größer werde als er... Niemand!... Aber er fühlte schon den Stachel dieses unvermeidlichen Gedankens in seinem Herzen, des Gedankens an ihn, den andern... den Göttlich-Unbewußten, an *den* dort in Weimar, den er mit einer sehnsüchtigen Feindschaft liebte... War er denn größer? Worin? Warum?... Ein Gott, vielleicht – ein Held war er nicht. Aber es war leichter, ein Gott zu sein als ein Held! – Leichter... Der andere hatte es leichter!«[21]

Wichtig ist: Die Novelle unterschlägt die Austragung dieses Konflikts. Er wird voll exponiert, aber nicht durchgeführt, und das entspricht durchaus der Situation des Autors Thomas Mann.

Wenn diese Erzählung noch die Funktion einer temporären Erleichterung hatte, so setzt der Plan, aus dem die berühmteste Novelle Thomas Manns zuletzt werden sollte, zum entscheidenden Akt an. Der Schiller-Novelle sollte die Goethe-Novelle folgen. Der schriftstellerisch konkretisierten Identifikation mit dem kämpfenden Dichter, dem poeta heros, soll die schriftstellerisch konkretisierte Destruktion von dessen Widersacher folgen, die Erniedrigung und Vernichtung des götterhaft Überlegenen, des poeta divus, des »andern dort in Weimar«. Die Hinrichtung Goethes: – wenn sie gelänge, unter Einhaltung aller konträren und widersprüchlichen Forderungen der großen Ambivalenz, dann wäre die Blockierung gelockert, der Weg zum Repräsentationsroman und damit zum nationalen Repräsentationsautor offen. Die ausgeführte Aggression, der Vollzug des vom Unbewußten verlangten Todesurteils – wie soll das aber sich schicken? Denn die Tat müßte ja zugleich kompensiert werden, sie müßte so zur Ausführung gelangen, daß das unweigerliche Schuldgefühl neutralisiert, das tiefste denkbare Schuldgefühl des Menschenwesens umgeleitet, abgeleitet würde. Wenn das gelänge, könnte nichts mehr die erstrebte Angleichung hindern, die Goethe-Werdung, das, was Thomas Mann selber im Alter beschrieb als: »Meine imitatio Goethes: eine Identifizierung und unio mystica mit dem Vater.«[22] Wenn es gelänge, dann könnte nichts mehr im Wege stehen bei der Aufgabe, den neuen Wilhelm Meister zu schreiben und den neuen Faust, und Deutschland, das geistige Deutschland, sich angetraut zu wissen in der sublimsten denkbaren Hochzeit.

Übrigens war schon der Versuch, die Aggression zu objektivieren, indem er einen Anti-Meister schrieb, den *Krull*, gescheitert; denn das Ziel war nicht der Anti-Meister und der Anti-Faust, sondern eben der neue Meister, der neue Faust, wie die intendierte Existenzform nicht der Anti-Goethe war, sondern der neue Goethe. (Der neue Meister, das wurde der *Zauberberg*.)

Nach Thomas Manns eigenen Angaben entsprang der Plan, die tödliche Demoralisierung Goethes zu gestalten, aus der unmittelbaren Erfahrung, daß er den *Krull* nicht weiterführen konnte.[23] Dieser erhöhte Druck, eine gesteigerte Schwere Stunde, die sich zum Dauerzustand auszuwachsen drohte, hat das riskante Unternehmen wohl überhaupt erst in die Wege geleitet. Denn daß es um die Darstellung der Zerstörung Goethes ging, das hat Thomas Mann später deutlich genug formuliert: »Ich war von dem Wunsche ausgegangen, Goethes Spätliebe zu Ulrike von Levetzow zum Gegenstand meiner Erzählung zu machen, die Entwürdigung eines hochgestiegenen Geistes durch die Leidenschaft für ein reizendes unschuldiges Stück Leben darzustellen, jene schwere Krise Goethes, der wir seine herrliche Karlsbader Elegie verdanken, diesen Aufschrei aus tiefstem Verstört- und Hingerissensein . . .«

Hier ist die Beziehung zum Aschenbach der tatsächlich geschriebenen Novelle deutlich: Diese Elegie kehrt im *Tod in Venedig* spurenhaft und verwandelt wieder als »jene anderthalb Seiten erlesener Prosa, deren Lauterkeit, Adel und schwingende Gefühlsspannung binnen kurzem die Bewunderung vieler erregen sollte . . .«[24]

Das Ende des obigen Satzes aber bringt nun jene Information, die man wohl erschließen könnte, nicht aber beweisen: daß es im letzten um den phantasierten Tod Goethes geht. Der Thomas Mann von 1940 fährt fort: ». . . aus tiefstem Verstört- und Hingerissensein, das für ihn fast zum Untergang geworden wäre und jedenfalls ein Tod vor dem Tode gewesen ist. «[25]

Obwohl Thomas Mann mehrmals die Differenz des *Tods in Venedig* zum Goethe-Ulrike-Plan betont, wird gerade hier, wo es um den scheinbar größten Unterschied geht: die Tatsache, daß Aschenbach verkommt und stirbt, Goethe aber die Phase der Zerrüttung durch künstlerische Produktion überwindet, wird gerade hier die Differenz nicht bloß reduziert, sondern völlig eingeebnet: Goethe sei in Marienbad den eigentlichen Tod, den Tod vor dem Tod, gestorben. Das ist – gegen die biographischen Fakten – die Pointe des alten Plans. Es ist der Beleg, daß die Goethe-Novelle ihr Ziel in dem gleichen Vorgang hätte finden sollen, den Heine anpeilt mit seiner Vorstellung von der Hinrichtung Goethes durch einen Henker, der vorher niederkniet und um die »allerhöchste Verzeihung« bittet.

Wenn hier die tatsächlich verzweifelte Ökonomie der großen Ambivalenz, der krisenhaften Zuspitzung vergessener und doch unablässig aktiver ödipaler Erfahrung strukturierend dahintersteht, wenn sie das psychodramatische Substrat bildet, dann besagt dies, daß der Wunsch nach der literarisch inszenierten Hinrichtung Goethes auch ein Potential an Schuldgefühlen und Selbstbestrafungszwängen produzieren mußte, welches quantitativ dem Ausmaß entsprach, mit welchem die gleichzeitige Liebe ihr Objekt verklärte.

Wie soll dieser backlash verhindert werden? Wie soll die phantasierte Vatertötung ohne die komplementäre Zerstörung und Zerrüttung des Phantasierenden durchgeführt werden, wenn hier die strenge Ökonomie waltet, von der Freud überzeugt ist?

Eine Möglichkeit ist das Mittel des miterfundenen Sündenbocks, des Sündenbocks als Teil der Fiktion. (Ich habe das einmal aufgezeigt an Schillers *Tell*. [26]) Das aber war hier nicht möglich. Denn in diesem Falle lag die Sache so, daß der verbotene Wunsch nach der Vatertötung sich nicht in einen Bericht vom Ende Goethes verkleiden und also maskiert offenbaren konnte; war doch die Goethe-Tötung selber der verbotene Wunsch. Die infantile Vater-Erfahrung ließ sich nicht mit der Goethe-Maske verdecken. Vielmehr mußte Goethe selber maskiert werden, die Destruktion, Zerrüttung und jämmerliche Fahrt zum Hades des poeta divus mußte, sollte sie als phantasierte Wunscherfüllung vollbracht werden, in ein ganz und gar anderes Gewand finden. Es beginnt also die Transformation der Gestalt Goethes in jene Kombination von Masken, welche alle zusammen den Namen Gustav Aschenbach tragen. Gustav Mahler und der Graf von Platen, Flaubert und der Autor selbst, Sokrates und Euripides und die mythische Gestalt des Königs Pentheus, sie alle überlagern sich wie gläserne Larven von je anderer Tönung. Keine aber, und das ist entscheidend, keine dieser verdeckend-durchscheinenden Personae vermag die ursprüngliche Figur ganz zu ersetzen; jede bringt nur verändernde, verschiebende Elemente herein. Alle zusammen allerdings bilden sie ein Konglomerat, das die gemeinte Gestalt beinahe vollumfänglich verhüllt. Alle Gläser zusammen machen schließlich das zutiefst liegende Gesicht fast unsichtbar. Dennoch: Es ist noch immer in unvergleichlich höherem Maße eine Goethe-Novelle als eine Mahler-, eine Platen-, eine Sokrates-Geschichte. [27]

Das Autobiographische endlich ist das stärkste Indiz. Indem das schreibende Ich dem beschriebenen Opfer die eigenen Züge verleiht, gibt es vor, die bösen Dinge selber zu erfahren. Es spielt also prophylaktisch jene Bestrafung, die es als Folge der verbotenen Phantasie fürchtet. Daß Thomas Mann rückblickend den Ausdruck: eine »sonderbare moralische Selbstzüchtigung« braucht, [28] hat so eine doppelte Bedeutung. Es ist die unverkennbare Tendenz der Novelle, dem Leser zu sagen: »Eigentlich bin ich, der Autor, zu großen Teilen der, der da zugrunde geht. Seht her, ich enthülle mich hier für jene, die es merken, in erschreckender Weise als ein Wesen, das solchen asozialen, wüsten und verwüstenden Regungen zugänglich ist.« Indem der Autor dies insinuiert und indem der Leser glaubt, hier komme er ihm auf die Schliche, gelingt der eigentliche verhüllende Geniestreich.

Daß diese Erzählung eines solchen Übermaßes an bewußt gesetzten Verweisen und Querbeziehungen bedurfte, eines solchen Übermaßes an Präfigurationen und an eingebauter Theorie, an platonischer Philosophie, Schopenhauerischer Willens-Mythologie, Nietzscheismen, Künstler- und Kunst-Lehre usf., daß sie eine solche Masse von Gedanken demonstrativ dem Leser als den Sinn, die Bedeutung des Ganzen hinsetzen mußte, läßt sich nur dadurch erklären, daß dahinter ein das übliche Maß gleicherweise übersteigender Komplex von zur Bewußtwerdung nicht freigegebenen Energien lagert.

Faszinierend erscheint dabei die erzähltechnische Beschaffenheit der Novelle. Es ist zwar eine Er-Erzählung, muß es sein, denn der Held einer Ich-Erzählung kann ja nicht sterben, und hier muß gestorben werden. Diese Er-Erzählung hält sich aber streng, sehr streng an die Perspektive des Helden selber. Das, was man erzähltechnisch das »personale Medium« nennt, ist hier fraglos auf eine Figur festgelegt, und diese eine Figur ist der Held, Aschenbach. Das bewirkt unausweichlich die Fixierung der Sympathie des Zuschauers. Der Gestalt gegenüber, mit deren Augen ich die Welt und die Geschehnisse der Erzählung erfahre und sehe, bin ich als Leser nicht frei. Ich kann mich der Sympathie, des Mitfühlens nicht enthalten. Sowohl der Erzähler wie der Leser sind hier determiniert. Als Vergleich mag man an *Mario und der Zauberer* denken. Da ist es schlechthin unmöglich, die scheußliche Gestalt des Cipolla als das personale Medium sich vorzustellen oder die Geschichte versuchsweise in diese Struktur umzuarbeiten.

Das heißt: Durch den formal-technischen Entscheid, Aschenbach zum personalen Medium des Erzählens zu machen, wird dem Leser die Figur zu einer verwandelten Gestalt seines eigenen Ich. Er muß deren Erfahrungen aufnehmen, als wären es die eigenen, deren Bedrohungen fürchten, als schwebten sie über ihm selber. Hier herrschen objektive Regeln. Obwohl jeder naive Leser der Meinung ist, seine Sympathie zu bestimmten literarischen Figuren komme zustande aufgrund seines freien Urteils über deren Verhalten, ist hier von Freiheit keine Rede. Meine Sympathie ist festgelegt, längst bevor ich nur ein Urteil bilden konnte. Da hängt literaturtheoretisch noch vieles dran. In unserem Zusammenhang aber ist es wichtig, weil sich darin ein formal benennbares Verfahren zeigt, mit dem der verbotene Wunsch sich verwirklichen kann. Es zeigt sich eine List des verbotenen Wunsches, das, was er als erfüllt vorstellen möchte und nicht darf, mittels des Gegenteils zu erreichen. Das meint: Solange das Bewußtsein sagt: »Ich bin Aschenbach, mir gehts schlecht; wenn ich nur nicht sterben muß«, kann das Unbewußte (hier muß man ganz naiv formulieren) sagen: »Das ist der Alte, der Vater, der Weimarer, dem soll's schlecht gehen, er soll sterben« – ja weiter noch: »Schön, wie der stirbt, großartig, ein prachtvoller Anblick!«

Wie in der skizzierten Genese des Werks der scheinbare Verzicht des Autors auf den Goethe-Stoff diesen Stoff erst in seiner geheimen Intention ermöglichte, wie in der Genese des Werks der aus allen Bereichen der Kulturwelt herangeschleppte Tiefsinn verbergende Funktion hatte, als Verbergungsaktion aber das zu Verbergende wortlos eingestand und also diese Verbergungsaktivität selber zu einem lustvollen Treiben machte (Thomas Mann noch nach Jahren: »Streckenweise hatte ich während dieser Arbeit das Gefühl einer souveränen Getragenheit, wie ich sie sonst nicht gekannt«[29]) – so ereignet sich dieser Vorgang auch in der Rezeption. Sogar die germanistische Reflexion steht im Dienste dieses Zwecks: Die vom Autor durch viele Signale angedeutete Tatsache, Aschenbach sei Thomas Mann selber, die der findige Leser sich in der Folge denn auch kombiniert, wobei er sich rühmt, er sei dem Verfasser nun trotz seiner Geheimnistuerei auf die Spur gekommen, gerade dieser vom Autor gesteuerte Rezeptionsvorgang dient eklatant der List des verbotenen Wunsches. Er soll das Bewußtsein hindern, in die Nähe jenes Gedankens zu kommen, an dem das Unbewußte sich unterdessen delektiert. Dieses Delektieren aber wird vom Bewußtsein registriert als ästhetisches Wohlgefallen an der Sache.

Die ödipale Krise, die große Ambivalenz und ihre schließliche Bewältigung darf als der für die Existenz des Menschenwesens entscheidende Sozialisationsvorgang betrachtet werden. Sie ist die Krise schlechthin, und also auch: die Lösung schlechthin – so sehr, daß in jeder späteren Krisensituation das Selbst zurückgreift auf jene erste Krise und deren Lösungsstrategien. In jeder späteren Krise, in der Pubertät, der Adoleszenz und dem, was gegenwärtig midlife-crisis heißt, werden also nicht einfach nur jene alten Spannungen, Wünsche und Schrecken reaktiviert, sondern das Selbst spielt mit einer gewissen Zuversichtlichkeit diese Reaktivierung durch. Es hat ja die Bewältigung eines solchen Dilemmas einst erlebt. Das macht die Regression sinnvoll, naturwüchsig und naturgewollt. Es ist hier also keineswegs von Krankheit die Rede, von Neurose, von seelischer Deviation und psychisch devientem Verhalten, sondern es ist die Rede von regulären Dingen im Seelenleben und Entwicklungsgang des Menschen unserer Zivilisation.

Die schwere Erschütterung von Thomas Manns Verhältnis zu Goethe, aus der die Erzählung enstand, ist sicher kein Problem des Lesers, der Mehrzahl der Leser. Das in der Verhüllung konturenhaft erkennbare Gesicht des Mannes von Weimar – *der* Stimulus für den Erzähler – bildet sicher nicht die Basis für die rezeptive Begeisterung beim Leser. Aber weil Thomas Mann in seiner krisenhaften Auseinandersetzung mit Goethe zurückgriff auf die ödipalen Krisenbewältigungsstrategien, reaktiviert die Geschichte auch im Leser jene Erfahrungspositionen. Es sind die Erfahrungspositionen, in denen sich einst, in verschollener Zeit, unser aller Begriff von Glück gebildet hat (als der verweigerte Besitz der schönen Mutter), in denen sich unser aller Erfahrung von sozialer Aggression und Bedrohung gebildet hat (im Haß auf den großen Vater, in der Bedrohung durch den übermächtigen Vater), in denen sich unser aller Modellvorstellung von Triumph, von Sieg, von schlechthin großartiger sozialer Existenz gebildet hat (in der phantasierten Niederwerfung des großen Vaters) – diese Erfahrungspositionen, sie wären noch zu erweitern, bilden *einen Fächer absoluter Erlebnisformen*. Ihre Intensität wird nie mehr erreicht, kann nie mehr erreicht werden – denn dann gings gleich wieder um Tod und Leben. Die literarische Rezeption, die poetische Erfahrung aber kann das Selbst gelegentlich wieder in die Nähe dieser ungeheuerlichen Sensationen führen – und wir danken der Poesie dafür, indem wir die Erzählung eine gute Erzählung finden, den Autor einen begabten Schriftsteller, und indem wir uns als eifrige Germanisten leidenschaftlich daran machen, den Tiefsinn als das angebliche Wesentliche der Geschichte herauszuarbeiten.

Thomas Mann hat den *Tod in Venedig* als eine Erzählung bezeichnet, die in seinem innern Leben eine Zeitenwende markiere und die sogar für die historische Epoche auf eine Zeitenwende verweise.[30]

Für sein inneres Leben und die damit zusammenhängende Produktion kann man soviel sagen, daß die Aggression gegen Goethe, die ihm auflag, damit bewältigt war, durchgespielt, der Weg zur Identifikation war freigelegt – wie eben beim Kind der Untergang des Ödipuskomplexes die Verinnerlichung der Vaterinstanz zum Ich-Ideal zur Folge hat. Allerdings, Aggressivität als solche ist damit nicht aus der Welt geschafft. Aber jetzt, mit der Identifikation, kann sie verschoben werden. Statt auf die Vaterinstanzen, die Väter-Reihe, richtet sie sich jetzt auf die Brüder-Instanzen, die Konkurrenten. So kommt es dann etwa zu der Orgie des Bruderhasses, als welche uns heute die *Betrachtungen eines Unpolitischen* in ihren Ausfällen gegen Heinrich Mann erscheinen. Es kommt zu der geradezu diabolischen Vernichtung Gerhart Hauptmanns im *Zauberberg*, jenes Hauptmann, der selber offiziell die Nachfolge Goethes für sich in Anspruch nahm und sich offen bemühte, auch die Physiognomie des Alten von Weimar zu bekommen. Dafür wird er im *Zauberberg* als Mynheer Peeperkorn einem Strafgericht unterworfen, das der vielen verhüllenden Tricks des *Tods in Venedig* nicht mehr bedarf, und noch nach Hauptmanns Tod wirft ihm Thomas Mann wahrhaftig die »kleinen und blassen, recht ungoethischen Augen« vor.[31]

Ich breche hier ab, genau an der Stelle, wo von der großen Gegenbewegung zu reden wäre: von den Formen und Folgen von Thomas Manns Goethe-Identifikation, jener »unio mystica mit dem Vater«.[32] Das Material dazu liegt in hohen Stößen vor. Jeder Mann-Leser kennt die Spitzendokumente in Essayistik und Erzählwerk, weiß, wie zuletzt endlich der *Faustus* entstehen konnte und daß auch, in *Lotte in Weimar*, eine kollegial-ironische Fiktionalisierung Goethes selber möglich wurde. Das böse Vorspiel aber sollte dabei nicht übersehen werden. Es hat die feierliche Angleichung ja erst ermöglicht.

Anmerkungen

1 Der vorliegende Text ist die überarbeitete Fassung eines Referats, das der Verf. am 4. Juni 1977 an der Universität Basel im Rahmen einer methodentheoretischen Arbeitstagung gehalten hat. Es galt dabei, Möglichkeiten und Grenzen des jeweiligen wissenschaftlichen Verfahrens mit einer gewissen Drastik zu veranschaulichen.

2 Für Schweizer Autoren, und wohl auch für Österreicher, gelten die folgenden Ausführungen nicht oder nur bedingt. Für die Schweiz ist es unverkennbar, daß die Rolle des nationalen Repräsentationsautors eine Auseinandersetzung mit dem Wilhelm-Tell-Stoff bedingt, obwohl hier das Modell von Schiller, nicht von einem Schweizer stammt. Bevor Max Frisch seinen »Wilhelm Tell für die Schule« schrieb, ging unter den Schweizer Schriftstellern hartnäckig das Gerücht, Friedrich Dürrenmatt werde einen »Tell« schreiben. Bei Gottfried Keller nimmt die Adaption des Tell-Stoffes im »Grünen Heinrich« eine wichtige Stelle ein.

3 In diesem Zusammenhang ist es nicht ohne Bedeutung, daß der angesehenste Literaturpreis der Nachkriegszeit nach Büchner benannt ist und seine Annahme mit einem fast ritualmäßigen öffentlichen Bekenntnis zu Büchner durch den Preisträger verbunden ist. Büchner/Lenz vertreten in urbildlicher Weise die Imago des »Sohnes«, der nicht zum »Vater« werden konnte oder wollte, des Frühgestorbenen oder Frühwahnsinnigen. – Daß die literarischen Generationen sich nach ihrem Verhältnis zu Goethe bestimmen lassen und sich voneinander hierin bewußt abgrenzen, beginnt schon zu Goethes Lebzeiten. So wie die Ausfälle Börnes für die Jungdeutschen, hat Stifters Bekenntnis zu »Vater Goethe« (in den »Feldblumen«) für die Generation der realistischen Erzähler programmatischen Charakter. Die Stelle des Umschlags markiert Gottfried Kellers wenig bekannte Verserzählung »Der Apotheker von Chamounix«, wo die Heine-Kritik sich mit einer demonstrativen Apotheose Goethes verbindet.

4 Heinrich Heine: Sämtliche Schriften, hrsg. von Klaus Briegleb. München 1968 u. f., Bd. III, S. 397.

5 Heinrich Heine, a. a. O. Bd. IV, S. 641.

6 Heinrich Heine: Nachtgedanken, a. a. O. Bd. IV, S. 432.

7 Heines eigene Schilderung findet sich in »Die romantische Schule«, a. a. O. Bd. III, S. 405. – Von Heines mündlichen Ausfällen gegen Goethe gibt Rahel Varnhagen in ihren Briefen verschiedentlich Bericht.

8 Thomas Mann: On Myself. In: Thomas-Mann-Studien, hrsg. vom Thomas-Mann-Archiv, Bd. III, Dokumente und Untersuchungen, hrsg. von Hans Wysling. Bern und München 1974, S. 80.

9 Vgl. dazu Klaus Schröter: Thomas Mann. Reinbek 1964, S. 26f. Dort die Erinnerung Thomas Manns an Geibels Tod: »Als er gestorben war, erzählte man sich, eine alte Frau auf der Straße habe gefragt: ›Wer kriegt nu de Stell?‹«

10 21. Vorl. zur Einführung in die Psychoanalyse. Sigmund Freud, Studienausgabe, Bd. I., S. 327. Frankfurt 1969.

11 Vgl. dazu die Zürcher Dissertation von Peter Richner: Thomas Manns Projekt eines Friedrich-Romans. Zürich 1975, und Hans Wysling: Thomas Manns Plan zu einem Roman über Friedrich den Großen. In: Wysling, Thomas Mann heute. Bern 1976, S. 25–36.

12 An Heinrich Mann, 5. Dezember 1905.

13 An Heinrich Mann, 17. Januar 1906.

14 Thomas Mann: Gesammelte Werke in dreizehn Bänden, Bd. VIII, S. 450. Frankfurt 1974.

15 Ebd., S. 456.

16 An Heinrich Mann, 5. Dezember 1905.

17 Vgl. Hans Wysling: Zu Thomas Manns ›Maja‹-Projekt. In: Thomas-Mann-Studien, a. a. O., Bd. I, 1967, S. 37.

18 A. a. O., S. 450.

19 Thomas Mann: Werke, a. a. O. Bd. VIII, S. 376.

20 Ebd. S. 377.

21 Ebd. S. 377 (Zitat gekürzt).

22 On Myself, a. a. O., S. 100.

23 On Myself, a. a. O., S. 84.

24 A. a. O., S. 493.

25 On Myself, a. a. O., S. 85.

26 Vgl. Peter von Matt: Literaturwissenschaft und Psychoanalyse. Eine Einführung. Freiburg 1972, s. 54–65.

27 Zu den vielen Elementen, die in der Novelle verarbeitet wurden, vgl. v. a. Manfred Dierks: Untersuchungen zum ›Tod in Venedig‹. In: Thomas-Mann-Studien, a. a. O. Bd. II, 1972, S. 13–59.

28 On Myself, a. a. O. S. 86.

29 On Myself, a. a. O. S. 85.

30 On Myself, a. a. O. S. 87.

31 Thomas Mann: Die Entstehung des Doktor Faustus, Werke, a. a. O. Bd. XI, S. 278.

32 Was bei diesen Ausführungen nicht berücksichtigt wurde, ist die Tatsache der sehr intensiven Rezeption der Psychoanalyse durch Thomas Mann selber. Die Reflexionen über sein Verhältnis zu Goethe sind davon unverkennbar geprägt. Spätestens nach dem »Zauberberg« ist bei allen Elementen seines Schaffens, die eine psychoanalytische Betrachtung und Benennung nahezulegen scheinen, davon auszugehen, daß sie durch die scharf reflektierte Freud-Rezeption des Autors mitveranlaßt sein dürften. Vgl. dazu u. a. Mechthild Curtius: Kreativität und Antizipation. Thomas Mann, Freud und das Schaffen des Künstlers. In: Theorien der künstlerischen Produktivität, hrsg. von M. Curtius. Frankfurt 1976 (stw 166), S. 388–425 (hier auch Verweise auf weitere Literatur).

Der geliebte Doppelgänger

Die Struktur des Narzißmus bei Stefan George

Die Provokation, die von Georges Œuvre für die Literaturwissenschaft ausgeht, liegt in der Tatsache, daß so viele seiner Strophen und Verse nicht etwa nur mittelmäßig, sondern geradezu erbärmlich sind. Es ist nicht schwer, dies festzustellen. Man hat es oft genug diagnostiziert, und daß die Anhänger und Gläubigen, die der merkwürdige Mann um sich versammelte, solche Erbärmlichkeit bestritten, hat sie nicht aus der Welt geschafft.[1]

Es ist aber auch nicht schwer festzustellen, daß dieser Dimension sprachlich-poetischer Plattheit eine Dimension des poetisch Außerordentlichen, des Niedagewesenen und seither nie mehr Eingeholten komplementär gegenübersteht.

Ziel dieser Untersuchung ist es nun, diese poetologische Merkwürdigkeit aus der Kategorie des literaturgeschichtlichen Kuriosums in die Kategorie einer wissenschaftlichen Problemstellung zu transportieren. Es gilt, jenen Faktor zu finden, der das Gesamtwerk Georges durchgehend strukturiert und das erwähnte Irritierende an seiner Poesie als Notwendigkeit erscheinen läßt. Dieser Faktor läßt sich finden. Er wird zunächst faßbar in einem poetischen Konkretum, einer Szene, die von Georges Werk immer wieder beschworen und geschildert wird, die von der flüchtigen Andeutung bis zur breit entfalteten, feierlichen Mythisierung jede Gestalt annehmen kann. Ich nenne sie die Kernszene.

Diese Kernszene besitzt einen Hintergrund in der literarischen Tradition, mit dem sie zusammenhängt und von dem sie sich doch in scharfer Differenz unterscheidet. Es gibt in der Lyrik des 19. Jahrhunderts ein Motiv, das gelegentlich auftaucht, nicht eben häufig, dafür meist an bedeutendem Ort. Es stellt dar die Begegnung des Ich mit seinem Doppelgänger als einem Kind oder Jugendlichen. Das steht zwar mit poetischem Material der Romantik in Verbindung, muß aber doch in seiner Besonderheit gewürdigt werden. Wenn man es bisher nicht beachtet hat, so deshalb, weil das Thema des Doppelgängers stets ganz vom Schauerlichen, Identitätszerrüttenden, Todbedeutenden her angegangen wurde – nach den klassischen Beispielen bei E. T. A. Hoffmann und Edgar Allan Poe –, einer emotionalen Struktur, die sich in den erwähnten Gedichten nun aber durchaus nicht finden will.[2] Als Beispiele seien C. F. Meyer, Annette von Droste-Hülshoff und Eduard Mörike genannt. In Meyers Gedicht *Begegnung* trifft der Sprecher im Wald einen jungen lautlosen Reiter:

Nicht zugewandt, nicht abgewandt,
Kam er, den Mantel umgeschlagen,
Mir deuchte, daß ich ihn gekannt
In alten, längst verschollnen Tagen.

Der jungen Augen wilde Kraft,
Des Mundes Trotz und herbes Schweigen,
Ein Zug von Traum und Leidenschaft
Berührte mich so tief und eigen.

Darauf folgt die charakteristische Regung:

Mich faßt's mit Lust und Grauen an,
Ihm Gruß und Namen nachzurufen.[3]

Er schweigt, weil ihm nur der eigene Name auf die Zunge kommt, und der
Reiter verschwindet.

Bei der Droste handelt es sich um das Gedicht *Doppelgänger*. Sie hört in
der Nacht, im Bett liegend, Laute, ein Kinderlachen, sie sieht schwim-
mende Lichter, und schließlich erscheint ein kleines Mädchen:

Und mir zu Füßen saß ein schönes Kind.

Das sah zu mir empor so ernst gespannt,
Als quelle ihm die Seele aus den Blicken,
Bald schloß es, schmerzlich zuckend, seine Hand,
Bald schüttelt' es sie, funkelnd vor Entzücken,
Und horchend, horchend klomm es sacht heran
Zu meiner Schulter – und wo blieb es dann? –[4]

Wenn bei Meyer die Szene dort abbricht, wo er den Doppelgänger zu be-
grüßen anhebt, so geschieht dies bei der Droste da, wo der Austausch von
Zärtlichkeiten unmittelbar zu erwarten steht.

Bei Mörike nun, in der großen Elegie *Besuch in Urach*, wird diese Begegnung gewünscht, ja fast verzweifelt angestrebt; ihr Ausbleiben macht die
Pointe des Gedichts aus. Wichtig vor allem ist, daß hier die zärtliche Begrü-
ßung der beiden Partner das erklärte Ziel bildet.

Ihr Hügel von der *alten* Sonne warm,
Erscheint mir denn auf keinem von euch allen
Mein Ebenbild in jugendlicher Frische (...)?

Er versucht, sein einstiges Ich zu beschwören:

O komm, enthülle dich! dann sollst du mir
Mit Freundlichkeit ins dunkle Auge schauen!
Noch immer, guter Knabe, gleich ich dir,
Uns beiden wird nicht voreinander grauen!

Darauf geschieht der Umschlag:

> Umsonst, daß ich die Arme nach dir strecke,
> Den Boden, wo du gingst, mit Küssen decke!
> Hier will ich denn laut schluchzend liegen bleiben,
> Fühllos, und alles habe seinen Lauf! —[5]

Das ist zweifellos die großartigste Variante, wenn auch die Droste um einige Spuren hintergründiger, rätselhafter bleibt. Es dürften sich in der lyrischen Produktion des 19. Jahrhunderts noch weitere Belege finden, kaum aber solche von höherer ästhetischer Gewalt.

Bei Stefan George nun wird der gleiche Vorgang, der im Werk der erwähnten Lyriker ein Motiv unter andern ist, zum Zentrum der Produktion, zur Kernszene, zum Ereignis, auf das er immer neu zurückkommt und ohne dessen Revokation er schlechthin nicht arbeiten kann. Alles Verstiegene am späteren George: der beklemmende Karneval seiner artifiziellen Gegengesellschaft, das großartig Häretische an ihm wie auch das objektiv Unmenschliche, die aufgepumpte Heldentheorie und der Schönheitsbegriff, der sich seiner mörderischen Konsequenzen nicht nur bewußt ist, sondern sogar freut, die manichäische Reinheitslehre, die das Stigma des Unreinen in unberechenbarer Willkür verteilt, der Schrecken vor der Frau und vor den Herzlichkeiten im Spiel der zwei Geschlechter, der sich als steile Souveränität verstanden wissen will – das alles läßt sich von jener Kernszene bei richtiger Deutung herleiten und von der Tatsache, daß George außerhalb von deren Dunstkreis kein Wort über die Lippen bringt.

Was ich als Kernszene bezeichne, das ist – äußerlich gesehen – in der Biographie dokumentiert, und es ist – äußerlich gesehen – in keiner Weise ungewöhnlich. Tatsächlich aber wird es für George zur phantasmagorischen Achse der ganzen Existenz. Biograpisch dokumentiert ist, daß sich der Knabe George in der Schulzeit mit leidenschaftlicher Vorliebe in die schilfbestandenen Ufer des nahen Flusses zurückzog.[6] Dort, an ausgesuchten Plätzen, phantasierte er sich zum König eines orientalischen Reiches. Er rollte Länder, Städte, Harems, Schlachten, Opfer und Orgien um sich aus, immer er selber der Held oder der heroisch Scheiternde, immer Unterwerfung fordernd und erhaltend. Gelegentlich nahm er Freunde mit, die den Tagtraum mitmachen sollten, aber auf die Dauer besaß keiner von ihnen die Leidenschaft des Anstifters. Überdies waren sie nur gekommen, weil er versprochen hatte, in der Herrscherrolle abzuwechseln, wozu er sich zuletzt doch nie verstehen wollte. So liefen sie ihm aus dem Spiel.

Dies ist, wie gesagt, nicht ungewöhnlich. Buben, die in ihre Phantasien verloren in den Büschen hocken, kann man an jedem Waldrand finden. Erst die Funktion, die die Szene erhalten sollte, macht alles merkwürdig bis zum Unheimlichen.

Die erste ungewöhnliche Weiterung dieses systematischen Tagtraums besteht in der Kunstsprache, die sich der Kleine für sein Königreich anfertigte. Er nannte sie IMRI-Sprache. Er selber war der Kalif von Amhara, seine Untertanen die Amhariten oder IMRI. Auch solche Dinge noch sind volkskundlich und kinderpsychologisch nicht unbekannt. Bei George allerdings verhält es sich so, daß er von dieser Aktivität nie mehr abließ. Der etwas Ältere schuf sich, sobald er die klassischen und modernen Fremdsprachen erlernte, aus diesen zum zweiten Mal eine synthetische Sprache, diesmal so umfassend, daß er nach Belieben in sie übersetzen konnte. Dieses Idiom hat er bis zum Tod für private Aufzeichnungen benützt, und sein Leben lang führte er ein Schulheft mit der Übertragung des ersten Gesangs der Odyssee mit sich. Es wurde nach dem Tod verbrannt. Von dem ganzen Sprachsystem sind einzig zwei Zeilen im Gedicht *Ursprünge*[7] überliefert.

In Alessandro Bausanis Arbeit über *Geheim- und Universalsprachen*[8] findet sich eine überraschende Parallele. Sie betrifft den Fall eines Knaben, bei dem die konsequent ausgebildete Kunstsprache ebenfalls mit zeremonienreichen Herrscherphantasien verknüpft war. Von Bedeutung sind dabei Bausanis Ausführungen über die erotische Komponente dieser Aktivität. Die »psychischen Erscheinungen«, die »das Entstehen und Wachstum dieser ›künstlichen Sprache‹« begleiten, bewegen sich vom »Gefühl innerer Erleichterung oder völliger Freiheit« bis zu »sexueller Erregung«. Er betont, daß diese Phänomene in keiner Weise über den Bereich seelischer Gesundheit hinausgehen, weist aber darauf hin, daß es in der Pathologie aufschlußreiche Entsprechungen gibt: die häufigen Neologismen der Geisteskranken haben für die Erfinder eine ausgeprägte »erogene Wirkung«.[9]

Jene Szene also: der Knabe im schilfumstandenen Zirkel, magisch verwandelt in einen orientalischen Herrscher, zieht sich als ein zentraler Strang durch Georges Gesamtwerk: direkt beschrieben, ins Sakrale stilisiert oder in subtilen Allusionen. Dabei ist es meist unverkennbar, daß der phantastische Raum und das zugehörige künstliche Reden exquisit lusthaltig sind. »Wollust« lautet das Stichwort, mit dem im Gedicht *Ursprünge* die Existenz »im schilfpalaste« übergreifend charakterisiert wird. Im magischen Zirkel und dessen bildhaften und sprachlichen Emanationen speichert sich offenkundig die gesamte erotische Energie. Nur über ihn und die mit ihm verbundenen Rituale aktualisieren sich Lust und erotisches Glück, jenes »maasslose glück« des Gedichts *Ursprünge*. Dabei ist die erwähnte Sprache keine bloße Zutat. Sie hat eine spezifische Funktion: sie liefert den Realitätsbeweis für die artifizielle Welt. Man wird es als ein soziolinguistisches Axiom gelten lassen dürfen, daß jede gesellschaftliche Einheit ihre eigene sprachliche Physiognomie herausbildet, vergröbert gesagt: ihre eigene Sprache schafft. Aber auch das Umgekehrte trifft zu: die exklusive Sprache schafft, wenn sie ausgesprochen und vernommen wird, ihre eigene soziale Einheit. Das scheint absurd, aber die Grenzfälle beweisen es. Was stellt die Therapie seelischer Leiden anderes dar als die Bildung einer gesellschaftlichen Zelle, einer elementaren kommunikativen Einheit zwischen dem Patienten und dem Therapeuten, in der die Sondersprache einer beschädigten Existenz erstmals gehört und zum Medium der Antwort gemacht wird!

Bei George verhält es sich so, daß er nach jenem kindlichen IMRI, nach der zweiten Sondersprache der Gymnasialzeit und nach einem weiteren, dritten Versuch, dem fiktiven »Romanisch«, in dem mehrere Gedichte vorliegen,[10] schließlich ein viertes, letztes, nun schicksalhaftes Idiom entwickelte: seine poetische Diktion. Diese seine lyrische Redeweise hat er von Anfang an als absolut neuartig, andersartig, noch nie dagewesen erklärt, lingua nuova ganz und gar. Und bis ins Schriftbild, bis hin zum letzten Satzzeichen und Drucktypen-Entwurf bemüht er sich, sie als neue Sprache kenntlich zu machen, als eine unerhörte linguistisch-poetische Jungfrauengeburt. Schicksalhaft ist dies deshalb, weil es nun nicht länger darum geht, die stolze Isolation eines Jugendlichen zu dokumentieren; jetzt steht das schiere Überleben des Erwachsenen auf dem Spiel. George muß Leute finden, die sein exklusives Reden vernehmen, die es als neue Sprache gelten lassen und darauf antworten; Leute, die im Akt der Rezeption diesem Reden und dessen Herkunftsraum Realität verleihen; Leute, die sich im akustischen Horizont dieser Sprache zu einer neuen gesellschaftlichen Einheit formieren, zu einer sozialen Zelle, welche seiner Person jene Bestätigungsimpulse liefert, ohne die sie nicht existieren könnte, sondern sich auflösen müßte oder aber verschwinden in einer Kapsel von objektivem Wahnsinn. Wenn die kommunikationsorientierte Psychologie auf dem Axiom aufbaut, daß das Ich nur vorhanden sei im Akt des gehörten »Dich gibt's«, daß sich das Ego in diesem Du-Wort aus dem Munde des Alter unablässig neu konstituiere, so müssen wir hier dieses Axiom dahin präzisieren, daß wir sagen: das Du-Wort, das »Dich gibt's« des Andern muß geäußert werden in der spezifischen Sprache des Ich.[11]

Ein sozial integriertes Ich spricht und vernimmt das existenzgarantierende Wort natürlich und unreflektiert in der Sprache seiner jeweiligen Gruppe. Bei George indessen liegt der Fall vor, daß ein schlechthin integrationsunwilliges, integrationsverweigerndes Ich seine exklusive Sprache ertönen läßt in der Erwartung, es eigne ihr solche Gewalt, daß sich in ihrem Echoraum eine gesellschaftliche Formation naturnotwendig kristallisiere, ein bestätigendes Kollektiv, greiflich gegenüber und doch in unbedingter Abhängigkeit von dem einzigen sprechenden Ich. Das hat sich in der Tat ereignet. Es ist die Soziogenese des George-Kreises.

Der Punkt, an dem diese Untersuchung jetzt angelangt ist, muß methodisch interessieren. Es stehen dem Literaturwissenschaftler nun zwei Möglichkeiten offen. Die eine: er redet über die beschriebenen Zusammenhänge mit den Begriffen der Allerweltspsychologie, die er üblicherweise in seinen Diskursen über die Dichter und ihre Helden anwendet, und bezieht dabei alles auf Charaktereigenschaften wie »Herrschernatur«, »starke Persönlichkeit«, »Sensibilität«, »Verschlossenheit« usw. Die andere: er sucht nach einem systematisch verstrebten wissenschaftlichen Modell, das die klaren Fakten nicht mit schummrigen Begriffen verdeckt, sondern in einen neuen Horizont rückt, einem geprüften Netz von Koordinaten unterwirft und so benennbar, vergleichbar, vielleicht überhaupt erst begreiflich macht. Das ist eine Entscheidung, die man in der Literaturwissenschaft mit ihrem hartnäckigen Glauben an eine zeitlose Charakterpsychologie häufig nicht wahrhaben möchte.

Auf dieser Suche nach einem systematisch abgesicherten Modell ist von zwei Kriterien auszugehen: erstens vom Phänomen der Macht, die George mittels seiner Exklusivsprache ausübt, und zweitens von der Tatsache, daß diese Exklusivsprache mit ihrem Hintergrund im phantastischen Zirkel dominant erotischer Natur ist.

Das läßt sich einheitlich und widerspruchsfrei nur erfassen im Rahmen von Sigmund Freuds Narzißmus-Theorie.[12] Sie ist das einzige Bezugssystem, das die Sondersprache, die autoritäre Gruppenbildung und jenen zentralen inhaltlichen Strang der Gedichtproduktion gleicherweise sinnvoll orten läßt.

Erstaunlicherweise gelingt dies schon mit Hilfe der frühsten, ursprünglichsten Theorieskizzen Freuds zum Narzißmuskomplex. Auch wenn die Narzißmusforschung inzwischen eine außerordentliche Breitenentwicklung erfahren und eine feinere, wenn auch in Teilen kontroverse Terminologie entwickelt hat,[13] dispensiert dies nie ganz vom Rückgriff auf Freuds originale Entwürfe. Das hängt mit seiner spezifischen wissenschaftlichen Kreativität zusammen. Viele seiner wichtigsten Entdeckungen tauchen zuerst in sehr verdichteter, beinahe vorsystematischer Gestalt auf, als ein Konzentrat weithin assoziierter Erkenntnis, das später von ihm und der ihm folgenden Forschung ausgefächert und weitergeführt wird. Dabei zeigt sich oft erst nach Jahren, daß wesentliche Einsichten bereits in den frühen Texten vorlagen, aber wegen ihrer Neuartigkeit nicht in der ganzen Bedeutung erfaßt werden konnten. Das klassische Beispiel ist wohl Freuds eigenes Staunen seiner ersten Beschreibung des Ödipus-Komplexes gegenüber, wie er es in einer Anmerkung zu den späteren Auflagen der *Traumdeutung* zum Ausdruck bringt.[14]

In dem Aufsatz *Zur Einführung des Narzißmus* beschreibt Freud modellhaft einen bestimmten weiblichen Typus. Auf diesen – als eine abstrakte Struktur – kommt er später noch oft zu reden. Bedeutsam ist vor allem die Tatsache, daß der psychologische Aufriß, den er hier, 1914, an einigen weiblichen Exponenten der höheren Wiener Gesellschaft am deutlichsten verkörpert glaubt, nach dem Krieg, bei der Analyse der Massenbildung und der Kollektivstrukturen, den Schlüssel liefert zur Psychologie des politischen Demagogen. Der Typus wird folgendermaßen beschrieben:

Solche Frauen lieben, streng genommen, nur sich selbst mit ähnlicher Intensität, wie der Mann sie liebt. Ihr Bedürfnis geht auch nicht dahin zu lieben, sondern geliebt zu werden, und sie lassen sich den Mann gefallen, welcher diese Bedingung erfüllt. Die Bedeutung dieses Frauentypus für das Liebesleben der Menschen ist sehr hoch einzuschätzen. Solche Frauen üben den größten Reiz auf die Männer aus, nicht nur aus ästhetischen Gründen, weil sie gewöhnlich die schönsten sind, sondern auch infolge interessanter psychologischer Konstellationen. Es erscheint nämlich deutlich erkennbar, daß der Narzißmus einer Person eine große Anziehung auf diejenigen andern entfaltet, welche sich des vollen Ausmaßes ihres eigenen Narzißmus begeben haben und sich in der Werbung um die Objektliebe befinden. Der Reiz des Kindes beruht zum guten Teil auf dessen Narzißmus, seiner Selbstgenügsamkeit und Unzugänglichkeit, ebenso der Reiz gewisser Tiere, die sich um uns nicht zu kümmern scheinen, wie der Katzen und großen Raubtiere, ja selbst der große Verbrecher und der Humorist zwingen in der poetischen Darstellung unser Interesse durch die narzißtische Konsequenz, mit welcher sie alles ihr Ich Verkleinernde von ihm fernzuhalten wissen. Es ist so, als beneideten wir sie um die Erhaltung eines seligen psychischen Zustandes, einer unangreifbaren Libidoposition, die wir selbst seither aufgegeben haben.[15]

Wesentlich an diesem Text ist, daß er eine Struktur umreißt – am Beispiel der Femme fatale, des Vamp –, die gleicherweise auf das entzückende Kind, auf die schöne Raubkatze, auf den überlegenen Ironiker und auf den großen Verbrecher zutrifft und die Freud später, in der wohl wichtigsten Konsequenz, als das Psychogramm des Massenführers und seiner fast hypnotischen Erfolge erkennt.[16] Es gibt vor Freud keinen psychologischen oder anthropologischen Ansatz, der diese für die spontane Erfahrung völlig heterogenen Dinge auf einen Nenner hätte bringen lassen. Der sozialpsychologisch entscheidende Vorgang, der Nukleus dieser Entdeckung, liegt darin, daß die Rückwendung der libidinösen Energie vom Objekt weg, vom Partner zurück auf das Ich, paradoxerweise nicht zur gesellschaftlichen Isolation der Person führt. Nicht die spontane Gleichgültigkeit, ja Abkehr der andern hat sie zur Folge, sondern sie zwingt diese andern dazu, jene narzißtische Person in gesteigertem Maße zum Gegenstand werbender Liebe zu machen. Man erniedrigt sich ihr gegenüber um ebensoviele Stufen, als sich deren Selbstüberschätzung erhoben hat. Damit hat eine in der Geschichte unabsehbar wirksame Grundform menschlicher Machtausübung und Unterwerfung ihre erstmalige Benennung gefunden.

In dieser Beschreibung ist der Angelpunkt von Freuds Narzißmus-Theorie bereits erwähnt worden: die Umwandlung der Objekt-Libido in Ich-Libido. Solche Umwandlung ist regressiv. Sie entspricht einer Rückkehr oder einem Rückgriff[17] auf eine überwundene Stufe in der Entwicklung des Ich, auf jene narzißtische Phase zwischen dem objektlosen Autoerotismus und der späteren Triebausrichtung auf die ersten fremden Objekte (Eltern). Diese narzißtische Phase ist dadurch gekennzeichnet, daß das Ich und alles, was es hervorbringt, jene maß- und grenzenlose Überbewertung erfährt, die sonst nur der Zustand der Verliebtheit in der sog. »Sexualüberschätzung« des Partners hervorbringt. Das narzißtische Ich – ontogenetisch zu lokalisieren in der vorödipalen Epoche des einzelnen, phylogenetisch bei den animistischen Primitiven – glaubt an die Allmacht seiner Gedanken und seiner Worte. Es treibt unentwegt Magie, die es mit feierlich-lustvollen Ritualen begleitet. Diese eingebildete Allmacht aber ist nichts anderes als die Erscheinungsform der Sexualüberschätzung des eigenen Denkens und Sprechens.[18]

Diesem (immer gemäß der »trockenen Phantastik«[19] von Freuds Modell) als Entwicklungsstufe regulären Narzißmus stehen nun einerseits ebenfalls reguläre, andererseits abnorme bis pathologische Formen der Regression aus späteren Entwicklungsstadien gegenüber: Formen des »sekundären Narzißmus als Wiederkehr des ursprünglichen frühinfantilen«.[20] Reguläre Regression ereignet sich vorübergehend im Schlaf, im Schlafwunsch, in der Ermüdung, in jeder körperlichen Erkrankung mit ihrer seelischen Konzentration auf die schmerzende Stelle. Pathologisch aber wird sie dort, wo »die narzißtisch gewordene Libido den Rückweg zu den Objekten nicht finden kann«,[21] wo also die gesellschaftliche Person hoffnungslos verschwindet hinter dem, was Freud »die narzißtische Mauer« nennt.[22]

Für die vorliegende Untersuchung hat die vielfache Aufgliederung des Narzißmus-Begriffs auf »normale« wie »krankhafte« Verhaltensweisen und Lebensbereiche, die sich bei einer genauen Freud-Lektüre unweigerlich ergibt, zunächst einmal zur Folge, daß es unmöglich wird, bei George schlechtweg »Narzißmus« zu diagnostizieren. Das wäre nichts weiter als ein trivialwissenschaftliches Vorgehen, welches sich im interessanten Fachbegriff erschöpft und die Bezeichnung mit einem Resultat verwechselt. Vielmehr stellt sich erst jetzt die genaue Aufgabe: die spezifische Struktur des Georgeschen Narzißmus zu bestimmen. Das ist hier noch nicht geschehen, auch wenn einzelne Phänomene dieses Lebens und Werks durch den eben gezogenen Horizont bereits einige Klärung erfahren haben dürften.

Als Randbemerkung: zu diesen bereits transparent gewordenen Dingen gehört etwa Georges manifeste Unfähigkeit, die Differenz zwischen seinen miserablen und seinen hinreißenden Versen selber zu erkennen, ein Phänomen, das nur mit der narzißtischen Erotisierung und verliebtheitsanalogen Überschätzung der eigenen Sprache zu erklären ist. Es gehört dazu weiter Georges Hang, seine Poesie mit Ritualen zu umgeben: Veranstaltungen, in denen man unschwer den Versuch erkennt, das Zeremoniell der körperlichen Liebe in pathetischer Verkleidung auf den Umgang mit den eigenen Sprachprodukten zu übertragen. Es gehört dazu aber auch der Effekt von objektiver, hypnotischer Magie, der von Georges Person ausging und den Hofmannsthal, das erste Opfer, auf die Formel brachte: »Und er kann töten, ohne zu berühren«.[23]

Freud selber schon hat ein feingliedriges Diagramm der narzißtischen Liebesformen aufgestellt.[24] Er geht dabei wieder von jenem weiblichen Typus aus und sagt, es gebe für die narzißtische Person Möglichkeiten, ihre Struktur zu bewahren und doch gleichzeitig ein partnerhaftes Objekt zu finden, also die spezifisch pathogene Situation, aus der »kein Rückweg zu den Objekten« möglich ist, zu vermeiden. Für die Frau führe dieser Weg häufig über das Kind: »In dem Kinde, das sie gebären, tritt ihnen ein Teil des eigenen Körpers wie ein fremdes Objekt gegenüber, dem sie nun vom Narzißmus aus die volle Objektliebe schenken können.« Für den Fall George aber ist folgende Variante auffällig und bedeutsam: »Noch andere Frauen brauchen nicht auf das Kind zu warten, um den Schritt in der Entwicklung vom (sekundären) Narzißmus zur Objektliebe zu machen. Sie haben sich selbst vor der Pubertät männlich gefühlt und (... nun) bleibt ihnen die Fähigkeit, sich nach einem männlichen Ideal zu sehnen, welches eigentlich die Fortsetzung des knabenhaften Wesens ist, das sie selbst einmal waren.«

Auch das ist modellhaft zu nehmen, als eine verschiedenstenortes nachweisbare Struktur. Dann läßt sich sagen: eine charakteristische Variante der narzißtischen Person besteht in der Liebe zu dem Wesen, das sie selber einst gewesen ist.[25] Mittels der zeitlichen Distanz zwischen dem Kind und dem Erwachsenen kann die Person sich von sich selber absetzen, sich ihr Ich zum Objekt machen und so entweder die Fiktion einer Objektwahl aufstellen oder aber – in der Begegnung mit einem jenem verschwundenen Kind sehr ähnlichen Wesen – zu konkreter Objektliebe vorstoßen. Und eben diese Liebe nun, die hoch erotische Beziehung zum Knaben, der er selber einmal war, bildet das poetische Lebensthema des Dichters Stefan George. Sie darf nicht etwa verwechselt werden mit der zärtlichen Erinnerung an vergangene Zeiten, der landläufigen Kindheitsnostalgie. George nämlich haßt die vergangene Zeit als Epoche so entschieden, wie er die Gegenwart haßt. Er liebt jenen Knaben nur als den bereits radikal Abgetrennten, den sozial Ausgegliederten, den im Schilfzirkel hermetisch Verschlossenen, als das Wesen also, das seinerseits schon eine kompromißlos narzißtische Existenz führt und dem, nach den Worten Freuds, die »Erhaltung eines seligen psychischen Zustandes«, einer »unangreifbaren Libidoposition« spielerisch gelingt.

Die Regression ist hier demnach eine doppelte. Denn jener Knabe regredierte bereits über die ödipale Barriere zurück in die animistisch-narzißtische Position und bezog aus solcher Regression die magische Kraft seiner Phantasie, die (primärprozeßhafte, ganz vom Lustprinzip gelenkte) Allmacht seiner Gedanken, die ihn zum orientalischen Fabelkönig machte. Durch die Liebe zu diesem Knaben Doppelgänger sucht und gewinnt der Erwachsene George in komplizierter Vermittlung den Anteil am Glanz und an der schrankenlosen Gewalt des frühkindlichen Animismus, dessen seine Existenz bedarf, ohne doch Gefahr zu laufen, ganz und gar objektlos, partnerlos in einem autistischen Spiegelraum zu versinken. Georges Gedicht ist deshalb je und je nichts anderes als die werbende Beschwörung dieses Knaben und, in deren Folge, die Beschwörung all der Bilder und Phantasmagorien, die jener Knabe selber unablässig vor sich entfaltet.

Da gibt es nun allerdings ungezählte Varianten. Sie lassen sich typologisch ordnen, und man gewinnt dadurch ein Netz, mit dem die gesamte Produktion Georges klassifiziert werden kann. Es sei hier versucht, trocken bis zur Skeletthaftigkeit, im Bewußtsein, daß erst die komplementäre literaturwissenschaftliche Tätigkeit: die noch um die letzte Nuance bemühte Ausdeutung des einzelnen Gedichts (als wär's ein unvergleichbares Gebilde) den Gefahren solcher Skelettierung voll begegnen könnte.

Zu unterscheiden sind zwei Hauptgruppen mit je einigen Unterkategorien:

I. Die eine Hälfte der Gesamtproduktion ist von daher bestimmt, daß sich das ganze vom Gedicht benannte Geschehen innerhalb des narzißtischen Zirkels abspielt. Es ergeben sich folgende Varianten:

I.1. die elegische Beschwörung jenes Doppelgängers mittels der direkten Beschreibung der biographisch dokumentierten Vorgänge. Bsp. »Kindliches Königtum« (101).

I.2. die szenisch-fiktive Gestaltung des Doppelgängers als eines Fabelkönigs an exotischem Ort mit pathetischen Schicksalen. Bsp. der »Algabal«-Zyklus oder die Liebesgeschichte des »Buchs der hängenden Gärten«. Im letzteren wird der Übergang in die andere Welt zu Beginn exemplarisch dargestellt: »Wir wollen noch einmal zum lande fliegen...« (99). – Bei diesem Typus kann es geschehen, daß der lyrische Protagonist, der »König«, seinerseits wieder von der Sehnsucht besessen ist nach dem Wesen, das *er* einmal war. Vgl. das erste Gedicht der »Andenken« im »Algabal« (55).[26]

I.3. die Gedichte, welche, ohne näher darauf zu verweisen, vom Knaben Doppelgänger geschaute Visionen und Bilder wiedergeben. Oft handelt es sich um leuchtende Naturszenen, die aber unter keinen Umständen als Abbilder realer Umwelt gelesen werden dürfen. Hierher gehören die griechischen und mittelalterlichen Szenen und Figuren aus den »Büchern der Hirten- und Preisgedichte, der Sagen und Sänge«, auch viele Stücke aus dem »Teppich des Lebens«.

I.4. die mythische, exotische oder märchenhafte Stilisierung der Situation im magischen Kreis und dessen pointierte Definition als – im scharfen Gegensatz zur übrigen Welt – allein schönheitshaltiger, glückhaltiger und vor allem allein »reiner« Raum. So im berühmten »Herrn der Insel« (69), aber auch in scheinbar rein deskriptiven Dinggedichten über Gemälde und Orte (20, 39).

I.5. die damit verwandte Apotheose des Knaben Doppelgänger zu einer privaten Gottheit: vorbereitet in der »Muse« der frühen Hymnen (9) und eher peinlich ausgestaltet im nackten Engel aus dem Vorspiel zum »Teppich des Lebens« (172 ff.). Man beachte, wie dieser im Gedicht »Ich forschte bleichen eifers nach dem horte...« als gespiegelte Gestalt kenntlich wird.

II. Die andere Hälfte der Gesamtproduktion ist von daher bestimmt, daß der Versuch unternommen wird, eine Brücke zu schlagen aus dem magischen Zirkel zur realen Gegenwart. Es ergeben sich folgende Varianten:

II. 1. das scheinbar traditionelle Gedicht an Zeitgenossen, nicht zuletzt das Liebesgedicht, das aber seine Pointe und geheime Ausrichtung stets darin findet, daß der oder die Angesprochene am Knabenkönig / Doppelgänger gemessen und entweder wegen vorhandener Ähnlichkeiten gefeiert oder aber wegen der allmählich sichtbar werdenden Unterschiede abgewertet, schließlich verstoßen wird. Bsp. der ganze Zyklus am Anfang des »Jahrs der Seele« (121–135).

II. 2. die im Spätwerk zentrale Ausweitung dieses Typus zum Gedicht an und über den Kreis (George-Kreis), die künstliche Gegengesellschaft, die sich der Dichter geschaffen hat und deren Kennzeichen darin besteht, daß sie jene Qualitäten der »Reinheit« und Schönheit besitzen soll, wohl auch den erotischen Sättigungsgrad, die dem magischen Zirkel eignen. Auch in diesen Gedichten ist das letztliche Nicht-Genügen immer wieder der geheime Unterton. Solches Besingen der narzißtisch strukturierten sozialen Zelle wird zuletzt noch ausgeweitet zum Gedicht an den »edlen Kern« der Nation überhaupt, an das sog. »geheime Deutschland« (425). Damit beginnt dann Georges fataler Versuch, jene »Reinheit« zur politischen Kategorie zu machen und aus ihr konkrete Maximen des öffentlichen Handelns abzuleiten.

II. 3. die hierzu komplementäre Möglichkeit: das Gedicht, das die Gegenwart bös und polemisch angreift und sich als strafende Bezichtigung der Verkommenheit von Zeit und Umwelt versteht. Hier geschieht nicht selten poetisch Außerordentliches, und hier hat denn auch kein geringerer als Walter Benjamin an George objektiv prophetische Elemente zu sehen geglaubt.[27] – Die in diesen Zusammenhängen häufigen Weltuntergangs- und Erstickungsvisionen (z. B. 360 ff.) rufen die Bemerkung Freuds in Erinnerung, wonach die extremsten Formen libidinöser Objektbesetzung (Verliebtheit) und libidinöser Ichbesetzung (Narzißmus) regelmäßig mit Weltuntergangsphantasien gekoppelt seien.[28]

II. 4. auf die merkwürdigste Weise gesteigert und verflochten werden alle diese Möglichkeiten im körpergewordenen Mythologem des alternden George, im Kult um den Knaben Maximin.[29] Was George zuerst im Wiener Gymnasiasten Hofmannsthal, später in Gundolf gesucht hatte, den jungen Mann, der dem Knaben Doppelgänger so gliche, daß man die Identität für erreicht halten dürfte, und was stets zu qualvollen Trennungen führte (qualvoll offenbar vor allem für die Hofmannsthal und Gundolf und wer immer die Funktion zeitweise auszuüben ersehen war), das also glaubte er in Maximin tatsächlich gefunden zu haben. Die Gedichte sind hier voll von Menschwerdungsmetaphern, rücksichtslos aus dem sakralsten Bereich christlicher Vorstellungen bezogen. Und doch ist auch diese Verklärung nie ganz frei von Hinweisen, die den seltsamen Gott als das Produkt des Dichters und seines sehr privaten »Traums« zu erkennen geben:

> Nun geschieht das höchste wunder
> Fließen traum und traum zusammen (280)[30]

> Mein traum ward fleisch und sandte in den raum
> Geformt aus süßer erde – festen schritts
> Das kind (359)

> Ich geschöpf nun eignen sohnes (291)

> Wie er mein kind ich meines kindes kind (353)

Es war zweifellos der frühe Tod Maximins, der die unausweichliche Enttäuschung verhindert hat. Durch den Tod konnte er für den alten Mann die Zielgestalt des Daseins bleiben: die Fleischwerdung des Knaben Doppelgänger, die großartig-groteske Klimax der lebenslangen Anstrengungen, mit denen George die autistischen Glückszustände des frühkindlichen Animismus in die Erwachsenenjahre und in die gesellschaftliche Realität seiner Zeit hinüberzuretten versuchte. Indem Maximin gleichzeitig der Eingeborene des hermetischen »Reichs« und der höchst gegenwärtige Zeitgenosse ist, wächst ihm jene Funktion zu, die sonst für George nur die poetische Diktion, das narzißtische »Wort« hat. Deshalb erfährt er auch die gleiche rituelle Verklärung, scheidet der Glaube an ihn die Umwelt in Gerettete und Verworfene.

Die Regression des Knaben George in den frühkindlichen Narzißmus, an der sich der Erwachsene George im Dichten und durch das Dichten den lebenerhaltenden Anteil sichert, hängt individualpsychologisch zusammen mit der besondern und stigmatisierenden Form, in der sich der Durchgang durch die ödipale Krise ereignet haben muß. Die Dialektik der ödipalen Situation, daß dem Individuum erstmals der gegengeschlechtliche Partner als höchstes Glücksversprechen begegnet, daß sich darin die Öffnung der Person auf die Gesellschaft hin in mächtiger Erschütterung vollzieht, daß sich aber diese Gesellschaft gleichzeitig als die verbietende, ja terrorisierende Instanz schlechthin zu erkennen gibt, indem sie das verkörperte Glück, die Mutter, mit tödlichem Tabu belegt, diese Dialektik, in der das Menschenkind zum Gesellschaftswesen *und* zum Gesellschaftsopfer, integriert *und* ausgestoßen wird, prägt – je nach der Art ihrer Bewältigung – das soziale Schicksal des Individuums. Wo immer später Gesellschaftliches in repräsentativer Verdichtung begegnen wird, reaktiviert sich jener krisenhafte Moment und leitet Abläufe ein, die denen bei der einstigen Bewältigung des ödipalen Dilemmas gleichen.

Gesellschaft aber ist keine geschichtslose Größe. Schon dem frühkindlichen Selbst begegnet sie als je spezifischer Apparat mit feinausgebildeten Modi der Gewaltausübung und genau umschriebenen Freiräumen. Und so wie sich das erstmals geforderte Selbst seiner Haut erstmals wehren lernte, so wird es sich auch später, mit den Forderungen der Umwelt konfrontiert, wiederum zu wehren suchen. In dieser seiner charakteristischen Abwehr erscheint somit auch das Negativbild seines sozialen Biotops.

Die narzißtische Regression muß verstanden werden als eine Weise, sich in einem bestimmten lebens- und sozialgeschichtlichen Kontext seiner Haut zu wehren. Dieser Abwehrcharakter zeigt sich nicht zuletzt in der immensen Produktion von Ekel, die mit dem narzißtischen Basisvorgang – der Rückwendung aller Objektliebe auf das eigene Ich – verhängt ist. Im Ausgang der ödipalen Krise erhebt sich der Ekel regulär als scheinbar naturwüchsige Schranke vor dem versagten Liebesobjekt.[31] Das Individuum aber erfährt ihn nicht als das, was er ist: die Erscheinungsform eines sozialen Verbots im eigenen Innern, sondern als eine spontan-ursprüngliche Gefühlsregung. Als solche wird der Ekel zur Instanz, die von nun an die Wahl aller Liebesobjekte mitbestimmt. Im narzißtischen System jedoch erreicht der Ekel ein Übermaß, den höchsten denkbaren Grad: er wächst sich aus zur Schranke vor allem, was Nicht-Ich ist, was sich nicht als irgendwie dem Ich angehörig oder ihm entstammend legitimieren kann. Erstes und prominentestes Opfer ist dabei nicht selten das andere Geschlecht (auch bei George): die Frau verfällt dem Stigma des Unreinen.[32] Das »Reine« aber wird zum durchgängigen Kennzeichen dessen, was dem Ich verwandt ist, und so auch zur obersten erotischen Kategorie. Wie eine Klinge teilt von nun an der Ekel als Erkenntnisorgan alles Dasein in eine »reine« und eine »unreine« Hälfte. Die Leidenschaft des Verdammens, die in Georges vielen Urteilen über die »Befleckten« zutage tritt, kann ihre Herkunft aus der erotischen Begierde nach dem »reinen Ding«, dem »reinen Partner« nie verleugnen. An Gedichten wie »Porta nigra« (233) aber mag man studieren, wie wenig solche »Reinheit« eine objektiv gegebene Größe ist, wie sehr sie vom narzißtischen Ich in krasser Willkür zu- oder aberkannt werden kann.

Wenn psychoanalytische Untersuchung in der Literaturwissenschaft eine Berechtigung haben soll, dann muß sie zuletzt auf den Punkt hinführen, wo das Private sich als ein Öffentliches zu erkennen gibt, wo die Dichtung des Einzelnen als Äußerung des Kollektivs erscheint, das sich des Intimsten als eines Instruments bedient, um Auskunft zu gewinnen über sich selbst.[33]

Diese Zone liegt bei George dort, wo seine Metaphysik der Reinheit, die er aus dem privaten Mythos vom Knaben Doppelgänger und dessen entrückten Gehäusen gewinnt, zum sozialgeschichtlichen Signal wird: Steigerung und Kritik zugleich einer wesentlichen Dimension des Bürgertums im späten 19. Jahrhundert.

Um es als unvermittelte These zu formulieren: was hier reflektiert wird, ist der Ekel des Bürgertums von seiner eigenen Welt. Dieser Ekel ist zwar vorbereitet im Philisterhaß der Romantiker, aber die entscheidende, historisch folgenreiche Ausprägung geschieht erst nach dem Scheitern der 48er Revolution. In deren Gefolge hat das Bürgertum (nicht nur in Deutschland) Verzicht geleistet auf seine angestammten Ideen und Maßstäbe, auf sein demokratisch-freiheitliches Fundament, das ihm einst zur eigenen Identität verholfen und die Energien geliefert hatte zur Auseinandersetzung mit dem Feudalismus. Dem wirtschaftlich in starken Schüben prosperierenden Bürgertum des späten 19. Jahrhunderts wird nichts peinlicher als das ursprünglich und spezifisch Bürgerliche selbst, die Ideale und Denkbilder des 18. Jahrhunderts und noch der Achtundvierziger. Mit dem verlorenen Stolz auf die angestammte Identität aber begibt man sich auf die Suche nach Surrogaten, nach einer illusionären ästhetischen Feudalisierung.[34] Inbrünstig spürt man in Politik und Weltgeschichte nach dem Großen Mann, dem nicht weiter herzuleitenden Heros, der doch zuletzt nicht anders zu definieren ist als: kein Bürger.[35] Die Flucht des architektonischen Historismus in fremde Stile und Ornamente, das Plündern aller exotischen und kunstgeschichtlichen Arsenale ist gespeist vom Widerwillen gegen das Eigene und manifestiert die unbewußte Selbstverachtung einer Gesellschaft, welche diese Kunst bezahlt, um von ihr nicht abgebildet zu werden. Schön ist nur das aus fremden Zonen und Epochen Herangeschleppte, weil es – mit dem Zeichensystem des klassischen Feudalismus – den zweiten Feudalismus aus altadligem Grund- und neuadligem Industriebesitz optisch zu bestätigen scheint. Die massierte Pracht soll mit Gewalt überzeugen, wo die Argumente fehlen. Das Prinzip der Gleichheit aller ist längst verkommen zum Recht des Stärkern; sein ursprünglicher Zusammenhang mit umfassender Brüderlichkeit ist zerstört oder tabuisiert. An deren Stelle tritt die sozialdarwinistische Anerkennung der Haie und Hechte, der prachtvollen Wenigen; tritt die Verachtung der kleinen Fische, der schmutzigen Vielen. Im Ekel vor der Vielzahl als solcher, der die Epoche unübersehbar prägt, manifestiert das gründerzeitliche Bürgertum – Nachfahre jener, die sich einst als die verbrüderten Zahllosen, die »umschlungenen Millionen« verstanden haben – am genauesten seine Ablehnung der eigenen Herkunft, den uneingestandenen Degout vor sich selbst.

Das Syndrom von Ekel und Reinheit strukturiert sowohl sozialpsychologisch wie ästhetisch, sowohl im gesellschaftlich-politischen Bereich wie im Rahmen der künstlerischen Produktion die Epoche zwischen 1870 und

1914. Es bestimmt die Rassenlehren, die jetzt in den Rang weltpolitischer Kategorien aufrücken. Im Konkurrenzkampf um die Kolonien lenkt es das offizielle Verhalten den Eingeborenen gegenüber; auf europäischer Ebene zeichnet es die gegenseitige Einschätzung der Nationen; in den sozialpolitischen Auseinandersetzungen prägt es wesentlich das Bild, das man sich von den Einwohnern der proletarisierten Vorstädte macht. Das auffallendste Zeugnis im künstlerischen Bereich ist wohl die Gleichzeitigkeit von Symbolismus und Naturalismus, welche Strömungen oder Verfahrensweisen sowohl in ihrer Selbstdefinition wie in der zeitgenössischen Polemik die Polarität Ekel vs. Reinheit stets als selbstverständliches, wenn auch gegenteilig bewertetes ästhetisches Kriterium aufführen.

Die sozialpolitische Pointe des Syndroms bleibt auch in den literarischen Zeugnissen nie ganz verdeckt. Schon an Zarathustras »Rede vom Gesindel« kann man sie genau studieren (»Wie erlöste ich mich vom Ekel?«).[36] Die gelegentlich zu sanfter Komik getriebenen Gesten der Selbstfeudalisierung bei Sängern wie Hofmannsthal und Rilke spiegeln die bürgerliche Panik vor dem Bürger-Sein so charakteristisch wie Thomas Manns epische Veranstaltungen. Was wäre der *Tod in Venedig* ohne die Dialektik des Ekels, und was wäre diese wiederum ohne ihren erklärten sozialgeschichtlichen Hintergrund!

George nun gehört in diese Landschaft und ragt doch wieder aus ihr heraus durch seine einmalige Kontur. Seine ganz private seelische Struktur macht ihn zu einem unheimlich geschärften Instrument für den sozialgeschichtlichen Moment. Er verleiht dem bürgerlichen Selbstekel die einzigartige Stimme und schlägt ihm doch gleichzeitig die billigen Surrogate aus der Hand. Was George zuletzt hätte wahrhaben wollen, trifft im tiefsten zu: daß er Bürger ist ganz und gar. Worin er sich am sichersten fühlt, in der Distanz zu seiner bürgerlichen Gegenwart, darin ist er ihr am nächsten. Wo er die schlechthin gegenbürgerliche Aktivität zu leisten meint, in der Erschaffung einer synthetischen Gesellschaft, erfüllt er modellhaft den Kollektivwunsch seiner Zeit nach dem heroischen Reich.

Und hier wird nun der Riß sichtbar, der durch sein ganzes Schaffen läuft und oft genug noch den einzelnen Vers zum Konglomerat von Authentischem und Falschem, Wahrheit und Lüge macht, jener Riß, der in der unablässigen Kombination von hinreißender Poesie und abgestorbener Sprache seine fast erschütternde Äußerung findet.

Wahr nämlich ist er dort, wo er zugleich mit der Sehnsucht nach dem unberührten, nicht geschändeten Land die Aussichtslosigkeit solcher Ziele eingesteht, die Unmöglichkeit, sie je zu erreichen, und wo er darüber klagt. Im traurigen Vers ragt George poetisch über alles hinaus, was zu seiner Zeit geschrieben wurde. Da spricht die unterdrückte Verzweiflung einer Gesellschaft, die von einem altliberalen Freiheitsbegriff zur brutalen Konkurrenz jedes gegen jeden gelangt ist, deren narzißtischer Ekel vor aller Solidarität das Leiden verbirgt an der Vereinzelung und auch schon den Wunsch nach jenem haltlosen, vernunftschwachen Verbrüderungsglück, wie es im August 1914 epidemisch ausbrechen und später wieder den Aufstieg Hitlers ermöglichen sollte.

Deshalb wird George falsch, glücklos bis in Syntax und Wortwahl, sobald er sich am Ziel erklärt, als Sieger gibt, als Bräutigam einer jungen Welt, den Lorbeerkranz auf dem Haupt, als wärs der Tropenhelm eines zeitgenössischen Kolonialherrn. Da schlägt der echte Jammer über die verlorene Unschuld des Planeten, der historisch so wahre Abscheu vor der maßlosen Ausbeutung der Erde und ihrer Bewohner schließlich um in die stampfenden Maximen einer unmenschlichen, von Anfang an verkommenen Politik.

Indem sich Georges narzißtische Regression zum privaten Mythos vom Knaben Doppelgänger als dem einzigen realen Liebesobjekt gestaltet, gewinnt sie szenischen Charakter. Sie wird repetierbar wie ein geregeltes Spiel.[37] Das Gedicht übt dabei die entscheidende Funktion aus. Es gehört zum »Spiel« als unabdingbares Ritual bei der Erschaffung des Liebesobjekts, es sichert den regressiven Lustgewinn und schützt doch gleichzeitig als ein von der Gesellschaft anerkanntes Produkt das regredierende Ich vor den drohenden Konsequenzen der Isolation und sozialen Ausstoßung. Die Gesellschaft selber indessen vernimmt in diesem Gedicht die Nachricht von verschollenen Glücks- und Trauererfahrungen, die vielleicht einst eine frühe Menschheit real bewegt haben, und die dem infantilen Kosmos noch immer eigen sind –, bevor der Sozialisierungsablauf sie auslöscht und noch die Erinnerung daran verbietet.[38]

Aus der Bewegung von der Gesellschaft weg auf das Wunschziel zu entspringt Georges Gedicht. Sowenig diese Bewegung je ganz wegkommen und je ganz anlangen kann, sowenig erreicht das Gedicht je die angestrebte Vollkommenheit. Annähernd gelingt es überhaupt nur dort, wo es in seltsamen Bildern von der Unmöglichkeit seines eigenen Gelingens handelt. So betrachtet, gehören die vielen schlechten Verse und Strophen zum innersten Gesetz dieser Poesie. Sie sind notwendig, damit auf ihrem Hintergrund, im unablässigen Absetzen davon, jene andere Sprache für Momente hörbar wird, deren Unmöglichkeit das Gedicht beklagt und die es eben so noch als flüchtigen Schein zu bewahren vermag.

Anmerkungen

1 Es ist das zweifellose Verdienst Theodor W. Adornos, die Diskussion um George aus der unfruchtbaren Polemik zwischen Verehrern und Verächtern herausgeführt zu haben. Seine wichtigsten Äußerungen zu Werk und Autor finden sich in den Studien: »George und Hofmannsthal. Zum Briefwechsel: 1891–1906«. In: Prismen, Frankfurt 1955; »Rede über Lyrik und Gesellschaft«. In: Noten zur Litera-

tur I, Frankfurt 1958; »George«. In: Noten zur Literatur IV, Frankfurt 1974. Adornos Arbeiten stehen in der kritischen Tradition, die Georg Lukács 1908 mit seinem
frühen Aufsatz »Die neue Einsamkeit und ihre Lyrik: Stefan George« eröffnet hat
(jetzt in: Die Seele und die Formen. Essays. Neuwied 1971) und die von Walter
Benjamin weitergeführt wurde: »Wider ein Meisterwerk« (1930) und »Rückblick
auf Stefan George« (1933), beide in: Angelus novus, ausgewählte Schriften 2.
Frankfurt 1966. – Im übrigen sei auf die Arbeiten von Bernhard Böschenstein,
Manfred Durzak, Gert Mattenklott und Hella Tiedemann-Bartels verwiesen,
dazu auf den Band Stefan George Kolloquium, hrsg. von Eckhard Heftrich u. a.
Köln 1971 und auf die 1967 in deutscher Übersetzung erschienene Arbeit von
Claude David: Stefan George. Sein dichterisches Werk. München.

2 Es sei darauf hingewiesen, daß erst Freud und seine Schule (O. Rank) hinter der
Konvention vom Doppelgänger als Schreckgestalt den freundlichen Doppelgänger als den genetischen Vorläufer erkannten. Vgl. Freuds Studie »Das Unheimliche«. In: Freud-Studienausgabe, hrsg. von A. Mitscherlich u. a. Frankfurt a. M. 1969ff., Bd. IV, S. 241–274. Die Ausgabe wird zitiert als StA. – Eine
merkwürdige Variante des positiven Doppelgängers in Gestalt der von viele
Jahre älteren Person findet sich am Ende des 11. Buches von Goethes *Dichtung
und Wahrheit*.

3 C. F. Meyer: Sämtliche Werke, hrsg. von Hans Zeller und Alfred Zäch, Bd. 1.
Bern 1963, S. 100.

4 Annette von Droste-Hülshoff: Sämtliche Werke, hrsg. von Karl Schulte Kem-
minghausen, Zweiter Teil des ersten Bandes. München 1925, S. 294.

5 Eduard Mörike: Sämtliche Werke, hrsg. von Herbert G. Göpfert, München
1954, S. 32ff. Vgl. dazu auch den Schluß von Mörikes Märchenspiel *Der letzte
König von Orplid*, wo die Ahasverus-Gestalt Ulmon den ersehnten Tod findet,
als sie sich im Spiegel »als Knaben« sieht, a. a. O. S. 541.

6 Für die biographischen Angaben, die nicht jedesmal verwiesen werden, vgl.
Ernst Morwitz: Kommentar zu dem Werk Stefan Georges, Düsseldorf und
München 1969. Oft finden sich dort wesentliche Informationen versteckt im
Kommentar zu einzelnen Gedichten (z. B. S. 290). Nützlich ist auch der Katalog
Nr. 19 der Sonderausstellungen des Schiller-Nationalmuseums: Stefan George,
hrsg. von Bernhard Zeller, München 1968, sowie H.-J. Seekamp u. a.: Stefan
George. Leben und Werk. Eine Zeittafel, Amsterdam 1972.

7 Stefan George: Werke. Ausgabe in zwei Bänden. Düsseldorf und München
1968, Bd. 1, S. 295. Im folgenden wird nur noch die Seitenzahl dieses Bandes
zitiert.

8 Alessandro Bausani: Geheim- und Universalsprachen. Entwicklung und Typologie, Stuttgart 1970, S. 25–30.

9 Ebd. S. 31. Zum Problem der Neologismen vgl. auch Norbert Groeben: Literaturpsychologie, Stuttgart 1972, S. 69f. Für konkrete Texte s. Leo Navratil: Schizophrenie und Sprache. München (dtv) 1966.

10 Der informative, bibliographisch gründliche Band *Stefan George* von Michael
Winkler in der Sammlung Metzler (Stuttgart 1970) verwischt leider die Unterschiede zwischen Georges verschiedenen Sondersprachen.

11 Vgl. dazu die konzentrierten Ausführungen von Jürgen Habermas in der Rede
zur Verleihung des Hegel-Preises 1973. In: J. Habermas und D. Henrich, Zwei
Reden. Frankfurt 1974, insbes. S. 27: »Allerdings müssen die Merkmale der
Selbstidentifikation intersubjektiv anerkannt sein, wenn sie die Identität einer
Person sollen begründen können. Das Sich-Unterscheiden von anderen muß
von diesen anderen anerkannt sein«, und S. 32: »Eine Identität des Ich kann sich
nur an der übergreifenden Identität einer Gruppe ausbilden. « – Ausführlichere

Darlegungen bei Ronald D. Laing: Das Selbst und die Anderen, Köln 1973, v. a. über den für das »ego« unabdingbaren Begriff des »alter« und über die »Komplementäre Identität« (S. 83 ff.) Vgl. ebenfalls P. Watzlawick u. a.: Menschliche Kommunikation. Formen, Störungen, Paradoxien, Bern 1972, insbes. über die Modi der »Ich- und Du-Definition« S. 83 ff.

12 Narzißmus als psychoanalytischer Fachbegriff, wie er im folgenden verwendet wird, ist von dem allgemeineren Wortgebrauch, der Selbstbezogenheit als Charaktereigenschaft meint, deutlich zu unterscheiden. Auch Herbert Marcuses Beschreibung von »Orpheus und Narziß« als archetypischen Strukturen soziokulturellen Verhaltens steht zu Freuds Modell nur in entfernter Beziehung (Herbert Marcuse: Triebstruktur und Gesellschaft. Ein philosophischer Beitrag zu Freud, Frankfurt 1973). Allerdings stellt Marcuse in seinem Zusammenhang die Bedeutung der Narzißmus-Theorie für die Entwicklung der Psychoanalyse sehr klar heraus. S. 166 ff. Mit dem Begriff Narzißmus in einem unbestimmt-allgemeinen Sinn wurde George verschiedentlich in Beziehung gebracht. Dies ist schon durch die Tatsache bedingt, daß die mythologische Gestalt des Narziß zu den bekanntesten Topoi des internationalen Symbolismus gehört. Auffallend ist, daß bei George, im Gegensatz etwa zu Rilke oder Valéry, Narziß als explizites Thema nie erscheint, obwohl oft genug alle traditionellen Elemente der Sage vorhanden sind. Es gibt bei ihm keinen lyrischen Meta-Narzißmus.

13 Vgl. insbesondere die Arbeiten von H. Hartmann, O. Kernberg, H. Kohut und B. Grunberger. Zum Forschungsstand: Heinz Kohut: Narzißmus. Eine Theorie der psychoanalytischen Behandlung narzißtischer Persönlichkeitsstörungen, Frankfurt 1975 (mit ausführlicher Bibliographie). Kohut postuliert – in der Nachfolge von H. Hartmanns Differenzierung zwischen »Ich« und »Selbst« – den Begriff des »Größenselbst«. Im Zusammenhang mit George illustrativ ist der von Kohut beschriebene Fall A. (S. 78–95); über die Phantasien einer »magisch-sadistischen Kontrolle der Welt« (vgl. Algabal) im Zusammenhang mit der regressiven Reaktivierung des Größenselbst s. S. 176. – Auf die spezifisch kreativen Aspekte der narzißtischen Person hat Kohut schon im Aufsatz »Formen und Umformungen des Narzißmus«, in: Psyche XX, 1966, Heft 8 hingewiesen. – Für literarhistorische Querverweise s. Béla Grunberger: Le Narcissisme. Essais de Psychanalyse, Paris 1975.

14 StA Bd. II. S. 267 f.

15 StA Bd. III. S. 55.

16 »Der Führer selbst braucht niemand anderen zu lieben, er darf von Herrennatur sein, absolut narzißtisch, aber selbstsicher und selbständig«: StA Bd. IX, S. 115. Vgl. die Diskussion dieser Stelle in Adornos Aufsatz »Die Freudsche Theorie und die Struktur der faschistischen Propaganda« in: Kritik. Kleine Schriften zur Gesellschaft, Frankfurt 1971.

17 Zur Differenz zwischen einem älteren Regressionsbegriff (»Sturz in die Vergangenheit«) und einem neueren (intentioneller »Rückgriff«) s. Michel Foucault: Psychologie und Geisteskrankheit, Frankfurt 1970, insbes. S. 55 ff.

18 Zum Verhältnis Narzißmus / Allmacht der Gedanken / Animismus vgl. Freuds Ausführungen in Totem und Tabu, StA Bd. IX. S. 374–378; zu dem für Freud wichtigen Begriff der »Sexualüberschätzung« vgl. den Abschnitt »Verliebtheit und Hypnose«. In: Massenpsychologie und Ich-Analyse StA Bd. IX. S. 104–108.

19 StA Bd. I. S. 403.

20 Zu diesem Abschnitt siehe Freuds Rekapitulation der Narzißmus-Theorie in den Vorlesungen zur Einführung in die Psychoanalyse, StA Bd. I. S. 398–414, Zitat S. 409.

21 Ebd. S. 406.

22 Ebd. S. 408.

23 Schlußzeile des an George gerichteten Gedichts *Der Prophet*; H. von Hofmannsthal: Gedichte und lyrische Dramen, hrsg. von Herbert Steiner, Frankfurt 1952,
S. 502. – Wie sehr solche Wirkung offenbar im Werk selber gespeichert vorliegt,
mag ein Zitat aus einem durchaus sachlich gehaltenen Forschungsbericht dokumentieren: »George verpflichtet. Man liest ihn, lernt ihn auswendig, gerät in
einen wunderbaren Zustand der willigen Selbstaufgabe und geht, meist für das
ganze Leben, verwandelt aus der Begegnung hervor. Immer noch.« Werner
Vordtriede, »Stefan Georges Nachleben«, in: Neue Deutsche Hefte 95, Berlin,
Oktober 1963, S. 81.

24 Zur Einführung des Narzißmus, StA Bd. III. S. 56.

25 Freud a. a. O.: »Man liebt:
    I. Nach dem narzißtischen Typus:
        a) was man selbst ist (sich selbst)
        b) was man selbst war
        c) was man selbst sein möchte
        d) die Person, die ein Teil des eigenen Selbst war
    II. Nach dem Anlehnungstypus:
        a) die nährende Frau
        b) den schützenden Mann und die in Reihen von ihnen ausgehenden Ersatz-
        personen.«

26 Auch von Maximin wird gesagt: ». . . und er sank nieder vor dem kinde das für
ihn geschaffen war und das er als engel im eignen spiegel sah«, – obwohl diese
Formulierung nur auf George selber, in unvergleichlicher Präzision, zutrifft
(527).

27 Rückblick auf Stefan George, a. a. O. S. 475.

28 Zur Einführung des Narzißmus, a. a. O. S. 44 (Anm. 24).

29 In der »Vorrede zu Maximin« deutet George an, daß er sich vor dieser Begegnung am Rande des Wahnsinns gefühlt habe (522).

30 »traum« ist ein Schlüsselwort in den Dichtungen Georges. Man kann die Verläßlichkeit und den Informationswert der George-Forschung im einzelnen Fall
sehr wohl danach beurteilen, wie weit sie diesen »traum« auf klärende Begriffe
bringt.

31 Zum Ekel bei Freud vgl. Gustav Bally: Einführung in die Psychoanalyse Sigmund Freuds, Reinbek 1961, S. 48.

32 Vgl. Gedichte wie »Die weltzeit die wir kennen schuf der geist / Der immer
mann ist. . .« (387) oder »Mit den frauen fremder ordnung / Sollt ihr nicht den
leib beflecken. . .« (383).

33 Voraussetzungen und Konsequenzen dieses literaturtheoretischen Axioms können hier nicht diskutiert werden. Der ganze Aufsatz versteht sich indessen als Illustration dieses Satzes.

34 Zu den theatergeschichtlichen Auswirkungen dieses Prozesses vgl. Peter von
Matt, »Das literarische Gespenst ›klassisches Drama‹. Zur sozialgeschichtlichen Herleitung der modernen Dramaturgie«, in: Merkur 1976, Heft 8.

35 Ein plastisches Beispiel bietet die Studie »Conrad Ferdinand Meyer und die
Größe« in Karl Schmids Essayband: *Unbehagen im Kleinstaat*, Zürich 1963, insbes. S. 53 ff. – Der weltliterarisch großartigste Repräsentant für diese Zusammenhänge ist zweifellos Flaubert. Für seine Kunst hat der (soziale) Ekel eine so
dominierende Funktion wie sonst wohl nur noch für die Philosophie Nietzsches. »Sein Haß gegen den Bourgeois ist, wie oft bemerkt wurde, die Quelle
seiner Inspiration. (. . .) Flaubert ist aber im tiefsten Wesen selber ein Bourgeois,

und er weiß es.« Arnold Hauser: Sozialgeschichte der Kunst und Literatur, München 1972, S. 831 f.

36 F. Nietzsche: Werke in drei Bänden, hrsg. von Karl Schlechta, Bd. 2, München 1966, S. 355.

37 Hier nähern wir uns dem Begriff der »kontrollierten Regression« resp. der »Regression im Dienste des Ich«, den Ernst Kris in die Diskussion um ein psychoanalytisches Kunstverständnis eingeführt hat. Ernst Kris: Psychoanalytic Exploration in Art. New York 1952. Dort S. 167: »When the artist creates during inspiration, he is subject to an ego regression but it is a partial and temporary ego regression, one controlled by the ego which retains the function of establishing contact with an audience.« – Dazu Alfred Lorenzer: Kritik des psychoanalytischen Symbolbegriffs, Frankfurt 1970, S. 55 ff. und Norbert Groeben, a. a. O. S. 102ff. – Ein detailliert durchgeführtes Beispiel bringt Manfred Schneider: Subversive Ästhetik. Regression als Bedingung und Thema von Marcel Prousts Romankunst, Tübingen 1975.

38 Vgl. die drastische Formulierung von Ronald D. Laing, Phänomenologie der Erfahrung, Frankfurt 1972, S. 51: »Vom Augenblick der Geburt an, wenn das Steinzeit-Baby sich der Mutter des 20. Jahrhunderts gegenübersieht, ist es jenen Kräften der Gewalt unterworfen, die man Liebe nennt – wie sein Vater und seine Mutter, wie ihre Eltern und deren Eltern vor ihnen. Diese Kräfte zielen vor allem auf die Zerstörung der meisten Anlagen. Im allgemeinen verläuft das Unternehmen erfolgreich. Mit Fünfzehn ist daraus ein Wesen wie wir entstanden – eine halbtolle Kreatur, mehr oder weniger angepaßt an eine verrückte Welt. Das ist die Normalität in unserer Zeit.«

Die Dynamik von Trakls Gedicht

Zu fragen ist zunächst, was denn eigentlich das Traklsche Gedicht mit dem Leser anstelle. Die Frage ist nicht neu, aber immer noch fruchtbar.

Welcher Art ist die Leserintegration bei diesen Texten? Der Begriff »Leser-Integration« setzt voraus, daß ich, das Leser-Ich, tätig werde bei der Lektüre. Soweit handelt es sich um eine alte Weisheit. Er setzt aber noch ein weiteres voraus: daß das Gedicht die Art und Weise, wie ich tätig werde, vorschreibt und daß ich dieser Vorschrift gegenüber nicht frei bin. Das heißt: ich muß mich rezipierend benehmen, wie das Gedicht es befiehlt.

Wozu zwingt nun das Traklsche Gedicht den Leser?

Um es abgekürzt zu sagen: es zwingt ihn in unablässiger Abfolge zu zwei Verstehensweisen, die gegensätzlich sind. Sie schließen einander aus. Jede der beiden Verstehensweisen bietet sich je neu als Lösung an in dem Augenblick, wo die andere scheitert. Jede führt in eine hermeneutische Sackgasse, an deren Endpunkt die andere sich als verführerischen Ausweg wieder präsentiert.

Ich sage also nicht, daß es zwei konträre Verstehensweisen des Traklschen Gedichts gebe, zwischen denen man sich nun einmal zu entscheiden habe, sondern, daß die spezifische Leserintegration im ständigen Hin und Her zwischen diesen divergierenden Sinnkonstruktionen bestehe, einem Hin und Her, dem keiner ausweichen kann, auch wenn er längst den Sackgassencharakter beider Wege erkannt hat. Man könnte diesen Vorgang, der sich bei jedem einzelnen Leser abspielt, sogar als die Struktur der bisherigen Trakl-Forschung aufweisen. Es besteht hier eine merkwürdige Korrespondenz zwischen der Mikrorezeption des individuellen Lesers und der Makrorezeption durch die jahrzehntelange Forschung.

Die beiden Verstehensweisen sind:

1. die »sekundäre Bearbeitung« des Textes zu einem homogenen Sinnzusammenhang;

2. die Leugnung jeglicher durchgehenden Bedeutungsstruktur: die Definition des Textes als reine Montage oder lyrisch-musikalisches Arrangement.

Den Begriff »sekundäre Bearbeitung« beziehe ich aus der Psychoanalyse Sigmund Freuds. Er meint dort einen Vorgang im Ablauf der Traumbildung und Traumverwertung: die Tatsache nämlich, daß wir im Nachdenken über einen Traum, im Erzählen des Traums, ja schon beim Träumen des Traums die Inkohärenz der Bilder und Geschehnisse spontan aus der Welt schaffen, indem wir durch Weglassen und Hinzufügen ein zusammenhängendes und verständliches Szenarium bilden. Das ist ein Spontanverhalten. Es ist ein Verhalten, das der einzelne nicht nach Belieben durchführen oder unterlassen kann. Und dieser Vorgang läßt sich durchaus übertragen auf eine Rezeptionsweise des Trakl-Gedichts. Ich konstruiere ein Beispiel. Das Gedicht *Der Schlaf* lautet in der zweiten Fassung:

> Verflucht ihr dunklen Gifte,
> Weißer Schlaf!
> Dieser höchst seltsame Garten
> Dämmernder Bäume
> Erfüllt von Schlangen, Nachtfaltern,
> Spinnen, Fledermäusen.
> Fremdling! Dein verlorner Schatten
> Im Abendrot,
> Ein finsterer Korsar
> Im salzigen Meer der Trübsal.
> Aufflattern weiße Vögel am Nachtsaum
> Über stürzenden Städten
> Von Stahl   (I. 156)

Sekundäre Bearbeitung ist es nun, wenn ich mir das Gedicht folgendermaßen zurechtlese.

»Hier spricht ein Drogenesser über seine Erfahrungen im Rausch. Er beschreibt, wie er im Opiumtraum in einen Garten voll gräßlicher Tiere kommt. Er durchschreitet diesen und gelangt an den Strand eines Meeres. Es ist Abend, er erblickt ein Schiff, mit einer Figur drauf; es sieht aus wie ein Piratenschiff. An entfernten Uferlinien des Meers, kaum erkennbar, fahren Meervögel hoch, Schwärme von Möven vermutlich. Da dort auch die Städte liegen, erweckt die Bewegung der auffliegenden Vögel den Eindruck, als stürzten die Städte hinunter. Und da es sich um ein Gedicht gegen den Drogenkonsum handelt, darf ich wohl den Fremdling als den Vertreter aller Mitmenschen begreifen, die dem durch den Giftrausch vereinsamten Sprecher entgleiten, von denen er zusehends isoliert wird.«

Ich behaupte nicht, jeder lese das Gedicht zunächst so. Ich sage nur: so kann man das Gedicht lesen; und: die meisten Leser werden zunächst auf eine ähnliche Art einen kohärenten Sinn konstruieren.

Nun hat die schrittweise Bekanntwerdung der Vorstufen von Trakls Gedichten und zuletzt die kritische Ausgabe zutage gebracht, daß diese Kohärenzbildungen und logischen Durchstrukturierungen unhaltbar sind. Im vorliegenden Fall beginnt z. B. die frühere Fassung dieses scheinbaren Anti-Drogen-Gedichts mit dem Ausruf: »Getrost ihr dunklen Gifte...« (I. 412) Allein schon diese Umkehrung der moralischen Pointe müßte die obige sekundäre Bearbeitung zunichte machen. Und auf das Bild vom

Schatten des Fremdlings folgt zunächst durchaus kein Verweis auf Meer
oder Meerähnliches, sondern das Verspaar:

> Uralt einsame Wasser
> Versanken im Sand

Dieses Verspaar seinerseits ist hervorgegangen aus den Vorstufen:

> Und die blauen Flüsse
> Versinken im Sand
>
> Schwarze Lachen
> Versinken im Moor
>
> Schwarze Kröten
> Versinken in uralten Moorwassern
> (II. 288)

Keine dieser Varianten läßt sich in einen durchgehenden Bedeutungszusammenhang integrieren; genauer: wollte ich an einem durchgehenden
Bedeutungszusammenhang festhalten, müßte jede der Varianten diesen
wieder verändern.

Zudem steckt gerade hinter dieser Stelle auch noch ein isoliertes Rim-
baud-Zitat.[1]

Das besagt: wie immer die sekundäre Bearbeitung beschaffen sein mag,
der kritische Leser muß sie zuletzt verwerfen. Und mit dem Verwerfen
wird er auch schon die Gegenthese aufstellen: die Sätze und Bilder im Gedicht seien eine reine Montage, eine Kombination heterogener Bild- und
Sprachteile; es handle sich um eine Zusammenfügung nach unbekannten
Regeln, möglicherweise musikalisch-rhythmischen, möglicherweise rein
zufallsbestimmten.[2]

Wenn dieser kritische Leser jedoch mit seinem neuen Verstehensmuster
an andere Gedichte Trakls herangeht, wird er damit die gleiche Erfahrung
machen, die er vorher mit der sekundären Bearbeitung gemacht hat: auch
das Modell der reinen Collage / Montage / Kombination läßt sich nicht halten. Zu deutlich, unabweisbar, sind eben doch immer wieder Bedeutungs-
zusammenhänge sichtbar. Es zeichnet sich etwas ab, was ich die »semantische Tendenz« nennen möchte und was einem die Beruhigung mit dem
Montage-Modell verunmöglicht. Sobald ich aber diese semantische Tendenz konsequent auswerten will, verschwindet sie mir unter den Händen,
und ich finde mich erneut in der ersten der zwei Sackgassen. Die Trakl-Forschung war lange Zeit davon bestimmt, daß man sich als Exeget auf eines
der beiden Lese-Modelle festlegte, Beweise dafür suchte, dafür fand und
die Beweise dem germanistischen Gegner um die Ohren hieb.

Das ist falsch. Man darf nicht länger darüber streiten, welche der beiden
Verstehensweisen mehr für sich habe. Vielmehr muß man diesen Prozeß,

den der Leser durchmacht, als die dem Trakl-Gedicht spezifisch eigene Wirkung betrachten. Alle gewissermaßen klassischen Verfahren der Trakl-Forschung zeigen ja den analogen Ablauf. Ob man nun versucht, die immer wiederkehrenden Motive, Farben, Bilder des Dichters zu einem System zu ordnen, das den Schlüssel ergäbe für das Verständnis des einzelnen Gedichts (nach dem Muster: »blau« bedeutet x, »silbern« bedeutet y, »geistlich« bedeutet z); ob man versucht, die Gestalt des Mönchs, Helians, Elis', schließlich der Schwester aus der Überschau übers Gesamtwerk mit genauer Funktion zu versehen; ob man die Regeln, nach denen Trakl seine Gedichte überarbeitet, herausfinden will – immer halten sich zuletzt Berechtigung und Aussichtslosigkeit des Unterfangens in irritierender Weise die Waage.

Wie kommt das zustande? Wie erreicht der Text, daß der Leser noch und noch zur Überzeugung gelangt, es gebe den schlüssigen Bedeutungszusammenhang, und aus dieser Überzeugung unweigerlich in die Enge geführt wird? Wären die Gedichte Trakls hermetisch im geläufigen Sinn des Wortes, könnte dieser Vorgang sich nicht immer neu abspielen. Man stünde dann eben davor, wie der Laie vor den Hieroglyphen eines ägyptischen Obelisks, wo er Figürchen und Vögelchen sieht, aber sehr rasch den Gedanken fallenläßt, er könnte den Text lesen.

Was ich hingegen »semantische Tendenz« genannt habe, ist tatsächlich beschreibbar. Man kann es in einem Reduktionsprozeß nach strukturalistischem Vorbild auf Begriffe bringen. Es ist möglich, bei diesen Gedichten eine letzte, nicht mehr weiter reduzierbare Opposition zu finden und zu benennen, und da sich diese tatsächlich unentwegt repetiert, hat man damit jenen durchgehenden Raster gefunden, der dem Leser den fatalen Eindruck eines schlüssigen Bedeutungszusammenhangs vermittelt.

Die letzten, nicht mehr weiter reduzierbaren, auf einander aber antithetisch bezogenen Bedeutungseinheiten sind: *das Langsame* und *das Rasche*.

Aus diesen zwei Dimensionen konstituiert sich das Traklsche Gedicht. Von ihnen ausgehend, kann ich eine größere Zahl von Transformationen beschreiben, die die lyrische Produktion Trakls beherrschen. Ich zeige das so knapp wie möglich.

Dem Langsamen entspricht das Weiche. Es steht in Opposition zum Harten, Steinernen. Die rein zeitlichen Kategorien langsam und rasch sind also auf Mutationen hin offen, auf Umsetzungen in den Bereich des Tastsinns. Dort fügen sich neben das Harte und Weiche alle jene Dinge, deren oberste oder unmittelbarste Qualität Härte resp. Weichheit ist: das Stählerne etwa, das Steinerne resp. das Wächserne oder das, worein man die Finger tauchen kann. Das geht bis zu so verfeinerten Oppositionen wie dem kahlen Baum, dem kahlen Geäst gegenüber dem blätterreichen, gewissermaßen weichen Astwerk. Hier schließen jene Figuren und Vorstellungen an, die das Hart- oder Weichwerden signalisieren. Mit ihnen kommen erstmals Vorgänge, also dynamische Elemente ins Gedicht.

Dem Langsamen / Weichen entspricht weiterhin der Zustand des Entspannten, Entspanntwerdens, Entspanntgewordenseins, der seinen Gegensatz im Verkrampften, in der Ballung, der heftigen Muskelkontraktion hat. Mit wieder vermehrt temporalem Akzent liegen auf der ersten Achse das Vergehende, das Versinken, Verdämmern, Verfallen, das Weniger-Werden oder Wenigersichtbar-Werden. Dem steht entgegen alles Sich-Steigernde, ins Gesichtsfeld Springende, alles rasch Wachsende, Auffahrende. Ohne den Charakter der Minderung ist es das Ruhende gegenüber dem Ruhelosen.

Diese einfachsten Felder der semantischen Tendenz werden nun vom Gedicht Trakls weiter transformiert in ideelle, auch ideologische Wort- und Bildergruppen, in soziologisch-kulturgeschichtliche, in animalische, schließlich aber in eine letzte spezifische Opposition, die ihrerseits sogar als die ursprüngliche begriffen werden könnte.

In einem ideellen Kontext entspricht dem Langsamen die Bilderzone des sog. »Geistlichen«, des Mönchischen. Es erscheint sowohl als menschliche Gestalt wie als Attribut. So wie alles, wovon das Gedicht spricht, in die Beschaffenheit des Langsamen treten kann, kann auch alles in Bezug gesetzt werden zum geistlichen, mönchischen Habitus. Hier zweigt sich übrigens das von Trakl so geliebte Wort »hären« ab.

Ins Kulturgeschichtliche versetzt, erscheint das Langsame als das vorindustrialisierte ländlich-dörfliche Leben, die Welt der Urberufe Fischer, Zimmermann, Bauer, Jäger mit den Örtlichkeiten Waldrand, Acker, Dorf, Schenke. Die Opposition dazu bilden entweder die Bilderketten aus dem Bereich der modernen Stadt, der Städte, der konsequenterweise steinernen, also harten Städte, oder, wie im »Schlaf«-Gedicht, der »stürzenden Städte von Stahl« – eine Formulierung, die auf die kürzeste mögliche Weise das Rasche, das Harte und die Stadt vereinigt.

Auf der historischen Ebene entspricht dem Langsamen sowohl das Vergangene wie das Zukünftige. Beides! Das ist besonders wichtig. Zum Raschen dagegen gehört das geschichtlich Gegenwärtige, alles Zeitgenössische. Die berühmten »ungebornen Enkel« aus dem Grodek-Gedicht könnten also ebensogut die Ahnen, die Längstverstorbenen sein (was für die vielbeschworene »Prophetie« und »Seherkraft« Trakls seine Bedeutung hat). Wie im Detail das Dorf und die Stadt einander opponieren, sei hier nicht weiter ausgeführt. Wichtig ist allerdings zu wissen, daß jeder einmal gesetzte Ausgangspunkt im Gedicht seine Opposition auch unabhängig vom hier skizzierten Gesamtrahmen hervortreiben kann. So erscheint innerhalb des ländlichen Dorfes etwa die Schmiede als das gegensätzliche Heftige, Wilde, oder es erscheint innerhalb der Stadt der langsame Zerfall als ein beruhigtes Weiches dem Steinernen gegenüber.

Die Neigung Trakls, dies alles ins Animalische umzusetzen, in Tierbilder, Tierszenen, mag durch die zeitgenössische Malerei und den Tierkult der Symbolisten unterstützt und gefördert worden sein. Das weiche Wild, das sterbende, verblutende Wild, die sanften Kröten und Fische, sie haben ihre Gegenbilder in den sich bäumenden Rossen, den schießenden Ratten. Hier wie dort können auch Vögel stehen, mit, je nachdem, sanftem oder aber zuckendem, sausendem Flug. Endgültig zuordnen kann und darf man nichts, auch die Farben nicht, obwohl etwa Blau sicher häufiger sich mit dem Langsamen verbindet als mit dem Raschen. Eine der faszinierendsten Ebenen solcher Transformationen bilden die entsprechenden Abwandlungen der Ich-Figuren oder Ich-Projektionen: Elis, Helian, der Mönch, insbesondere der Knabe, der in der Sphäre des Langsamen sowohl der Ungeborene wie der Frühverstorbene sein kann (entsprechend dem Zusammenfall des Längstvergangenen und des Zukünftigen auf der historischen Ebene). So stirbt Kaspar Hauser (I. 95) als ein Ungeborener (»Silbern sank des Ungeborenen Haupt hin«), wobei die paradoxe Konsequenz, daß der Frühverstorbene auch der Noch-gar-nicht-Geborene sein kann, hier wörtlich formuliert wird. Daß das Ich des Gedichts oder dessen Äquivalent auf die vielfältigste Weise der einen oder andern Dimension zugehören, von der einen in die andere übergehen oder hinüberstürzen kann, braucht wohl nicht weiter erläutert zu werden. Auch jene Gestalt, die in direktestem und deutlichstem Bezug zum Historisch-Biographischen bei Trakl steht, die Schwester, ist ganz deutlich bald so, bald anders strukturiert.

Gerade der Verweis auf die Schwester führt nun aber auf jene angekündigte Oppositionsebene, die für Trakl vielleicht am aussagekräftigsten ist, von deren genauerer Befragung möglicherweise besonders folgenschwere Resultate zu erwarten sind. Es ist der Bereich von Erotik und Sexualität. Hier bestätigt sich die Annahme einer Grundopposition des Langsamen und des Raschen in auffällig konturierter Weise.

Die Evokationen von Erotik und Sexualität lagern sich im Traklschen Gedicht um zwei gegensätzliche Situationen herum: einerseits den »Schlaf der Liebenden«, wie er es gerne nennt, andererseits die Körperliebe, die konkrete Umarmung, den Koitus. Das letztere ist durchwegs mörderisch, fürchterlich, gräßlich. Es verbindet sich mit Begriffen des Jähen, Raschen, des Harten, Steinernen, des Zerbrechenden, Zersplitternden, häufig auch mit der Vorstellung des Lachens als etwas Zerklirrendem.

So kann es heißen:

> Zwei Wölfe in finsterem Wald
> Mischten wir unser Blut in steinerner Umarmung
> ...
> Gräßliches Lachen, das unsere Münder zerbrach
> (I. 396)

Das steht dann gegenüber der:

> ... sanften Umarmung / Der Liebenden
>
> (I. 159)

oder es wird von den Augen des Knaben Elis gesagt:

> Ihre Bläue spiegelt den Schlummer der Liebenden
>
> (I. 372)

Auffälligerweise ist schon das Wort »Liebende«, »die Liebenden« deutlich der Sphäre des Langsamen eingefügt, während die Gegenposition sich eher mit dem Begriff »Umarmung« verbindet. Es wäre jedoch falsch, diese Gegensätzlichkeit als die Opposition von primitiver Sexualität und durchgeistigter Erotik, von niederer und höherer Liebe zu bezeichnen. Hier wie dort handelt es sich um eine grundlegende Erscheinungsform von Sexualität. Das soll im folgenden näher erläutert werden.

Es gehört zu den Errungenschaften der Psychoanalyse, daß sie das klischeehafte Modell von der höheren und der niederen Liebe einer systematischen Kritik unterzogen hat. Für den Philologen ist es immer wieder faszinierend zu beobachten, wie Sigmund Freud noch in späten Schriften (etwa in den *Vorlesungen zur Einführung in die Psychoanalyse*) den Kampf um die soziale Anerkennung seiner Wissenschaft als Kampf um die Berechtigung eines Wortes, des Wortes »Sexualität / sexuell«, in bisher fremden Zusammenhängen führt. Was nun die Traklsche Opposition von Koitus und Schlummer der Liebenden betrifft, ist es durchaus so, daß das Gedicht selber zu der traditionellen Wertung neigt, daß es fleischliche und geistige Liebe als Ausprägungen des Bösen und des Guten nahezulegen scheint. Es fragt sich deshalb, ob man sich nicht gegen das Gedicht vergehe, wenn man diese Wertung unterläuft und beide Gegebenheiten als gleicherweise signifikante Ausprägungen von Sexualität mit den Begriffen der Psychoanalyse zu erfassen sucht. Hier versteckt sich ein literaturwissenschaftlicher Grundsatzentscheid, über dessen Richtigkeit allein das Resultat entscheiden kann. Was im Gedicht Trakls als »Schlummer der Liebenden« mit den angrenzenden Bildern und Vorstellungen erscheint, das ist im psychoanalytischen System jene umfassende Form sexueller Befriedigung, welche die früheste Sexualorganisation, die prägenitale in ihren ersten Phasen, charakterisiert.[3]

Hunger und Liebe sind dort noch ein einziges und ungetrenntes Bedürfnis; die Erfüllung ihrer Wünsche stellt einen einzigen und einheitlichen Vorgang dar. Das Saugen und Trinken als rhythmisierte Aktivität leitet über in jenen Zustand von fragloser Beseligung, den Freud immer wieder mit unverkennbarer Faszination am schlafenden Baby festgestellt hat und in welchem er die prägende Frühform wesentlicher Glückserfahrungen und Glücksvorstellungen des späteren, auch des erwachsenen Lebens erkennen wollte. Das Liebesobjekt ist für das winzige Menschenwesen noch die ganze Welt, weil es eine Differenzierung zwischen dem tatsächlichen Liebesobjekt, der Mutterbrust resp. ihren Repräsentanten, und allen übrigen Dingen auf dieser Stufe noch gar nicht gibt. Dieser Totalität entspricht eine körperliche: die Befriedigung ist noch nicht auf bestimmte Körperzonen fixiert, sondern muß als eine die ganze Leiblichkeit gleicherweise erfassende, erschütternde und beschwichtigende angenommen werden. Das Phasenmodell der anschließenden Libidoentwicklung (Freud nennt es selbst: »... nichts anderes als Konstruktionen, aber ... notwendige und nutzbringende Konstruktionen«[4]) ist gekennzeichnet durch eine schrittweise Spezifizierung auf Körperzonen hin und eine zunehmende Differenzierung im Objekt. Je mehr der Unterschied zwischen dem Liebesobjekt und der übrigen Welt zur Erfahrung wird, um so deutlicher erkennt das infantile Wesen sich als gesellschaftlich: aus dem Ganzen tritt die Mutter als ein Verschiedenes heraus; neben der Mutter zeigen sich andere; diese andern erhalten schließlich den Charakter von Konkurrenten, von geliebten Feinden. Damit ist die ödipale Trias angelegt und jene fundamentale Krise eingeleitet, über welche der einzelne entscheidend sozialisiert oder aber in seiner Sozialisation entscheidend gehemmt wird.

Der ganze Vorgang kommt zum Abschluß in der erreichten Genitalität, in der grundsätzlichen Überwindung der verschiedenen prägenitalen Organisationsformen. Überwindung heißt dabei aber nicht Vernichtung und Vergessen, Überwindung heißt beim geglückten Prozeß: Rettung der sozialisierbaren Elemente jeder einzelnen Phase, ihre Abtrennung von den nicht sozialisierbaren, barbarischen, zivilisations- und entwicklungsfeindlichen Bestandteilen. In diesem Zusammenhang ist der Begriff der »Zärtlichkeit« für Freud zu einem wissenschaftlich präzisen Terminus geworden. Er bezeichnet nichts anderes als die Form, in der die früheste Sexualorganisation mit ihren spezifischen Befriedigungsabläufen weiterlebt.[5] »Zärtlichkeit« ist in diesem besonderen Sinne wesentlich nichtgenital. Sie ist spezifisch »prähistorische« Sexualität, um einen Lieblingsvergleich Freuds für die infantilen Erfahrungen aufzugreifen. »Prähistorische« Sexualität aber ist nicht minder radikal und totalitär als die »historische«, d. h. bewußte, erinnerte, erwachsene.

Zärtlichkeit als »prähistorische« Sexualität muß überwunden und bewahrt werden zugleich. Der Zielzustand ist dort erreicht, wo sie sich der Genitalität, der sie weichen mußte, wieder verschwistert. Da gleicht sie deren eigene Versagungen aus, lockert ihre tyrannische Fixierung an die Funktion der Fortpflanzung und das Instrumentar der Genitalien, macht sie offen auf ältere, totale Glücks- und Körpererfahrungen hin. Dies alles steht hinter Freuds einfachem Satz über den Säugling: »Die ersten Regungen der Sexualität zeigen sich beim Säugling in Anlehnung an andere lebenswichtige Funktionen. Sein Hauptinteresse ist, wie Sie wissen, auf die Nahrungsaufnahme gerichtet; wenn er an der Brust gesättigt einschläft, zeigt er den Ausdruck einer seligen Befriedigung, der sich später nach dem Erleben des sexuellen Orgasmus wiederholen wird.«[6]

Was das Gedicht Trakls nun unübersehbar charakterisiert, ist die Unvereinbarkeit von Zärtlichkeit und Genitalität.

Genitale Sexualität ist mörderisch und schrecklich. Sie liegt in der semantischen Tendenz ganz auf der Achse des Raschen. Von ihr abgetrennt und durchaus der andern Achse zugehörig ist die spezifisch nicht-genitale Sexualität der »Zärtlichkeit«, des gleichzeitig prägenitalen und postgenitalen Glücks: – prägenital als Schlummer des Ungeborenen in nächtiger oder blauer Höhle, postgenital als Schlummer der Liebenden. Der Begriff »postgenital«, der hier ad hoc gebildet wird, könnte nun allerdings täuschend wirken. Er darf in keiner Weise nahelegen, es handle sich um einen Zustand, der – für das Trakl-Gedicht – im Durchgang durch genitale Sexualität erreichbar wäre. Dies wäre zwar eine logische Schlußfolgerung, das Gedicht bestätigt sie aber nicht. Das Gedicht kennt nur die Opposition, und es kennt genitale Sexualität nie und nirgends als Weg und Übergang zu jenem gelösten Schlummer. Genitale Sexualität ist tödlich. Es gibt keine Kompromißform, keine Grenzzone, nur die harte, unpassierbare Grenze selbst, die Grenze, an der einer niederbricht wie Blaubart in Trakls Puppenspielfragment. Dieser Blaubart, die deutlichste, expliziteste Verdichtung genitaler Sexualität in Trakls Werk, tötet die Frau, nachdem er zum zweiten Mal sein Lied gesungen hat:

> Ist's ein Affe, oder ist's ein Stier
> Ein Wolf oder ander reißend Getier
> Hei lustig geschnäbelt zur Nacht –
> Bis zweie nur mehr eines macht!
> Und eins ist der Tod!   (I. 445)

Nach dem Mord aber heißt es:

> Nach einiger Zeit erscheint Blaubart, bluttriefend,
> und trunken außer sich und stürzt wie niedergemäht
> vor einem Crucifix nieder.   (I. 445)

Dieses Zusammenbrechen »wie niedergemäht« signalisiert deutlicher als alles andere die Unmöglichkeit, aus der Zone genitaler Sexualität den Übergang zu finden in den Schlummer der Liebenden, in die gleichzeitig prä- und postgenitale Zärtlichkeit, in den Raum alles Langsamen, Leisen, Weichen und Geistlichen. Blaubart ist bei Trakl also nicht so sehr der Einsperrende, wie im Märchen, sondern der selber Eingesperrte. »Gott will's«, steht in den furchtbaren Versen, mit denen er sich seiner Braut eröffnet:

> Doch soll ich dich Kindlein ganz besitzen –
> Muß ich, Gott will's, den Hals dir schlitzen!
> Du Taube, und trinken dein Blut so rot
> Und deinen zuckenden, schäumenden Tod!
> Und saugen aus deinem Eingeweid
> Deine Scham und deine Jungfräulichkeit.
>
> (I. 444)

Und wegen eben dieses »Gott will's« kann er dann auch von seinem alten Diener angesprochen werden:

> Hab nie Herr einen gesehn in der Welt –
> Der so wie Ihr von Gott gequält!
>
> (I. 441)

Dies ist der Ort, an dem man spontan die Frage zu stellen geneigt ist nach Trakls privater Biographie, seinem eigenen psychischen und erotischen Schicksal. Man wünscht die Frage spontan zu stellen in der Annahme, die Antwort würde das Muster ergeben, welches diesen Gedichten zugrunde liegt, so daß zuletzt, nach guter Germanisten-Manier, die Biographie als Passepartout durchs ganze dichterische Werk dienen könnte.

Dieses hermeneutische Spontanverhalten ist indessen gefährlich. Wir haben genügend Zeugnisse, um eine psychologische Pathographie des Menschen Georg Trakl zu schreiben. Sie ist schon mit Theodor Spoerris Buch zu wesentlichen Teilen vorgelegt worden.[7] Aber gerade das Muster, das den Gedichten zugrunde liegt, der bequeme Passepartout für den Interpreten ergibt sich daraus nicht. Die Biographie bietet reichliche Entsprechungen, Analogien, Parallelen zum Werk, nicht aber den gesuchten Schlüssel.

Konkret gesagt: so viel man auch über Trakls Verhältnis zu seiner Schwester weiß und je wissen wird, über den Inzest, den Drogenkonsum, das vielleicht absichtliche Süchtigmachen, die Verschüttung, den Suizid beider, es wird stets eine Kluft bleiben zwischen diesen Informationen und der »Schwester« in Trakls Gedichten, als einer poetischen Konkretisation, einer der außerordentlichsten poetischen Konkretisationen in der literarischen Arbeit unseres Jahrhunderts.

Ich gehe deshalb auf Trakls Biographie gar nicht weiter ein. Biographisch nämlich ist durchaus möglich, was für Trakl poetisch unmöglich ist: eine gelegentliche flüchtige oder umfassende Versöhnung von Genitalität und Zärtlichkeit. Biographisch ist ein tausendfältiger Fächer von Beziehungsnuancen zwischen Schwester und Bruder denkbar, während poetisch jene Polarität regiert, wie sie uns etwa in den verschiedenen Fassungen eines Abschnitts der Prosadichtung »Erinnerung« entgegentritt. Da ist die Schwester zuerst ganz auf die Achse des Raschen resp. der Genitalität bezogen:

Hinter dem Hügel klang das purpurne Lachen der Hölle,
ehern Geschrei. Bei der Mühle zündet die Schwester ein Feuer an,
lachend vergraben in ihr scharlachfarbenes Haar. Schatten sind es,
die sich nächtlich begegnen im dornigen Wald. (II. 167)

Das wird nun in zwei Schritten verschoben ins Gegenfeld. Zuerst:

Aber hinter dem Hügel ist Schnee gefallen und es rauschen
zu Häupten die schwarzen Schwingen heimkehrender Raben. Und es trat
aus purpurner Flamme das Antlitz der Schwester schlummernd in ihrem
härenen Haar. Schatten begegnen wir uns auf dornigen
Pfaden. (II. 167)

Und in der nächsten Gestalt:

Ein goldener Kahn sank die Sonne am einsamen Hügel und es
verstummen zu Häupten die ernsten Wipfel. Stille begegnet in feuchter
Bläue das schlummernde Antlitz der Schwester, vergraben in ihr
scharlachfarbenes Haar. Schwärzlich folgte jenem die Nacht. (I. 382)

Es ist eindeutig, daß hier kein Kompromißzustand, keine Versöhnung der
Opposition sichtbar wird. Was die Veränderungsarbeit leistet, ist nicht die
Annäherung an eine immer höhere künstlerische Vollkommenheit, son-
dern ein nicht begründbares Austauschen künstlerisch gleicherweise voll-
kommener Passagen, bei denen man einzig die Verschiebung auf die kon-
träre Achse der semantischen Tendenz feststellen kann. Wir alle sind, als
Leser, durch die idealistische Tradition der deutschen Literatur in einer
Weise vorgeprägt, daß wir bei den Anzeichen einer Antithetik, wie sie bei
Trakl zur Erscheinung drängt, sogleich den klassischen Dreischnitt: Posi-
tion-Gegenposition-Synthese erwarten und suchen. Das wird in diesem
Falle noch verstärkt durch die Tatsache, daß Schlummer und Wachen, Bewußtlosigkeit und Erkenntnis als Traklsche Themen ihre Herkunft aus
dem Raum der idealistisch bestimmten Dichtung um 1800 (Novalis, Hölderlin, Kleist, Brentano) nicht verleugnen. Solche Deutung wäre aber nur
die vornehmste und gedankenschwerste Art der sekundären Bearbeitung.
Es gibt da keine Synthesis von Schlummer und Erkenntnis, auch nicht als
utopischen Entwurf. Man muß das Werk Trakls ertragen, wie es ist, obwohl
es schwer zu ertragen ist. Das ständige Ausbrechen des Lesers in die zwei
Verstehensmodi, das ich eingangs beschrieben habe, ist Zeugnis davon.

Was besagen nun die Aussagen zum Bereich der Sexualität für diese
Schwererträglichkeit, für die schmerzhafte Komponente des Lesevor-
gangs? Silvio Vietta und Hans-Georg Kemper haben mit Nachdruck auf
die Kategorie der Ich-Dissoziation als eines konstitutiven Elements expressionistischer Literatur aufmerksam gemacht. Es handelt sich dabei um eine
notwendige, aber gleichzeitig auch diffuse Kategorie, diffus, weil sie so
verschiedenartige Phänomene wie Wahnsinn, Suizid, Großstadt-Einsam-
keit, Zusammenbruch der Metaphorik und sozialen Rollenverlust auf den

einen Perspektivpunkt des hilflosen Ich hin versammelt und bündelt. Dringlich sind also Präzisierungen, sind die Spezifizierungen solcher Ich-Dissoziation – nicht zuletzt deshalb, weil der Symptomen-Katalog dieser Erscheinung unübersehbar korrespondiert mit der literarischen Form, mit jenem literarischen Formen-Katalog, den wir pauschal und doch berechtigt als »modern« bezeichnen.

Georg Trakls Gedicht läßt sich lesen als die lyrische Erscheinungsform einer Dissoziation der erotischen Identität. Um einen Begriff Eriksons aufzunehmen: was hier vorliegt, ist eine »Identitätsdiffusion«, die das ganze Ich erfaßt, deren Basis aber die Diffusion der Sexualität, der sexuellen Person – wenn das Wort gestattet ist – bildet. Die Harmonie von prähistorischer »Zärtlichkeit« und historischer Genitalität, von frühskindlicher und erwachsener Sexualität, spiegelt, wenn und wo und falls sie erreicht ist, die geglückte Sozialisation des Subjekts, die gelungene Integration des einzelnen in seinem sozialen Raum. Diese Harmonie ist nicht nur Signal der Sozialisationsfähigkeit des Ich, sie ist ebensosehr Signal eines gesellschaftlichen Zustandes, der die Sozialisation ermöglicht und fördert und glücken läßt. (In der Literatur ist dieser Vorgang bekannt aus den Schlußszenen der großen Komödien.) Genau damit aber wird, was Trakls Gedicht vermittelt, zu einer Silhouettenlinie der Epoche – unvergleichlich mehr zu einer Silhouettenlinie der Epoche, als der Psyche des Autors.

Wohl ist das Scheitern der Liebe, die Polarisierung der Liebe, die Zerrüttung der gemeinsamen Welt des schönen Paares eines der großen Mittel der Dichtung, wenn sie die Falschheit der jeweiligen gesellschaftlichen Organisation analysierend vor Augen rücken will. Was aber im revolutionären 18. Jahrhundert als Scheitern der Liebe durch den brutalen Eingriff der Feudalmacht, des Herrscher-Vaters erscheint, was in den romantischen Jahrzehnten als Auseinandertreten der Geliebten in die sanfte und die wilde, die weiße und die schwarze, die jenseitig sublime und die diesseitig sinnliche resp. die philiströse und die zigeunerhafte greifbar wird, das ist im Gedicht Trakls furchtbar vereinfacht und radikalisiert zur zerschnittenen Sexualität des einen, isolierten Ich, zu einer Spaltung, von der die Risse durch alle Dimensionen der Person weiterlaufen. Charakteristisch ist hier vor allem, daß die Schwester (als poetische Realität, nicht als biographische) immerzu beides vorstellt: »purpurnes Lachen der Hölle« und »schlummerndes Antlitz« in »feuchter Bläue«. Und dies nicht als Abwechslung und Nacheinander, sondern in unvermittelter Gegenwart.

Von da aus erklärt sich auch, warum »die Schwester« zum Liebespartner schlechthin wird in diesem Gedicht. Wie immer die biographischen Dinge zwischen Georg und Margarete Trakl gewesen sein mögen, eine Notwendigkeit, daß sie zu der poetischen Figur »Schwester« führten, ergibt sich aus ihnen nicht. In den konventionelleren Gedichten Trakls ist ja die Gestaltung der erotischen Partnerfigur zunächst in Richtung der (in der zeitgenössischen Literatur aktuellen) heiligmäßigen Prostituierten angelegt. Dieses Muster, halb Dostojewski, halb Wedekind, vermochte zwar die Diskrepanz zwischen den bürgerlichen Normen und den Werten einer außerbürgerlichen Sittlichkeit im erotischen Bereich aufzudecken, es ist aber nicht geeignet, das zu vermitteln, was Trakls Gedicht immer heftiger zu vermitteln strebt: den Riß, der durch das Ich selber läuft. Wort und Vorstellung »Schwester« hingegen legen dies schon von Natur aus nahe. Die Schwester, Teil des intimsten sozialen Raums, der Familie, ist für das Ich des Gedichts – übrigens auch für das Ich des Lesers – ein Element naturwüchsiger gesellschaftlicher Identität. Indem sie zur erotischen Partnerin wird, die Rolle des begegnenden Andern übertragen bekommt, weist sie auf, daß hier der Andere nur als Teil und Ableger des Ich möglich ist: daß die identitätsschaffende Begegnung mit einer geliebten Du-Gestalt die identitätszerrüttende Abspaltung dieser Gestalt vom Ich selber zur Voraussetzung hat. Die Inzest-Thematik bei Trakl ist also zu verstehen als eine charakteristische Ausprägung dissoziierter erotischer Identität. (Das versteht sich nicht von selbst. Das Inzest-Motiv kann nämlich in der Literatur auch ganz andere Bedeutungen haben. Akzentuiert als Raub am Vater beispielsweise, signalisiert es den Aufstand gegen die etablierte Macht. Dies wäre bei Trakl kaum nachzuweisen.)

Wenn ich also im Gedicht Trakls die Dissoziation der erotischen Identität feststelle als eine der schärfsten möglichen Ausprägungen scheiternder Sozialisation, rücke ich damit diesen Dichter ebensosehr neben die andern Expressionisten wie von ihnen weg. Daß die meisten der Autoren, die wir nun einmal Expressionisten nennen, das bei Trakl Festgestellte als eine ihrer Möglichkeiten ahnen, vielleicht davon zu reden suchen, dürfte sich nachweisen lassen. Ebensosehr aber auch die Tatsache, daß sie oft genug ausweichen in die Scheinlösungen demonstrativer Sinnlichkeit als eines Bürgerschrecks, in knallige Bohème, in verbilligte Nietzsche-Gesten, oder dann in die schwelende Melancholie dessen, dem keine Geliebte ganz genügen kann. Neben Trakl zu bestehen vermag hier wohl einzig Else Lasker-Schüler; Gottfried Benn hingegen so wenig wie Georg Heym.

Nun scheine ich aber in Konflikt geraten zu sein mit dem Anfang dieser Untersuchung. Habe ich nun nicht selber eine Kohärenzstruktur entwickelt, von deren behauptetem Fehlen ich doch ausgegangen bin? Ich muß also präzisieren: die semantische Tendenz mit ihren beiden Achsen des Langsamen und des Raschen stellt nicht eine Logik dar, von der her das Einzelne und das Ganze je benennbar und verständlich würde. Ihre Wirkung ist negativer Art: sie verhindert nur die hermeneutische Resignation. Ein Verstehen aber, das schrittweise voranrückte, ermöglicht sie nicht.

Und das hängt nun eben auch wieder zusammen mit der Ich-Dissoziation. Man darf wohl als Axiom gelten lassen, daß die Ich-Struktur eines Gedichts die Grundlage seiner Verstehens-Struktur bilde. Indem ich als

Leser an den Ort trete, an dem im Gedicht sich das Ich oder die Ich-Instanz befindet, beginnt sich mir dieses Gedicht zu erschließen.

Deshalb sind Gedichte, die ein dissoziiertes Ich *beschreiben*, in ihrer eigenen Ich-Struktur notwendigerweise durchaus intakt. Man denke beispielsweise an *Robespierre* von Georg Heym: da ist man als Leser dem zerstörten, psychisch geborstenen Menschen gegenüber so ruhig und gesichert, wie der beschreibende Autor einem ruhig und gesichert vorkommt. Darin liegt ein Dilemma expressionistischer Lyrik überhaupt. Der ekstatische Diagnostiker einer kranken Zeit präsentiert sich selber allzu leicht als der einzig Gesunde und ermöglicht dem Leser allzu rasch die Anschauung, nach welcher stets das Andere das Defekte und das Eigene das Intakte ist.

Bei Trakl aber ist dem nicht so. Da trete ich als Leser ebenfalls ein ins Gedicht, an den Ort, an dem die Ich-Instanz angelegt, angesetzt ist. Dort jedoch trifft mich deren fundamentale Dissoziation selber. Die semantische Tendenz bewirkt, daß ich mich nicht außerhalb des Gedichts halten kann wie bei Hans Arp oder Kurt Schwitters. Sobald ich mich aber im eigentlichen Wortsinn auf das Gedicht eingelassen, die Verstehens-Arbeit aufgenommen habe, streift mich selber jene Zerrüttung, welche dessen Ich-Struktur bestimmt. Dieses Gedicht ist deshalb in besonderer Weise *nicht* hermetisch, nicht nach außen abgeschlossen, sondern wirkt, bildlich gesprochen, wie ein fataler Sog. Der Leser wird von ihm hereingerissen in einen lyrischen Maelstrom, an Orte, wohin er nicht will, und Erfahrungen ausgesetzt, die zu machen er sich leidenschaftlich sträubt.

Dieser Vorgang im Leser ist die letzte Bedeutung des Gelesenen.

Anmerkungen

Die Trakl-Texte sind zitiert aus: Georg Trakl. Dichtungen und Briefe. Historisch-kritische Ausgabe. Hrsg. von Walther Killy und Hans Szklenar, Salzburg 1969. Zitiert wird jeweils im Anschluß an die Zitate mit Band- und Seitenzahl.

1 In Rimbauds *Une Saison en Enfer*, im Kapitel »Alchimie du Verbe«, kurz nach der berühmten Stelle über die Farbe der Vokale, findet sich der Satz:
»Au soir / L'eau des bois se perdait sur les sables vierges«
Das lautet in der von Trakl benutzten Übersetzung durch K. L. Ammer:
»Am Abend begann / Das Wasser des Hains im Sand zu versinken«
Der Kontext bei Rimbaud berührt sich inhaltlich mit dem Schlaf-Gedicht Trakls überhaupt nicht. Vgl. Arthur Rimbaud: Eine Zeit in der Hölle. Französisch/Deutsch. Hrsg. von W. Dürrson. Stuttgart 1970, S. 50 f.
2 Vgl. zu solcher Deutungstendenz Walter H. Sokel: Der literarische Expressionismus. München 1970 (erstmals Stanford 1959). Hier z. B. die Formel »So schaffte Trakl reine Kompositionen aus autonomen Metaphern.« (S. 68)
3 Vgl. dazu Sigmund Freud: Vorlesungen zur Einführung in die Psychoanalyse. Studienausgabe Bd. I., Frankfurt a. M. 1972, S. 309 ff. und S. 532.
4 Ebd. S. 322.

5 Vgl. dazu J. Laplanche und J.-B. Pontails: Das Vokabular der Psychoanalyse. Frankfurt a. M. 1972, S. 639f. (Artikel »Zärtlichkeit«).

6 S. Freud, a. a. O., S. 309.

7 Theodor Spoerri, Georg Trakl: Eine psychiatrisch-anthropologische Untersuchung. Bern 1954.

Kafkas Venus

Über den Roman »Der Verschollene«

Sie stammt aus vergessenen Kulten. Ihren wahren Namen weiß keiner. Sie war die älteste Schönheit. Erst als ihre Zeit zu Ende ging, wurde zur Unform erklärt, was sie so herrlich machte. Rund war sie und riesig. Sie regte sich in weichen Massen, in Walzen, Kugeln und Hügeln, darin gab es Schluchtenähnliches, und winzig erschienen die Händchen, zum Gehen ungeeignet die Füßlein. Man mußte sie stützen und tragen. Glücklich, wer mitschleppen durfte. Nichts Hartes war an ihr und alles immer in wellenhafter Bewegung. Vielleicht war sie gar nie ganz zu sehen, lag zur Hälfte im Wasser oder, unbestimmt beleuchtet, in tiefen Höhlen.

Irgendwann verlor sie dann ihre Macht an die jüngere Schönheit, die schlanke mit dem hohen Hals und dem Gazellenblick. Diese hatte ihre Logik, hatte Proportionen, war berechenbar. Sie suchte das Licht und bald einmal den Marmor. Mit ihr entstand ein klarer Begriff von Form und gleichzeitig auch die unerbittliche Kontrastvorstellung des Formlosen und Ungestalten. Jetzt wurde die erste Schönheit zum Gegenteil des Schönen überhaupt, ihre Gewalt im Raum war nur noch sackende Plumpheit und Unmäßigkeit.

Dennoch sind nicht alle Zeugnisse des alten Kultes verlorengegangen. Im Naturhistorischen Museum von Wien liegt das Figürchen der Venus von Willendorf: »Alter 20 000 bis 30 000 Jahre« haben die hilflosen Archäologen dazugeschrieben; und in Franz Kafkas Roman *Der Verschollene* taucht die enorme Göttin leibhaftig wieder auf, hat sogar einen Namen, heißt Brunelda, und der Held des Romans wird ihr Diener, darf sie schleppen helfen, schieben helfen, füttern helfen.

Auf Brunelda läuft der Roman zu, in Brunelda gipfelt er, nicht im Theater von Oklahoma, von dem die Germanistik raunt und redet wie sonst nur noch vom Schluß des Zweiten Faust. Es besteht der begründete Verdacht, daß man nur deshalb so innig von diesem Theater flüstert, um rasch über Brunelda hinwegzukommen, um Brunelda die Gewaltige als Episode abtun zu können. Das Stichwort von der »Episode« hat Max Brod lanciert, schon bei der ersten Ausgabe des Romans, demonstrativ abwertend und an der gleichen Stelle, an der er die Legende in die Welt setzte, das »Naturtheater von Oklahoma« sei Kafkas zentrale Erlösungsvision. Übrigens spricht Kafka nie von Naturtheater, und er schreibt immer Oklahoma.

Aber eben, so prächtig es sich bei einem »Naturtheater« metaphysisch werden läßt, theologisch werden läßt, kunst- und geschichtsphilosophisch werden läßt, so peinlich ist es, von Brunelda auch nur reden zu müssen. Der Schmutz, der da herrscht! Die Unordnung! Dieses klebrige, strähnige, kriechende Durcheinander von Unrat und Plunder! Das hat es noch gar nie gegeben in einem ernsthaften deutschsprachigen Roman. So hart die heranreifenden Jünglinge auch immer wieder angefaßt wurden in unseren erzieherischen Büchern, dergestalt knietief im Garstigen hatte keiner zu waten. Und dazu der Dunstkreis eines kolossalen Weibes! Das kann doch wohl vernünftigerweise nur eines bedeuten: der Held ist auf dem Tiefpunkt angelangt. Von jetzt an kann es nur noch sauberer werden und also besser, ordentlicher, aufgeräumter, perfekter, funktionierender, organisierter, effizienter – und also besser?

Als Karl Rossmann in den Dienst Bruneldas gerät – halb zieht man ihn, halb sinkt er hin –, hat er schon einiges hinter sich. Nicht nur die Vertreibung durch die eigenen Eltern nach Amerika, nicht nur die Landung in New York und die plötzliche, fast süchtige Verbrüderung mit dem stumpfen Heizer, nicht nur die Begegnung mit dem reichen Onkel und das erneute Verstoßenwerden, sondern vor allem die dramatische Eingliederung in den gigantischen Apparat des Hotel Occidental. Es ist dies eine der durchgeregelten, bis ins Unbegreifliche und Unbefolgbare durchgeregelten Rieseninstitutionen, für die der Name Kafka in den Kultursprachen zum Begriff geworden ist.

Wenn man nach den Insignien und Merkmalen fragt, die den immensen Betrieb prägen, dann stößt man auf zwei Dinge: Uhren und Uniformen. Das ist nicht eben originell. Literarische Allerweltssymbolik ist das, überall zur Hand, wo einer in Zivilisationskritik macht. Aber bei Kafka geht es mit den Symbolen seltsam zu, auch den ganz vertrauten. Bei ihm wird nicht der gewöhnliche Gegenstand durch die Art, wie er ins Licht tritt, zusätzlich bedeutungsvoll – so geschieht es im herkömmlichen literarischen Text –, bei ihm wird vielmehr die als symbolisch erkennbare Sache in einer Weise bearbeitet, daß sie immer fremder wird und aus der Deutbarkeit unheimlich wieder hinauswächst:

Beim Hotelschneider wurde ihm die Liftjungenuniform anprobiert, die äußerlich sehr prächtig mit Goldknöpfen und Goldschnüren ausgestattet war, bei deren Anziehen es Karl aber doch ein wenig schauderte, denn besonders unter den Achseln war das Röckchen kalt, hart und dabei unaustrockbar naß von dem Schweiß der Liftjungen, die es vor ihm getragen hatten.

Das ist Karls Initiation in den Apparat. Mit dieser Uniform wird er einer der vielen, vielen Burschen, die die vielen, vielen Aufzüge Tag und Nacht und bis zur Erschöpfung bedienen müssen. Natürlich kann man zwischen dem Zustand des Röckchens und dieser Arbeitswelt allerlei Beziehungen herstellen, den Leseschock aber, den man körperhaft erfährt bei den Worten »kalt, hart und dabei unaustrockbar naß vom Schweiß«, wird keine

Auslegung ganz einholen. Zuckt da nicht etwas auf wie eine Travestie der Schweißtuchlegende? Der Moment ist, wiewohl winzig, fast quälender als die langen Mißhandlungen, die dem Jungen später von den uniformierten Männern mental und brachial zugefügt werden.

Komplementär dazu steht die Stelle, an der Rossmann endgültig verurteilt und aus dem Hotel wieder verjagt wird. Er erwartet noch Hilfe von der Oberköchin, die ihm so mütterlich begegnet ist. In der entscheidenden Sekunde verrät sie ihn. Sie unterwirft sich den regierenden Männern und sagt das Gegenteil von dem, was Karl erwartet. Und man schaue zu, wie nun die Uhr, der alles durchdringende Terror der messenden Zeit, in diesen Erzählmoment eingeht: »Statt dessen aber sagte die Oberköchin nach einer kleinen Pause, die niemand zu unterbrechen gewagt hatte – nur die Uhr schlug in Bestätigung der Worte des Oberkellners halb sieben und mit ihr, wie jeder wußte, gleichzeitig alle Uhren im ganzen Hotel, es klang im Ohr und in der Ahnung wie das zweimalige Zucken einer einzigen großen Ungeduld: ›Nein, Karl, nein, nein!...‹« In schauerlicher Ironie regt sich hier der totalitäre Apparat, der jeden Menschen zum schnappenden Gerät macht, wie ein beseeltes Lebewesen und fühlt sich wahrhaftig selbst in seinen tausend Chronometern.

Was hat das mit Brunelda zu tun, in deren Kraftfeld Rossmann anschließend eintaucht? Sie ist das ganz Andere. Wenn das Hotel »occidental« ist, ist sie »oriental«. Wenn im Hotel alles in Ordnung ist, rational und rationalisiert, herrscht um sie das widerlogische Chaos. Wo es dort blitzt von Glas und Metall, dämmert hier alles im Halbdunkel schleppender Tücher und Vorhänge. Dort wird gearbeitet wie in einem Endspurt ohne Ende, hier regt und wälzt es sich mit der urzeitlichen Faulheit satter Höhlenbewohner. Dort ist jedes in der Zeit, hier alles drastisch daneben: »›Jetzt um vier Uhr nachmittags‹ – Karl staunte die Küchenuhr an – ›müßt ihr noch frühstücken?‹« Und schließlich das Entscheidende: in jener Welt regiert der Mann, in dieser die Frau. Beiderorts ist Herrschaft radikal verwirklicht und unmenschlich genug, aber die des weichen Weibes Brunelda unterscheidet sich von der der gepanzerten Männer wie ein Weltzeitalter vom andern.

Wer das, wie es geschehen ist, schlicht sexualpathologisch erledigt, als ein seltsames sadomasochistisches Zwischenspiel, greift in fahrlässiger Weise zu kurz. Mit Krafft-Ebing kommt man Kafka nicht bei. Das Sexualpathologische ist bei ihm nie der geheime Kern, der sich versteckt und dem mit vielen Listen nachzuspüren wäre, sondern die Oberfläche, die keine Fragen aufwirft, weil sie nichts verheimlicht.

Ebenso verkehrt ist die Beurteilung Bruneldas aus der Optik und mit den Wertvorstellungen der patriarchalen Gegenwelt. Man sollte denken, das verbiete sich von selbst; es ist aber die überwiegende Praxis der Exegeten. So sehr haben sie Reinlichkeit und Logik, exakte Uhr und straffe Uniform verinnerlicht, daß sie, wo eine andere Ordnung auftaucht, diese nur als unsittliche Abscheulichkeit erfahren können. Kafkas Venus hat bei Kafkas Dienern keine Chance. Diese Königin der Nacht trifft auf lauter barsche Sarastros. Die *magna meretrix* läuft in die Fänge einer patrouillierenden Sittenpolizei.

Zugegeben, man kann Rossmann selbst zum Zeugen holen. Versucht er denn nicht zu fliehen, mit List und Gewalt? Ist es nicht die prügelnde Brutalität Delamarches, des bevorzugten Beischläfers der Sängerin, was ihn in diesem Dienst hält? Es scheint so und ist doch so einfach nicht.

Rossmann selbst operiert auf verschiedenen Ebenen. Er will nichts als arbeiten und aufsteigen, aber er nimmt an der Sabotage seines sozialen Heilswegs eigenhändig Anteil. Nichts, worin er Opfer wird, geschieht durch seine Schuld – und nichts ohne seine tätige Beihilfe. Als Bruneldas Abgesandter die Katastrophe im Hotel einzuleiten beginnt, sucht Karl sich ihn verzweifelt vom Hals zu schaffen, aber er vermeidet dabei jedes wirklich wirksame Mittel und steckt ihn schließlich, in großartiger Paradoxie, zu endgültiger Entfernung in sein eigenes Bett.

Bei Brunelda gelandet, zögert er keinen Moment, den pittoresken Biotop als Unrat und Chaos zu bestimmen, aber er ist es auch wiederum, der die fremde Herrlichkeit erkennt und vermittelt. Im Finstern kriechend, erkundet er Bruneldas nächtliches Dasein: »Den Eßtisch fand er an einer offenbar ganz anderen Stelle als am Abend, das Kanapee, dem sich Karl natürlich sehr vorsichtig näherte, war überraschenderweise leer, dagegen stieß er in der Zimmermitte auf hochgeschichtete, wenn auch stark gepreßte Kleider, Decken, Vorhänge, Polster und Teppiche. Zuerst dachte er, es sei nur ein kleiner Haufen, ähnlich dem, den er am Abend auf dem Sofa gefunden hatte und der etwa auf die Erde gerollt war, aber zu seinem Staunen bemerkte er beim Weiterkriechen, daß da eine ganze Wagenladung solcher Sachen lag, die man wahrscheinlich für die Nacht aus den Kästen herausgenommen hatte, wo sie während des Tages aufbewahrt wurden. Er umkroch den Haufen und erkannte bald, daß das Ganze eine Art Bettlager darstellte, auf dem hoch oben, wie er sich durch vorsichtiges Tasten überzeugte, Delamarche und Brunelda ruhten.«

Das hat Größe. Das ist prächtig. Da entfaltet sich eine Komik, deren Rang nur im Blick auf Falstaff, Don Quijote und die Walpurgisnächte zu bestimmen ist. Sie gipfelt in Bruneldas Bad, wo das ungeheure Wesen in seine elementare Nähe zu den belauschten Susannen und Bathsebas, den triefenden Dianen und Aphroditen tritt und wo sie doch zugleich ihre kategoriale Distanz offenbart zu diesen mit dem Logos versöhnten Figuren.

Gewiß, Brunelda besitzt ihre eigenen Schrecken, und Rossmann hat Gründe genug für die Fluchtversuche, aber zuletzt ist sie doch die einzige Gegengewalt gegen die Diktatur der durchrationalisierten Zivilisation. Daß sie Sängerin ist, gewinnt erst von da aus sein volles Gewicht. Sie treibt die Kunst allerdings auf ihre Weise, ohne klare Trennung von den Begabungen fleischlicher Art. Ihr Wesen ist Überschwappen. Alle sauberen Unterscheidungen wälzt sie nieder. Ordnung bereitet ihr körperliches Weh. Als Karl sich ans Aufräumen des Bettgebirges macht, heimlich und ungesehen, spürt sie das von weitem und jammert auf. Die gewaltige Komik, die um sie wabert, nährt sich zuletzt aus der Verneinung der totalitären Ordnung, welche die Vater-Männer errichtet haben und als eine unbegrenzte behaupten.

Diese Komik ist das große Tabu der Kafka-Rezeption. Das Gelächter, auf das die vielen Seiten zielen, hat sich die akademische Leserschaft bis heute fast ausnahmslos verboten. Wer beim Kafka-Lesen lacht, vergeht sich wie in einer Kirche. Eine gleichmäßige Niedergeschmettertheit vor, während und nach der Lektüre ist unbedingte Pflicht, mögen die Texte beschaffen sein, wie sie wollen. Man fürchtet um das Prophetische des Dichters und um den Weihecharakter des eigenen Geschäfts. Als gäbe es nicht auch einen verharmlosenden Ernst.

Brecht und der Kälteschock

Das Trauma der Geburt als Strukturprinzip
seines Dramas[1]

Die banale Metapher als Obsession

Man könnte sagen, das Motiv, die Metapher ›Kälte‹ werde von Brecht mit Vorliebe gebraucht. Es sei ein Lieblingsmotiv, eine Lieblingsmetapher. So ist es gelegentlich zu lesen, aber es stimmt nicht. Was hier vorliegt, ist nicht ein Lieblingsmotiv, sondern eine Obsession. Man sehe sich die Stücke, die Gedichte daraufhin an. In dem großen, ununterbrochenen Produktions- und Reproduktionsprozeß findet sich kaum ein Arbeitsgang, der nicht an exquisiter Stelle dieses Signal ›Kälte‹ setzte. An exquisiter Stelle: das heißt vorwiegend dort, wo über das Ganze reflektiert wird.

Um Obsession muß es sich nun schon deshalb handeln, weil die Kälte als poetische Metapher nachgerade allzu banal ist. Selbst wenn man den Wandel des Brechtschen Bilder-Arsenals von der spätsymbolistischen Preziosität zur raffinierten Schlichtheit in Rechnung setzt, bleibt dieses Bild stets um etliche Grade zu schlicht. Dermaßen erscheint es klischiert, daß es sich auch von den zahllosen artistischen Verfahren Brechts nie ganz ›entautomatisieren‹ läßt, um Šklovskijs Begriff zu verwenden. Hier liegt vor: ein *signifiant* von teilweise privater, nicht kommunizierbarer Semantik. Das fällt nicht auf, weil da jeweils keine Leerstelle entsteht. Kein *locus incognitus* irritiert den Zuschauer / Leser wie etwa bei den exkommunizierten (nach Alfred Lorenzer ›desymbolisierten‹) Bildern der hermetischen Poesie.[2] Wenn in der hermetischen Poesie das poetische Zeichen änigmatisch ist, nicht aus einem bestehenden und bekannten Vorrat bezogen und deshalb nicht auf Anhieb lesbar, so ist das Zeichen Kälte bei Brecht allzuleicht lesbar. Es hat auf Anhieb den Vertrautheitsgrad des Banalen, und das bewirkt, daß einer gar nicht auf den Gedanken kommt, nach zusätzlicher Bedeutung zu fragen.

Ein Beispiel: Die *Dreigroschenoper.* Sie spielt im Winter (402, 425).[3] Der Schlußchoral bezeichnet sehr genau die imaginäre Qualität des Raumes, in dem das Stück abläuft, des Raumes, durch den sich die Figuren bewegen wie Fische, Haifische: »... denn es ist kalt: Bedenkt das Dunkel und die große Kälte in diesem Tale, das von Jammer schallt« (486). Diese Kälte ist eine absolute Qualität. Sie ist die conditio des ganzen Stücks. Wo sie als das nicht erkannt wird, geht das Werk daneben, bleibt es Kunstgewerbe mit Kriminaldekor und billigen Zynismen. Wohl wird diese Kälte von Brecht unübersehbar signalisiert, aber das Signal wird nicht im Umfang seiner

Bedeutung aufgenommen. Was man zur Kenntnis nimmt, ist ein etwas aufdringlich sakralisiertes Klischee. Die Funktion, die dem Schlußchoral als der Selbstinterpretation des Stücks zukommt, verlangt an sich ein Äußerstes an Prägnanz, und wir müssen annehmen, daß solche Prägnanz nach Brechts spontanem Empfinden dem blanken Stichwort »große Kälte« hätte eignen sollen. Wenn dem aber so ist, dann versagt hier seine poetische Präzision. Das Signal wird nur von dem aufgenommen, der gelernt hat, was »große Kälte« bei Brecht heißt, der die banale Außenschicht des Bildes durchstoßen und aufgelöst hat.

Man kann ein Stück wie *Die heilige Johanna der Schlachthöfe* als Beleg *und* als Einwand gegen das Gesagte heranziehen. Beleg insofern, als die Misere der vorgezeigten Welt zwar explizit wird als die sozioökonomische Mechanik des kapitalistischen Systems, versinnlicht jedoch wird sie als stufenweise wachsende Kälte, als jene »alles beherrschende Kälte« (679), in der der gute Mensch von Chicago zuletzt ganz real erfriert. Johanna stirbt physiologisch an dieser Kälte, an dieser Er-kältung. Die Todesursache ist Lungenentzündung (782). Wie weit Brecht damit ein kontrastives Pendant zum Verbrennen der historischen Jeanne d'Arc angestrebt hat, bleibe dahingestellt. »Sagt: Es war zu kalt« (754), ruft Johanna am Ende des Monologs, auf der Klimax ihrer Handlungs- und Erlebniskurve aus. Und vorher: »So kalt wars nicht in meinem Traum« (750).

Das kann als Beleg dafür genügen, wie sehr auch hier das Ganze auf der Kälte als einer absoluten Qualität beruht. Andererseits mag man sagen, daß gerade der Aufwand, den Brecht hier mit Kälte und Schneestürmen treibt, gegen die Behauptung spreche, diese Thematik müsse, um verstanden zu werden, erst als ein Spezifikum des Autors gelernt werden. Zugegeben, der Aufwand ist überdeutlich. Die Schneestürme sind so dicht, daß sie auf der Bühne gar nicht angemessen zu realisieren sind. Aber je mehr es stürmt, um so weniger überzeugt die Umsetzung eines Wirtschaftssystems ins Meteorologische. Irgendwo bleiben für uns Kälte und Schnee auf der Bühne peinlich assoziiert an Krippenspiele und Weihnachtsfeiern von Töchterschulen.[4]

Auch wenn Brecht im Arbeitsjournal zur *Johanna* erklärt: »der schneefall ist eine soziale erscheinung« (21. 3. 42), ändert dieser Kommentar nichts an der ästhetischen Problematik. Einzig dort, wo das immanent Groteske, das in der Umsetzung eines Wirtschaftssystems ins Meteorologische liegt, gleichzeitig als solches eingestanden wird, bleibt das Unbehagen aus. Das geschieht etwa im *Lied des Stückeschreibers*:

> Ich sehe da auftreten Schneefälle
> Ich sehe da nach vorn kommen Erdbeben (...)
> Aber die Schneefälle haben Hüte auf
> Die Erdbeben haben Geld in der Brusttasche (...)
> Das enthülle ich.   (Gedichte 789)

Die Kälte als Qualität des fiktionalen Raumes

Die These kann also aufrechterhalten werden. Und bestätigen läßt sie sich reichhaltig. Die Kälte als absolute Qualität des fiktionalen Raumes bestimmt mehr Stücke Brechts, als zur Erhärtung nötig wären. Schon *Trommeln in der Nacht* wird entscheidend charakterisiert vom Prinzip der zunehmenden Kälte. Hier fällt auch erstmals der sehr brechtische Satz, daß es den kalten Wind selber am meisten friere (113), ein Wort, das dann im *Kreidekreis* an signifikanter Stelle wiederkehrt (2044), das auch im Schlußchoral der *Dreigroschenoper* antönt: »Verfolgt das Unrecht nicht zu sehr, in Bälde erfriert es schon von selbst...« (486).

Diese zunehmende Kälte in den *Trommeln* gehört als unabdingbare Folie zur Vision des »großen, weißen, breiten Betts« am Schluß (123). Und was hier das »kalte Berlin«, das ist, potenziert, das »kalte Chicago« im *Dickicht der Städte*. Schon in der ersten Szene wird da die Stadt mit der Qualität Kälte definitorisch identifiziert, und das geht folgerichtig durch dieses vielleicht großartigste Stück Brechts, bis hin zur abschließenden Verbildlichung der kalten Stadt – der Metaphorisierung einer Metapher – in Shlinks Satz: »Wenn ihr ein Schiff vollstopft mit Menschenleibern, daß es birst, es wird eine solche Einsamkeit in ihm sein, daß sie alle gefrieren« (187). – Worauf Garga etwas später die Bestätigung bringt: »Ich werde mein rohes Fleisch in die Eisregen hinaustragen, Chicago ist kalt. Ich gehe hinein« (190). Mit diesen Worten endet der Versuch, sich durch Feindschaft eine Spur Wärme zu verschaffen.

Nicht anders ist es im *Guten Menschen von Sezuan*: die Figuren des Stückes sind »des winterlichen Himmels zerzaustes Gevögel« (1529). Der Mensch ist wie »der Rauch, der in immer kältre Kälten geht« (1507). Und schließlich: »Die Welt ist unbewohnbar... weil die Welt zu kalt ist« (1596). Es entspricht der Erfindung wie der Dramaturgie des Sezuan-Stücks, daß der Zustand der Kälte konstant bleibt, so wie dem Bauprinzip anderer Stücke der Prozeß zunehmender Kälte entspricht: Etwa der *Johanna der Schlachthöfe*, aber auch der zentralen Szenenvorlage von Flucht und Wanderung im *Kreidekreis*; dem *Schwejk*, wo das Schnee-Kälte-Finale ein in mancher Hinsicht unentschiedenes Stück künstlerisch über die Runden bringt. Besonders aufschlußreich ist, wie das in *Mann ist Mann* tatsächlich auf ein einziges Signal reduziert wird, das Schluß-Signal allerdings, in welchem das Stück wie in einer Angel hängt. Galy Gays Geburt zum Raubtier wird da besiegelt mit dem Satz: »Rührt euch! Wir überschreiten jetzt die Grenze des eisstarrenden Tibets.« (377)

Mann ist Mann stellt ein eindrückliches, aber nicht das einzige Beispiel dar für eine solche Reduktion. Auch im *Ozeanflug* (522 ff.) findet sie sich, in den *Horatiern und Kuriatiern* (1058 ff.), im *Brotladen* (2922). Vor allem aber sei hier noch auf die Szene ›Der Papiermantel‹ im Anhang zur *Mutter* verwiesen, die bezeichnet wird als »Modell für weitere Szenen« (903 ff.). Sie gehört , so kurz sie ist, zu den Spitzenleistungen des Dramatikers Brecht. Vielleicht hat sie gerade deshalb ihre poetisch-dramatische Gewalt erlangt, weil Brecht mit ihr sein Stück freigab an die Nachkommenden, nicht bloß zur Bearbeitung, sondern zur unbeschränkten Fortarbeit. »Ist die Figur der ›Mutter‹ durch eine Aufführung bekannt, dann können Einzelszenen folgender Art aufgeführt werden«, lautet die Vorbemerkung. Diese Fortarbeit wollte er in der ›Modellszene‹ zeigen. Seine eigene Produktion ist hier somit in Vorwegnahme bereits die Produktion der andern, und indem er so, seine Ästhetik verwirklichend, den privaten Besitzanspruch auf sein Werk aufgibt, wird dieses verstärkt zu seinem eigenen, schießen diesem die Charakteristika seines übrigen Schaffens in ungewöhnlicher Verdichtung zu. Das Lernspiel, das in der Szene mit dem frierenden Kind, dem warmen Mantel und dem Papierschnittmuster eines Mantels getrieben wird, erreicht eine optische Intensität, die auch bei Brecht selten ist.

Zusätzlich zeigt sich dabei, daß der Mantel bei Brecht ein Requisit darstellt mit einer spezifischen Bedeutung, die von der übrigen Kälte-Thematik her abgeleitet werden muß. Wenn man das einmal gemerkt hat, kann manches in ein neues oder doch schärferes Licht treten, etwa der Auftritt ›Die jüdische Frau‹ in *Furcht und Elend des Dritten Reiches* (1127 ff.), die wohl bekannteste Szene des Stücks, die oft allein aufgeführt wurde. Als zusätzlicher Beleg dafür, daß das alte Theaterrequisit des Mantels bei Brecht eine neue Sinngebung erfährt, kann der von Dieter Schmidt mitgeteilte Entwurf zu einem Chorlied dienen, das bei einer geplanten Baal-Bearbeitung von 1930 die Schlußlehre aus dem Stück hätte ziehen sollen:

> die welt ist kalt
> darum verändert sie
> ist der mensch wärme gewohnt
> und erfriert ohne mantel dann
> gebt ihm den mantel gleich
> der denkende liebt
> die welt wie sie wird[5]

Es ist allerdings zu vermuten, daß es sich hier nicht um ein Fragment, sondern um Stichworte handelt, Stichworte offenbar, die jederzeit die poetische Produktion Brechts in Bewegung zu setzen vermochten.

Die Kälte-Wärme-Opposition

Daneben gibt es nun auch Stücke, in denen analog die Wärme absolute Qualität und conditio des fiktionalen Raumes ist. Das wäre zu explizieren sowohl am *Baal* als auch am *Puntila*; für beide kann die Formel aus dem

Puntila-Prolog gelten: »nachtloser Sommer über mildem Strom« (1611).[6] Und wenn in ihnen die gute Welt meteorologisch als der Aggregatzustand des Lauen, der strömenden Wärme erscheint – im *Baal* narzißtisch-solipsistisch, im *Puntila* als utopisches Bild (»Siehst du die Stämm im Morgenlicht? Wie sie im lauen Wasser hinschwimmen, schön gebündelt und geschält...« (1706) – so ist dazwischen *Mahagonny*, die falsche Wärme, die faule Wärme. Mahagonny, das ist die Stadt, in die man aus den »sieben kalten Wintern« kommt, aus Alaska oder den großen Städten, was, modellhaft gesehen, eines und dasselbe ist. »Die sieben Winter, die großen Kälten«, das wird als Leitformel fast zu aufdringlich bis zum Schluß repetiert. Die Formel will auf den Ort verweisen, wo jenes Geld verdient wird, für das man sich nun das Glück (die »Paradiesstadt« 506) einhandeln möchte – als Geschäft. So singt man:

> Sieben Jahre in Alaska
> Das ist Kälte, das ist Geld
> Heraus ihr Schönen von Mahagonny
> Wir zahlen bar, wenn's uns gefällt
>
> (110)

Mahagonny – das ist: der »Sommer über mildem Strom« zur Käuflichkeit verdinglicht. Deshalb zeigt der Ausgang des Mahagonny-Experiments eines: die »allesbeherrschende Kälte« kann nicht auf diese Weise bewältigt werden. Indem das Behagen gekauft wird mit dem in der Kälte und durch die Kälte verdienten Geld, wird das System, das Prinzip Kälte in Wahrheit stabilisiert. Nur dialektisch könnte die allesbeherrschende Kälte überwunden werden: im Vollzug jener Dialektik, die das Stück *Im Dickicht der Städte* verschlüsselt vorführt, worin dieses Stück die Lehren des Brechtschen Marxismus vorwegnimmt, aber auch schon über deren dogmatische Fixierung hinausgreift.

Denn es ist doch wohl so, daß gegenüber der Art, wie die Dialektik der Feindschaft von Shlink und Garga durch- und vorgespielt wird, die Reproduktion solchen Geschehens bei Matti und Puntila zwar ideologisch systematisiert erscheint, gleichzeitig jedoch vereinfacht und verharmlost. *Im Dickicht der Städte* kann durchaus noch verstanden werden als ein Stück über die Geburt der Liebe aus dem Haß, jener These Sigmund Freuds nicht unähnlich, gemäß welcher »nach der Entwicklung der Haß der Vorläufer der Liebe« sei,[7] die Liebe also nicht die ursprüngliche, späterer Korruption durch die Gesellschaft ausgesetzte Anlage bilde, sondern eine sekundäre Errungenschaft darstelle: die größte zivilisatorische Leistung des *homo necans*. Diese Dimension geht im *Puntila* weitgehend verloren. Was allerdings dafür gewonnen wird, im finnischen Exil noch einmal gewonnen, ist eine geradezu erschütternde Erfahrung dessen, was Natur und Landschaft dem Menschen sein könnten. Die Eintragung im Arbeitsjournal vom 8. 7. 40, unmittelbar vor dem Entschluß zum *Puntila* niedergeschrieben, zeigt, wie sehr diese Erfahrung, die noch in den Buckower Elegien nachtönen wird, von der Kälte-Wärme-Thematik strukturiert worden ist: »es ist verständlich, daß die leute hierzulande ihre landschaft lieben. (...) die fischreichen gewässer und schönbäumigen wälder mit ihrem beeren- und birkengeruch. die ungeheuren sommer, über nacht einbrechend nach unendlichen wintern, eine starke hitze nach einer starken kälte. und wie der tag verschwindet im winter, so verschwindet im sommer die nacht. dann ist die luft so kräftig und wohlschmeckend, daß sie fast allein sättigt. und welch eine musik füllt diesen heiteren himmel! beinahe unaufhörlich geht wind, und da er auf viele verschiedene pflanzen trifft, gräser, korn, gesträuche und wälder, entsteht ein sanfter, an- und abschwellender wohlklang, der kaum mehr wahrgenommen wird und dennoch immer da ist.«

Man wird sagen dürfen, daß Brecht von dieser Zeit an, wo immer er Utopisches streift und das große Ziel als erreicht zu denken versucht, die Vision dieses aus »unendlichen wintern« hereingebrochenen Sommerlandes vor Augen hat.

Wenn von dem Gesagten aus nun aber die Folgerung gezogen werden soll für die *ars poetica* Bertolt Brechts, dann lautet deren Axiom: Den Frierenden ist die Kälte zu zeigen. Sie kennen nichts so gut wie diese Kälte. Also ist nichts dringlicher, als daß sie dieses Bekannte auch erkennen. So mag man den Satz aus dem *Lob des Lernens* verstehen: »Verschaffe dir Wissen, Frierender!« (857) Und so hat Brecht schließlich auch im *Lied des Stückeschreibers* als das letzte, alles resümierende Beispiel seiner Tätigkeit aufgeführt:

> Alles übergab ich dem Staunen
> Selbst das Vertrauteste.
> Daß die Mutter dem Kinde die Brust reichte
> Das berichtete ich wie etwas, das keiner mir glauben wird.
> Daß der Pförtner vor dem Frierenden die Tür zuschlug
> Wie etwas, das noch keiner gesehen hat.   (Gedichte 789)

Wobei bereits mit Nachdruck anzumerken ist, daß hier als Gegensatz zur Kälte / Bosheit nicht die Wärme, sondern die Mutter steht.

Dialektischer Manichäismus

Es wurde also festgestellt, daß der fiktionale Raum bei Brecht in auffälliger Häufung charakterisiert wird durch einen Kälte- resp. Wärmezustand, der nicht eine sogenannte ›Atmosphäre‹ schaffen muß, wie man es etwa in naturalistischen Dramen finden mag, sondern als absolute Qualität zu betrachten ist. Das widerspricht nicht der Tatsache, daß der fiktionale Raum in ebenso auffälliger Häufung zusammenfällt mit einer, mit *der* Stadt. Die Hypostasierung der Stadt zu einem Wesen an und für sich ist zwar epochentypisch (ebenso wie die Assoziierung der dergestalt hypostasierten Stadt an das alte Gegensatzpaar der Hure Babylon und des Himmlischen Jerusalem). Der Gang, der Einzug, das Verschlagenwerden in die Kalte Stadt stellt aber doch, wie man weiß, eine sehr spezifische Ereigniskurve im Werk Brechts dar. Wobei ja die Herkunft unweigerlich eine Zone mythisierter Natur ist: Wälder, Savanne, Südsee, Wüstenhitze usw. Diese Radikalisierung sowohl der Kälte-Wärme-Opposition wie der entsprechenden moralischen Qualitäten (der Gut-böse-Opposition) gehört zur manichäischen Dimension dieses Autors.

Allerdings handelt es sich da um einen Manichäismus, der seinerseits in dialektischem Bezug steht zu einem Prinzip Unzuverlässigkeit oder besser, mit dem Wort aus dem *Buch der Wendungen*, einem Prinzip »Unverläßlichkeit« (Prosa 550). Das ist wichtig. So treibt die manichäische Polarität gute Mutter / böse Mutter (resp. warme Mutter / kalte Mutter) im *Kreidekreis* dialektisch die epikureische Gegenposition Azdak hervor, und ähnlich ist die Beziehung der Lehrstücke zum Unverläßlichkeits-Stück *Galilei*. Ich erwähne das nur, um darauf hinzuweisen, daß die modellhafte Vereinfachung, die hier vorgenommen wird, methodisch bedingt ist und nicht die Simplizität des Gegenstandes unterstellen will.

Die Urszene

Die frühen Stücke zeigen mit einer überlegenen Deutlichkeit die regressive Basis der Brechtschen Ur-Szene: des Geborenwerdens in eine kalte Stadt. Baal wie Kragler verweigern die Geburt. Oder besser: sie weigern sich, ihre Geburt zu statuieren. Unverkennbar sind sie beide ausgestattet mit Kennzeichen des fötalen Daseins, so merkwürdig das tönen mag. Noch im *Dickicht der Städte* wird solches fortgeführt, allerdings nicht länger unter dem Zeichen der narzißtischen Weigerung, die eigene Geburt zu statuieren. Man muß in diesem Zusammenhang den Aufwand ernst nehmen, den Brecht mit physiologischen Hyperbeln treibt. Noch in der letzten Baal-Fassung von 1955 hat er ein vorgeburtliches Symptom hinzugefügt: Baals Schädel pulsiert wie derjenige eines Ungeborenen (33). Das Thema der Verwesung, das ganz vom physiologischen Detail aus bearbeitet wird, demonstriert als gegenläufiger Geburtsprozeß, als was es durchaus verstanden werden muß, jene Weigerung bis zur Penetranz. Baal will »ohne Haut leben« (42); Kragler hat Fischhaut, spricht immerzu von den Schwimmhäuten zwischen seinen Fingern, wird als Fisch bezeichnet (117). Im *Dickicht* ist die Haut, die weiche / harte, das Enthäuten / Zu-Leder-Werden, Leitmotiv (153, 135). Die Identität von Leichnam und Fötus ist die wichtigste der frühen lyrischen Hieroglyphen Brechts. Wo sich der böse Baal mit Erfolg weigert, geboren zu werden, da wird dem gutmütigen Galy Gay die Geburt mit Gewalt angetan. Zeitweise häufen sich die Geburts-Bilder (357 ff.). Es ist jener Galy Gay, von dem es exponierend geheißen hat: »Wenn ihr den in einen Tümpel schmeißt, dann wachsen ihm in zwei Tagen zwischen den Fingern Schwimmhäute« (329).

Die Struktur der kreativen Regression

Brecht ist vielleicht der einzige große Dramen-Schreiber, dessen primäres Phantasie-Material nicht über die Regression in Abläufe und Konstellationen der ödipalen Phase gewonnen wird. Nicht die aggressionsgesättigte Triade: Kind-Vater-Mutter bildet den Raster der schriftstellerischen Arbeit, jenen Raster, dessen Durchscheinen einen Stoff zum Faszinosum macht und so die schriftstellerische Arbeit provoziert. Vielmehr wird das primäre Phantasie-Material bezogen aus der Regression in die ontogenetisch frühere Phase: zurück über die ödipale Triade in die Dyade Kind-Mutter. Das spiegelt sich in der verschiedentlich faßbaren, gewissermaßen lautlosen Auflösung der Position Vater (sei sie nun als Gott mythisiert oder als Drache / böser Wolf). So etwa in der berühmten Ballade vom ertrunkenen Mädchen, einer subtilen Refötalisierung, mit dem in der Schlußstrophe konkretisierten Wunsch, von Gott / Vater stufenweise vergessen zu werden; oder in Baals so bezeichnendem Credo: »Ob es Gott gibt oder keinen Gott / Kann solang es Baal gibt, Baal gleich sein«.[8]

Diese prägenitale Dyade Kind-Mutter ist – nach den Forschungen der Erik H. Erikson, Franco Fornari, René Spitz, Melanie Klein – als eine Konfliktzone, die im Verlauf des Sozialisationsprozesses bewältigt werden muß, der genital geprägten Triade Kind-Mutter-Vater an Bedeutung gleichzustellen. »Die moderne Psychologie«, meint Fornari sogar, »hat in der primitiven Mutter-Kind-Beziehung das Fundament der gesamten Entwicklung des Menschen und seiner Schöpfungen entdeckt.«[9] Dies bedingt eine Korrektur an Freud, sowohl an seinem einseitigen Insistieren auf den ödipalen Abläufen als auch an seinem starren Schematismus in der Aufeinanderfolge der einzelnen Entwicklungsphasen der Libido.[10] Die Kind-Mutter-Dyade wird charakterisiert durch die »fundamentalen Modalitäten von Gegenwart«. Das sind: »die gute und die böse Urgegenwart«.[11] In solcher Polarität als gute oder böse Urgegenwart vor allen einzelnen Objekten wird Außenwelt überhaupt erst wahrgenommen. In solcher Polarität wird die Basis sozialen Verhaltens überhaupt erst gebildet.

Das darf nicht so verstanden werden, als ob das Kind die Person der Mutter gleich als solche erführe. Dazu müßte diese ja bereits gegen andere

Personen abgegrenzt, diese anderen müßten bereits konstatiert sein. Die Mutter als Person ist, wie Fornari dargelegt hat, nicht das »Urfaktum«, sondern die »sekundäre Externalisierung der Urgegenwart«.[12] Ebendies erklärt denn auch, warum die Mutter, den beiden Modalitäten von Gegenwart entsprechend, anfänglich als Doppelgestalt phantasiert und später – in den regressiven Abläufen – auch als Doppelgestalt reaktiviert werden kann.

Das ursprüngliche soziale Verhalten strukturiert sich in dem der guten / bösen Urgegenwart entsprechenden Urvertrauen / Urmißtrauen Eriksons mit seiner von diesem Autor nachgewiesenen Schlüsselfunktion für die Identitätsbildung.[13] Damit hängt wiederum zusammen die Aufspaltung der spezifischen Erfahrung vom menschlichen Gesicht. Dieses wird zunächst gleichgesetzt mit guter Gegenwart. Dann tritt es auseinander in das radikale Gegenüber: gutes Gesicht – böses Gesicht.[14] Solche primitive Überformung des Gesichts, des ersten begegnenden Sozialen, ist jedoch nur eine jener verschiedenen »phantastischen Belebungen« der guten / bösen Urgegenwart, die das frühe Affektleben bestimmen. Die frühkindliche Imaginationsarbeit kann sich ebensosehr fixieren auf die Opposition Hunger – Sättigung oder auf die thermischen Grundrealitäten: der guten / bösen Urgegenwart, dem Urvertrauen / Urmißtrauen, dem guten / bösen Gesicht entspricht dann die Urkälte / Urwärme. Damit aber ist der Weg freigelegt zu einer Archäologie der »alles beherrschenden Kälte« bei Bertolt Brecht.

Eine besondere literatur- und fiktionstheoretische Pointe ergibt sich daraus, daß folgerichtig die erste Raumerfahrung zusammenhängt mit dem Zirkel um die Mutter. Fornari verweist darauf, indem er ein merkwürdiges Beispiel zitiert: »Der Zulu gibt das Lokaladverb ›sehr weit entfernt‹ mit folgendem Satz wieder: ›Dort-wo-einer-schreit-oh-Mutter-ich-bin-verloren‹. In diesem Satz, der anstelle unseres Lokaladverbs steht, kommt das gesamte ursprüngliche Erleben der primitiven Objektbeziehung zum Ausdruck; damit wollen wir sagen, daß die primordiale Gewinnung des Raumes sozusagen in die Urbeziehung zur Mutter versenkt ist.«[15] Dies berechtigt zur vorsichtigen Vermutung, daß der fiktionale Raum des literarischen Werks stets jenen ersten Raum so oder anders reproduziert; daß die fiktionale Erfindung auch hierin ein Wiederfinden darstellt. Das bedeutet allerdings, daß man dem fiktionalen Raum Eigenschaften zubilligen muß, die vor allen Ereignissen liegen und unabhängig von allen Figuren und deren Aktivitäten sind. Wie sehr dies bei Brecht tatsächlich der Fall ist, hat die einleitende Untersuchung gezeigt. Nun rechtfertigt sich auch die oben gebrauchte Redeweise von der ›absoluten Qualität‹ des fiktionalen Raumes.

Wir wissen seit Freud, daß sich die Spuren der Konfliktzonen, die im menschlichen Sozialisationsprozeß passiert werden müssen, nicht mehr verlieren. Sie können unter verschiedenartigsten Voraussetzungen reaktiviert werden. Während Freud solche Reaktivierung alter Konflikte und Konfliktlösungen aber vorwiegend unter dem Denkbild des Zurückfallens in verschollene Realitäten zu begreifen pflegte, versteht sich der neuere Regressionsbegriff – etwa bei Michel Foucault[16] – nicht als ein hilfloses Absinken, sondern als der produktive Rückgriff auf ein verfügbares Instrumentarium der Konfliktbewältigung. Das heißt: der Vorgang der Regression entspringt nicht einem aufbewahrten infantilen Trauma, sondern stellt die Antwort dar auf traumatische Gegenwart – konkret geschichtliche Gegenwart.

Wenn also der Dramatiker Brecht zu seinem primären Phantasie-Material gelangt über Rückgriffe auf vor-ödipale, grundsätzlich dyadische Erfahrungsabläufe, wenn er so (nur so) zu einem für seine Gegenwart notwendigen Schriftsteller wird, dann sagt die Struktur solcher Regression zuerst und zuletzt etwas aus über diese seine Gegenwart, nicht über Privatbiographisches oder gar Privatpathologisches.[17]

Es darf von ›kreativer Regression‹ gesprochen werden. Die noch immer verbreitete Vorstellung, man verkehre den Schriftsteller in ein von neurotischen Zwängen heimgesuchtes Wesen, wenn der poetische Produktionsvorgang mit dem Regressionsbegriff auch nur in Verbindung gebracht wird, steht dabei nicht mehr zur Diskussion. Dieses polemische Theorem hat vor allem in der Germanistik der dreißiger Jahre nicht eben ruhmreiche Wissenschaftsgeschichte gemacht – mit dem Erfolg, daß die deutsche Literaturwissenschaft bis in die Gegenwart hinein Mühe hatte, sich dem Stand der französischen und angelsächsischen in diesen Dingen anzunähern. Die umfassendsten Reflexionen zum Thema finden sich in jüngerer Zeit bei Paul Ricoeur. Er betont unter anderem, daß im Werk des Schriftstellers nicht die Projektion der Konflikte beschlossen sei, sondern »die Skizzierung ihrer Lösung«. Insofern sei »das Kunstwerk dem Künstler selbst voraus«, es stoße vor zu »neuen Bedeutungen«, indem es »alte, zuerst in archaische Gestalten investierte Energien mobilisiert«.[18] Für diese These Ricoeurs kann der vorliegende Aufsatz insofern ein Beispiel geben, als er zeigt, wie die Spuren von Regression im Kunstwerk und die Struktur dieser Regression in Bezug stehen zu dessen Geschichtlichkeit. Das scheinbar radikal Private entdeckt sich als Öffentliches: als die Basis nämlich jener durch nichts anderes zu ersetzenden Selbstreflexion der geschichtlichen Gesellschaft, die im Kunstwerk geschieht. So müssen die regressiven Abläufe in der Genese wie in der Rezeption des literarischen Produkts zuletzt gewertet werden als die spezifische List der ästhetischen Vernunft.

Das katastrophenlose Drama und die Machtstruktur des 20. Jahrhunderts

Das heißt: die kreative Regression des Schriftstellers Brecht über die ödipalen Konfliktspuren zurück zu den Stationen der Urkälte / Urwärme-Phantasien ermöglicht es ihm, Revolution und kollektive Befreiung auf die Bühne zu bringen, ohne sie zu verquicken mit den personalisierten Aggressionsstrukturen der ödipalen Phase. Wenn das große Revolutionsdrama des 18. Jahrhunderts deutlich ödipal substrukturiert ist,[19] dann findet dies seine historische Berechtigung in der durchaus personalisierten Machtstruktur des späten Feudalismus. Personalisiert ist diese insofern, als sie nicht auskommt ohne die Position Fürst / König. Die Drachentöterphantasien bei Schiller und Beaumarchais sind ästhetisch legitim, weil sie historisch legitim sind. In Schillers Notizen zu einem ›Zweiten Teil der Räuber‹ steht als lapidare Anweisung des Autors an sich selbst: »Ein Parricide (d. h. ein Vatermord. P. v. M.) muß begangen werden, fragt sich von welcher Art.«[20] Wie sehr die Französische Revolution nicht nur für die Zeitgenossen, sondern auch noch für das deutsche 19. Jahrhundert erst in der Hinrichtung des Königs sich erfüllte, ist aufs deutlichste ablesbar in allen Reflexionen Heinrich Heines über den Umsturz in Frankreich und über eine mögliche deutsche Revolution. Der Schlüsselvorgang des ›Parricide‹ im Trauerspiel des späten 18. Jahrhunderts reflektiert das Prinzip, daß es ohne ›Regicide‹, um Heines Wort zu gebrauchen, keine politische Veränderung geben könne. Ein Revolutionstheater des 20. Jahrhunderts aber, das sich auf solchem Raster konstituieren wollte, wäre bei allem guten Willen historisch und ästhetisch falsch. Dermaßen ist die Machtstruktur des 20. Jahrhunderts anonymisiert, daß sie durch die pathetische Eliminierung einzelner, wenn auch noch so einflußreicher Figuren völlig unverändert bleibt.

Für Brecht hat sich das von Anfang an verstanden. Er hat es epigrammatisch abgehandelt im Gedicht *Bei der Nachricht von der Erkrankung eines mächtigen Staatsmannes*:

Wenn der unentbehrliche Mann die Stirn runzelt
Wanken zwei Weltreiche.
Wenn der unentbehrliche Mann stirbt
Schaut die Welt sich um wie eine Mutter, die keine Milch für ihr Kind hat.
Wenn der unentbehrliche Mann eine Woche nach seinem Tod zurückkehrte
Fände man im ganzen Reich für ihn nicht mehr die Stelle eines Portiers.   (881)

Man kann es aber auch studieren an einem Vergleich zwischen den Konstellationen Figaro – Graf Almaviva bei Beaumarchais und Matti – Puntila. Dabei muß man allerdings wissen, daß die epische Dramaturgie Brechts nicht etwa die Ursache des entscheidenden Unterschieds ist, sondern eine wesentliche Folge.

Daß die Regression in die oral akzentuierte Mutter-Kind-Dyade über die ödipale Genitalität zurück ihre genauen Konsequenzen hat für das Schicksal der Geschlechterliebe in den Stücken Brechts, kann hier nur angedeutet werden, ebenso die Auswirkungen im Kult oraler und analer Genüsse. Dieser ist verschiedentlich bemerkt worden. Es läßt sich unschwer nachweisen, daß der Kälte-Wärme-Opposition die Opposition Hunger – Essen und Nüchternheit – Trinken resp. Rauchen analog sind. Weniger auffällig ist die Entsprechung in der Opposition Reinlichkeit – Kloake, wo überdies eine Koppelung zu den Attributen der Verwesung (als rückläufiger Geburt) besteht. Die antigenitale Pointe im Kloakenthema geht pikant genug aus Baals Orge-Ballade hervor: »Ein Ort sei einfach wundervoll, wo man / Selbst in der Hochzeitsnacht allein sein kann« (15). Zum Schicksal der Geschlechterliebe aber ist zu sagen, daß das katastrophale Drama, das den Mord als Prinzip der Weltveränderung nicht kennt, folgerichtig auch dessen dramaturgischen Kontrapunkt, die Hochzeit, nicht statuiert. Die Liebesgeschichten verlaufen je und je ins Leere *(Puntila, Sezuan, Galilei)*. Der Fisch gelangt nicht in den Topf – um eines der hintergründigen Bilder aus *Mann ist Mann* zu zitieren. Es fehlt durchaus das junge Paar, das in seiner Verbindung die Welt verändert oder an der versuchten Weltveränderung zugrunde geht. Sowohl im *Kreidekreis* wie im *Guten Menschen von Sezuan* wird das Mädchen, kaum ist das Liebesverhältnis ungefähr exponiert, bereits als Mutter vorgestellt, in der Mutterrolle gezeigt, wird es zur Mutter transfiguriert. Und die Beziehung Matti – Eva scheitert explizit an der imaginären Gegenwart von Mattis Mutter, vor welcher Eva nicht zu bestehen vermag.

An der Stelle des jungen Paares, dessen Hochzeit eine der ehrwürdigsten dramatisch-dramaturgischen Chiffren für die Korrektur der Welt darstellt – die geglückte Veränderung nach dem Sturz oder der Domestizierung der gesellschaftlichen Kronfigur Vater / Fürst / Oberpriester, die gescheiterte Veränderung nach der Kapitulation vor dieser Kronfigur –, steht bei Brecht das Subjekt in der Konfrontation mit dem doppelten Gesicht, mit der doppelten Mutter: der guten / bösen, der warmen / kalten. In zwei Gestalten erscheint sie im *Kreidekreis*, auf eine vereinigt in der *Courage*. Die letzte Konsequenz dieser Konfrontation ist die Begegnung mit der doppelten Identität seiner selbst, dem guten / bösen Ich, was gelegentlich sichtbar wird in einer möglichen Wahl zwischen der zornigen und der freundlichen Maske.

Die Umsetzung der sozialen Realitäten in die Variationen der »alles beherrschende Kälte« bezieht ihre Energie aus regressiven Abläufen. Diese aber holen gleichzeitig das namenlose Traumbild einer alles umfassenden Wärme ins Bewußtsein zurück, als das älteste aller Versprechen, das nie eingelöst wurde, das aber, als Versprechen, unentwegt Zukunft aufreißt.

Regression und Große Produktion

Wenn man den Grundbestand szenischer Zeichen im Werk Brechts aufnehmen und mit dem Grundbestand jenes Theaters vergleichen wollte, von dem er sich erklärtermaßen absetzte, käme man zuletzt zur Feststellung, daß bei ihm die Protagonisten über die Bühne wandern, marschieren, sich schleppen, unterbrochen und zeitweise aufgehalten von Zusammenstößen mit Widersachern verschiedener Art, während es sonst die Übung war, daß die Protagonisten *auf* die Bühne wanderten, marschierten, sich schleppten zum Zweck der entscheidenden Konfrontation mit ihren Widersachern. Die Brechtsche Szene kulminiert im Weitermarschieren, nach Vornahme des etwa nötig gewordenen Gefechts, der etwa tunlich erschienenen Umarmung. Was bei Shakespeare als *enter* und *exit* in Klammern steht und nur nebenhin auf den Weg verweist, der von einer spektakulären Konfliktbereinigung zur andern führt, das wird bei Brecht zum Gegenstand des Schauspiels selbst. Insofern hat er auch das Strindbergsche Modell der Stationenfolge, das für ihn wichtiger ist, als es die Brechtforschung zugeben möchte, entscheidend umakzentuiert. Die Reise als solche, das Zurücklegen der Wegstrecke (durch den Kälteraum) vermittelt als szenisches Zeichen die wichtigere Nachricht als die Ereignisse auf den Haltepunkten. Man mag dies an den Lehrstücken überprüfen, die formal aus dem spontanen Wurf der Lindberghflug-Dramatisierung entwickelt wurden, und an denen gleichzeitig mit der kategorialen Umwertung des Verhältnisses von Weg und Station die Entindividualisierung des Protagonisten zum Funktionenträger innerhalb eines zielstrebigen Kollektivs sichtbar wird. Die Einmaligkeit und Unverwechselbarkeit des Subjekts erscheint hier nur noch negativ: insofern nämlich, als jeder einzelne die Arbeit des Kollektivs zum Scheitern bringen kann, ja als er sie – wie in der *Maßnahme* – allein schon durch sein Insistieren auf Unverwechselbarkeit, durch das Abreißen der Maske scheitern macht. Das Gelingen aber hängt weder an der einzelnen Tat noch an der Tat des einzelnen. In der Umwertung des Verhältnisses von Weg und Station, in der Auflösung der dramaturgischen Kategorien ›Peripetie‹ und ›Katastrophe‹, spiegelt sich die Abwertung des Kampfgegners resp. des Liebespartners als eines Individuums mit eigenem Schicksal (im Sinne des idealistischen Dramas), spiegelt sich zuletzt auch die Destruktion der Individualität des Protagonisten selber. Das Gesicht ist nicht länger der Ort, wo die Rune weltgeschichtlicher Einmaligkeit erscheint, sondern es vermittelt bloß die Signale der Zugehörigkeit zu den opponierenden sozialen Feldern. Die archaisch-infantile (Freud würde sagen: ›prähistorische‹) Erfahrung der Polarität gutes-böses resp. warmes-kaltes Gesicht, die älter ist als der Begriff von einem Individuum, schlägt auch hier produktiv durch.

Dem entspricht im Bereich von Brechts ästhetischer Theorie die Auflösung des Kunstwerks als eines fertigen, konturierten Opus in einen Gegenstand dauernder Reproduktion. Sogar hier kann die Formel gelten, daß die Station den Weg vermittelt und nicht der Weg die Station.

Baal, der singende Fötus, der auf dem Abort die Gitarre spielt, er mag noch als das Phantasma eines Autors begriffen werden, der sich als Frierender in farbigen Bildern die Wärme denkt, ähnlich wie Shlink im »kalten Chicago« Tahiti zu beschwören liebt, wo man »wie eine Eidechse lebt« (129). Der Kälteschock, als welcher die bewußtlos erlebte Geburt nachträglich phantasiert wird, führt aber nicht nur zu den Versuchen, die eigene Geburt nicht zu statuieren oder sie rückgängig zu machen in den Metamorphosen der Verwesung, er führt auch zur Brechtschen Dialektik, die es sich zur Aufgabe macht, den Frierenden die Kälte zu zeigen, so zu zeigen, als frören sie hier und heute zum ersten Mal.

Auf eine merkwürdig ironische Weise mußte Brecht dieser Imperativ, unter den er seine Lebensarbeit gestellt hatte, im Rußlandfeldzug verwirklicht erscheinen. Am Tag nach Pearl Harbor schneidet er aus der Zeitung nicht die Beschreibung bombardierter Schlachtschiffe aus, sondern die Notiz: »subzero weather virtually paralyzed both armies on the Moscow front today...« Und darunter schreibt er: »so merkt hitler in den tagen, wo die größte industriemacht der welt in den krieg eintritt, daß der winter in rußland kalt ist.« (Arbeitsjournal 8. 12. 41) Sein privater Mythos trat ihm da als weltgeschichtliches Spektakel vor die Augen. Als er daher im Juni 42 einen Filmrahmen für eine Szenenfolge aus *Furcht und Elend des Dritten Reiches* entwerfen mußte, konnte er sein ältestes Muster mit aktuellsten Details zur Deckung bringen: »ich spreche von dem tank, der einfriert. (...) ich schlage vor: ein tank scheidet aus (in der tankschlacht). er fährt seitab und muß repariert werden. nun kälte und guerillas und verschärfte disziplinierung. (...) wenn der tank repariert ist, fährt er zu den russen und übergibt sich« (Arbeitsjournal 5. 6. 42). Hier ist alles beisammen: die Unwissenden, die dem Lernprozeß unterworfen werden; die Lokalisierung in einem Raum, dessen dominierende Qualität die Kälte ist; die zunehmende Kälte bei gleichzeitiger Intensivierung des Lernprozesses; der Umschlag, der (in seltenen Fällen) die Unwissenheit zusammen mit der Kälte beheben kann; die Tatsache schließlich, daß dieser Lernprozeß nur sinnvoll ist als eine gleichzeitige Lehraktion an den Zuschauern, die sich selber als Eingefrorene begreifen müssen.

Für das Ziel der Geschichte kennt Brecht nur das Stichwort ›Große Produktion‹. Diese Große Produktion hat ihre Vorläuferschaft nach dem Zeugnis des Kleinen Organons in der richtigen Kunstarbeit. Sie aber bezieht bei diesem Autor ihre Energien aus der Regression in verschollene, ›prähistorische‹ Erfahrungen – um den Preis der auf Tod und Leben eingegangenen Geschlechterliebe, um den Preis der auf Tod und Leben geführten Auseinandersetzung mit dem aktuellen Machthaber. Die Abkehr von der Gegenwart jedoch, die in solcher Regression zu stecken scheint, entdeckt sich zuletzt als die einzige Möglichkeit, die Zukunft nicht aus den Augen zu verlieren.

Postscriptum

Zwei Jahre nach der ersten Publikation dieser Problemskizze findet sich im Magazin DER SPIEGEL (18. September 1978) folgende Mitteilung: »Bertolt Brecht hatte aus Amerika einen alten Mantel mitgebracht, den er in Ost-Berlin die ganzen Jahre trug. Eines Tages paßte Helene Weigel, seiner Gattin, der Fummel nicht mehr in den Kram; sie habe ihn, erzählte sie, ›einfach in den Keller runtergebracht und in die Heizung gesteckt‹.

Darob ›hat der Brecht furchtbar theatert‹. Denn er hing an dem alten Stück; die Weigel ›hätt ihm sein Glück verbrannt, nun ginge es abwärts‹.

›Brecht, wir haben doch nun Geld‹, sagte ihm die Weigel, er solle sich einen neuen Mantel kaufen. Aber der Starrkopf mochte nicht, lief den ganzen Winter über ›nur mit seinem Jöppchen und dem Schal herum‹ und wurde krank.

›Es fing so harmlos an‹, erzählte die Weigel, ›als Erkältung, und brachte ihm den Tod. Und ich bin schuld. Ich hab ihm sein Glück verbrannt.‹«

Anmerkungen

1 Der Begriff Trauma der Geburt muß an die Schrift von O. Rank: Das Trauma der Geburt, Wien 1924, erinnern. Rank hat versucht, alle psychischen Störungen auf ein Angsterlebnis bei der Geburt zurückzuführen, eine Theorie in der Gefolgschaft Freuds, die aber von Freud selber abgelehnt wurde. Die These von einer traumatischen Angsterfahrung im Vorgang der physiologischen Geburt ist u. a. seit den Forschungen von René Spitz kaum mehr zu halten. Im vorliegenden Aufsatz wird Geburt verstanden als die erste Phase der Sozialisation, zu welcher der Austritt aus dem Mutterleib gehört, aber nur als ein Teil, der zudem an Bedeutung hinter der ersten Konfrontation mit dem Gesicht weit zurücksteht. Was mit der ›ersten Phase der Sozialisation‹ gemeint ist, mag aus dem folgenden Zitat hervorgehen: »Man kann sagen, daß die Persönlichkeit in Abschnitten wächst, die durch die Bereitschaft des menschlichen Organismus vorherbestimmt sind, einen sich ausweitenden sozialen Horizont bewußt wahrzunehmen und handelnd zu erleben; einen Horizont, der mit dem nebelhaften Bild einer Mutter anfängt und mit der Menschheit endet – oder doch mit jenem Ausschnitt der Menschheit, der für das spezielle Leben dieses Menschen zählt.« (Erik H. Erikson, Identität und Lebenszyklus. Frankfurt a. M., 1971, S. 58.)

2 A. Lorenzer, »Symbol, Interaktion und Praxis«. In: Psychoanalyse als Sozialwissenschaft. Frankfurt a. M. 1971 (ohne Hrsg.), S. 37 ff.

3 Die Seitenzahlen beziehen sich stets auf die durchnumerierten Bände der ›Stücke‹ in der Werkausgabe der edition suhrkamp, Frankfurt a. M., 1967.

4 Wobei anzumerken wäre, daß das frierende Jesulein zum Bestand Brechtscher Emblematik gehört.

5 Dieter Schmidt: »Baal« und der junge Brecht. Stuttgart 1966, S. 58.

6 Zu Baal vgl. den Vorspruch zur ersten Fassung: »... die gewöhnliche Geschichte eines Mannes, der in einer Branntweinschenke einen Hymnus auf den Sommer

singt (...) – einschließlich der Folgen des Sommers.« Ausgabe von Dieter Schmidt, Frankfurt a. M. 1966, S. 11.

7 S. Freud, Studienausgabe, Bd. VII, S. 117.
8 Choral-Fassung von 1918. Edit. Schmidt, a. a. O. S. 59.
9 Franco Fornari: Psychoanalyse des ersten Lebensjahres. Frankfurt a. M. 1970, S. 207.
10 Regression auf prägenitale Fixierungen wird von Freud u. a. im Aufsatz »Die Disposition zur Zwangsneurose« beschrieben. Studienausgabe Bd. VII, S. 105.
11 Fornari a. a. O. S. 196 ff.
12 Ebd. S. 200.
13 Erikson a. a. O. S. 62 ff.
14 Fornari a. a. O. S. 42.
15 Ebd. S. 207.
16 Michel Foucault: Psychologie und Geisteskrankheit. Frankfurt a. M. 1970, S. 51 ff.
17 Hierin geht der genügend kritisierte Versuch von Gerhard Szczesny schon methodisch fehl. G. Szczesny: Das Leben des Galilei und der Fall Bertolt Brecht. Frankfurt / Berlin / Wien 1966 / 1973.
18 Paul Ricoeur: Die Interpretation. Ein Versuch über Freud. Frankfurt a. M. 1969, S. 184 ff.
19 Dazu meine Ausführungen über Schillers *Tell* im Aufsatz »Anwendung psychoanalytischer Erkenntnisse in der Interpretation: das psychodramatische Substrat«. In: Psychoanalytische Textinterpretation, hrsg. von Johannes Cremerius, Hamburg 1974.
20 Friedrich Schiller: Sämtliche Werke, Bd. III, München (Hanser) 1966, S. 268.

Wer hat Robert Walsers Briefe geschrieben?

Die Literaturwissenschaft ist reich an Merkwürdigkeiten. Eine davon ist die Tatsache, daß wir Briefe und Briefwechsel herausgeben in außerordentlichen Mengen, aber gleichzeitig über den Brief selbst, seine Dynamik und seine inneren Gesetze, kaum etwas wissen. Wir treiben Erzählforschung, und wir ringen dabei mit Perspektiven und Funktionen wie Laokoon mit seinen Schlangen – Briefforschung in einem ebenso grundsätzlichen Sinne treiben wir nicht. Noch *Rotkäppchen* kann eine ernste Herausforderung unserer strukturanalytischen Begabung sein; Briefe aber lesen wir naiv als biographische Dokumente mit schönen Stellen. Theorien des Romans, des Dramas, der Novelle besitzen wir in angenehmer Vielfalt; eine gründliche Theorie des Briefs gibt es bis heute nicht.

Der Grund liegt in einer Augentäuschung. Wo wir in Romanen und Geschichten unsere erzählten Erzähler und gelesenen Leser und die weiteren impliziten Personnagen umständlich herausoperieren müssen, nehmen sich die entsprechenden Positionen in den Briefen ganz eindeutig aus. Das kybernetische Modell von Sender, Nachricht und Empfänger scheint im Brief geradezu hygienisch problemlos verwirklicht. Wer erzählt den Roman? Wer ist sein Leser? Daß das heikle Fragen sind, weiß seit Jahrzehnten alle Welt. Beim Brief aber glauben wir die entsprechenden Fragen auf der Stelle aus dem Text selbst beantwortet: über den Schreiber orientiert die Unterschrift, über den Leser die Anrede; da gibt es nichts zu deuten. Für einmal, scheint es, stehen wir vor sauberen Verhältnissen.

Scheint es. Ist es aber nicht.

Die erste Voraussetzung, in das Wesen des Briefes Einsicht zu gewinnen, ist die Kritik jenes fixen Modells. Seine Eindeutigkeit ist unser Beobachtungsfehler. Der Schreiber des Briefes – so meine Behauptung – wird erst im Verlauf des Textes zu jener Person, als die er vom Adressaten erkannt und an-erkannt werden will. Lautlos ereignet sich im Brief der dramatische Vorgang einer probeweisen Selbstsetzung, die dem Partner zur Besiegelung vorgelegt wird, wobei dieser Partner, in einem gleicherweise dynamischen Vorgang, vom selben Text ebenfalls je neu entworfen und gesetzt wird. Dieser Prozeß unterlagert alle andern Mitteilungen. Nichts im Brief ist ganz abgelöst von der dramatischen Selbstsetzung des Schreibers, und wenn ich auch nicht sagen kann, sie sei das wichtigste in einem Brief, so kann ich doch sagen, sie sei für diesen unabdingbar und also auch die Voraussetzung für alles andere.

Noch der schablonenhafteste Brief verweist auf diese Dynamik in den
trockenen Signalen der Gruß- und Abschiedsformeln. So stereotyp sie
sind, sie dürfen nicht fehlen. Wir nehmen sie zwar längst als tote Förmlich-
keit, aber wenn sie einmal ausbleiben, sind wir vital beleidigt. Im literarisch relevanten Brief verdichtet sich denn auch sehr oft die Selbstsetzung
fast blitzhaft in den Grußformeln und Abschiedssätzen. Winzige Nuancen
des Ausdrucks gewinnen hier eine mächtige Resonanz. Am Schluß des
Briefes, in der letzten Schreibsekunde, wird das Ich des Schreibers zum
radikalen Ereignis – ob es sich dabei versteckt oder entblößt. Es wird Ereignis als ein Akt ebendieses Ich selbst, von ihm gesteuert auf den Partner
hin, der zu ihm Ja sagen soll, es annehmen in dieser angebotenen Gestalt.
    Robert Walser:

So grüßt Sie denn inzwischen ruhig und freundlich, fast mit der Allüre der Großar-
tigkeit Ihr allzeit treues Hundeli Robert Walser.[1]

(...) grüßt Sie vielfältig, d. h. nicht ganz ohne jede Hochachtung mit Zärtlichkeit
verbunden Ihr scheinbar in jeder Hinsicht gelungener Robert Walser.[2]

Sehr honett und schlicht, mit großartiger Simplizität, also sehr herzlich und seltsam, grüßt Sie Ihr Robert Walser.[3]

Bestens, d. h. überaus herzlich grüßt Sie Ihr dienstfriger Herrscher Robert Walser.[4]

Es grüßt Sie vielmals herzlich Ihr Robertchen Walserchen.[5]

Seien Sie, da es Zeit zum Essen ist, vielmal höflich und freundlich gegrüßt von
Ihrem Ihnen hochachtungsvoll ergebenen Schnüderlig Robert Walser.[6]

Leben Sie wohl und seien Sie herzlich gegrüßt von Ihrem uralten, nutzlosen, wenn
nicht gar nichtsnutzigen Weiberfeind, Menschenfresser und Junggesellen so und
so, Sie wissen ja schon, wie er heißt.[7]

Inzwischen grüßt Sie herzlich Ihr Walser Robert Otto. – Nämlich Otto der Große
und Robert der Kleine, Dumme und Geringe.[8]

Indem ich Sie meiner Artigkeit versichere und auch auf die Ihrige zähle, verbeuge
ich mich vor dero Hoheit, so tief, wie ich kann und grüße Sie herzlich Ihr gediege-
nes Walserchen.[9]

(...) Sie verbindlich grüßend als Ihr Robert Otto Walser denn so heiße ich in der Tat
mit vollem Namen.[10]

Meine Gesundheit ist ganz gesund, alle meine Krankheiten kranken und mein Geist
grüßt Sie groß und geistreich und ist ganz voll von ich weiß grad nicht was.
Darf ich bleiben Ihr Sie mit mir begnadender Robert Walser.[11]

Unverkennbar ist auch hier der Grundablauf einer verdichteten Selbstsetzung, wie er zur Dramaturgie des Briefes an sich gehört, unüberhörbar die
implizite Aussage: Schau her, der bin ich! Ebenso unverkennbar aber ist,
daß diese blitzhafte Verdichtung der eigenen Person sehr seltsam verläuft.
Da leuchtet etwas auf und fährt gleichzeitig auseinander. Die epigram-

matische Bestimmung der eigenen Identität wird mit Wendungen vollzogen, die einander gegenseitig ausschließen. Der Gestus wird widersprüchlich in seinem Vollzug. Der Partner aber, der diesem Selbstentwurf zustimmen soll, kann es nicht. Der Akt der Bestätigung wird eingefordert und zugleich unmöglich gemacht.

Wir alle haben längst das Gefühl dafür verloren, was es heißt, daß wir am Schluß unserer Briefe die Possessivpronomina brauchen: »Dein Franz... Ihr Heinrich Müller... Euer Ludwig...« Wir haben das Gefühl verloren für dieses intime Hingeben der Person an den Partner, das in der Sprache noch fossiliert ist und zur archaischen Tiefenstruktur der Briefdynamik gehört. Nicht so Robert Walser. Er weiß genau, was »mein« und »dein« hier alles heißen. Der letzte Brief an Frieda Mermet vor seinem Eintritt in die Waldau endet so:

Weihnachten verbrachte ich bei Herrn Kistler, der ein sehr gebildeter Mensch ist. Seine Frau ist sehr lieb und dabei sehr verschlagen, ich meine, sie sagt zu mir: »Mein« Herr Walser. Sie legte totalen Beschlag auf mich, indem sie mir Chokolat fondant schenkte. Sie ist meiner Ansicht nach ein sehr gefährliches Baby, d. h. ein Kind. Zum Jahreswechsel Ihnen, »meine« liebe Frau Mermet, alles Schöne und Gute wünschend, bleibe ich, Sie herzlich grüßend, Ihr Sie als Eigentum, ich meine, als ausschließlich »meine« betrachtender, Ihnen ergebener Robert Walser.[12]

Die Stelle beweist, daß Walser sowohl die Verdichtung der eigenen Person im Briefschluß wie auch das damit verbundene Geständnis über die Beziehung zum Adressaten als einen krisenhaften Vorgang erfährt. Da der Briefschluß nur die Verdeutlichung dessen bringt, was in einem Brief durchgehend geschieht, muß gefragt werden, wie denn die knisternden Paradoxien der Walserschen Schlußsätze mit den Gesamtstrategien seines Briefeschreibens zusammenhängen.

Um die Mermet-Briefe kommt man bei solcher Erkundung nicht herum. Als ein hocherotisches Unternehmen, das sich gerade durch seine poetischen Qualitäten der Deutung raffiniert widersetzt, sind sie den Briefen Kafkas an Felice Bauer, Gottfried Kellers an Marie Exner, Rahel Varnhagens an Pauline Wiesel, Mozarts an das Bäsle zur Seite zu stellen. Wenn man an sie herantritt, darf man sich nicht durch die Sympathie zum Autor täuschen lassen. Man übersieht sonst leicht die Dimensionen der Kälte und Abweisung, die zu diesen Briefen sehr entschieden auch gehören. Man muß etwas wissen vom harten und gefährlichen Walser, um das merkwürdige Kompendium einigermaßen zu begreifen.

Das Briefleben, das Walser mit der Glätterin von Bellelay führt, wird von ihm allein gesteuert und geregelt. Seine Signale und Forderungen sind es, die den Briefwechsel in ein jahrzehntelanges Fütterungsritual verwandeln.[13] Er verlangt Atzung aus ihren Händen wie ein junger Vogel aus dem Schnabel der Alten, will Atzung in Brocken, in Bitzen, in Mocken, in

Stücken – immer wieder fällt im Zusammenhang mit dieser erotischen Fütterung das Wort »Stück«/»Stückli«/»Stücke«, jenes Wort also, das auch sein gleichzeitiges Schreiben bestimmt, indem es benennt, was er als Dichter hervorbringt. Es gibt etliche Stellen, an denen er »Stück« als Prosaarbeit und »Stück« als Nahrungsbrocken demonstrativ überblendet.[14] Frau Mermet scheint das Spiel mit der Mehrdeutigkeit dieses Wortes aufgegriffen und noch um einen weiteren Sinn vermehrt zu haben. Walser schreibt ihr nämlich:

Ich danke Ihnen auch für Ihren letzten Brief, wo Sie am Schluß die nette lustige Anspielung machten, daß Sie in Bezug auf Bonbons und Pralinés ein Gegenstückli wüßten, was mich veranlaßt hat, ziemlich eifrig und lang herumzustudieren, wie Sie's wohl verstanden haben möchten.[15]

Hier tritt zum Eß- und Schreibstück das Stück als sexuelle Handlung. Die Stelle ist zugleich ein exquisiter Beleg für Walsers Steuerung der Beziehung. Er begreift sofort, was sie meint, und erklärt doch entschieden, er verstehe es nicht. Die Frau möchte endlich mehr haben von diesem Freund, körperlich möchte sie mehr haben; er aber hat genau, was er will. Um das Fütterungszeremoniell, den wortlosen Kern dieser Brief- und Spazierehe, aufrechtzuerhalten, muß er verhindern, daß es in jene erotische Praxis übergeht, die es symbolisiert. Die Frau hat sich zu fügen.

Walsers Briefe an Frieda Mermet sind ein Distanz-Spiel nach hochentwickelter Methode. Diese wird unerbittlich durchgehalten. Da gibt es keine wachsende Vertrautheit, die schließlich in eine dauerhafte Herzlichkeit mündete. Da tut sich einer nicht langsam auf und ist zuletzt mit seinem ganzen Wesen für den andern da. Da hält sich einer aber auch nicht auf gleichmäßigem Abstand. Der wunderbare Satz über das Briefschreiben vom März 1914: »Wenn man sich schreibt, so ist es, als rühre man sich zart und sorgsam an«, er spiegelt eine Eindeutigkeit des Beziehungsspiels vor, die es in Wahrheit nicht gibt.

Man achte auf die Ausschläge einer wilden Intimität. Sie richten sich immer auf Teile der Frau, auf Nase, Mund, Füße, Kleider, Schuhe – »Stücke« also auch hier, was gelegentlich, durch die geheime Analogie zu den Eßbrocken, bis zur Phantasie des Aufessens geht: »Fleisch schicken Sie mir keines, liebes Fraueli, denn ich mag kaltes Fleisch nicht. Ich habe von allen Fleischsorten am liebsten ungekochtes Frauenfleisch...«[16] Da gibt es also ein unverhohlenes Zudringen auf Teile der Frau – »... Ihr kleines, liebes, nettes Näschen (...), das ich mit einem reizenden niedlichen Vögelchen vergleichen möchte. Ich habe es sehr lieb, das liebe kleine Ding, und ich möchte mich in das Taschentuch verwandeln, womit Sie Ihr Näschen putzen«[17] –, aber dieses Herantreten muß man nun unbedingt zusammensehen mit der Tatsache, daß er ihr das Du nie gestattet hat.

Er hat diese Schranke gesetzt. Das darf aus der Heftigkeit entnommen werden, mit der er sich gegenüber Therese Breitbach die Anrede Robert verbittet, und zwar nachdem er selbst sie als »liebes Resy« angesprochen hat: »... möchte Sie daher bitten, die Zutraulichkeit nicht zu übertreiben und stets ›Herr‹ zu sagen, wenn es Ihnen mit mir zu sprechen oder zu korrespondieren beliebt.«[18] Robert Walser hat an der Kälte der Welt nicht immer nur passiv partizipiert.

Bestimmte Abläufe dieses Hin- und Herzuckens zwischen unvereinbaren Polen der Identität wiederholen sich in den Briefen wie nach einer Regel. Wenn er Frau Mermet ein ausführliches Kompliment macht, das die Beziehung gefühlsmäßig vertiefen muß, biegt er anschließend unweigerlich in die Beschreibung ganz junger, entzückender Mädchen ein, mit einer Begeisterung, die offen beleidigend ist. Das beruht nicht auf Sadismus, sondern auf dem Prinzip der Beziehungssabotage. Ein Verhältnis, das eindeutig wird, macht ihn selbst eindeutig. Das muß verhindert werden. Ein Beispiel findet sich in dem nach mehrfacher Hinsicht exemplarischen Brief vom 24. Oktober 1918. Da wird der harten Folge von Kompliment und Affront noch eine Begründung mitgegeben, die den Vorgang in abschüssiger Logik gleichzeitig bestätigt und verschleiert:

Zunächst das Kompliment:

Ich höre in Gedanken stets Ihr liebes Lachen und sehe Ihren Mund und die Art, wie Sie sitzen und sich bewegen. Sie haben etwas Junges an sich und sind doch auch schon eine Person, ein Mensch, der gelebt und allerlei durchgemacht hat.

Dann unvermittelt der Gegenzug:

Gestern sah ich beim Zeitungshäuschen ein Mädchen mit geradezu herrlichen Augen. Diese schwarz, das Gesicht schmal, der Mund ungewöhnlich ausdrucksvoll. Ich kann Ihnen die Versicherung geben, liebe Frau Mermet, daß es mich anschaute, indem es zweimal das feine Köpfchen nach mir umdrehte.

Schließlich, an der Stelle, wo ein »aber« zu erwarten wäre – »aber Sie, Frau Mermet, sind für mich eben doch...« –, folgt die zwielichtige Begründung:

Ich erzähle Ihnen das, damit Sie sehen, es sei kein ganz dummer armer Cheib, der mit Ihnen korrespondiert und Anken aus Ihren lieben, freundlichen Händen zu essen pflegt.[19]

Er behauptet also nichts weniger, als daß die Brüskierung im Dienste ihres Verhältnisses stehe. Freu Mermet solle sehen, daß er ihrer würdig sei. Das enthält die Unterstellung, sie verachte ihn. Diese Unterstellung aber ist nicht vereinbar mit der liebevollen Nähe der ersten Sätze. Dort wurde eine Beziehungsregel bekenntnishaft entworfen. Hier wird sie annulliert.

Das alles heißt: wenn es zur Dramaturgie des Briefes grundsätzlich gehört, daß sich der Schreiber seinem Partner gegenüber prozeßhaft als die Person verdeutlicht, die er für ihn ist, dann gehört es zur Dramaturgie der Walser-Briefe, daß dieser Prozeß immerzu ein anderes Gesicht hervorbringt. Jede Selbstsetzung hebt eine andere auf und wird selber wieder aufgehoben. Das hat Methode. Ob Absicht dahintersteht, kann ich nicht sagen. Ich weiß ja selbst nicht, wessen Absicht es wäre.

Diese Rochaden mit der eigenen Person schlagen gelegentlich durch bis in die Grammatik hinein, was zu so unheimlich schleudernden Stellen führt wie der folgenden:

Sie haben sicher ein ziemlich starkes Recht, (...) meine strenge Meisterin zu sein, das sehe ich ein. Doch werden Sie mir sicher bis auf weiteres Freiheit gönnen, soviel als Robert Walser wünscht...[20]

Dem entsprechen die Rochaden mit der Definition der Partnerin. Er nimmt sie bald als junge, bald als alte Frau, nicht unähnlich seiner eigenen schwimmenden Lebensalter-Identität.[21] Nach Belieben setzt er sie als Herrin, als liebe Freundin, als Mama, dann wieder als ungebildete Person, der man etwas Bildung beibringen muß. Sobald eine dieser Rollen dominant wird, zersetzt er das Gesetzte. So im Falle der »Mama«:

Gewiß, liebe Frau Mermet, schätze ich eine Mama, wie z. B. Sie mir eine sind, sehr hoch ein. Sie dürften das ja zur Genüge wissen. Aber da sind noch viele andere, oder sagen wir, eine ganze stattliche Reihe von Mama's, und wollte ich da einseitig sein und immer nur an eine einzige Mama denken, so nähmten mir das alle übrigen übel. Man ist gerade in dieser Hinsicht zu unglaublich viel Vorsichtigkeit genötigt (...)«[22]

Was Walser hier treibt, ist Vielmütterei. Er treibt sie aus List – aus diabolischer List, ist man versucht zu sagen, wenn man bedenkt, daß es um Sabotage an einer leibhaftigen Liebe geht. Vielmütterei ist als Wort eine contradictio in adjecto, als Element des Distanzspiels dieser Briefe ist sie so wirklich wie der Wunsch nach einer Vervielfachung der eigenen Person:

Ach, könnte man doch (...) fünffach atmen und leben. Ich würde das sehr amüsant finden. Sie nicht auch?[23]

Der Wunsch benennt, was die Briefe vollziehen. Das Wunder aber bleibt zuletzt die Frau, die dem allem standhält. Sie kann es, wie ich vermute, wegen des gleichzeitigen Rituals der erotischen Fütterung, das als *wortloses* Geschehen den Listen und Tücken des Distanzspiels entzogen ist. Seiner Natur nach hängt es wohl tatsächlich mit vorsprachlichen Erlebnisweisen zusammen. Die geisterhafte Analogie zwischen den gegessenen und den geschriebenen Stücken, zwischen den Stücken der geliebten Frau und der in Stücken erscheinenden Person des Briefschreibers ist von keinem psychologischen Modell her ganz aufzulösen, weder sexualpathologisch als Fetischismus noch als Vorform von Schizophrenie. Beides spielt mit, was sollte man es bestreiten? Aber beides ist Faktor in einem größeren Zusammenhang. Dessen Dimensionen treten zutage im Werk, in den Räumen einer durchaus gewaltigen Kunst. Sie hat zur selbstverständlichen Voraussetzung, womit wir uns an den Briefen so schwertun. Im Werk entdeckt sich die private Sonderbarkeit als Grunderfahrung der Moderne. Nietzsche hat sie als erster gradaus benannt: »das Subjekt als Vielheit«[24], und Sigmund Freud hat sie sein Leben lang zu systematisieren gesucht. Für den Dichter ist diese »Vielheit« das Kunststück, das aller andern Kunst vorausliegt, die Bedingung des unerhörten Sprachspiels. Den letzten Urheber dahinter kennen wir nicht. Von dem Mann, der Robert Walsers Brief geschrieben hat, wissen wir mit absoluter Sicherheit nur den Namen.

Anmerkungen

1 Robert Walser: Das Gesamtwerk, hrsg. von Jochen Greven, Band XII/2, Briefe, Genf 1975, S. 225.
2 S. 232.
3 S. 265.
4 S. 267.
5 S. 322.
6 S. 333, Brief an Therese Breitbach. Vierzehn Tage später schreibt er an Frieda Mermet: »Einem rheinländischen Mädchen schrieb ich vor einiger Zeit, ich sei ein Schnüderlig. Nun glaubt sie es« (S. 335). »Schnüderlig« ist eines der erniedrigendsten Schimpfwörter im Schweizer Dialekt.
7 S. 148.
8 S. 153.
9 S. 217.
10 S. 220.
11 S. 222.
12 S. 336.
13 Man kann aus den Briefen eine lange Liste solcher Gaben zusammenstellen. Deren Nennung und die Beschreibung ihres Verzehrs macht einen beträchtlichen Teil der Korrespondenz aus. Gleichzeitig schenkt Walser der Frau zuhanden ihres kleinen Sohnes mehrmals Geld. Das zeigt, daß jenes Spenden und Nähren nicht als die übliche Wohltätigkeit armen Leuten gegenüber zu verstehen ist.
14 Vgl. S. 165 f. und den bekannten Brief an Rychner auf S. 237.
15 S. 128.
16 S. 169, vgl. auch S. 156: »Sind nicht auch Sie, liebe Frau Mermet, eine solche weiche liebe Frucht?«
17 S. 85.
18 S. 281.
19 S. 147 f.
20 S. 147.
21 Vgl. dazu S. 244 und 293.

22 S. 235.
23 S. 199.
24 Verweis auf die Nietzsche-Stelle aus den Nachgelassenen Fragmenten bei Gert
   Mattenklott, »Der mythische Leib«. In: Mythos und Moderne, hrsg. von Karl
   Heinz Bohrer, Frankfurt a. M. 1983, S. 140.

Der phantastische Aphorismus
bei Elias Canetti

Die Mehrheit der Aphorismenschreiber sind unsympathische Gesellen. Man hüte sich vor ihnen. Sie unterliegen dem Irrtum, die Wahrheit setze sich zusammen aus vielen kleinen Einzelwahrheiten, denen man beikommen könne wie den Fliegen. Man braucht nur eine Fliegenklappe. Klitsch! eine Wahrheit; klatsch! ein Aphorismus. Das füllt dann dicke Bände oder bibliophile Broschüren und ist wirklich nicht mehr als eine Sammlung toter Fliegen.

Der echte Aphorismenschreiber ist ein seltener Geselle. Für ihn ist der Aphorismus nicht das fertige Resultat eines Denkakts, sondern das dramatische Zeugnis des Denkprozesses selbst. Das Denken kristallisiert sich unverhofft, mitten im Vollzug. Die liquide Reflexion verfestigt sich in einem zufälligen Moment und steht da, nicht als verfügbare Weisheit, nicht als Sentenz oder Albumspruch, sondern als die Aufforderung, in jenen Vorgang des Denkens einzutreten, der hier zu einem Stück Sprache erstarrt ist, Aufforderung, das Kristallisierte wieder zu verflüssigen und sich seinem unvorhersehbaren Zug, seiner vielleicht reißenden Strömung auszusetzen. Dabei ist allerdings anzumerken, daß noch kein Aphorismenschreiber der Versuchung gänzlich widerstehen konnte, gelegentlich selbst zu jener Fliegenklappe zu greifen. Ab und zu unterläuft jedem eine billige Weisheit – wie dem großen Lyriker das schlechte Gedicht und dem großen Fußballspieler der verpatzte Elfmeter.

Der authentische Aphorismus ist also erkennbar an der Denktätigkeit, in die er den Leser zwingend versetzt. Und unter den vielen Spielarten aphoristischen Schreibens gibt es wenige, die das so deutlich unter Beweis stellen wie der *phantastische Aphorismus*, dessen unbestrittener Meister – nicht Erfinder! – Elias Canetti ist.

»Dort gehen die Leute nie allein, nur in Gruppen von vier bis acht, ihre Haare unentwirrbar ineinander verflochten.«[1]

Um dem Satz auf die Schliche zu kommen, müssen wir beobachten, wie unsere eigene Reaktion verläuft. Wir geraten in eine seltsame hermeneutische Turbulenz. Während wir beim konventionellen Aphorismus immer gleich zustimmen oder ablehnen, »richtig, richtig!« rufen oder »Unsinn, Unsinn!«, können wir hier zunächst überhaupt nicht Stellung nehmen. Ist das eine Allegorie? Ist es der Embryo einer phantastischen Erzählung in der Art des 19. Jahrhunderts, nach dem ungefähren Muster der Hoffmann und Poe und Lewis Carroll? Oder ist es ein Splitter original utopischen Erzählens, nach dem ungefähren Muster der Bacon und Voltaire und Swift? Ist es ein Fetzen Traum, der psychoanalytisch dechiffriert sein will? Steht dahinter die surrealistische Praxis eines Max Ernst oder Paul Klee, oder eher die Praxis der bösen Groteske eines Daumier oder Kubin? Oder handelt es sich um etwas viel Gewagteres, um den Versuch, mitten in der aufgeklärten Gegenwart das archaische Reden und Schauen des Mythos wiederzugewinnen, wenigstens für eine einzige, aufflammende Sekunde?

Alle diese Möglichkeiten tauchen auf, und in jedem Falle würde sich eine andere Identität des Textes ergeben, aber wir haben keine Möglichkeit der Entscheidung. Wir fluktuieren mit dem Text. Sein semantisches Oszillieren ist unser hermeneutisches.

Gleichzeitig aber geschieht etwas ganz anderes. Je unsicherer unser intellektueller Standpunkt wird, um so heftiger erleben wir die lapidare Körperhaftigkeit der vorgestellten Szene. Das Scheitern der spontanen Deutung treibt dem Satz eine unerhörte sinnliche Konkretheit zu. Wir werden der Szene ausgesetzt wie einem plötzlichen Schrecken; sie rührt uns an als körperliche Erfahrung. Und erst jetzt, aus dieser Spannung zwischen scheiternder Exegese und gesteigertem Erleben, beginnt die zweite, langsame, aber gerichtete Deutungsarbeit. Wir wittern einen gedanklichen Kern. Eine Vermutung drängt sich auf, immer energischer: in der szenisch-körperhaften Reflexion dieses Aphorismus werde die Autonomie des Subjekts, die Basis aller modernen Anthropologie, außer Kraft gesetzt. Der theoretische Diskurs der Moderne, der die Autonomie des Subjekts zu seiner eigenen Voraussetzung hat, kann diese nicht selber so der Kritik unterziehen, daß das ganz Andere einer Existenz, die nur kollektive Identitäten kennt, erfahrbar würde. Dazu bedarf es auch eines ganz anderen Diskurses. Er muß insofern anders sein, als er sich jeder glatten Zuordnung zu den heute geläufigen Verfahren des Denkens und Argumentierens entzieht und schon in sich selbst das Fremde und Unvertraute darstellt, von dem er dann auch inhaltlich handelt.

Diese Vermutung ist nicht beweisbar – der phantastische Aphorismus kann sowenig auf einen einzigen Sinn hin festgemacht werden, wie er sich durch eine abschließende Definition bestimmen läßt –, die Vermutung ist nicht beweisbar, aber sie findet ihre Unterstützung in anderen Texten. Man begegnet diesem Problemfeld in Canettis phantastischen Aphorismen wiederholt; wiederholt sieht man sich von ihnen hereingezogen in ein Nachdenken über die Relativität des in sich selber abgeschlossenen Subjekts.

»Dort gehen die Leute in Reihen aus, es gilt als unverschämt, sich allein zu zeigen.«[2]

»Dort handeln sie nur zu hundert, der Einzelne, der nie sich nennen gehört hat, weiß von sich nichts und versickert.«

Dieser letztere Text hat etwas Verwaschenes. Er ist unscharf insofern, als er den wissenschaftlichen Diskurs mit dem radikal fremden Reden des phantastischen Aphorismus vermischt. Er verwendet explizit die Kategorie des »Einzelnen«, um von einem gesellschaftlichen Zustand zu reden, dem diese Kategorie schlechthin fremd ist. Wenn es den »Einzelnen« aber nicht gibt, kann er auch nicht »versickern«. Ich führe das an, weil erst auf dem Hintergrund solcher Ungenauigkeiten die visionäre Präzision erkennbar wird, zu der dann wieder ein Text wie der folgende gelangt:

»Dort siedeln sie sich auf riesigen Bäumen an, die sie nie verlassen. Fern am Horizont erscheinen andere Bäume, unerreichbar und böse.«

Canettis phantastischer Aphorismus fängt gern mit einem stereotypen sprachlichen Gestus an. Am häufigsten findet sich das Adverb »Dort...« und die Wendung: »Ein Land, in dem...« Diese Stereotypie ist auffällig, weil sie so leicht zu vermeiden wäre. Da sie aber über Jahre hin durchgehalten wird, muß sie Methode haben. Sie ist nicht ein Mittel der Rhetorik, ist nicht als Anapher zu begreifen, sondern hat rituellen Charakter. Das sprachliche Zeichen signalisiert, daß hier das andere Denken des phantastischen Aphorismus beginnt, so wie das Märchen und das Gebet mit ihren festen Eingangsformeln den Beginn ihrer je spezifischen Redeweise, Erfahrungsweise zeremoniell markieren.

Das Phänomen dürfte für die Ästhetik des Aphorismus generell aussagekräftig sein. Der Aphorismus ist ja eine sehr geheimnisvolle Gattung. Theoretisch ist er bis heute nur in Ansätzen erläutert. Das hängt damit zusammen, daß der Aphorismus der unmittelbaren Tätigkeit des Geistes so nahe aufsitzt wie sonst nur noch das lyrische Gedicht. Deshalb gibt es ihn in allen Stufen des Übergangs vom Chaos zur Form, vom Sudeltext zur organisierten Periode, und er zeigt alle Gestalten des Denkens von der mythischen Figur über die intime Notiz bis hin zum brillanten Sophisma, das sich nur noch an sich selbst delektiert.

Unser aller Denken ist in den Momenten seines intuitiven Beginnens sowohl uralt, mit der menschheitsgeschichtlichen Vorzeit und der vergessenen persönlichen Infantilität verbunden, als auch tollkühn zukünftig, von Dingen berührt, die noch niemand erkannt und ausgesprochen hat. Erst die Weiterführung des Denkens aus diesem intuitiven Zünden heraus macht es zeitgenössisch und zivilisationskonform. Erst jetzt, nach dem ersten Moment, der rätselhaften Sekunde des Einfalls, gleicht es sich den bestehenden intellektuellen Ordnungen an und kann nicht anders. Der Aphorismus aber bewahrt in seinen verwegensten Gestalten etwas von der ungeheuren Potenz der Intuition, des Denkbeginns. Deshalb weiß man dann bei Canetti wie bei Lichtenberg oft wirklich nicht, ist das nun Absurdität oder Weisheit, ist es Nonsens oder hohe Prophetie. Und ebensowenig weiß man oft bei beiden, ob das nun die allerprivateste Verlautung einer hemmungslosen Subjektivität sei oder die Wiederkehr einer archaisch-objektiven Redegestalt, nervöse Konfession oder steinernes Orakel.

Der phantastische Aphorismus ist strenge Reflexion in Gestalt eines streng reflexionsfreien Textes. Er bringt ein Stück Welt zur Erscheinung, das mit unserer Wirklichkeit nicht kompatibel ist, aber gleichzeitig verlangt, zu dieser Wirklichkeit in ein schlüssiges Verhältnis gesetzt zu werden.

»Es geht ein Mißgeschaffener in der Welt herum; wer den verspottet, der wird in seine Gestalt verwandelt.«

»Ein Schmeichler, der zu seinem Entsetzen erlebt, wie alle Menschen zu dem werden, was er ihnen vormacht.«

»Einen Gedanken zu finden, wobei sich allemal jeder Mensch der ihn hört todlacht.«

Das sind drei Texte, jeder stammt aus einem andern Jahrhundert, und sie liegen je fast genau hundert Jahre auseinander. Einer ist von Canetti (1966), einer von Friedrich Hebbel (1861) und einer von Lichtenberg (1774). Damit soll demonstriert werden, daß der phantastische Aphorismus seine Tradition hat, obwohl es den Begriff bisher nicht gegeben hat, und daß er ein seit langem schon zur Verfügung stehendes Medium des Denkens ist – nicht also die Schöpfung eines einzelnen Autors. Sollte allerdings eine aufmerksame Leserschaft die drei Texte sogleich als von verschiedenen Autoren stammend und um Epochen auseinanderliegend erkannt haben, wäre die Beweisführung als gescheitert zu betrachten.[3]

Ich habe gesagt, der phantastische Aphorismus verlange, zu unserer Wirklichkeit in ein schlüssiges Verhältnis gesetzt zu werden. Der Unsinn, den er darstellt, will Sinn werden. Allein in dieser Hinsicht tritt er vor den Leser hin, und gleichzeitig ist er entschlossen, es ihm so schwer wie möglich zu machen. Es gibt bei Canetti immer wieder Texte, denen man ebenso hilflos wie staunend gegenübersteht. Wie soll ich in den Denkprozeß eintreten, der sich zu dem folgenden Satz kristallisiert hat:

»Sie konnten die Köpfe einziehen und lugten durch ein winziges Loch in der Brust.«

Das ist ein nahezu hermetischer Text, so unzugänglich wie die absolute Metapher in der modernen Lyrik. Über ein reguläres hermeneutisches Verfahren läßt sich daraus kein Sinn gewinnen. Eher schon wäre er als Meditationsvorlage zu betrachten, welche die Meditierenden in ganz unterschiedliche Richtungen tragen kann.

Der Text spricht offenbar von Menschen, denn der Blick durch das kleine Loch in der Brust setzt doch wohl den aufrechten Gang voraus. Es liegt also nahe, eine Annäherung durch Einfühlung und Empathie zu ver-

suchen, mehr noch: durch eine Anverwandlung an die beschriebenen Wesen. Hat nicht Canetti selbst in *Der Beruf des Dichters*, seiner Münchner
Rede von 1976, »Verwandlung« über »Empathie« und »Einfühlung« gesetzt?[4] Vielleicht fordert dieser Satz tatsächlich Verwandlung statt Deutung, will er, daß ich leibhaftig spüre, wie ich selbst den Kopf einziehe und
durch ein winziges Loch in der Brust luge. Aber was dann? Dann setzt ein
anderes Körperbewußtsein ein. Der eigene Leib wird mir fremder und ver-
trauter zugleich. Ich erlebe ihn stärker als Gerät, also dinghafter, nicht als
die atmende Erscheinung der Seele, wie ihn die Anthropologie seit Herder
und Goethe gern begreifen möchte. Aber er wird auch geisterhaft intim,
animistisch mir angeschmiegt und zugeeignet wie in der dunklen Vorzeit
meiner ersten Lebensjahre. Das ist kein Resultat, zugegeben, das ergibt
keinen Textsinn. Aber es ist eine Erfahrung der Verwandlung im zivilisationsgeschichtlichen Kontext. Ein vorwissenschaftlicher Begriff vom Körper, längst verschüttet durch die Konventionen unseres Denkens, wird mir
vorübergehend wieder zugänglich. Der phantastische Aphorismus ist die
magische Gebärde, die solche Verwandlung ermöglicht und bewerkstel-
ligt. Anders ausgedrückt, diesem Autor angemessener ausgedrückt: der
phantastische Aphorismus ist die Maske, die ich mir lautlos-rituell vor-
binde und die mich bis in den Kern meiner Identität hinein lockert und dem
fremden Zustand anverwandelt.

Das ist feierlich ernst, und gleichzeitig sehr komisch. Beide Dimensionen gehören zu Canettis phantastischem Aphorismus. So wie jede
Maske auf irgendeine Weise den Aspekt des sakralen Zeremoniells mit
dem Aspekt der Karnevalistik verbindet – Schamanen voll und ganz
können wir ja nun einmal nicht mehr werden, gottseidank –, so flimmern
auch diese Texte in unberechenbaren Übergängen zwischen Feierlichkeit
und Gelächter hin und her. Besonders deutlich zeigt sich das bei jenen
Sätzen, die, ähnlich wie der eben zitierte, die Körperlichkeit themati-
sieren.

»Ein Land, in dem die Menschen mit einem kleinen Knall platzen. Dann
sind sie spurlos verschwunden, keine Reste.« *(Das Geheimherz der Uhr)*
»Ein scheinbar dicker Mensch, der aus zwölf wohlverpackten Dünnen
besteht, die alle zugleich piepsen.«

Dieser Aphorismus verknüpft die fremde Körpererfahrung mit dem früher erwähnten Erlebnis einer kollektiven Identität. Die zwölf Dünnen, die
zusammen einen einzigen Dicken ergeben, sind in der emblematischen
Intensität des szenischen Wurfs nahe verwandt mit jenen »vier bis acht«
Leuten, die mit verflochtenen Haaren leben. Und hier wie dort, für die
Dünnen wie für die Verflochtenen, ist dies nicht eine Form von Verdammnis, keine danteske Inferno-Existenz, sondern die selbstverständliche Gestalt ihres Daseins. Während bei den Verflochtenen aber das Gelächter nur
als Potenz im Text versteckt ist, wird es hier, bei den zwölf Dünnen im ein-

zigen Dicken, unwiderstehlich beschworen durch die zusätzliche Wendung: »die alle zugleich piepsen«.

Eine unheimliche Zwischenform zwischen Komik und Ernst markiert das folgende Stück:

»Dort wird jeder von einem eingeborenen Wurm regiert und pflegt ihn und ist gehorsam.«

Das Komische dieses Satzes ist schauerlich, aber das Schauerliche bleibt doch auch unabweisbar komisch. Auch hier stellt die fremde Erfahrung, die der Text vermittelt, wenn wir ihn als Maske der Verwandlung konzentriert und meditierend annehmen, gleichermaßen die Erfahrung einer andern Körperlichkeit dar, wie die einer andern Identität. Durch den mythischen Wurm wird der Körper zum Herrscher über die Person. Diese begreift sich als symbiotisches Wesen, als Doppel-Ich gewissermaßen. Um dem Satz ganz gerecht zu werden, müßte man ihn mit dem psychoanalytischen Theorem vom Über-Ich in Austrag bringen, müßte seine Art des Redens mit der wissenschaftlichen Explikation Sigmund Freuds konfrontieren und zusehen, wie weit diese unterschiedlichen Verfahren der Wahrheitsproduktion in ihrem Ergebnis auseinanderliegen.

Zeremoniell und Karnevalistik, Ernst und Gelächter – sie verhalten sich zueinander wie das Aufsetzen und Abnehmen der Maske. Canetti selbst hat über die Differenz zwischen diesen zwei Gesten nachgedacht. Das kommt zum Ausdruck in seiner Notiz: »Die Masken müssen Schrecken bereiten, aber sie müssen auch abgenommen werden. Ohne ganz ernst genommene Masken gibt es kein Drama. Aber ein Drama, das in den Masken stecken bleibt, ist langweilig.«

Soweit es den phantastischen Aphorismus gibt – ich kann ihn bei Lichtenberg nachweisen, bei Hebbel und bei Canetti, nicht aber bei Nietzsche und nicht bei den französischen Moralisten, auch bei Goethe nicht; Karl Kraus hat Ansätze, auch Kafka (aber bei dem ist ohnehin immer alles ganz anders) –, soweit es den phantastischen Aphorismus gibt, eignen ihm unübersehbar die beiden Dimensionen des ganz Ernsten und des ganz Komischen. Bei Friedrich Hebbel, dessen eklatante Nähe zu Canetti dringend einer genaueren Untersuchung bedarf, findet sich der folgende Text:

»Einer spielt die Violine: vor den Hintern wird er gepeitscht und spielt, statt zu schreien.« (*Tagebücher* I)

Das liegt genau auf jener Kippe zwischen Schrecken und Komik, die Canettis phantastische Aphorismen so oft vor Augen führen, auf einer Kippe, welche nicht den Ausgleich der Gegensätze bewirkt, sondern die wechselseitige Steigerung. Ähnlich ist es mit den beiden folgenden, auffällig verwandten Texten. Der erste stammt von Hebbel, der zweite von Canetti:

»Ein Mensch wird an einen Abgrund gestellt. Dort wird ihm in die linke

Hand ein Rasierspiegel, in die rechte ein Rasiermesser gegeben und er muß sich nun auf einen Fuß stellen und sich rasieren. Gelingt's, so ist er frei, gelingt's nicht, so stürzt er hinab.« (*Tagebücher* II)

»Der tolle Schläfer: Einer, der nur in einer ganz gefährlichen Stellung schlafen kann, auf einer Dachrinne, in einer Kanone, unter Tigern, in einem brennenden Haus, während eines Erdbebens, auf einem sinkenden Schiff. – Seine Abenteuer, um Schlaf zu finden.«

Bei diesen zwei Stücken mag sich die Gattungsfrage stärker stellen. Man kann sagen, das seien keine Aphorismen, sondern Entwürfe zu grotesken Erzählungen oder Dramen. Eindeutig ist das nicht. Es gibt nämlich ganz unbestreitbar den Aphorismus als Akt der Erfindung einer epischen oder dramatischen Szene. In diese Tradition fügen sich die zwei Texte, obwohl ich sie genau so auch in der Tradition der Dramen- und Novellenskizzen lokalisieren kann. Zuletzt entscheidet der einzelne Leser. Je nach der Gattung, der er die Aufzeichnungen zuordnet, verändert sich deren Aussageweise und Aussagekraft. Interessanterweise war Hebbel selbst der literarischen Identität seiner Notiz gegenüber unsicher. Er hat nämlich dazu an den Rand das Wort »Phantastisch« geschrieben.

Das Gelächter des phantastischen Aphorismus liegt bald an der Oberfläche des Textes, bald tief in ihm versteckt. An der Oberfläche findet es sich in den folgenden zwei innerlich benachbarten Canetti-Sätzen:

»Ein Land, in dem riesige Weiber mit ihren winzigen Männern in der Tasche herumlaufen. Wenn diese Weiber streiten, ziehen sie ihre Männer plötzlich aus der Tasche heraus und halten sie einander wie kleine Schreckgötter entgegen.«

»Weiber auf Stelzen, die sich hoch von oben in die Arme ahnungslos Erwählter herunterwerfen.«

Viel versteckter ist das komische Element dagegen in den nächsten drei Beispielen:

»Zum Abschied springt dort jeder auf den Tisch und schweigt.«

»Eine Gesellschaft, in der alle Menschen stehend schlafen, mitten auf der Straße und ohne daß irgend etwas sie stört.«

»Eine Gesellschaft, in der die Guten stinken und jeder ihnen ausweicht. Doch aus der Ferne werden sie bewundert.«

In diesem Zusammenhang der Interferenz von Ernst und Komik müssen auch die zwei längeren Texte erwähnt werden, in denen Lichtenberg und Canetti ihre Verwandtschaft unter dem Zeichen des phantastischen Aphorismus am frappierendsten bezeugen. Lichtenberg:

»Eine Welt, wo die Menschen als Greise geboren werden, und immer frischer werden, endlich Kinder, die immer an Ketschigkeit zunehmen, bis man sie endlich in eine Bouteille sperrt, wo sie nach 9 Monaten alles Leben verlieren, nachdem sie so klein geworden sind, daß man 10 Alexander auf einem Butterbrod verschlingen könnte. Die Mädchen von 50 bis 60 Jahren finden ein besonderes Vergnügen daran, die klein gewordene Alte auf Bouteillen zu ziehen.« *(Sudelbücher* I)

Canetti:

»Es wäre hübsch, von einem gewissen Alter ab, Jahr um Jahr wieder kleiner zu werden und dieselben Stufen, die man einst mit Stolz erklomm, rückwärts zu durchlaufen. Die Würden und Ehren des Alters müßten trotzdem dieselben bleiben, die sie heute sind; so daß ganz kleine Leute, sechs- oder achtjährigen Knaben gleich, als die weisesten und erfahrensten gelten würden. Die ältesten Könige wären die kleinsten; es gäbe überhaupt nur ganz kleine Päpste; die Bischöfe würden auf Kardinäle und Kardinäle auf den Papst herabsehen. Kein Kind mehr könnte sich wünschen, etwas Großes zu werden. Die Geschichte würde an Bedeutung durch ihr Alter verlieren; man hätte das Gefühl, daß Ereignisse vor dreihundert Jahren sich unter insektenähnlichen Geschöpfen abgespielt hätten, und die Vergangenheit hätte das Glück, endlich übersehen zu werden.«

Die Verbindung des Zeremoniellen mit dem Karnevalistischen gehört zum phantastischen Aphorismus, insbesondere bei Canetti, auch wenn es sich nicht an jedem einzelnen Text zwingend nachweisen läßt. Der Grund für das scheinbar paradoxe Zusammengehen der zwei Befindlichkeiten (anthropologisch gesprochen) oder Aussageweisen (literarisch gesprochen) liegt im Verhältnis des phantastischen Aphorismus zum Bewußtsein der Moderne. Er zieht dieses Bewußtsein in Zweifel, indem er andern, unterdrückten Diskursen, einem andern Wissen und Empfinden vorübergehend Raum gibt. Momenthaft ermöglicht er den Zugang zu ontogenetisch und phylogenetisch verschollenen Erfahrungen. Das ist ein ernstes Unterfangen, und es kann nur gelingen über den Einschlag eines zeremoniellen Aktes. Im karnevalistischen Gegenzug aber versichern sich Text und Leser wieder der aufgeklärten Vernunft. Diese soll zwar ihre Grenzen zeigen. Sie soll in ihrer Begrenztheit grimmig aufgewiesen werden, soll denunziert werden in ihrem anmaßenden Totalitätsanspruch. Aber es darf dies doch nicht geschehen auf Kosten all dessen, was die aufgeklärte Vernunft erreicht hat, als sie uns von so vieler Unterdrückung befreite. Die tollen Versuche des phantastischen Aphorismus, aus der radikal aufgeklärten Welt heraus kleine Brücken zu schlagen zum vorwissenschaftlichen Denken und mythischen Erleben, wollen eines ganz gewiß nicht: die Wiederkehr einer Herrschaft des Mythos. Wenn die Sekunden der fremden Erfahrung verstrichen sind, muß die Maske energisch wieder abgezogen werden. Dahinter erscheint ein lachendes Gesicht, und lachen muß, wer immer den Vorgang sieht. Es ist das Lachen einer Freiheit, die sich selber wieder etwas besser kennt.

Quellennachweise

»The tongues of dying men ...«
Zur Dramaturgie der Todesszene

Entstanden aus einem Vortrag, der 1985 an den Universitäten Wien, Klagenfurt und Bonn gehalten wurde. Erstdruck in: Das Subjekt der Dichtung. Festschrift für Gerhard Kaiser. Hrsg. von Gerhard Buhr, Friedrich A. Kittler und Horst Turk. Würzburg 1990

Die Rhetorik des Selbstmords
Zum Suizid auf dem Theater

Entstanden aus dem Beitrag zu einer Ringvorlesung an der Universität Zürich 1984. Erstdruck in: Selbstaggression – Selbstzerstörung – Suizid. Hrsg. von Hans-Jürg Braun. Zürich 1985

Grandeur und Elend literarischer Gewalt
Die Regeln der Polemik

Erstdruck in: Neue Zürcher Zeitung vom 31. März / 1. April 1979

Die Opus-Phantasie
Das phantasierte Werk als Metaphantasie im kreativen Prozeß

Entstanden aus einem Vortrag, der 1978 an der 3. Arbeitstagung »Psychoanalyse und Literaturwissenschaft« in Freiburg im Breisgau gehalten wurde. Erstdruck in: Psyche. Zeitschrift für Psychoanalyse und ihre Anwendungen. Nr. 33 / 3. 1979

Gespaltene Liebe
Die Polarisierung von erotischer und geistlicher Lyrik als Strukturprinzip des romantischen Gedichts

Entstanden aus einem Beitrag zum interdisziplinären Symposion zur Romantik in Deutschland, das 1977 im Auftrag der Deutschen Forschungsgemeinschaft auf der Reisensburg bei Günzburg stattfand. Erstdruck in:Romantik in Deutschland. Ein interdisziplinäres Symposion. Hrsg. von Richard Brinkmann. Stuttgart 1978

Lyrik und Körperlichkeit
Das lyrische Reden als Wiedergewinn ausgegrenzter Erfahrung

Entstanden aus einem Vortrag, der 1985 an der Freien Universität Berlin gehalten wurde. Erstdruck in: Verlust und Ursprung. Festschrift für Werner Weber. Hrsg. von Angelika Maas und Bernhard Heinser. Zürich 1989

Lachen in der Literatur
Eine Überlegung zur Frage, warum Schillers »Glocke« so ernst ist.

Entstanden aus einem Vortrag, der 1984 im Rahmen der Jahrestagung des »Arbeitskreises für Literatur und Germanistik in der DDR« an der Ruhr-Universität Bochum zum Thema »Spiele des Lachens« gehalten wurde. Erste Drucklegung

Der tragische Klamauk
Über die vielen Väter bei Jakob Michael Reinhold Lenz

Erstdruck in: Frankfurter Allgemeine Zeitung vom 23. Mai 1992, anläßlich des 200. Geburtstags von J. M. R. Lenz

Der irrende Leib
Die Momente des Unwissens in Eichendorffs Lyrik

Entstanden aus einem Vortrag, der 1988 beim Eichendorff-Kolloquium an der Universität Bonn gehalten wurde. Erstdruck in: Aurora. Jahrbuch der Eichendorff-Gesellschaft. Hrsg. von Frank Heiduk, Helmut Koopmann und Peter Horst Neumann. Band 49. Sigmaringen 1989

Der Roman im Fieberzustand
E. T. A Hoffmanns »Elixiere des Teufels«

Erstdruck in: E. T. A. Hoffmann: Die Elixiere des Teufels. Manesse Bibliothek der Weltliteratur. Zürich 1983

Nestroys Panik

Erstdruck in: Tages-Anzeiger Zürich. Magazin. 27. November 1976

Heine und der Henker

Erstdruck in: Neue Zürcher Zeitung vom 10. Dezember 1972

Der Epigrammatiker Grillparzer

Entstanden aus einem Vortrag, der 1971 beim Grillparzer-Forum auf der Burg Forchtenstein gehalten wurde. Erstdruck in: Grillparzer-Forum Forchtenstein. Tagungsergebnisse 1971. Hrsg. von Johann Hüttner und Otto G. Schindler. Wien / Köln / Graz 1972

Die Trieblizenz des historischen Erzählens
Am Beispiel von Gotthelfs »Kurt von Koppigen«

Entstanden aus einem Vortrag, der 1989 beim Symposion »Geschichte als Literatur« anläßlich des 65. Geburtstages von Eberhard Lämmert an der Freien Universität Berlin gehalten wurde. Erstdruck in: Geschichte als Literatur. Formen und Grenzen der Repräsentation von Vergangenheit. Hrsg. von Hartmut Eggert, Ulrich Profitlich und Klaus R. Scherpe. Stuttgart 1990

Gottfried Keller und der brachiale Zweikampf

Entstanden aus einem Vortrag, der 1990 beim Internationalen Gottfried-Keller-Kolloquium an der Universität Zürich gehalten wurde. Erstdruck in: Gottfried Keller. Elf Essays zu seinem Werk. Hrsg. von Hans Wysling. Zürich 1990

Aus der Geschichte der Geistergeschichte
Gottfried Kellers Auseinandersetzung mit der phantastischen Literatur

Entstanden aus einem Vortrag, der 1979 vor der Gottfried-Keller-Gesellschaft im Rathaus Zürich gehalten wurde. Erstdruck in: Gottfried-Keller-Gesellschaft. Achtundvierzigster Jahresbericht 1979. Zürich 1980

»Die Richterin«
Conrad Ferdinand Meyers Kunst im Widerstreit zur privaten Phantasie

Erstdruck in: Romane und Erzählungen des Bürgerlichen Realismus. Neue Interpretationen. Hrsg. von Horst Denkler. Stuttgart 1980

Zur Psychologie des deutschen Nationalschriftstellers
Die Bedeutung der Hinrichtung und Verklärung Goethes durch Thomas Mann

Entstanden aus einem Vortrag, der 1977 anläßlich der methodentheoretischen Arbeitstagung »Literaturwissenschaft heute« an der Universität Basel gehalten wurde. Erstdruck in: Perspektiven psychoanalytischer Literaturkritik. Johannes Cremerius zum sechzigsten Geburtstag. Hrsg. von Sebastian Goeppert. Freiburg im Breisgau 1978

Der geliebte Doppelgänger
Die Struktur des Narzißmus bei Stefan George

Erstdruck in: LILI. Zeitschrift für Literatur und Linguistik. Nr. 6/21. 1976

Die Dynamik von Trakls Gedicht

Entstanden aus einem Vortrag, der 1977 beim Kolloquium »Expressionismus. Sozialer Wandel und künstlerische Erfahrung« an der Universität Mannheim gehalten wurde. Erstdruck in: Expressionismus – Sozialer Wandel und künstlerische Erfahrung. Hrsg. von Horst Meixner und Silvio Vietta. München 1982

Kafkas Venus
Über den Roman »Der Verschollene«

Erstdruck in: Frankfurter Allgemeine Zeitung vom 30. Mai 1986, im Rahmen der Reihe: Romane von gestern – heute gelesen

Brecht und der Kälteschock
Das Trauma der Geburt als Strukturprinzip seines Dramas

Entstanden aus einem Vortrag, der 1974 beim Brecht-Kongreß an der McGill University in Montreal gehalten wurde. Erstdruck in: Neue Rundschau. Nr. 87/4. 1975. Französische Übersetzung in: L'Herne, numéro 35/1, Paris 1979

Wer hat Robert Walsers Briefe geschrieben?

Entstanden aus einem Vortrag, der 1985 beim Internationalen Walser-Kolloquium in Rom gehalten wurde. Erstdruck in: Immer dicht vor dem Sturz. Zum Werk von Robert Walser. Hrsg. von Paolo Chiarini und Hans Dieter Zimmermann. Frankfurt am Main 1987

Der phantastische Aphorismus bei Elias Canetti

Entstanden aus einem Vortrag, der 1989 beim Internationalen Canetti-Symposion in London gehalten wurde. Erstdruck in: Merkur. Deutsche Zeitschrift für europäisches Denken. Nr. 44/5. 1990

Alle Texte wurden vom Verfasser redaktionell durchgesehen. In einigen Fällen weicht der Titel von der Fassung des Erstdrucks ab.

Anmerkungen

1 Elias Canetti: Die Provinz des Menschen. Aufzeichnungen 1942–1972. München: Hanser 1973. – Wenn nicht anders angegeben, wird hieraus zitiert.
2 Elias Canetti: Das Geheimherz der Uhr. Aufzeichnungen 1973–1985. München: Hanser 1987.
3 Der erste ist von Hebbel (Tagebücher II), der dritte von Lichtenberg (Sudelbücher I).
4 In: Elias Canetti, Das Gewissen der Worte. Essays. Frankfurt: Fischer 1987.

Ein brillanter Durchgang durch die Literatur

Peter von Matt hat die Geschichten und Tragödien um mißratene Kinder von der Antike über das Mittelalter bis in unsere Zeit neu gelesen und interpretiert: unter ihnen Antigone und König Lear, Gestalten der Droste und Kafkas, Marieluise Fleißers und Elfriede Jelineks. Immer neu, immer anders erscheint das Konfliktfeld, immer gleich die heftigen Gefühle der Beteiligten. »Peter von Matt ist ein Kritiker mit der Gründlichkeit eines Philologen – und ein Philologe mit dem Temperament eines Journalisten. Ich bin ein dankbarer Leser seiner Bücher, wobei sie mich belehren und dabei immer köstlich unterhalten.« *Marcel Reich-Ranicki*

392 Seiten. Leinen, Fadenheftung

CARL HANSER VERLAG

PETER VON MATT

Verkommene Söhne, mißratene Töchter

FAMILIENDESASTER
IN DER LITERATUR

Die Geheimnisse der Genies

Kurt R. Eissler:
Goethe
Eine psychoanalytische Studie
1775-1786
2 Bände / dtv 4457

»Die psychoanalytische Studie
liest sich weithin wie eine ›normale‹ Biographie, nur daß ihr
Scharfsinn, ihr Einfühlungs-
vermögen, ihre Genauigkeit und
Materialfülle das normale Maß
weit überschreiten.«
Thomas Anz

»Das wichtigste, klügste und
resultatreichste psychologische
Werk über Goethe.«
Peter von Matt

Kurt R. Eissler:
Leonardo da Vinci
Psychoanalytische Notizen zu
einem Rätsel
2 Bände im Schuber
dtv 59026
Für dieses Buch erhielt der
renommierte Psychoanalytiker
den Sachbuchpreis der Süd-
deutschen Zeitung 1993.

»Anregend und profund zu-
gleich, dazu in Abschnitten leicht
zu lesen, geht diese Analyse
Leonardos, eines der begabtesten
und undurchdringlichsten
Menschen überhaupt, weit über
das Fachbuch hinaus.«
Günter Metken

Denkanstöße –
Philosophie
im dtv

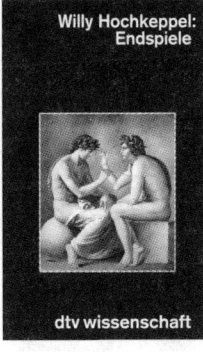

Wolfgang Bauer:
**China und
die Hoffnung
auf Glück**
Paradiese, Utopien,
Idealvorstellungen in
der Geistesgeschichte
Chinas
dtv 4547

William K. Frankena:
Analytische Ethik
dtv 4640

Ernest Gellner:
**Pflug, Schwert und
Buch**
Grundlinien der
Menschheits-
geschichte
dtv 4602

Christopher Robert
Hallpike:
**Die Grundlagen
primitiven Denkens**
dtv 4534

Willy Hochkeppel:
Endspiele
Zur Philosophie des
20. Jahrhunderts
dtv 4594

**Klassiker des
philosophischen
Denkens**
Hrsg. N. Hoerster
2 Bände
dtv 4386/4387

**Klassische Texte
der
Staatsphilosophie**
Hrsg. N. Hoerster
dtv 4455

Panajotis Kondylis:
**Die Aufklärung
im Rahmen des
neuzeitlichen
Rationalismus**
dtv 4450

Jacques Le Goff:
**Die Intellektuellen
im Mittelalter**
dtv 4581

Ernst R. Sandvoss:
**Geschichte der
Philosophie**

Band 1: **Indien,
China, Griechen-
land, Rom**
dtv 4440

Band 2: **Mittelalter,
Neuzeit, Gegenwart**
dtv 4441

Peter F. Strawson:
**Analyse und
Metaphysik**
dtv 4615

Texte zur Ethik
Hrsg. D. Birnbacher
und N. Hoerster
dtv 4456

Was das Schöne sei
Hrsg. M. Hauskeller
dtv 4626

**dtv-Atlas zur
Philosophie**
dtv 3229

Über die Sprache

Klaus Bartels:
**Wie die Amphore
zur Ampel wurde**
Neunundvierzig
Wortgeschichten
dtv 10836

Fritz R. Glunk:
Schreib-Art
Eine Stilkunde
dtv 30434

Klaus Jürgen Haller:
**Wörter wachsen
nicht auf Bäumen**
99 Allerweltsbe-
griffen auf der Spur
dtv 30026

Eike Chr. Hirsch:
**Deutsch für
Besserwisser**
dtv 30028

**Mehr Deutsch
für Besserwisser**
dtv 30065

Eike Chr. Hirsch:
**Der Witzableiter
oder Schule
des Gelächters**
Techniken und
Theorie des Witzes
dtv 30059

Kopfsalat
Spott-Reportagen für
Besserwisser
dtv 30309

Werner König:
**dtv -Atlas zur
deutschen Sprache**
dtv 3025

**Die Kunst
des Gesprächs**
Texte zur Geschichte
der europäischen
Konversatonstheorie
dtv 4446

Werner Lansburgh:
**Holidays for
Doosie**
Eine Reise durch
Europa oder
Englisch mit Liebe
dtv 11373

Ludwig Reiners:
Stilfibel
Der sichere Weg
zum guten Deutsch
dtv 30005

Hermann Schlüter:
**Grundkurs
der Rhetorik**
dtv 4149

Otto Seel:
**Quintilian oder
Die Kunst des
Redens und des
Schweigens**
dtv / Klett-Cotta
4459

Wahrig:
**dtv-Wörterbuch der
deutschen Sprache**
dtv 3136

Harald Weinrich:
**Wege der
Sprachkultur**
dtv 4486

Über Literatur

Dieter Kartschoke:
Geschichte
der deutschen
Literatur
im frühen Mittelalter

dtv

Theodore Ziolkowski:
Das Amt der Poeten
Die deutsche Romantik
und ihre Institutionen

dtv / Klett-Cotta

Albin Lesky:
Geschichte der griechischen Literatur
dtv 4595

Michael v. Albrecht:
Die Geschichte der römischen Literatur
2 Bände · dtv 4618

Barbara Becker-Cantarino:
Der lange Weg zur Mündigkeit
Frauen und Literatur
dtv 4548

Joachim Bumke:
Höfische Kultur
dtv 4442

Siegmar Döpp:
Werke Ovids
dtv 4587

Umberto Eco:
Lector in fabula
Die Mitarbeit der Interpretation in erzählenden Texten
dtv 4531

K.R. Eissler:
Goethe
2 Bände · dtv 4457

Die englische Literatur
Herausgegeben von Bernhard Fabian
Epochen – Formen – Autoren
dtv 4494 / 4495

Dieter Kartschoke:
Geschichte der deutschen Literatur im frühen Mittelalter
dtv 4551

Joachim Bumke:
Geschichte der deutschen Literatur im hohen Mittelalter
dtv 4552

Thomas Cramer:
Geschichte der deutschen Literatur im späten Mittelalter
dtv 4553

Georg Lukács:
Theorie des Romans
dtv 4624

Peter von Matt:
Liebesverrat
Die Treulosen in der Literatur
dtv 4566

Martin Meyer:
Ernst Jünger
dtv 4613

Mario Praz:
Liebe, Tod und Teufel
Die schwarze Romantik
dtv 4375

Theodore Ziolkowski:
Das Amt der Poeten
Die deutsche Romantik und ihre Institutionen
dtv 4631

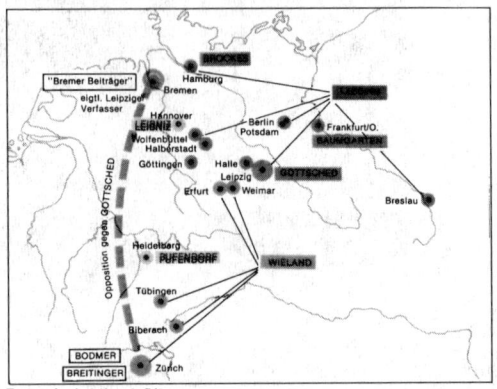

Zentren der deutschen Aufklärung

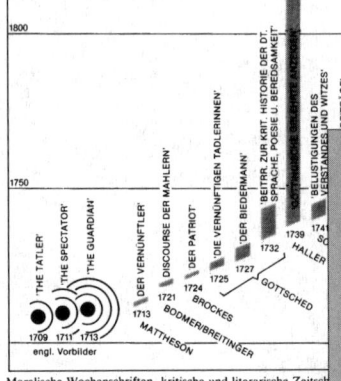

Moralische Wochenschriften, kritische und literarische Zeitsch

**dtv-Atlas
zur deutschen Literatur**

**dtv-Atlas
zur deutschen Literatur**
von Horst Dieter Schlosser
Tafeln und Texte
Mit 116 farbigen Abbildungsseiten
Originalausgabe
dtv 3219

Tafeln und Texte